Ambientes

Ambientes

Michael Sawyer
University of Central Missouri

Julie Stephens de Jonge
University of Central Missouri

Mc Graw Hill Education

SAWYER, AMBIENTES

Published by McGraw-Hill Education, 2 Penn Plaza, New York, NY 10121.

Some ancillaries, including electronic and print components, may not be available to customers outside the United States.

This book is printed on acid-free paper.

1 2 3 4 5 6 7 8 9 LWI 21 20 19 18 17

ISBN 978-1-260-00022-1 (Student Edition)
MHID 1-260-00022-2 (Student Edition)

ISBN 978-1-260-00249-2 (Instructor's Edition)
MHID 1-260-00249-7 (Instructor's Edition)

Senior Vice President, Products & Markets: *Scott Virkler*
Vice President, General Manager, Products & Markets: *Michael Ryan*
Vice President, Content Design & Delivery: *Betsy Whalen*
Managing Director: *Katie Stevens*
Senior Brand Manager: *Kim Sallee*
Senior Director of Digital Content: *Janet Banhidi*
Digital Product Analyst: *Susan Pierre-Louis*
Senior Product Developer: *Sadie Ray*
Product Development Coordinator: *Sean Costello*
Director of Marketing: *Craig Gill*
Senior Faculty Development Manager: *Jorge Arbujas*
Marketing Manager: *Michael Ambrosino*
Executive Market Development Manager: *Helen Greenlea*
Marketing Coordinator: *Jasmine Santana*
Director, Content Design & Delivery: *Terri Schiesl*
Program Manager: *Kelly Heinrichs*
Content Production Managers: *Erin Melloy / Amber Bettcher*
Buyer: *Susan K. Culbertson*
Design: *Matt Backhaus*
Content Licensing Specialists: *Carrie Burger / Beth Thole*
Cover Image: Front/Back cover: *© Age fotostock/Alamy (Museo de las ciencias); © Jessica Byrne (Coffee Bush); © Lissa Harrison (Dancer); © Ezequiel Becerra/Stringer/Getty Images (Soccer fan); © McGraw-Hill Education/Andrew Resek (Wall mural); © Glow Images (City view); © Glow Images (Harvesting sugar canes); © Iconotec/Alamy (Guitar); © Bartosz Hadyniak/Getty Images (Kid and Llama)*
Typeface: *10/12 Proxima Nova*
Compositor: *SPI-Global / Lumina Datamatics, Inc.*
Printer: *LSC Communications*

Photo credits: Page iv, ch 1: © Borja Cobeaga; ch 2: © S. Daud and B. Ripley; ch 3: © Matías Alejandro Rubio; 4: © Alvaro Sarmiento; p. vi, ch 5: © Freddy Vargas; ch 6: © Kalashnikov - Monociclo Cine / Archivo lbv.co.; p. viii top: © Alvaro Sarmiento; p. viii bottom: © Matías Alejandro Rubio; p. ix: © Matías Alejandro Rubio; p. x: © Shahir Daud.

The Internet addresses listed in the text were accurate at the time of publication. The inclusion of a website does not indicate an endorsement by the authors or McGraw-Hill Education, and McGraw-Hill Education does not guarantee the accuracy of the information presented at these sites.

Dedication

To my wife, Kim, and son, Charlie, for putting up with me being home but absent for so many hours while working on this project, my love and gratitude.
—Mike

To my family: my parents who encouraged the life of the mind; my husband, Bob, for his support, wit, and conversation; and my children, Casey, Ryan, Ben, and Hannah, for enriching my life.
—Julie

Tabla de contenido

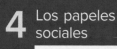

4 Los papeles
sociales

La *a* personal
Por*/*para
Otras preposiciones

5 La desigualdad
social

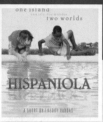

Las frases preposicionales
Las frases verbales

6 La violencia
política y la
guerrilla

El tiempo futuro
El modo condicional
**El futuro perfecto y el condicional
perfecto**

Preface

We all love stories.

In *Ambientes*, students view, analyze, and converse about compelling stories and themes that organically emerge from the *cortometrajes*, which serve as the foundation for every chapter. Highly contextualized grammar and language practice is presented in support of students' pursuit to discuss and think critically about

the stories told and the people who tell them. By focusing on the stories' visual narrative and authentic cultural contexts as a means to language practice and acquisition, students become engaged and active participants in their language-learning process.

With highly interesting topics, consistent recycling of structures, and manageable groupings of thematic vocabulary, *Ambientes* unlocks each learner's potential and sets students up for success and engagement in the Intermediate Spanish course.

What are the common 2nd-year Spanish challenges addressed by *Ambientes*?

1. Students' imperfect mastery of first-year material

   Ambientes understands that not all students enter the intermediate course with a complete mastery of common foundational grammar points. Through regular recycling and review of first-year concepts within the new contexts of the films' themes, students review foundational vocabulary and grammar from the first year of study while expanding their proficiency throughout the intermediate level.

2. Desire to teach with authentic material in a level-appropriate way

   In order for students to be able to comprehend and fully enjoy authentic materials, *Ambientes* employs a specific sequence of steps that helps them to navigate and become accustomed to dealing with more advanced input, which replicates the real-life experience of learning Spanish. Each chapter is organized to ensure students' successful interaction with the real-life language they'll encounter:

   Anticipación includes previewing activities to set students up linguistically and contextually for a successful film-viewing experience later in the chapter.

   Vocabulario provides relevant vocabulary words needed to discuss the film and the three main cultural topics of each chapter.

Gramática presents grammar hand-in-hand with an analysis of the short film and an exploration of the chapter's second cultural topic, guiding students to find patterns and understand the why behind the mechanics of the grammar.

Contextos sociales presents authentic readings from around the Spanish-speaking world and supporting cultural materials for understanding those readings within the context of the chapter topics.

Contextos expresivos uses the short film and the chapter's cultural topics as inspiration for students to express themselves creatively using the target language.

As a result, *Ambientes* maximizes the impact of its short films and other authentic resources on a...

linguistic level: attention is made to discrete lexical and grammatical features.

sentence level: various types of sentence structures are highlighted and students are encouraged to imitate and practice.

thematic level: students are asked to create original comments about the ideas and events in the films, and

cultural level: students are invited to react to and analyze various cultural perspectives and practices that emerge from the films.

3. Lack of motivation and engagement

Intermediate Spanish instructors commonly report that student motivation and engagement is one of the principal challenges of this course level. The *Ambientes* program addresses these challenges in the following ways:

Manages proficiency expectations: Intermediate-level students often underestimate just how much they are progressing at this level—their language growth is not as obvious as it was when they first began their language studies. The **Comprueba tu progreso** feature provides multiple checks for students to gauge their progress and gain an appreciation for their language improvement.

Creates active learners: Students learn best and are engaged when they are actively involved in their learning. Rather than rely on explicit presentations that facilitate a passive learning process, *Ambientes* applies the concept of desirable difficulty with a carefully balanced mix of inductive and explicit grammar presentations that lead students to actively discover and retain the language.

Relies upon authentic language: Students report increased motivation when they see that the applicability of what they're learning extends beyond the self-contained world of the course they're in. By focusing on authentic Spanish, presented by native speakers in each chapter's **cortometraje** and further expanded upon with the unscripted **entrevistas** videos, students see that the language they are learning is something they can take with them into the real world.

Chapter Walkthrough

I. Each chapter begins with an **Anticipación** section that prepares students to see the chapter's short film, recycles material acquired in the previous chapter (from chapter 2 on), and reinforces grammar structures that are essential building blocks to the upcoming **Gramática** section. Each of the grammar topics refreshed in this section has a corresponding review presentation and practice activities at the end of the program for convenient student reference.

Anticipación also helps students more confidently approach reading, as they employ different strategies for comprehending the target language and thinking critically. We ease students into the chapter's short film with previewing activities that include analysis of still frames, scene-setting, presentation of background cultural information, cliff-hanger video clips, and opportunities to work with the film without sound.

D. Situación de suspenso: Llegaron a La Camelia.

matical: rbios

PASO 1. Mira el videoclip y contesta las preguntas.

1. ¿Qué sucede en esta escena? ¿Cómo se sienten Hipólito y Cholo al llegar a su destino?
2. ¿Cuál es una cosa que probablemente sucedió antes de esta escena?
3. ¿Qué van a encontrar Hipólito y Cholo en La Camelia?
4. ¿Cuál es una cosa que NO va a ocurrir en la próxima escena?

© Matías Alejandro Rubio

II. The **Vocabulario** section presents the chapter's vocabulary in context and at the point of use. In this way vocabulary is presented in more manageable groupings and is reinforced immediately with practice activities. Active vocabulary words are presented in bold throughout the section, and vocabulary words that also appear in the short film are called out with bold and underline. In the eBook, each of these active vocabulary words have corresponding audio at the point of presentation, allowing students to hear them pronounced by native speakers.

© Borja Cobeaga

¡Buen provecho! En esta escena, Fernando, Joaquín y Lourdes **se reúnen** para cenar. En la mesa hay **un mantel** blanco y tres **copas** de cristal para el vino. Los tres **brindan por** la cena. Estos familiares <u>se llevan bien</u>. **Gozan** de **los sabores ricos** de la comida y **la sobremesa** alegre.

Los verbos irregulares en el presente

¡A analizar!

Usando la letra **J** (Julia), **F** (Fernando) o **L** (Lourdes), indica quién probablemente dice lo siguiente.

Julia

Fernando

Lourdes

___ 1. Aunque yo no **conozco** a estos dos hombres, ahora **son** como mi yerno y mi nieto. Ellos me **dan** la oportunidad de tener una familia. Pero, parece que ellos me conocen.

___ 2. **Hago** todo en esta casa. Ellos no hacen nada. **Voy** al mercado para comprar alimentos, **recojo** sus cosas del suelo, limpio, etcétera. Ellos no se **dan** cuenta de todo lo que **hago**, pero no me importa. Ellos confían en mí y me tratan como un familiar. Ahora me **doy** cuenta de lo que significa vivir en familia.

III. The **Gramática** section opens with the **cortometraje** viewing, which then serves as the language examples and context for the grammatical presentations.

Ambientes teaches grammar using a blended learning approach, nudging students to actively engage and produce the language rules through a carefully balanced mix of inductive and explicit presentations. Fun **¡A analizar!** tasks keep students focused and intrigued, and periodic **Comprueba tu progreso** checks, available online and in print, help students know they are on track.

Additional activities are found in the Workbook/Laboratory Manual and on Connect, freeing class time for more active, communicative activities while simultaneously providing students with the practice they need to confidently maneuver the target language.

IV. The **Ambientes sociales** section provides social context for chapter topics. Authentic readings ranging from literary pieces to newspaper articles offer additional perspectives around the cultural topics presented in the films. Additionally, practical real-world tasks, geography-related activities, and opportunities for community involvement help students to better analyze and comprehend the short film and its rich themes.

Antes de leer

C. La Navidad en Sudamérica

Según la tradición popular, visita Papá Noel en Nochebuena, trayéndoles regalos a los niños. Como Santa Claus en los Estados Unidos, la figura de Papá Noel se originó en las tradiciones cristianas de celebrar el día anterior al nacimiento de Jesucristo (25 de diciembre). Se reúnen las familias y es común asistir a la Misa de Gallo a medianoche. En algunos lugares, como Bolivia, la familia cena después de la misa.
Aunque la Navidad ocurre

© Martin Bernetti/AFP/Getty Images
Unas niñas chilenas visitan a Papá Noel en diciembre en Santiago. Fíjate en la ropa

V. Each chapter closes with **Ambientes expresivos**, which is dedicated to student expression through a variety of media. Students employ writing strategies, write and act alternate scenes, make videos, record audio, role play, and think critically as they analyze the film and learn about different filmic techniques. All of these capstone tasks are focused on helping students utilize the skills they've strengthened throughout the chapter and apply them in a practical way.

B. Nosotros, los actores / los actrices: ¡La historia continúa!

PASO 1. En parejas, imaginen la conversación entre los personajes y escriban un guion (*script*) para una de las siguientes situaciones:

a. Julia vuelve al piso y Lourdes le abre la puerta.

b. Los nietos verdaderos de Lourdes la buscan y la encuentran viviendo con Joaquín y Fernando.

c. Fernando se encuentra con su madre en la calle.

PASO 2. Ensayen su guion y luego interprétenlo para la clase. Presten atención a la pronunciación, el lenguaje corporal, los gestos y el tono de voz.

Thank You to...

María Akrabova, *Metropolitan State University of Denver*

Jane Albrecht, *Wake Forest University*

Pilar Alcalde, *University of Memphis*

Mark Aldrich, *Dickinson College*

Ana Alonso, *Nova Community College - Annandale*

Dorothy Álvarez, *Wright State University*

Dosinda Alvite, *Denison University*

Mark Amengual, *University of California - Santa Cruz*

Carlos Amador, *Michigan Technological University*

Covadonga Arango-Martín, *Fairfield University*

Asuncion Arnedo, *Dickinson College*

Silvia Arroyo, *Mississippi State University*

Barbara Ashbaugh, *University of North Texas*

Ashlee Balena, *University of North Carolina - Wilmington*

Gabriel Barreneche, *Rollins College - Winter Park*

Ana Basoa-Mcmillan, *Columbia State Community College*

Brian Beeles, *Arizona Western College - Yuma*

Cecilia Benenati, *Lewis and Clark College*

Ana Benito, *Indiana University/Purdue University - Ft. Wayne*

Wendy Bennett-Turner, *Pellissippi State Community College*

Maria Elena Bermúdez, *Georgia State University*

Melissa Biles, *College of DuPage*

Tracy Bishop, *University of Arkansas - Fayetteville*

Chesla Bohinski, *Binghamton University*

Harriet Bowden, *University of Tennessee - Knoxville*

Carrie Bramlet, *University of Virginia*

Carolina Brown, *Salisbury University*

Catherine Bryan, *University of Wisconsin - Oshkosh*

Talia Bugel, *Purdue University - Fort Wayne*

Flor María Buitrago, *Muhlenberg College I*

Eduardo Cabrera, *Millikin University*

Allison Caras, *Georgetown University*

Amy Carbajal, *Western Washington University*

Dinora Cardoso, *Westmont College*

Adolfo Carrillo Cabello, *Iowa State University*

Gabriela Carrión, *Regis University*

Sara Casler, *Sierra College*

Isabel Castro-Vázquez, *Towson University*

Marco Cedillo, *Lynchburg College*

Diane Ceo-Difrancesco, *Xavier University*

Eliud Chuffe, *University of Arizona*

Chyi Chung, *Northwestern University*

An Chung Cheng, *University of Toledo*

Kellye Church, *University of North Texas*

Ame Cividanes, *Yale University*

Kathi Clark Wong, *University of Tennessee - Knoxville*

Karina Clarke, *Metropolitan Community College - Fort Omaha*

Kimberlie Colson, *University of Toledo*

Elizabeth Combier, *University of North Georgia - Dahlonega*

Fernando Contreras-Flamand, *University of Saint Thomas*

Alisa Cooper, *Glendale Community College*

Eva Copeland, *Dickinson College*

Mary Copple, *Kansas State University*

Mayra Cortes-Torres, *Pima Community College*

Carolyn Crocker, *Samford University*

Agustín Cuadrado, *Texas State University - San Marcos*

Lori Czerwionka, *Purdue University - West Lafayette*

Jackie Daughton, *University of North Carolina - Greensboro*

Dulce de Castro, *Collin College - Plano*

María de la Paz García, *Yale University*

Fidel de León, *El Paso Community College - Valle Verde*

María de Lourdes Dorantes, *University of Michigan - Ann Arbor*

Mary Ann Dellinger, *Virginia Military Institute*

Melissa Doran, *Wright State University*

Carmen Durrani, *Concord University*

Dina Fabery, *University of Central Florida - Orlando*

Erin Farb, *Community College of Denver*

Sandra Fernández, *Coastal Carolina Community College*

Vanessa Fernández Greene, *Winona State University*

Francisco J. Fernández-Rubiera, *University of Central Florida*

Katie Fowler-Cordova, *Miami University of Ohio - Oxford*

Jacqueline Galbraith, *University of North Carolina - Wilmington*

Maripáz Garcia, *Yale University*

Mariche García-Bayonas, *University of North Carolina Greensboro*

Jose García Sánchez, *Eastern Washington University*

Luis Garcia-Torvisco, *Gonzaga University*

Amy George-Hirons, *Tulane University*

Felipe Gómez, *Carnegie Mellon University*

Inmaculada Gómez-Soler, *University of Memphis*

Ari Gutman, *Auburn University - Auburn*

Devon Hanahan, *College of Charleston*

Terry Hansen, *Pellissippi State Community College*

Heather Harper, *Miami University of Ohio - Oxford*

Dennis Harrod, *Syracuse University*

Milvia Hernández, *University of Maryland - Baltimore County*

Todd Hernández, *Marquette University*

Cecilia Herrera, *Lawrence University*

Irene Hodgson, *Xavier University*

Virginia Hojas, *Indiana University - Bloomington*

Amy Hornby Uribe, *Winona State University*

Pedro Hoyos-Salcedo, *Georgia Regents University-Augusta*

Chris Hromalic, *Onondaga Community College*

Michael Hubert, *Washington State University - Pullman*

Laurie Huffman, *Los Medanos College*

Tamise Renee Ironstrack, *Miami University of Ohio - Oxford*

Matthew Juge, *Texas State University - San Marcos*

Roberto Jiménez-Arroyo, *University of South Florida - Sarasota*

Dallas Jurisevic, *Metropolitan Community College - Fort Omaha*

Amos Kasparek, *Bob Jones University*

Kelly Kingsbury Brunetto, *University of Nebraska - Lincoln*

Michael Kistner, *University of Toledo*

David Knutson, *Xavier University*

Piet Koene, *Northwestern College*

Christina Landers, *Lord Fairfax Community College*

Joseph Lavalle, *University of North Georgia-Gainesville*

Jennifer Lavanchy, *University of Wyoming - Laramie*

Aura Lawson Alonso, *University North Carolina - Charlotte*

Lina Lee, *University of New Hampshire*

Ronald Leow, *Georgetown University*

Tasha Lewis, *Loyola University Maryland*

Raul Llorente, *Georgia State University*

Jeff Longwell, *New Mexico State University*

Nuria López-Ortega, *University of Cincinnati - Cincinnati*

Sheldon Lotten, *Louisiana State University - Baton Rouge*

Joanna Lyskowicz, *Drexel University*

Elena Mangione-Lora, *University of Notre Dame*

Bernard Manker, *Grand Rapids Community College*

Filberto Mares, *Clemson University*

Lissi Mares, *College of DuPage*

Silvia S. Marijuan, *California Polytechnic State University*

Anne-Marie Martin, *Portland Community College*

Carlos Martínez, *University of Houston - Houston*

Laura Marques, *University of California - Santa Barbara*

Jose Mendoza, *Beaufort Community College*

Ingrid Mendoza-Batista, *Wake Forest University*

Mandy Menke, *University of Minnesota - Minneapolis*

Luis Millones, *Colby College*

Libardo Mitchell, *Portland Community College*

María Montalvo, *University of Central Florida - Orlando*

Óscar Moreno, *Georgia State University*

Tammy Morgan, *Indiana University - South Bend*

Rebekah Morris, *Wake Forest University*

Donald Mueller, *Pellissippi State Community College*

Esperanza Muñóz-Pérez, *Kirkwood Community College*

Alicia Muñóz Sánchez, *University of California - San Diego*

Rosario Murcia, *University of Oregon*

Sayo Murcia, *University of Oregon*

Patrick Murphy, *Vanderbilt University - Nashville*

Christina Nuñéz, *Kutztown University of Pennsylvania*

Debra Ochoa, *Trinity University*

María Olivera, *West Virginia University - Morgantown*

Danae Orlins, *University of Cincinnati - Cincinnati*

Jaime Orrego, *Saint Anselm College*

Tika Owens, *Winston Salem State University*

Marilyn Palatinus, *Pellissippi State Community College*

Maria Paniagua-Tejo, *Rollins College*

Brenci Patino, *Mary Baldwin College*

Johana Pérez, *Campbellsville University*

Nilsa Pérez-Cabrera, *Blinn College*

Teresa Pérez-Gamboa, *University of Georgia*

Federico Pérez-Piñeda, *University of South Alabama - Mobile*

Michelle Petersen, *Arizona State University*

Anna Pietrolonardo, *Illinois Valley Community College*

Jorge Porcel, *Missouri University of Science and Technology*

Rafael Ponce-Cordero, *Keene State College*

Laurie Puszczewicz, *University of Toledo*

Camille Qualtere, *Muhlenberg College*

Marian Quintana, *George Mason University*

Matthieu Raillard, *Lewis & Clark College*

María Ramos, *South Dakota State University*

Lea Ramsdell, *Towson University*

Alice Reyes, *Marywood University*

Bonnie Reynolds, *Indiana University Southeast*

Gladys Robalino, *Messiah College*

Silvia Rodríguez-Sabater, *College of Charleston*

Eunice Rojas, *Lynchburg College*

Nohelia Rojas Miesse, *Miami University of Ohio - Oxford*

Leticia Romo, *Towson University*

Laura Ruiz-Scott, *Scottsdale Community College*

Carmen Ruzza, *American University*

Francisco Salgado-Robles, *University of Kentucky - Lexington*

Daniel Sánchez, *Piedmont College*

Ésther Sánchez-Couto, *University of North Texas*

Bethany Sanio, *University of Nebraska Lincoln*

Laura Schultz, *Austin Peay State University*

Gabriela Segal, *Arcadia University*

Amy Sellin, *Fort Lewis College*

Michele Shaul, *Queens University of Charlotte*

Reyna Sirias-Ortiz, *Lone Star College - Tomball*

Leslie Smith, *Missouri Southern State University*

Nancy Smith, *Allegheny College*

Ella Smith-Justice, *University of Pikeville*

Carol Snell-Feikema, *Eastern Mennonite University*

Ester Suárez-Felipe, *University of Wisconsin - Milwaukee*

Julie Szucs, *Miami University of Ohio - Oxford*

Alicia Tabler, *University of Colorado Boulder*

Clay Tanner, *University of Memphis*

Rosa Tapia, *Lawrence University*

Kacie Tartt, *University of Central Florida - Orlando*

Gregory Thompson, *Brigham Young University - Provo*

Dan Tight, *University of Saint Thomas*

Ian Tippets, *Lewis Clark State College*

Becky Toly, *Wheaton College*

Liliana Torres-Goens, *Butler University*

Mirna Trauger, *Muhlenberg College*

Luz Triana-Echeverria, *St. Cloud State University*

José Felipe Troncoso, *University of North Carolina - Greensboro*

Esther Truzman, *New York University*

Elaini Tsoukatos, *Mount Saint Mary's University*

Jan Underwood, *Portland Community College*

Katica Urbanc, *Wagner College*

Gregory Utley, *University of Texas - Tyler*

Laura Valentín, *Texas Tech University*

Uchenna Vasser, *Winston Salem State University*

Marianne Verlinden, *College of Charleston*

Felix Versaguis, *North Hennepin Community College*

Ami Vonesh, *University of North Georgia - Gainesville*

Barry Weingarten, *Johns Hopkins University*

Bretton White, *Colby College*

Justin White, *Florida Atlantic*

Keith Woodall, *Ohio University - Athens*

Wendy Woodrich, *Lewis & Clark College*

Tim Woolsey, *Penn State University - University Park*

Matt Wyszynski, *University of Akron*

Olivia Yanez, *College of Lake County*

Maureen Zamora, *Clemson University*

Allison Zaubi, *College of Charleston*

Magaly Zeise, *University of Wisconsin - Milwaukee*

Nancy Zimmerman, *Kutztown University of Pennsylvania*

Eve Zyzik, *University of California - Santa Cruz*

Contributors

Student Edition: Amy Hornby Uribe, Michelle Peterson, Nina Tunac Basey
Workbook / Laboratory Manual: Nina Tunac Basey, Margaryta Bondarenko, Nancy Broughton, Caroline Good, Scott Gravina, Pennie Nichols

Connect: Sarah Alem, Allen Bernier, Verónica Esteban, Eileen Fancher, Elena Fernandez, Danielle Havens, Chris Lafond, Juan Sebastián Ospina León, Annie Rutter Wendel

Product Team

Editorial and Marketing: Mike Ambrosino, Jorge Arbujas, Janet Banhidi, Shaun Bauer, Susan Blatty, Sean Costello, Katie Crouch, Craig Gill, Helen Greenlea, Susan Pierre-Louis, Sadie Ray, Kim Sallee, Jasmine Santana, Katie Stevens
Art, Design, and Production: Matt Backhaus, Amber Bettcher, Harry Briggs, Carrie Burger, Sue Culbertson, Danielle Havens, Kelly Heinrichs, Peggy Hines, Lynne Lemley, Erin Melloy, Ron Nelms, Juan Sebastián Ospina León, Sergio Peralta, Terri Schiesl, Sandy Schnee, Preston Thomas, and Beth Thole.
Media Partners: Eastern Sky Studios, Klic Video Productions, Lumina Datamatics

About the Authors

Michael Sawyer holds a Ph.D. in Spanish from Texas Tech University. He is a Professor of Spanish at the University of Central Missouri, where he has acted as Chairperson of the Department of Government, International Studies, and Languages, and as Coordinator of the Modern Languages Program. He founded and continues to direct the Missouri Foreign Language Consortium, a partnership of the language programs at five Missouri state universities. He currently acts as the Assessment Coordinator for the College of Arts, Humanities and Social Sciences at UCM. His research interests include second language pedagogy and Postcolonial literary theory. In addition to lower-division Spanish, he primarily teaches courses in Spanish composition and grammar, and Latin American civilization and literature.

Julie Stephens de Jonge holds a Ph.D. in Spanish from the University of Kansas. She has taught all levels of Spanish language, literature, and civilization courses in undergraduate programs at public universities and at a small liberal arts college. Currently, she is a professor of Spanish at the University of Central Missouri, where she teaches film-based courses in Spanish and English, and is the coordinator of a yearly foreign language film festival for students in middle and high school. She is committed to the scholarship of teaching and learning and is particularly interested in second language acquisition, the pedagogy of critical thinking, and the development of reasoning about ethics through film and literature.

CAPÍTULO 1

Las relaciones familiares

Las metas: ¿Qué debo saber y poder hacer al final de este capítulo?

Communicative Goals
Express, ask about, and understand actions and activities that take place in the present and that are ongoing, currently happening; describe your own family members and relationships with a variety of descriptive phrases and words.

Chapter Theme Goals
Summarize and reflect upon the plot of the short film «Éramos pocos»; identify and interpret cultural conflicts and perspectives in the film and in interviews with native speakers. Compare and contrast cultural practices and attitudes about the care and role of the elderly in a family, food, and meals.

Geographical and Cultural Knowledge Goals
Identify the geographical location of Spain and Chile and describe key cultural concepts related to families and values in these countries.

Knowledge of Literature Goals
Summarize and analyze «Oda al caldillo de congrio». Recognize and analyze the cultural attitudes about food and national identity.

La Familia del artista mexicano Gabriel Fernández Ledesma, 1926

Mira este cuadro y describe el comedor. ¿Qué objetos ves? ¿Qué parte del cuadro se destaca (se... *stands out*)? ¿Es parecido a o distinto de tu comedor? ¿Cómo son las personas? ¿Quiénes son? ¿Cuál es la relación entre ellos? ¿Qué hacen? ¿Cómo están en este momento? ¿Qué comida hay?

I. ANTICIPACIÓN

DATOS CINEMATOGRÁFICOS

Director: Borja Cobeaga

Fecha: 2005

Personajes: Joaquín, Fernando, Lourdes y Julia

Escenario: un piso

País: España

A. El póster del cortometraje «Éramos pocos»

El cortometraje «Éramos pocos» trata de una familia: el padre, su esposa, su hijo y su suegra.

PASO 1. Mira el póster del cortometraje y contesta las preguntas.

© Borja Cobeaga

1. ¿Qué relación probablemente existe entre estas personas? ¿Es una relación familiar? ¿Son amigos?
2. ¿Cómo se sienten en esta imagen? ¿Qué o a quién miran?
3. Están en una puerta. ¿Adónde van?

 PASO 2. En parejas, conversen sobre las siguientes preguntas.

1. ¿Cuántas personas hay en tu familia? ¿Vive contigo un(a) abuelo/a, un(a) primo/a o un(a) tío/a? ¿Dónde viven tus abuelos? ¿Son independientes? En tu opinión, ¿es mejor vivir en el mismo pueblo o la misma ciudad en que viven tus padres?, ¿tus abuelos? ¿Cuáles son los aspectos positivos o negativos de vivir cerca de tus parientes?
2. En tu familia, ¿se dividen los quehaceres (*chores*) domésticos entre todos los miembros de la familia?
3. ¿Tienen los miembros de tu familia responsabilidades específicas en la casa o el cuidado de otros miembros de la familia? ¿Qué obligación tienes tú a ayudar, cuidar o pasar tiempo con tus parientes? ¿Quién cocina en tu familia? ¿Quién limpia? ¿Quién lava la ropa? ¿Es un sistema justo? ¿Están todos contentos con la división del trabajo? Explica.

B. ¡Conozcamos a los personajes!

PASO 1. Mira las imágenes de tres de los personajes del cortometraje «Éramos pocos» y escribe cómo son, cómo están y qué hacen en el fotograma (*still frame*). Incluye todos los detalles que puedas. **¡OJO!** También puedes hablar de cómo NO son o las actividades que NO hacen.

Adjetivos útiles

alto/a	extrovertido/a	perezoso/a
antipático/a	generoso/a	preocupado/a
atlético/a	guapo/a	relajado/a
bajo/a	inteligente	rubio/a
callado/a	introvertido/a	serio/a
cansado/a	joven	simpático/a
contento/a	listo/a	trabajador(a)
de mediana edad	moreno/a	triste
delgado/a	paciente	viejo/a

Verbos útiles

buscar	descansar	mirar	trabajar
cocinar	esperar	preparar café	ver
comer	ir	servir	vivir

© Borja Cobeaga

1. **Joaquín, el padre**
   ¿Cómo es Joaquín?
   ¿Dónde está en este momento?
   ¿Qué hace en esta escena?
   Otras observaciones:

© Borja Cobeaga

2. **Fernando, el hijo**
   ¿Cómo es Fernando, el hijo de Joaquín?
   ¿Qué hace en esta escena?
   Otras observaciones:

© Borja Cobeaga

3. **Lourdes, la abuela**
   ¿Cómo es Lourdes?
   ¿Qué hace en esta escena?
   Otras observaciones:

PASO 2. Ahora, infiere lo que puedas de los fotogramas y contesta las preguntas. Usa las pistas (*clues*) que ves, la lógica y tu imaginación.

1. En el primer fotograma, el padre no sabe que no hay café en la cafetera. ¿Por qué no lo sabe? ¿Por qué cree que hay café en la cafetera?

2. El hijo, Fernando, come mientras está sentado en el sofá. ¿Come comida saludable? ¿Por qué come mientras está sentado en el sofá? ¿Por qué hay una manta (*blanket*) en el sofá?

3. Lourdes tiene un plato de comida. ¿Quiénes van a comer la comida? ¿Trabaja Lourdes fuera de (*outside of*) la casa? ¿Por qué crees que sí o que no?

 PASO 3. En parejas, digan si los siguientes adjetivos describen (o no) a los personajes en los fotogramas. Luego, digan si describen a Uds. o a otras personas que conocen. Usen adjetivos adicionales para describir a todas las personas.

    MODELO: Lourdes / cómico/a: <u>No. Lourdes no es cómica. Ella es introvertida y seria.</u>

            Tú: <u>Yo soy cómico y también soy paciente.</u>

            Los estudiantes de tu universidad: <u>Sí, algunos de los estudiantes de mi universidad son cómicos y algunos son callados.</u>

1. Fernando / rico/a: _____

    Tu mejor amigo/a: _____

    Tus abuelos: _____

2. Joaquín y Fernando / trabajador(a): _____

    Tu mejor amigo/a: _____

    Tus amigos de la escuela secundaria: _____

3. Joaquín / generoso/a: _____

    Tú: _____

    Tu padre / madre: _____

4. Lourdes / atlético/a: _____

    Tus profesores: _____

    Tu mejor amigo/a: _____

5. Fernando / viejo/a: _____

    Tu hermano / hermana / madre / padre: _____

    Tus compañeros de clase: _____

C. Lugares importantes en «Éramos pocos»

PASO 1. Los siguientes fotogramas muestran cuatro lugares del cortometraje. Apunta algunas características de los lugares en general. Por ejemplo: ¿Cómo es el lugar? ¿Qué se hace en este lugar? ¿Cómo están las personas cuando están en este lugar? **¡OJO!** Puedes usar algunas palabras de **Palabras útiles** para describir los lugares.

MODELO:

© Borja Cobeaga

el comedor – Es un lugar en una casa donde la familia come. Hay una mesa, unas sillas y a veces hay una cristalera donde se guardan los platos y vasos. Algunas familias solamente comen en el comedor para las ocasiones especiales. Típicamente, la familia disfruta de la comida y conversa. Cuando los miembros de una familia se llevan bien, están contentos porque están juntos. Si no se llevan bien, la conversación en el comedor puede terminar con discusiones y conflictos.

Palabras útiles

cocinar	to cook	la cama	bed
comer	to eat	desayunar	to have breakfast
conversar	to talk, chat		
descansar	to rest	el colchón	mattress
dormir	to sleep	la cortina	curtain
escuchar	to listen to	el cuadro	picture; painting
hacer la cama	to make the bed	la lavadora	washing machine
lavar	to wash		
mirar la televisión	to watch television	la sábana	sheet
preparar café	to prepare coffee	el sillón	easy chair
el/la anciano/a	the elderly man/woman	el sofá	couch, sofa

1. la cocina

2. la sala

3. la habitación / el dormitorio

4. el asilo de ancianos

 PASO 2. En parejas, comenten cómo son los lugares del **Paso 1** en su casa o en su comunidad.

1. ¿Son parecidos estos lugares en tu casa / tu comunidad?
2. ¿Qué objetos ves en estos fotogramas? ¿Qué hay en estos cuartos en tu casa?
3. ¿Qué haces tú en estos lugares? Y, ¿qué hacen los miembros de tu familia?
4. ¿Quiénes están en el asilo de ancianos? ¿Qué actividades hacen en el asilo de ancianos?

D. Situación de suspenso: ¿Dónde están mis zapatillas? ¿Dónde está la tele?

Repaso gramatical: 1.1
La concordancia de género y número

PASO 1. Mira el videoclip y contesta las preguntas.

1. ¿Qué sucede en esta escena? ¿Qué buscan el padre y el hijo? ¿Qué no hay en la cocina?

2. ¿Qué va a ocurrir después? ¿Qué ven ellos en la calle?

3. ¿Qué NO va a ocurrir en la próxima escena? ¿Cuáles son dos cosas que el padre y el hijo NO van a hacer?

PASO 2. El título de este cortometraje, «Éramos pocos», es la primera parte de una

© Borja Cobeaga

expresión común. Lee la siguiente información sobre esta expresión, su significado y su uso.

Lee el texto tres veces. Primero, lee el texto para comprender las ideas principales. Escribe información que comprendas y identifica una o más partes que no comprendas y explica por qué. Luego, durante la segunda y la tercera lectura, usa un diccionario para buscar el significado de palabras que no conozcas y trata de explicar los segmentos que no comprendiste durante la primera lectura.

Estrategia: Leer más de una vez

Many texts require multiple readings for full comprehension, even in your first language. Read texts in small chunks—a few sentences, a paragraph, a section, a page, and read each segment at least three times. First, read for the gist and do not look up any words. As you read, use metacognition (thinking about thinking) to zero in on what you do and do not understand. Write down two to three things you do understand. Then, identify a passage you do not understand and why. During the second and third readings, you should use a dictionary and seek to understand difficult passages. Try to identify why the passage was difficult. After a third reading, write an explanation of those passages in your own words.

Éramos pocos y parió la abuela

El título de este cortometraje evoca un refrán típico en español: «Éramos pocos y parió la abuela». La primera parte del refrán (el título del cortometraje), **Éramos pocos**, significa *There were few of us*. **Éramos** es el verbo **ser** expresado en un tiempo pasado. El verbo **parir** significa *to give birth*. Como es frecuente en español, el sujeto, **la abuela**, sigue su verbo; es decir, viene después del verbo. Por eso, el sujeto de **parió** en esta frase es **la abuela**. Ella es la persona que pare; o sea, la abuela tiene un bebé. Aunque esto no tenga mucho sentido, como muchas expresiones, es necesario interpretarlas figurativamente.

   Este refrán se dice para hablar de situaciones indeseables. Es común usarlo cuando ya hay un exceso de personas o problemas y luego hay más personas o problemas. Por ejemplo, si das una fiesta y solamente preparas suficiente comida para diez personas, pero vienen quince, concluyes que hay demasiadas[a] personas dada la cantidad de comida. Pero, luego imagina que uno de tus amigos invita a cinco personas más. Ahora crees que el problema está peor y puedes expresar tu frustración con este refrán: «Éramos pocos... y parió la abuela».

   Además, a veces se utiliza en un sentido un poco más amplio. La gente lo dice para lamentar una circunstancia que ya es difícil a la que se añade[b] otro obstáculo o suceso inesperado e inoportuno. Además, el hecho sorprendente es importante. Si la abuela da a luz[c] a un bebé, sin duda es una situación insólita.[d] Implica que ahora hay más personas y así más responsabilidades para la familia.

_____
[a]*too many* [b]*se... is added* [c]*da... gives birth* [d]*unheard of, unbelievable*

1. Dos o tres aspectos de la lectura que comprendo: _____

   _____

2. Dos o tres partes de la lectura que NO comprendo: _____

   _____

3. Escribe por qué crees que no comprendes las partes que identificaste en el número 2. Trata de dar razones específicas. _____

   _____

4. Lee el texto dos veces más y utiliza un diccionario para comprender los pasajes difíciles. Aclara el significado de las partes de texto que escribiste en el número 2. _____

   _____

PASO 3. Túrnense para leer en voz alta las siguientes situaciones hipotéticas. Decidan si es lógico (¿sí o no?) utilizar la expresión «Éramos pocos y parió la abuela» para hablar de la situación. Luego, identifiquen el sujeto de cada verbo subrayado.

1. Mis abuelos invitan a toda la familia a cenar en su casa y llegan todos los vecinos a la hora de la cena. Mis abuelos se sienten obligados a invitar a sus vecinos también.

   ¿Sí o no? _____ llegan: _____ se sienten: _____

2. Tú y tus amigos van a un restaurante peruano el domingo por la noche. Son cinco personas y hay tres camareros para atender a Uds., los únicos clientes.

   ¿Sí o no? _____ van: _____ Son: _____

3. Una escuela de gastronomía muy prestigiosa en México abre veinte puestos para una sesión especial sobre la cocina de Oaxaca, un estado en México. Quince personas solicitan estos puestos y aceptan a diez de estas personas.

   ¿Sí o no? _____ abre: _____ solicitan: _____

4. No tienes tiempo de ir de compras y cuando llegas a casa, tus cinco hijos tienen hambre. Te faltan los chiles para hacer chilaquiles, pero tienes cebollas, tortillas, tomates, queso y aceite, así que decides hacerlos de todas maneras. Estás por freír el aceite cuando el perro come todas las tortillas.

   ¿Sí o no? _____ tienes: _____ come: _____

5. Algunos vendedores de arepas en Cali, Colombia, deciden vender arepas rellenas de carne y una salsa de aguacate en una calle llena de gente. Pero cuando unos oficiales de la ciudad cierran su negocio porque no tienen el permiso oficial que la ciudad requiere, ellos responden, «Pero, señores, preparamos las mejores arepas de Colombia. Deben probarlas.»

   ¿Sí o no? _____ preparamos: _____ deben: _____

PASO 4. Contesta las preguntas.

1. Ahora que has leído sobre el significado de la expresión «Éramos pocos y parió la abuela», ¿cuál es un refrán parecido en inglés para hablar de los mismos tipos de problemas y frustraciones?

2. Ahora que sabes lo que significa el refrán, ¿cambia tu opinión de lo que va a suceder después de la primera escena? ¿Qué ven Fernando y Joaquín (el hijo y el padre) cuando miran por la ventana de su piso?

E. ¿Quién piensa esto? ¿Quién dice esto?

Repaso gramatical: 1.2
Los pronombres
personales de sujeto

PASO 1. En el videoclip se presentan a tres personajes: Joaquín, Fernando y Julia. Lee los siguientes comentarios hipotéticos. Primero, determina quién probablemente diría (*would say*) cada uno. Luego, identifica el sujeto de cada verbo subrayado y el infinitivo del verbo.

Joaquín

Fernando

Julia

MODELO: No <u>comprendo</u> por qué mi mujer no <u>está</u> aquí. A ella le gusta levantarse temprano porque <u>prepara</u> nuestro desayuno y <u>hace</u> el café.

¿Quién lo dice? <u>Joaquín</u>

comprendo: <u> yo </u> ; <u>comprender</u>

está: <u>mi mujer</u> ; <u> estar </u>

prepara: <u>mi mujer</u> ; <u>preparar</u>

hace: <u>mi mujer</u> ; <u> hacer </u>

1. <u>Estoy</u> cansada de levantarme temprano. ¿Por qué no <u>saben</u> preparar el café? <u>Son</u> perezosos.

¿Quién lo dice? _____

Estoy: _____ ; _____

saben: _____ ; _____

Son: _____ ; _____

2. <u>Estoy</u> muy cansado. Es domingo. No <u>tengo</u> ganas de levantarme ahora. Necesito dormir. ¿Por qué me <u>despiertas,</u> Papá?

¿Quién lo dice? _____

Estoy: _____ ; _____

tengo: _____ ; _____

despiertas: _____ ; _____

3. <u>Tienes</u> que ayudarme. No hay café y mis zapatillas no <u>están</u> en mi habitación. El televisor no <u>está</u> en la sala. <u>Tenemos</u> que encontrar a tu mamá.

¿Quién lo dice? _____

Tienes: _____ ; _____

están: _____ ; _____

está: _____ ; _____

Tenemos: _____ ; _____

4. Todos los domingos <u>tomamos</u> café, nos <u>sentamos</u> en el sofá y <u>vemos</u> la tele. Julia, mi mujer, nos <u>prepara</u> una estupenda cena.

   ¿Quién lo dice? _____

   tomamos: _____; _____

   sentamos: _____; _____

   vemos: _____; _____

   prepara: _____; _____

5. El mejor día de la semana es el domingo. <u>Duermo</u> hasta las doce, no <u>tengo</u> que ir al colegio, <u>veo</u> televisión todo el día y nosotros <u>comemos</u> como reyes por la tarde.

   ¿Quién lo dice? _____

   Duermo: _____; _____

   tengo: _____; _____

   veo: _____; _____

   comemos: _____; _____

PASO 2. Mira los fotogramas y escribe lo que piensa cada personaje en este momento.

MODELO:

© Borja Cobeaga

¿Qué piensa Fernando?
　　Tengo mucha hambre.
　　La comida huele rica.
　　Abuela necesita vino.
　　Estoy muy contento.

© Borja Cobeaga

© Borja Cobeaga

1. ¿Qué piensa Joaquín?

2. ¿Qué piensan Joaquín y Fernando?

© Borja Cobeaga

© Borja Cobeaga

3. ¿Qué piensa Fernando?

4. ¿Qué piensa Lourdes?

F. El panorama de la familia española*

PASO 1. ¿Reflejan Joaquín, Fernando y Julia la familia media (*average*) en España? Estudia los datos sobre la familia media en España. Elige una de las tablas (A o B) y hazle a tu pareja la pregunta en la segunda columna para completar la información que falta en la tercera columna, **Datos**. La **Tabla B** está al final del capítulo. **¡OJO!** No mires la tabla de tu pareja. Uds. deben compartir información solamente conversando.

TABLA A

Tema	Pregunta	Datos
el tamaño medio (*average size*) del hogar (*household*) español	¿Cuál es el tamaño medio del hogar español?	_____ personas
los adultos jóvenes que viven con su padre y/o madre	¿Qué porcentaje de los adultos jóvenes vive con su madre y/o padre?	25–29 años: 48,5% vive con su madre y/o padre. 30–34 años: 20,5% vive con su madre y/o padre.
la edad media del matrimonio	¿Cuál es la edad media del matrimonio?	35,6 años
el número de hijos por mujer	¿Cuántos hijos nacen por mujer?	_____ hijos
el envejecimiento de la población (*the aging of the population*)	¿Qué porcentaje de la población va a tener más de 65 años en el año 2050?	Para el año 2050, el 30% de los españoles va a tener más de 65 años.
la edad media de maternidad de las madres españolas	¿Cuál es la edad media de maternidad de las madres españolas?	_____ años
el porcentaje de hijos que nace fuera del matrimonio	¿Qué porcentaje de hijos nace fuera del matrimonio?	37%
el número de semanas de la baja por maternidad (*maternity leave*)	¿Cuántas semanas es la baja por maternidad?	_____ semanas
el número de hogares en que vive una sola persona	¿En qué porcentaje de hogares vive una sola persona?	24,2%
el porcentaje de mujeres que vive con hombres que afirman que ellas normalmente cocinan y limpian la casa	¿Qué porcentaje de mujeres dice que ellas son las que cocinan y limpian la casa?	_____%
la hora de la cena	¿A qué hora cenan los españoles?	Entre las _____ y las _____ de la noche
el domingo y la familia	¿Por qué es importante el domingo?	Es el día reservado para la familia, visitas familiares y comidas con los parientes.

*Source: "Continuous Household Survey Year 2013. Provisional data," Institución Nacional de Estadística, April 10, 2014. http://www.ine.es; "Mean Age of First Marriage in Spain," Eurostatistics Explained, August 24, 2015. http://ec.europa.eu/eurostat/statistics-explained; Fernández, José Luis, Clara Parapar and Miriam Ruíz, "El envejecimiento de la población," Lynchos: Cuadernos de la Fundación General del Consejo Superior de Investigaciones Científicas, September 2010. http://www.fgcsic.es; "Edad media al matrimonio," Instituto Nacional de Estadística, 2015. http://www.ine.es; "Uno de cada tres niños ya nacen fuera del matrimonio," Diario ABC, June 13, 2013. http://www.abc.es; "Prestación de maternidad," Gobierno de España, Ministerio de Empleo y Seguridad Social, 2016. http://www.seg-social.es; Bero, Mario Pais. "Los roles no evolucionan: ellas a la cocina y ellos, los 'manitas' de la casa," eldiario.es, April 25, 2014. http://www.eldiario.es; "Costumbres y alimentación," don Quijote, Spanish Language Learning, 2016. http://www.donquijote.org

PASO 2. Estudia la información de la tabla. Compara los datos y los detalles que se incluyen con tu propia vida. Conversa con tu pareja sobre las diferencias y las semejanzas entre la familia española media y tu vida y/o la vida del país donde vives.

> **MODELO:** En la tabla, dice que la familia media española tiene 1,27 hijos por mujer. Creo que en los Estados Unidos las familias son más grandes. Por ejemplo, en mi familia hay tres hijos y en la familia de mi mejor amigo hay dos hijos. Pero también hay parejas sin hijos.

G. A inferir y predecir

En parejas, miren los fotogramas y contesten las preguntas.

© Borja Cobeaga

© Borja Cobeaga

1. En estos fotogramas, Fernando y Joaquín están en su casa. ¿En qué condiciones está la sala? ¿Qué puedes inferir de esto?
2. ¿Por qué están dormidos en el sofá? Inventa tres explicaciones posibles.
3. En el segundo fotograma, Joaquín y Fernando están mirando un plato de comida. ¿Quién está en la cocina con ellos? ¿Es ella la cocinera? ¿Qué opinan ellos de la comida?
4. ¿Cómo están Fernando y Joaquín en el segundo fotograma? ¿Se sienten preocupados? ¿Desean comer la comida? ¿Qué le dice Joaquín a la señora en la cocina?

H. Sin sonido: Las pistas visuales (*Visual clues*)

PASO 1. Mira el cortometraje entero sin sonido. (*View the full short film but WITHOUT sound.*) Presta atención a las acciones y las emociones expresadas en la cara de los personajes. Utiliza las pistas visuales para escribir por lo menos cinco oraciones resumiendo lo que crees que ocurre en «Éramos pocos». Explica el argumento (*plot*) y el desenlace (*denouement; how the narrative ends*) lo mejor que puedas. **¡OJO!** No te preocupes si no estás seguro/a. Observa y adivina (*guess*). ¡Vas a mirar el cortometraje con sonido pronto!

© Borja Cobeaga

PASO 2. Compara tu resumen del argumento (del **PASO 1**) con el de una pareja. ¿Son parecidas sus interpretaciones de las pistas visuales? ¿Cómo son diferentes?

PASO 3. Ahora escribe cinco preguntas sobre el cortometraje. Pueden ser preguntas sobre lo que sucede o de opinión. Hazle tus preguntas a una pareja y apunta sus respuestas.

II. VOCABULARIO

A. El ambiente familiar

PASO 1. Después de que la esposa de Joaquín, Julia, deja a su familia y su hogar, ellos no son capaces de cuidar la casa. Vemos el caos y el desorden de su vida después de la salida de Julia. Lee las oraciones sobre las siguientes escenas, infiere el significado de las palabras **en negrilla** y contesta las preguntas.

© Borja Cobeaga

© Borja Cobeaga

Antes de la llegada de la abuela, Lourdes, Joaquín y Fernando duermen en el sofá y comen en la sala. Es obvio que Julia es una ama de casa tradicional porque **se encarga de** preparar todas las comidas. En esta imagen se nota que ellos comen **comida chatarra** como las patatas fritas de bolsa. ¿**Extrañan** Joaquín y Fernando a Julia?

Fernando se emociona al ver a su abuela, Lourdes. La abuela vive en **un asilo de ancianos**. Quieren llevarla a su casa porque es **un familiar** y **extrañan** la comida **casera**. ¿Deben <u>el yerno</u> y el nieto de Lourdes **ocuparse de** ella? ¿Va la abuela a **cocer** comida **rica**? ¿Se acuerda Joaquín de su <u>suegra</u>, Lourdes? ¿Típicamente <u>se llevan bien las suegras</u> y <u>los yernos</u>?

© Borja Cobeaga

© Borja Cobeaga

Lourdes es **la cocinera** de la casa. **Hornea** la comida en el horno. Después de comprar **alimentos** deliciosos, Lourdes prepara una variedad de platos muy **ricos**, como **guisos**, **chuletas**, <u>tortilla</u>, <u>paella</u> y otras comidas **caseras**.

¡Buen provecho! En esta escena, Fernando, Joaquín y Lourdes **se reúnen** para cenar. En la mesa hay **un mantel** blanco y tres **copas** de cristal para el vino. Los tres **brindan por** la cena. Estos familiares <u>se llevan bien</u>. **Gozan** de **los sabores ricos** de la comida y **la sobremesa** alegre.

Vocabulary words underlined and differently colored are featured in the dialogue of the short film.

Más vocabulario sobre el ambiente familiar*	
calentar (ie)	to heat up
compartir	to share
contribuir	to contribute
echar(le) una mano	to lend a hand
la chuleta	(*pork, lamb*) chop
el guiso	stew
la nuera	daughter-in-law
<u>**la paella**</u>	a traditional Spanish saffron rice dish from Valencia that consists of shellfish or chicken and other ingredients that can vary
la sobremesa	after-dinner conversation
<u>**la tortilla española**</u>	a traditional Spanish omelet consisting of eggs, potatoes, and onions
agrio/a	sour
amargo/a	bitter
casero/a	homemade
salado/a	salty
unido/a	united

Preguntas

1. ¿Quién cocina en tu familia? ¿Cocina una comida casera todos los días? ¿Cuándo comes la comida chatarra en lugar de una comida casera? ¿Por qué comen muchas personas la comida chatarra? ¿Cuáles son las ventajas y las desventajas de la comida chatarra y la comida casera? ¿Cuál es tu comida casera favorita?

2. ¿Te llevas bien con todos tus parientes? ¿Tienes suegros o tienen tus padres, suegros, yernos o nueras? ¿Se llevan bien?

3. ¿Tienes abuelos o bisabuelos? ¿Dónde viven ellos? ¿Cuánta gente vive en la casa de tu familia? ¿Quién en tu familia vive en un asilo de ancianos? ¿Cómo es su vida en el asilo? ¿Cuál es el papel de tus abuelos en tu familia? ¿Están muy unidos tú y tus abuelos?

4. Si vives en una residencia estudiantil o un apartamento, ¿qué tipo de comida comes típicamente? ¿Extrañas la comida de tu familia? Para las comidas, ¿utilizas un mantel y copas? ¿Es rica la comida que comes? ¿Qué sabores te gustan / no te gustan? ¿Sabores agrios, salados, amargos, dulces?

5. En muchas familias hispanohablantes, la sobremesa es un tiempo para relajarse después de comer, durante el cual se conversa y se toma postre, té, café o una copita de alcohol. ¿Goza tu familia de la sobremesa? ¿De qué hablan?

PASO 2. Utiliza las palabras del vocabulario a continuación para completar la conversación hipotética entre Joaquín y Fernando mientras conducen al asilo de ancianos.

acordarse	**casera**	**extraño**	**se llevan**
alimentos	**chatarra**	**familiar**	**suegras**
asilo	**cocinera**	**nos reunimos**	

JOAQUÍN:	Hijo, ¿qué vamos a hacer? No hay comida en la casa.
FERNANDO:	Pero, Papá, aquí en el coche hay unas patatas fritas de bolsa.
JOAQUÍN:	¡Qué va! Tengo hambre y las patatas fritas son comida _____.[1] Tenemos que comprar unos _____[2] para la casa pronto.
FERNANDO:	¿Por qué vamos a visitar a la abuela?
JOAQUÍN:	Bueno, es que... hace mucho tiempo que no la vemos y, pues, como vive en un _____[3] igual a ella le gustaría estar un rato en casa con nosotros. Pues, somos dos hombres solos. Con la abuela en casa, vamos a vivir en familia. ¿No crees?
FERNANDO:	Es que, para decirte la verdad, no me acuerdo muy bien de ella. ¿Vosotros todavía os lleváis bien?
JOAQUÍN:	Claro. Dicen que las _____[4] y los yernos no _____[5] bien pero nuestro caso es distinto. Bueno... como hace tanto tiempo que no nos vemos, yo la _____.[6] Ella es nuestro _____[7] y supongo que ella está harta de vivir en el asilo.
FERNANDO:	Hace mucho tiempo que no _____[8] con ella para un día feriado o para cenar, ¿no?
JOAQUÍN:	Es cierto, Fernando, pero lo bueno es que es una estupenda _____.[9] Sabe preparar todos tus platos favoritos.
FERNANDO:	Ojalá. Cómo me encanta la comida _____.[10] Pero de todos modos tengo hambre ahora y voy a comerme unas patatas fritas.

B. La gente mayor: Su papel en la sociedad y la familia

PASO 1. Lee las oraciones sobre estas escenas e infiere el significado de las palabras **en negrilla**. Luego, escribe por lo menos tres oraciones para explicar las ideas, las actividades y los adjetivos que asocias con cada uno de los siguientes lugares o personas. **Las palabras útiles para dar tu opinión o tu percepción** pueden ayudarte.

© Borja Cobeaga

La abuela, Lourdes, vive en **un asilo de ancianos**, y está muy animada cuando vienen su **yerno** Joaquín y nieto Fernando para sacarla y llevarla a la casa. Hace mucho tiempo que no se ven, y se nota que Lourdes **se ha envejecido**. Joaquín le comenta a Fernando que ella **está muy desmejorada**.

© Borja Cobeaga

Lourdes les prepara **una tortilla española** a Fernando y Joaquín. Es una abuela muy activa. No está **discapacitada** como algunos **ancianos** en **asilos**. Al **encargarse** de preparar la comida, **juega un papel** tradicional. ¿Cuáles son las ventajas de vivir con **un familiar** mayor?

Más vocabulario sobre la gente mayor	
valorar	to value
el bienestar	well-being
la carga	burden
la vejez	old age
aislado/a	isolated
deprimente	depressing
sabio/a	wise
Repaso: cariñoso/a, útil	

Palabras útiles
para dar tu
opinión o tu
percepción

**a mi manera de
ver**
 to my way of
 thinking
a mi parecer
 the way I see it
al parecer
 it seems,
 apparently
creo que
 I think that
**desde mi punto
de vista**
 from my point of
 view
**me da la
impresión**
 I have the
 impression
me parece que
 it seems to me
 that
para mí
 to me, as far as I
 am concerned
pienso que
 I think that

MODELO: los abuelos – Desde mi punto de vista, los abuelos son sabios porque llevan toda una vida de experiencias. Al parecer, muchas familias no valoran a sus miembros mayores así que los ponen en asilos.

1. el asilo de ancianos

_____

_____

_____

2. los abuelos

_____

_____

_____

PASO 2. Ahora léele tus ideas del **Paso 1** a tu pareja. ¿Tienen Uds. ideas parecidas o distintas?

PASO 3. Mira la siguiente imagen que trata del papel de una persona mayor en su familia. Utiliza el vocabulario para responder a las preguntas.

1. ¿Cómo se siente esta señora? ¿Aislada? ¿Valorada? ¿Qué papel juega ella en su familia? ¿Quiere su familia compartir tiempo con ella?
2. ¿Está ella discapacitada o puede vivir independientemente?
3. ¿Refleja esta imagen un estereotipo de la vejez?
4. ¿Con qué frecuencia visitas a los ancianos en tu familia?

Todavía no sé adónde vamos a ir de vacaciones, Mamá. Buscamos un lugar al que no vaya nadie: poco frecuentado, solitario y silencioso...

Pues, hijo... ¡vengan a mi casa!

C. Los platos

PASO 1. Las siguientes imágenes retratan diferentes aspectos de la experiencia de preparar y disfrutar de comer.

© Borja Cobeaga

Para hacer **una tortilla española**, Lourdes utiliza **una sartén** para **freír** las patatas y cebolla en aceite de oliva. Luego, **bate** seis o siete huevos y los **mezcla** con las patatas y cebolla. Cocina todos los ingredientes en **la sartén a fuego medio**.

© Borja Cobeaga

Una dorada es un tipo de pescado que se cocina al horno. Lourdes **hornea** el pescado **sazonado** con sal. En muchos países del mundo hispano, todo el pescado se come, incluso la cabeza.

© Borja Cobeaga

Con frecuencia, **los acompañamientos** de las carnes, como el pollo en esta foto, incluyen patatas fritas, o verduras, como zanahorias, tomates y lechuga, a la plancha o asadas.

© Borja Cobeaga

Aquí, Lourdes sirve una fabada asturiana. La fabada es **un guiso** de carne de cerdo como **el tocino**, el chorizo y el jamón. Además se prepara con **ajo** y frijoles blancos. Lourdes **hierve** todos los ingredientes en **una olla** grande **a fuego bajo** en la estufa.

Más vocabulario sobre los platos

medir (i)	to measure
oler (yo huelo)	to smell
pasar hambre	to go hungry
rellenar	to refill; to stuff
saltear	to stir fry; to sauté
el ajo	garlic
la empanada	a typically baked or fried savory stuffed pastry
la langosta	lobster; locust
la masa	dough
la receta	recipe
el tocino	bacon
a fuego bajo/medio/alto	on low/medium/high heat (on the stove)

Repaso: a la plancha, al horno, asado/a, el frijol

1. ¿Qué tienen en común los fotogramas del cortometraje que muestran comidas? ¿Cómo son distintas o semejantes de las comidas típicas de tu familia?

2. ¿Comes el pescado? ¿Cómo se prepara el pescado que tú comes? ¿Fríes el pescado? ¿lo horneas?

3. ¿Cuáles de tus comidas favoritas se preparan en una sartén o en una olla? ¿Utilizas mucha sal para sazonar tu comida? Cuando hierves agua, ¿qué comida preparas?

4. ¿Comes carne? ¿Qué tipos de carne son comunes en tu casa o en tu comunidad? Prefieres las carnes preparadas a la plancha o al horno? ¿Horneas la comida en el horno tradicional o en un horno de microondas?

5. ¿Sigues la receta cuando preparas un plato? ¿Conoces recetas para un guiso? ¿Qué ingredientes tiene?

PASO 2. Las siguientes tiras cómicas y foto muestran el tema de la comida en el mundo hispanohablante. Míralas y contesta las preguntas.

EN LA PRUEBA FINAL DEL REALITY "COCINANDO POR UN SUEÑO", EL PARTICIPANTE NÚMERO 3 TIENE LA SENSACIÓN DE HABER INTERPRETADO ERRÓNEAMENTE LA LISTA DE INGREDIENTES.

Este chiste* muestra que la palabra **langosta** tiene dos significados en español. ¿Cómo son distintos los tres platos de **los cocineros**?

*En la prueba final del *reality* «Cocinando por un sueño» el participante número 3 tiene la sensación de haber interpretado erróneamente la lista de ingredientes.

^a*grandfather* ^b*fold*

Las empanadas consisten en **masa rellena** de carne, queso, frutas o verduras. «Empanar» significa encerrar algo en pan para **hornear** o **freír**. Las empanadas son un plato tradicional en muchos países hispanos.

© ZUMA Press Inc/Alamy

Aquí todos los miembros de la familia **se reúnen** para preparar los tamales para una tamalada, una celebración colectiva en que sirven esta comida que se remonta a la época precolombina.

1. ¿Cuáles son los dos significados de langosta, según el chiste? Además de la langosta, ¿qué otros mariscos conoces?

2. En el chiste de las empanadas, **tata** significa **abuelo** y **el repulgue** es *fold* o *crease* en la masa de la empanada. ¿Qué le recomienda el abuelo a su nieta? ¿Buscas información de recetas en Internet? Como la empanada es un plato tradicional, ¿es irónica la recomendación del abuelo?

3. En una tamalada, muchos miembros de una familia o una comunidad se reúnen para preparar los tamales, especialmente para celebrar un día feriado. Los tamales son una comida de origen indígena que se comen en muchas partes del mundo hispanohablante. Se preparan con una masa de maíz o harina rellena de carnes, verduras y otros ingredientes. ¿Te reúnes con tus familiares para preparar una comida para una celebración? ¿Qué preparas? ¿Quiénes ayudan? ¿Qué comidas rellenas son semejantes a los tamales?

D. ¿Qué opinan los demás?

PASO 1. Las personas entrevistadas contestan las siguientes preguntas. Lee las preguntas y escribe por lo menos cinco palabras del vocabulario de este capítulo que probablemente van a incluir en sus respuestas.

- ¿Cómo es su familia? ¿Cuántas personas viven en su casa? ¿Quiénes son? ¿Qué actividades hace Ud. con su familia?
- En su país, ¿está cambiando la estructura familiar? ¿Cómo cambia? En su opinión, ¿son buenos estos cambios?
- En su familia, ¿tienen los miembros de la familia papeles tradicionales o modernos? ¿Qué opina de los papeles asociados con cada género? ¿Qué papel tiene/tuvo su madre/padre? ¿Qué papel tiene su familia extendida?

1. _____ 2. _____ 3. _____ 4. _____ 5. _____

 PASO 2. Lee algunos de los detalles sobre las familias que los entrevistados van a mencionar en sus entrevistas. Para cada uno, dile a tu pareja si la oración describe a tu familia, no describe a tu familia, o si describe a la familia de otra persona a quien conoces. Explica tus respuestas.

MODELO: *Tú lees:* Los tíos, los primos y los amigos son una parte importante de la familia.

Tú dices: No describe a mi familia. Tengo muchos primos, pero viven lejos de mí y no los veo mucho. Mi familia es básica porque consiste en mis padres, mi hermano y mi perro. Pero la oración sí describe a la familia de mi amiga. Ella vive cerca de sus familiares y se ven todos los fines de semana.

1. Los padres están divorciados.
2. La madre es soltera.
3. No tiene hermanos.
4. Los primos son como los hermanos.
5. Los papeles típicos de género son al revés.
6. La gente ya no se casa ni tiene tantos hijos como antes.

PASO 3. Primero, lee las siguientes oraciones. Luego, mira las entrevistas. Por último, indica si las oraciones son ciertas o falsas, según las entrevistas y si la oración es falsa, corrígela.

Palabras y frases útiles

cortar el pavo
to carve the turkey
debido a
due to
la escasez
scarcity
hacer parrandas
to go out on the town

Steve — © McGraw-Hill Education/ Klic Video Productions

May — © McGraw-Hill Education/ Klic Video Productions

Michelle — © McGraw-Hill Education/ Klic Video Productions

	CIERTO	FALSO
1. Los padres de Steve están casados.	_____	_____
2. La estructura familiar está cambiando y esto es bueno, según Steve.	_____	_____
3. Durante las Navidades, la familia de May hacía parrandas en donde iban de casa en casa para tocar música y cantar.	_____	_____

4. El padre de May es el que cocina en su familia y su madre es toda una feminista. _____ _____

5. Según May, la estructura familiar en Venezuela está cambiando debido a la situación política. _____ _____

6. Michelle es una madre soltera y tiene una hija de trece años. _____ _____

7. Según Michelle, en La República Dominicana la mayoría de las madres todavía prefiere quedarse en casa. _____ _____

8. Las mujeres en la familia de Michelle son tradicionales y prefieren ser madres en lugar de tener carreras. _____ _____

 PASO 4. Lee los siguientes comentarios. Elige uno con el que te identifiques y explícalo en tus propias palabras. Luego, lee los otros comentarios de nuevo y explica por qué no te identificas más con ellos.

> **MODELO:** Steve dijo: «Mi mamá estuvo como padre y madre cuando yo estaba creciendo».
>
> *Tú dices*: Yo me identifico con Steve porque mis padres también están divorciados. Los padres de May no están divorciados así que las experiencias de Steve y May son distintas. Michelle no dice si sus padres están divorciados pero ella es una madre soltera así que ella tiene que hacer el papel de madre y padre con su hija como la madre de Steve.
>
> *Tu pareja dice:* Yo me identifico más con...

1. Steve dijo: «Las actividades que hacíamos no eran muchas, pero de esas pocas eran muchas bien buenas. Por ejemplo, me acuerdo que en Thanksgiving que es la actividad que hacíamos en noviembre, que es cortar el pavo, siempre nos uníamos para cocinar juntos».

2. May dijo: «Bueno, mi familia es grandísima porque en realidad la familia básica, que es papá, mamá, hijos, somos solamente mi papá, mi mamá y yo. Entonces vivíamos los tres, los tres vivíamos en la casa, pero mis primos, mis tíos, tías, amigos, familiares de toda la vida, venían por la casa, cocinábamos. Cocinábamos mucho porque mi papá y yo éramos, somos cocineros y, bueno, es un familión».

3. Michelle dijo: «Una de las cosas que yo recuerdo de mi infancia es que, en La República Dominicana, a la familia entera le encantaba ir a la playa todos los fines de semana».

 PASO 5. En parejas, conversen sobre sus propias ideas respecto a las preguntas del **Paso 1.**

III. GRAMÁTICA

1.1 La abuela viene a vivir con Joaquín y Fernando

El presente de indicativo

¿Comprendiste?

Vas a mirar el cortometraje entero sin los subtítulos. **¡OJO!** No te preocupes si no entiendes todo. Puedes mirarlo varias veces y usar el contexto [por ejemplo, los gestos (*facial expressions*), las acciones, el sonido y el escenario (*setting)*] para ayudarte a entender el argumento (*plot*). Enfócate en las palabras que sabes.

PASO 1. Mientras miras el cortometraje, haz una lista de por lo menos cinco acciones que ves. Escribe los infinitivos e indica quién(es) hace(n) cada uno.

> **MODELO:** dormir en el sofá—Joaquín y Fernando
>
> buscar las sábanas—Fernando
>
> brindar—Joaquín, Fernando y Lourdes

Palabras útiles

a lo mejor
perhaps, maybe

apañarse
to get by, to manage

colgar (ue)
to hang up the phone

¡coño!
expletive to express frustration

hacer los recados
to run errands

¡joder!
expletive to express frustration

largarse
to leave

ponerse las botas
to pig out (also, lit., to put one's boots on)

portarse
to behave

precipitarse
to rush things

© Borja Cobeaga

PASO 2. En parejas, túrnense para leer las oraciones y decidir si son ciertas o falsas. Corrijan las oraciones falsas.

	CIERTO	FALSO
1. Julia **sale** de la casa el domingo por la mañana.	_____	_____
2. Lourdes **vive** en un asilo de ancianos.	_____	_____
3. Fernando y Joaquín **limpian** la casa y **preparan** las comidas después de que Julia sale del piso.	_____	_____
4. Todos **comen** comida chatarra después de la llegada de Lourdes.	_____	_____
5. Joaquín **habla** con Julia por teléfono y **mira** unas fotos familiares en un álbum.	_____	_____
6. Joaquín le **dice** a Fernando al final que Lourdes no **es** su abuela.	_____	_____

PARA TU INFORMACIÓN:
«NO PASA NADA.»

La expresión que escuchas cuando Lourdes ve el piso desordenado por primera vez, **«No pasa nada»**, es una expresión muy común en España que significa que **«todo va a estar bien»** o **«no hay problemas»**. Es el equivalente de las expresiones en inglés: "*It is no big deal*", "*No problem*", o "*Don't worry. It will work out*". ¿Qué valor cultural refleja esta expresión?

Actividades analíticas

Los verbos regulares en el presente

¡A analizar!

Joaquín **busca** café en la cafetera. Normalmente **bebe** café por la mañana.

Típicamente, Julia **prepara** el café. Joaquín y Fernando **dependen** de ella para todo.

Después de la salida de Julia, en el piso solo **viven** los dos hombres de la familia, Joaquín y Fernando.

¿**Desea** la abuela formar parte de una familia?

Elige la respuesta más lógica para cada pregunta y luego completa las respuestas con una palabra lógica.

PREGUNTAS PARA JOAQUÍN	RESPUESTAS

____ 1. ¿Por qué **decides** ir al asilo de _____?

a. Cuando Lourdes **trata** de besarme, **sospecho** que ella no es mi _____.

____ 2. ¿**Preparáis*** la cena de vez en cuando?

b. La abuela **vive** allí y nosotros **necesitamos** ayuda para cuidar la casa. ¿A lo mejor ella nos **ayuda**?

____ 3. ¿**Ayudas** a Lourdes a limpiar la casa o a preparar las comidas?

c. No, no **ayudo** mucho porque ella **limpia** y **arregla** todo muy bien y es una excelente cocinera de comidas muy _____.

____ 4. ¿Por qué **miras** el _____ de fotos después de hablar con Julia?

d. No, Fernando y yo no **cocinamos** porque no somos buenos _____. Las mujeres **cocinan** muy bien, los hombres no tanto.

____ 5. ¿**Crees** que es importante decirle la verdad a Fernando?

e. **Creo** que Fernando está muy contento ahora. Por eso **decido** que él no **debe** saber la verdad.

_____

*In Spain, the **vosotros/vosotras** form is commonly used when addressing two or more people informally. Throughout *Ambientes* we consistently present the **vosotros/vosotras** conjugations for recognition, but we do not incorporate this form into the practice activities. Instead, we focus on the **Uds.** form, which is used to address two or more people formally or informally throughout most of the rest of the Spanish-speaking world.

1. Verbs can describe actions, such as *eat*, *make*, or *tell*, and states of being, such as *be*, *seem*, or *have*. The basic forms of these verbs are called *infinitives*. In Spanish the infinitive ends in -**ar**, -**er**, or -**ir**, and it means *to +
the action or state,* such as **habl**ar (*to talk*), **hac**er (*to make*), or **viv**ir (*to live*). The infinitive is the form of the verb that you'll find in a dictionary.

   Lourdes **prepara** la comida.   *Lourdes <u>prepares</u> the food.*

   Prepara in this sentence is an example of a verb that has been conjugated. We know **prepara** is a conjugated verb form, not an infinitive, because it does not end in -**ar**, -**er**, or -**ir**.

   Lourdes **desea** preparar la comida.   *Lourdes <u>wants</u> to prepare the food.*

   In the sentence above, the infinitive form of the -**ar** verb **preparar** means *to prepare.*

2. We conjugate infinitives in order to communicate the subject of the action, that is, who or what is doing the action. In Spanish, this is done by removing the -**ar**, -**er**, or -**ir** from the end of the infinitive and replacing it with another ending that reflects who or what is performing the action.

3. The present tense in Spanish is used to narrate actions that are occurring now, that typically do occur, or that will occur in the near future. English equivalents include *I am cooking, we do cook, I will cook, they cook*, for example.

4. Like all verb forms in Spanish, the present tense in Spanish includes verbs that follow a regular pattern (regular verbs) and verbs that do not (irregular

verbs). All of the **¡A analizar!** verbs that appear in **bold** are regular verbs. Their conjugations follow a predictable pattern.

Identify the subjects of the following verbs as used in the activity above:

ayudo – _____	creo – _____	decido – _____
miras – _____	crees – _____	decides – _____
limpia – _____	debe – _____	vive – _____
necesitamos – _____		
cocinan – _____	dependen – _____	viven – _____

Follow the patterns and complete the following chart with the missing infinitives and present tense conjugations of these regular verbs. The **Preguntas** and **Respuestas** from the activity above will help you.

El presente de indicativo: Los verbos regulares			
	-ar	**-er**	**-ir**
	_____	creer	_____
yo	_____	_____	_____
tú	_____	_____	_____
Ud., él/ella	_____	cree	decide
nosotros/nosotras	ayudamos	creemos	decidimos
vosotros/vosotras	ayudáis	creéis	decidís
Uds., ellos/ellas	_____	creen	deciden

The **-er** and **-ir** verb endings are very similar. In which subjects is there a difference? _____

Following the patterns, complete the chart of endings for -**ar**, -**er**, and -**ir** verbs in the present tense.

Los verbos regulares del presente de indicativo: Las formas			
	-ar	**-er**	**-ir**
yo	_____	-o	_____
tú	-as	_____	-es
Ud., él/ella	_____	-e	-e
nosotros/nosotras	-amos	_____	_____
vosotros/vosotras	-áis	-éis	_____
Uds., ellos/ellas	_____	-en	-en

Which conjugations carry written accent marks? _____

¡OJO!

Verbs are sometimes NOT conjugated. Instead, they may be left in their infinitive form. Here are three key instances when a verb is not conjugated.

a) Verbs are not conjugated after other verbs when the two verbs communicate a single action or idea. Do not conjugate a verb that appears right after these verbs: **deber, desear, necesitar, pensar, querer.** For example, **necesito dormir, queremos salir, deben recordar**.

b) Verbs are not conjugated right after an impersonal expression such as: **es necesario, es importante, es mejor, es interesante, es bueno.** For example, **es importante leer, es necesario preguntar, es bueno pensar**. However, if a subject is introduced after the impersonal expression, the verb will be conjugated in the present subjunctive. See **Capítulo 5**.

c) There are several key phrases where the infinitive is always used: **ir + a +** infinitive: *to be going to do something,* **tener + que +** infinitive: *to have to do something*, and **hay que** + infinitive: *one must do something,* or *it's necessary to do something.*

Los verbos irregulares en el presente

¡A analizar!

Usando la letra **J** (Julia), **F** (Fernando) o **L** (Lourdes), indica quién probablemente dice lo siguiente.

Julia

Fernando

Lourdes

____ 1. Aunque yo no **conozco** a estos dos hombres, ahora **son** como mi yerno y mi nieto. Ellos me **dan** la oportunidad de tener una familia. Pero, parece que ellos me conocen.

____ 2. **Hago** todo en esta casa. Ellos no hacen nada. **Voy** al mercado para comprar alimentos, **recojo** sus cosas del suelo, limpio, etcétera. Ellos no se **dan** cuenta de todo lo que **hago**, pero no me importa. Ellos confían en mí y me tratan como un familiar. Ahora me **doy** cuenta de lo que significa vivir en familia.

____ 3. **Estoy** muy contento en casa. Creo que la abuela también está contenta. Yo le **voy** a decir a la abuela que **agradezco** todo lo que ella hace por nosotros. Y, **supongo** que ella agradece estar en nuestra casa. Afortunadamente, sale de ese asilo y elige vivir con nosotros.

____ 4. **Pongo** todas mis cosas en una maleta y **salgo** de la casa un domingo por la mañana. En dos días, la casa **va** a estar hecha un lío porque ellos no recogen nada, no lavan nada, no saben hacer nada.

____ 5. No **sé** si Joaquín sabe que no **soy** su suegra. **Veo** que me mira un poco raro pero no me dice nada. Por ahora, yo **elijo** vivir con ellos. Creo que me **parezco** a su suegra. Por lo menos **sustituyo** por Julia puesto que ella ya no **está**.

_____ 6. Creo que en general mis padres se llevan bien. Por eso, creo que mamá **va** a volver. A veces, ella le dice a mi padre que él no la respeta y que ella **está** harta (*fed up*) de hacer todo en la casa. **Es** cierto... cuando ella habla, padre no la **oye**. Cuando yo los **oigo** discutir, me siento preocupado.

_____ 7. **Supongo** que mi amiga me **influye**. Ella trabaja fuera de la casa y su suegra vive en casa con ellos. Están muy unidos y la suegra cuida a sus hijos. Creo que **contribuyo** mucho al matrimonio y al hogar. Mi marido necesita contribuir más.

5. The following three charts feature verbs that are only irregular in the first-person singular (**yo**) conjugations. Complete the charts with the correct **yo** conjugations of these verbs and other verbs that follow the same pattern. **¡OJO!** If you need more help, study the sentences just above in **¡A analizar!**

Los verbos que terminan en -*cer*, -*cir*					
parecer	**conducir**	**conocer**	**crecer**	**nacer**	**producir**
to seem	*to drive*	*to know or be familiar with a person, place or thing*	*to grow; to grow up*	*to be born*	*to produce*
yo _____	conduzco	_____	crezco	nazco	_____

Complete the rule. In the first person singular (**yo**) form, verbs that end in _____ or -**cir** add the letter ___ before the -**co** ending.

Why might this change be necessary to preserve the original pronunciation of the verb? Say aloud what the **yo** forms would sound like if they didn't have the letter **z**. Do they sound like their infinitives? Remember that in Spanish the letter **c** is hard before the letter **o**.

Los verbos que terminan en -*ger*, -*gir*				
dirigir	**elegir (i)**	**escoger**	**proteger**	**recoger**
to direct	*to choose; to elect*	*to choose*	*to protect*	*to pick up*
yo dirijo	_____	_____	protejo	_____

Complete the rule. In the first person singular (**yo**) form, verbs that end in -**ger** or -**gir** change the letter ___ to a ___ before the ___ ending.

Why might this change be necessary to preserve the original pronunciation of the verb? Remember that in Spanish the letter **g** is hard before the letter **o**.

You cannot tell by looking at the infinitive which verbs will be "-**go** verbs." It is necessary to memorize their irregular forms.

Los verbos que terminan en -*go* (primera persona singular)				
caer	**hacer**	**poner**	**salir**	**traer**
to fall	*to do; to make*	*to put; to place; to set*	*to leave, go out*	*to bring*
yo caigo	_____	_____	salgo	_____

What do you notice about **caer** and **traer**? Besides the **-go** ending, what do they have in common?

Both add the letter ___ before the **-go** ending.

What letter is omitted in the conjugation of **hacer** in the first person? ___

6. **Dar** and **estar** both end in **-oy** in the first person singular (**yo**) conjugation. The rest of the conjugations are regular. The first person singular conjugation for **ir** and **ser** also ends in **-oy** but the other subject conjugations have irregular forms. Complete the following table. Don't forget that the **¡A analizar!** sentences hold clues.

Los verbos que terminan en *-oy* (primera persona singular)				
	dar *to give*	**estar** *to be*	**ir** *to go*	**ser** *to be*
yo	___	estoy	___	___
tú	das	estás	vas	eres
Ud., él/ella	da	___	___	___
nosotros/nosotras	damos	estamos	vamos	somos
vosotros/vosotras	dais	estáis	vais	sois
Uds., ellos/ellas	___	están	van	___

7. Verbs whose stem ends in **-uir** gain the letter **y** in many of their conjugations. Look at the chart below. What pattern do you see? Use the pattern to help you fill in the missing conjugations. **¡OJO!** Similarly, while **oír** is not a **-uir** verb, it follows the same pattern, except for the first person singular form, where it ends in **-go**.

Los verbos que terminan en *-uir,* and the verb *oír*				
	contribuir *to contribute*	**sustituir** *to substitute, replace*	**influir** *to influence*	**oír** *to hear*
yo	___	___	influyo	oigo
tú	contribuyes	sustituyes	___	oyes
Ud., él/ella	___	sustituye	___	___
nosotros/ nosotras	contribuimos	___	influimos	oímos
vosotros/ vosotras	contribuís	sustituís	___	___
Uds., ellos/ellas	contribuyen	___	influyen	___

Complete the rule. For Spanish verbs that end in **-uir**, and for the verb **oír**, what letter is added to the stem before most conjugations? The letter ___

For which conjugations is this letter not added? _____, _____ and _____

8. **Saber** and **ver** are unique in that both have irregular forms in the first person singular (**yo**) conjugation only, but no other verbs share their

irregular **yo** form. Review the **¡A analizar!** activity sentences and complete the chart.

	saber	ver
Saber y *ver*		
	to know something	to see, to watch
yo	___	___

Los verbos con cambio de raíz en el presente

¡A analizar!

© Borja Cobeaga

a.

© Borja Cobeaga

b.

© Borja Cobeaga

c.

© Borja Cobeaga

d.

© Borja Cobeaga

e.

© Borja Cobeaga

f.

© Borja Cobeaga

g.

© Borja Cobeaga

h.

© Borja Cobeaga

i.

Empareja la letra de la imagen que corresponde a lo que dicen los personajes.

____ 1. Fernando dice: «Abuela, ¿**te acuerdas de** la paella que hacías? Me encanta tu paella. ¿**Sigues** haciéndola? Vas a estar muy bien aquí. Pongo estas sábanas y **duermes** muy bien esta noche.»

____ 2. Joaquín dice: «No **encuentro** mis zapatillas, no hay café y **tenemos** hambre. **Comienzo** a pensar que hay algún problema con Julia.»

____ 3. Lourdes dice: «Ellos me **cuentan** que Julia está de viaje. No me importa. **Prefiero** estar en este coche que en el asilo de ancianos.»

____ 4. Joaquín dice: «Ahora que Julia no está, **preferimos** pasar tiempo en la sala. Comemos aquí, vemos la tele y Fernando **juega** videojuegos. Por la noche, no nos **acostamos** en la cama. Nos **dormimos** aquí en el sofá con el televisor encendido.»

____ 5. Julia dice: «Estoy enojada, frustrada y harta. No me **despido** de ellos porque no **quiero** escuchar sus excusas. Los domingos se **despiertan** tarde. ¡Mientras **duermen**, sus cosas a la calle! Van a darse cuenta de cómo me **siento** si no **pueden** encontrar su querido televisor.»

____ 6. Lourdes dice: «**Vienen** al asilo para sacarme de aquí. Me **muero** de aburrimiento aquí. Les **digo** que **quiero** salir. No **pierdo** nada con preguntar.»

____ 7. Joaquín dice: «No **recuerdo** muy bien... pero mi suegra no **suele** tratarme tan bien, no **suele** ser tan amable. ¿**Miente** Julia? Me **cuenta** que su mamá está con ella. En las fotos **reímos**, nos **divertimos**. ¿De verdad somos felices? Mi suegra se **viste** igual que ahora, pero su cara... algo raro está sucediendo.»

____ 8. Fernando dice: «Me encantan los domingos. Me **despierto** tarde, desayuno, veo la tele y **puedo** hacer todo lo que **quiero**. Mamá **vuelve** del mercado por la mañana y nos prepara una rica comida.»

____ 9. Lourdes dice: «Estoy muy contenta aquí. Brindo por vosotros, por mi hogar nuevo, por nuestra familia. ¿Os **sentís** mejor ya que la casa está arreglada? Bueno, venga, ¿**queréis** probar la comida? Estoy segura que **preferís** una cena así todos los domingos. Es más saludable que la comida basura.»

9. In Spanish, the infinitive has two parts: the stem and the ending (-**ar**, -**er**, -**ir**). Most stems do not change when the verb is conjugated. However, the verbs in **bold** in the **¡A analizar!** sentences are stem-changing verbs. In addition to having an ending added to the stem when they are conjugated, the stem itself also changes. There are three types of stem changes.

Look at these verbs from the sentences above. The infinitive of each verb is in the second column. How does the stem of the verb change in each case?

Verbo conjugado	Infinitivo	Regla
¿**Te acuerdas** de la paella?	ac**o**rdarse	
Duermes muy bien esta noche.	d**o**rmir	How does the **o** stem change in these verbs?
No **encuentro** mis zapatillas.	enc**o**ntrar	The **o** changes to ____
Ellos me **cuentan**	c**o**ntar	
No **suele** ser tan amable.	s**o**ler	
Comienzo a pensar	com**e**nzar	
Prefiero estar	pref**e**rir	How does the **e** stem change in these verbs?
No **quiero** escuchar	qu**e**rer	The **e** changes to ____
Los domingos se **despiertan** tarde	desp**e**rtarse	
Como me **siento**	s**e**ntirse	
¿**Sigues** haciéndola?	s**e**guir	
No **me despido**	desp**e**dirse	How does the **e** stem change in these verbs?
Les **digo**	d**e**cir	The **e** changes to the letter ____
Mi suegra **se viste** igual	v**e**stirse	

The following verbs are stem changers, but in the sentences above they do not show a stem change: **tenemos, preferimos, nos acostamos, nos dormimos, os sentís, queréis, preferís.**

In what two conjugations are these verbs? _____

Based on your deductions above, complete the following chart that features each type of stem-changing verb.

	dormir (o-ue)	querer (e-ie)	vestir (e-i)
yo	_____	quiero	visto
tú	duermes	_____	_____
Ud., él/ella	_____	_____	_____
nosotros/nosotras	dormimos	_____	_____
vosotros/vosotras	dormís	queréis	vestís
Uds., ellos/ellas	duermen	_____	visten

Which two conjugations do NOT have a stem change? _____

Here are some common stem-changing verbs. Vocabulary words for this chapter are underlined.

o-ue	e-ie	e-i
acordarse (to remember) **acostarse** (to go to bed) **almorzar** (to eat lunch) <u>**cocer**</u> (to cook; to boil) **contar** (to tell; to count) **dormir** (to sleep) <u>**jugar**</u> (to play)* **morir** (to die) **mostrar** (to show) <u>**oler**</u> (to smell)† **poder** (to be able to, can) **probar** (to try; to taste) **recordar** (to remember; to remind) **soler** (to typically/usually do something) **volver** (to return)	<u>**calentar**</u> (to heat) **comenzar** (to begin) **empezar** (to begin) **divertirse** (to have a good time, to have fun) **encender** (to turn on appliance, lights) **entender** (to understand) <u>**hervir**</u> (to boil) **mentir** (to lie, to tell a lie) **pensar** (to think) **perder** (to lose) **preferir** (to prefer) **querer** (to want; to love) **recomendar** (to recommend) **sentarse** (to sit down) **sentirse** (to feel) **sugerir** (to suggest) **tener** (to have) **venir** (to come)	**decir** (to say; to tell) **despedir** (to say good-bye) <u>**freír**</u> (to fry) <u>**medir**</u> (to measure) **pedir** (to ask for; to request) **repetir** (to repeat) **seguir** (to follow; to continue) **servir** (to serve) **vestirse** (to get dressed)

---

*The verb **jugar** (to play) is unique in that it is the only **u-ue** stem-changing verb: **juego, juegas, juega, jugamos, jugáis, juegan**.

†For all the conjugations except **nosotros/nosotras** and **vosotros/vosotras**, the verb **oler** adds an **h** at the beginning of the verb. The **h** is only added before the **ue: huelo, hueles, huele, olemos, oléis, huelen**.

10. The stem-changing verbs **decir** (*to say; to tell*), **seguir** (*to follow; to continue*), **tener** (*to have*) and **venir** (*to come*) are also -**go** verbs. Notice the **u** is omitted in the first person singular (**yo**) conjugation of **seguir**. Complete the chart with the correct forms.

	decir (e-i)	tener (e-ie)	seguir (e-i)
yo	_____	tengo	sigo
tú	dices	_____	_____
Ud., él/ella	_____	tiene	_____
nosotros/nosotras	decimos	_____	seguimos
vosotros/vosotras	decís	tenéis	seguís
Uds., ellos/ellas	dicen	_____	siguen

Why might the **u** not be necessary after the **g** in the first person singular (**yo**) conjugation of **seguir**?_____

_____

¡OJO!

You likely noticed that the infinitives of some stem-changing verbs end in **se** (**sentarse, divertirse, acostarse**). Verbs whose infinitives end with **se** are called pronominal verbs. There are many verbs that are pronominal but that are NOT stem-changing verbs (**levantarse, llamarse**). Some verbs are always pronominal, while others only become pronominal to communicate a particular meaning. When pronominal verbs are used they must always be accompanied by the corresponding reflexive pronoun: **me, te, se, nos, os, se**. You will review pronominal verbs later in this chapter. For now, note the presence of these pronouns with pronominal verbs. When you write a pronominal verb in its unconjugated infinitive form, be sure to add its **se** to the end.

Actividades prácticas

A. La trama: ¿Qué sucede?

PASO 1. Llena los espacios en blanco con el presente de los verbos entre paréntesis. Luego, empareja la oración con el fotograma que muestra esa acción.

____ 1. Fernando y Joaquín _____ (encontrar) sus cosas en la calle.

____ 2. Cuando Lourdes _____ (ver) la habitación, _____ (pensar) que está muy desordenada.

____ 3. Las fotos en el álbum _____ (mostrar) la cara de otra mujer. ¿Joaquín _____ (ir) a decirle la verdad a Fernando?

____ 4. Julia _____ (seguir) sintiéndose frustrada. Ya no _____ (poder) aguantar la situación.

____ 5. Lourdes _____ (vivir) en un asilo de ancianos. Fernando y Joaquín la _____ (recoger) para llevarla a casa. ¿Los _____ (reconocer) Lourdes?

____ 6. Julia no está, así que nadie les _____ (preparar) el café y el desayuno. Ellos _____ (soler) no hacer nada en la cocina excepto comer.

© Borja Cobeaga

a.

© Borja Cobeaga

b.

© Borja Cobeaga

c.

© Borja Cobeaga

d.

© Borja Cobeaga

e.

© Borja Cobeaga

f.

PASO 2. Para cada oración del **Paso 1**, escribe algo de tu vida sobre la misma acción. Use la forma de **yo.** Incluye detalles.

> **MODELO:** encontrar → Con frecuencia no **encuentro** las llaves de mi coche.
> A veces dejo las llaves en mi coche, pero **sé** que eso no es una buena solución.

B. Antes y después

PASO 1. Mira los fotogramas y completa las oraciones para decir lo que sucede antes o después de cada momento. Utiliza el tiempo presente.

> **MODELO:**
>
> Antes de llegar al asilo de ancianos, Fernando y Joaquín <u>comen</u> (comer) mal, <u>duermen</u> (dormir) en el sofá y no <u>están</u> (estar) para nada contentos. <u>Tienen</u> (Tener) hambre y <u>necesitan</u> (necesitar) ayuda.

© Borja Cobeaga

© Borja Cobeaga

1. Después de que Lourdes _____ (preparar) esta tortilla, Joaquín le _____ (decir) que _____ (agradecer) mucho la comida.

2. Antes de arreglar la habitación para la abuela y poner las sábanas en su cama, Joaquín le _____ (preguntar) a su hijo si Lourdes _____ (darse) cuenta de sus motivos reales.

© Borja Cobeaga

3. Después de llegar al asilo, Fernando y Joaquín _____ (ver) a Lourdes y ella les pregunta si ellos _____ (venir) para sacarla de allí. Fernando dice que deben llevarla porque ella _____ (querer) venir con ellos.

4. Antes de mirar las fotos del álbum, Joaquín y Julia _____ (discutir) por teléfono. Cuando Joaquín le _____ (contar) a Julia que su madre ahora vive con ellos, ella cree que él le _____ (mentir). Luego, Julia le revela algo importante.

© Borja Cobeaga

5. Después de este momento, parece que Lourdes _____ (darse) cuenta de que Joaquín sabe que ella no _____ (ser) su suegra. Por un momento, ella _____ (sentirse) preocupada. Joaquín _____ (pensar) decirle la verdad a Fernando, pero luego cambia de idea.

© Borja Cobeaga

PASO 2. Imagina que eres la persona retratada en los siguientes fotogramas. Describe dos o tres acciones, pensamientos o sentimientos como si fueras (*as if you were*) esa persona. Usa el sujeto **yo**. Expresa estas acciones oralmente mientras tu pareja adivina a qué fotograma corresponde.

MODELO:

© Borja Cobeaga

Tomo vino y **disfruto** de la comida. **Agradezco** la compañía. Estos dos hombres me **aprecian** y yo **juego** un papel importante en su vida. **Voy** a ser una estupenda abuela y suegra.

© Borja Cobeaga

a.

© Borja Cobeaga

b.

© Borja Cobeaga

c.

© Borja Cobeaga

d.

© Borja Cobeaga

e.

© Borja Cobeaga

f.

C. La familia

Este cuadro, *Familia humilde*, fue pintado por el artista guatemalteco Mario González Chavajay y retrata a una familia maya.

PASO 1. Inventa una historia en el tiempo presente de por lo menos ocho oraciones sobre la familia retratada en la obra de arte. Cuenta una historia sobre un problema o un conflicto relacionado a sus relaciones o sus actividades. Antes de escribir, piensa en lo siguiente: ¿Se llevan bien todos los familiares? ¿Qué actividades hacen juntos? ¿Cuándo se reúnen? ¿Qué papel juega cada persona de la familia? ¿Tiene solución el problema o el conflicto? Incluye algunas de las siguientes palabras y frases.

agradecer	estar unidos/as	querer	la lealtad
apoyar	extrañar	recoger	la nuera
brindar por	freír	reunir(se)	el ser querido
cocinar	hervir	saber	la sobremesa
compartir	hornear	sentir(se)	el/la suegro/a
depender de	jugar un papel	valorar	el yerno
descansar	levantar(se)	el bienestar	deprimido/a
dormir(se)	limpiar	el/la bisabuelo/a	mayor
encargar(se)	pedir ayuda/perdón	la comida casera	valorado/a

PASO 2. Entrevista a una pareja sobre la historia que él/ella inventó sobre la familia. Apunta unas preguntas preliminares y haz preguntas adicionales mientras escuchas sus respuestas. Saca apuntes y está listo/a a compartir su historia con la clase.

Actividades analíticas

Los verbos pronominales y los pronombres reflexivos

¡A analizar!

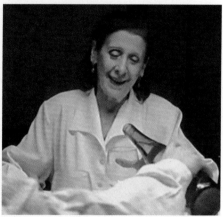

© Borja Cobeaga

Lourdes llama a su prima y habla con ella después de que Julia **se va** de la casa y ella viene a vivir con Joaquín y Fernando. Su prima le hace varias preguntas. Empareja cada una con la respuesta más lógica de Lourdes.

LA PRIMA DE LOURDES

_____ 1. **¿Te encargas** de todo? Son incapaces Fernando y Joaquín de hacer los quehaceres?

_____ 2. **¿Te quejas** de vez en cuando de tener que jugar el papel de la abuela?

_____ 3. **¿Te sientes** muy aislada en el asilo? ¿Cómo **te sientes** ahora?

_____ 4. ¿No **te atreves** a decirles la verdad?

_____ 5. ¿A qué hora **te acuestas** por la noche? ¿A qué hora **te despiertas**? Y ellos, ¿a qué hora **se acuestan**? ¿Cuándo **se despiertan**?

_____ 6. Bueno, **me pregunto** si ellos **se dan cuenta** de que no **te pareces** a la mamá de Julia. ¿Van a **enojarse** si descubren la verdad? ¿Por cuánto tiempo vas a **quedarte** con ellos?

LOURDES

a. Yo quiero apoyarlos y ellos me valoran. Por lo tanto, **me callo**. No les digo nada.

b. Los tres **nos acostamos** a medianoche y yo suelo **dormirme** inmediatamente. **Me levanto** a las 7:00. Joaquín duerme menos que yo. **Se despierta** a las 6 de la mañana. Fernando no **se levanta** hasta las diez de la mañana. Duerme mucho.

c. Creo que no **se acuerdan** de cómo es ella. No sé qué va a suceder. Si puedo, yo voy a seguir siendo la querida abuela de la casa.

d. Sí. Ellos dependen de mí completamente. **Me encargo** de todo porque es lo que esperan de mí. Yo no sé si son capaces o no.

e. A veces. No quiero volver a ese lugar. **Me siento** contenta y valorada en una familia.

f. No. ¡En absoluto! Me encanta cuidar la casa y a mi yerno y a mi nieto. No **me quejo** porque Joaquín trabaja mucho, **se pone** cansado y bueno... todos necesitamos una familia.

1. The verbs in **bold** in **¡A analizar!** are called pronominal verbs because they are accompanied by a (reflexive) pronoun: **me, _____, se, nos, os**, or **se**. Pronominal verbs are used when the subject is acting on itself. Other than their added pronoun, these verbs have the same conjugations as other verbs in the present tense.

2. Use the **¡A analizar!** context to identify the subject of the following verbs, their reflexive pronoun, and the infinitive of each verb from the conversation between Lourdes and her cousin. **¡OJO!** Stem-changing verbs have an asterisk (*) in column 4.

VERBO	SUJETO	PRONOMBRE REFLEXIVO	INFINITIVO
me pregunto	_____	_____	preguntarse
_____	_____	te	quejarse
se levanta	él	_____	_____
_____	nosotros	nos	acostarse*
se despiertan	ellos	_____	_____ *

Reflexive pronouns always match the subject of the verb. Based on the chart and sentences above, see if you can infer the reflexive pronoun for each subject.

Los pronombres reflexivos	
yo	me
tú	___
Ud.	___
él/ella	___
nosotros/nosotras	nos
vosotros/vosotras	os
Uds.	se
ellos/ellas	___

3. Notice the position of the reflexive pronouns with respect to their verbs in the following sentences. This is the most common placement for reflexive pronouns. It is used when the verb is conjugated.

> **Me siento** contenta y valorada en una familia.
>
> ¿A qué hora **te acuestas** por la noche?
>
> Creo que no **se acuerdan** de cómo es ella.
>
> ¿Cuándo **se despiertan**?
>
> Pronoun position: _____ the conjugated verb

However, when the verb is not conjugated (when it's in its infinitive form), there are two possible placements for the reflexive pronoun with respect to the verb.

> a) Yo **suelo dormirme** a las 12:00.
>
> b) **Me suelo dormir** a las 12:00.
>
> a) ¿Por cuánto tiempo **vas a quedarte** con ellos?
>
> b) ¿Por cuánto tiempo **te vas a quedar** con ellos?
>
> Pronoun position: a) _____ to the non-conjugated verb or
> b) _____ the full verb phrase

There is also one instance (with affirmative commands) when the reflexive pronoun MUST be attached to the conjugated verb. We'll address this in **Capítulo 4**.

4. You have reviewed the reflexive pronouns and their placement, but you may wonder why some verbs have a reflexive pronoun and others do not. There are four general reasons why a pronominal verb is necessary. These categories may help you understand and keep track of these verbs.

---

a) Some pronominal verbs refer to an action that one does to oneself, but that can also be done to someone else. Many daily routine activities fall into this category.

The actions that are done to oneself require the reflexive pronoun. Sometimes, but not always, the English equivalent of these verbs includes the pronouns *myself*, *herself*, *yourself*, etcetera.

vestirse	to get oneself dressed
Los niños **se visten** antes de desayunar. (reflexive pronoun used)	*The children <u>dress themselves</u> before they have breakfast.*

However, when the action is done to someone or something else, it does NOT have a reflexive pronoun.

vestir	to dress
La tía **viste** a sus sobrinos. (reflexive pronoun not used)	The aunt **dresses** her nephews.

Other examples (vocabulary words are underlined):

acostarse/acostar	to go to bed / to put (someone) to bed
arreglarse/arreglar	to get (oneself) ready / to arrange; to tidy up
callarse/callar	to hush (oneself) / to hush
cepillarse/cepillar	to brush one's own hair / to brush
despertarse/despertar	to wake (oneself) up / to awaken
<u>encargarse</u>/encargar	to take charge of / to order; to put (someone) in charge of (something)
levantarse/levantar	to get up / to lift
<u>llevarse</u>/llevar	to get along / to carry
ponerse/poner	to put on / to put
preguntarse/preguntar	to ask oneself / to ask
<u>reunirse</u>/reunir	to meet / to gather

---

b) Some pronominal verbs refer to emotional and physical processes and may correspond to the English *get/become* + adjective.

aburrirse	to get bored
Ellos **se aburren** en la casa.	*They <u>get bored</u> at home.*

Outside forces can cause these feelings and experiences, too, however. In those cases, the verb is not pronominal.

aburrir	to bore
Las historias del abuelo **aburren** a los niños.	*The grandfather's stories bore the children.*

Other examples (vocabulary words are underlined):

alegrarse/alegrar	to become glad / to make happy
animarse/animar	to cheer up / to cheer someone up
asustarse/asustar	to get scared / to scare
cansarse/cansar	to get tired / to tire
casarse/casar	to get married / to marry
enojarse/enojar	to get angry / to anger
envejecerse/envejecer	to get older / to age someone
frustrarse/frustrar	to get frustrated / to frustrate
preocuparse/preocupar	to get worried / to worry
sorprenderse/sorprender	to become surprised / to surprise

c) Some pronominal verbs have one meaning while their non-pronominal version has another meaning.

irse	to leave
Julia **se va** de la casa.	*Julia <u>leaves</u> home.*
ir	to go
Lourdes **va** al mercado.	*Lourdes <u>goes</u> to the market.*

Other examples (vocabulary words are underlined):

acordarse/acordar	to remember / to agree to
despedirse/despedir	to say good-bye / to fire
dormirse/dormir	to fall asleep / to sleep
hacerse/hacer	to become / to do; to make
llamarse/llamar	to call oneself, to be named / to call
ocuparse/ocupar	to take on / to occupy
probarse/probar	to try on / to sample; to taste
quedarse/quedar	to stay, remain / to be located; to be left over
volverse/volver	to become / to return

d) Unfortunately, some pronominal verbs do not fall into the three categories above, but are used with reflexive pronouns anyway. These verbs must simply be learned as just being pronominal.

atreverse a	to dare to
¿No **te atreves** a decir cómo te sientes?	*You don't <u>dare</u> say how you feel?*

Other examples:

arrepentirse de	to regret
darse cuenta de	to realize, to understand
enterarse de	to find out
quejarse (de)	to complain (about)

5. Reflexive pronouns are sometimes confused with other pronouns you have learned and will review later in **Ambientes**; direct and indirect object pronouns. The pronouns **me**, **te**, **nos**, and **os** can be direct, indirect, or reflexive pronouns. Each type of pronoun has a different purpose, however. For example, review the pronouns **me** and **te** in the following dialogue from the film. Only one is a reflexive pronoun.

FERNANDO: Cuánto tiempo sin ver**te**. ¿Eh? Mucho tiempo. Mira, Papá. Es la abuela.

LOURDES: Hola.

JOAQUÍN: Hola. Soy tu yerno, Joaquín. No sé si **te** acuerdas de mí.

Which pronoun is a reflexive pronoun? The pronoun **te** in the sentence _____ is a reflexive pronoun. The other two are direct object pronouns.

How can you tell? _____

_____

_____

6. The plural reflexive pronouns—**nos**, **os**, and **se**—are also used to communicate a reciprocal action, expressed in English with the phrase _each other_. In a reciprocal action, both subjects—_we_, _you_ plural, or _they_—are doing the same action to the other subject. For example, many descriptions of interpersonal relationships involve reciprocal action.

abrazarse	_to embrace each other_
ayudarse	_to help each other_
conocerse	_to know each other_
quererse	_to love each other_
verse	_to see each other_

Notice the use of the reflexive pronoun in the following examples.

¿**Se conocen** la abuela y su yerno, Joaquín?

Papá, ¿**os queréis** tú y la abuela?

En mi familia, mis padres y yo **nos ayudamos**.

Uds. **se abrazan** cada vez que se ven.

Which reflexive pronoun is used for a reciprocal action with the subject **nosotros**? _____

Which reflexive pronoun is used for a reciprocal action with the subject **vosotros**? _____

Which reflexive pronoun is used for a reciprocal action with the subject **Uds.**? _____

Which reflexive pronoun is used for a reciprocal action with the subject **ellos**? _____

You will notice that some actions that have a plural subject, and a reflexive pronoun can be understood in two ways: a) a typical reflexive action in which the subjects do the action _to_ or _for themselves_ or b) a reciprocal action to communicate the idea of _each other_. For example, **nos miramos** could mean _we look at each other_ or _we look at ourselves_.

What are two possible English equivalents for the following?

	_____
Nos conocemos.	_We know ourselves._
Ellos se ven.	_They see each other._
	_____

Context will often make it clear which of the two options is correct.

The words **el uno al otro** may be added to clarify actions that are reciprocal. (**La/los/las una/os/as** and **otra/os/as** are used to reflect gender and number variations in the subjects.)

El nieto y la abuela se aman **el uno a la otra**.

Actividades prácticas

A. Julia se enoja, se va de la casa y los hombres no se dan cuenta de la identidad de Lourdes

© Borja Cobeaga

PASO 1. Vuelve a mirar esta escena del cortometraje. Completa la transcripción con los verbos pronominales y los pronombres reflexivos que faltan. **¡OJO!** En su mayoría, los verbos están en el tiempo presente, pero vas a oír algunos infinitivos y otros tiempos/modos verbales. Infiere el infinitivo y presta atención al pronombre reflexivo.

LOURDES: Hola.

FERNANDO: Cuánto tiempo sin verte. ¿Eh?

LOURDES: Mucho tiempo.

FERNANDO: Mira, Papá. Es la abuela.

LOURDES: Hola.

JOAQUÍN: Hola. Soy tu yerno, Joaquín. No sé si _____[1] _____[2]...

LOURDES: ¿Venís a sacarme de aquí?

FERNANDO: Sí.

LOURDES: Pues, _____[3] _____[4] ya, ¿no? Voy a por mis cosas.

FERNANDO: Nos la llevamos, ¿no? Ella _____[5] quiere _____[6].

JOAQUÍN: No lo sé. Yo no la veo bien. No me había dado un abrazo así en su vida.

FERNANDO: Eso es porque _____[7] ha puesto contenta de vernos.

JOAQUÍN: No _____[8] precipitemos, Fernandito.

FERNANDO: Yo lo veo claro, Papá.

LOURDES: Yo ya estoy. ¿_____[9] _____?[10]

JOAQUÍN: Lourdes, no te lo he dicho antes, pero tu hija no está en casa, ¿eh?

LOURDES: De acuerdo.[b]

JOAQUÍN: _____[11] ha ido de viaje unos días.

LOURDES: No importa. Ya _____[12] apañaremos.[c]

---

[a]No... *Let's not rush things* [b]De... Okay. [c]Ya... *We'll manage.*

Verbos útiles
acordarse de
alegrarse de
asustarse
darse cuenta de
divertirse
enterarse de
irse
levantarse
llevarse
ponerse
preocuparse de
quedarse
reírse
sorprenderse

PASO 2. Elige una de las siguientes escenas clave del cortometraje. Resume cinco sucesos importantes de esta escena. Usa el presente de indicativo, las siguientes frases y por los menos cinco verbos pronominales.

al principio: at the beginning

primero: first

luego: then (next)

entonces: then (so)

antes de + **[infinitivo]**: before + [*ing* form of verb]

después de + **[infinitivo]**: after + [*ing* form of verb]

por eso: that's why

al final: at the end

a.

© Borja Cobeaga

b.

© Borja Cobeaga

c.

© Borja Cobeaga

d.

© Borja Cobeaga

e.

© Borja Cobeaga

f.

© Borja Cobeaga

B. La parentela: Los papeles familiares en el mundo hispanohablante

Tú y tu pareja están colaborando en un proyecto cultural sobre la parentela en los países de habla hispana. La palabra **parentela** significa *relatives* o *family members* pero implica un grupo mucho más amplio que el significado en inglés supone. Primero, lee sobre los compadres.

PASO 1. Volverse, hacerse y ponerse: *to become* En inglés, el verbo *to become* se usa para hablar de una gran variedad de situaciones. En español, en cambio, *to become* se puede expresar con tres verbos pronominales distintos, según la situación. Lee las siguientes oraciones sobre la parentela en México. Trata de inferir cuándo se debe utilizar cada verbo.

Los papeles familiares en el mundo hispanohablante: Los compadres

Los compadres juegan un papel importante en muchas familias hispanas. El compadre y la comadre son amigos cercanos o familiares que **se hacen** los padrinos de los hijos de los padres. El compadre es el amigo o el familiar masculino de los padres mientras que la comadre es la amiga o el familiar femenino de los padres. Los compadres tienen que ocuparse de los hijos si los padres mueren y deben ser personas de mucha confianza. Los compadres típicamente **se ponen**

© Sollina Images/Blend Images/Getty Images RF

Los compadres asisten a los hitos (*milestones*) de la vida, como el bautizo.

contentos al ser elegidos para este papel familiar porque saben que son valorados y que los padres los consideran personas de respeto.

Los compadres / Los padrinos tienen varias responsabilidades. Por ejemplo, si la relación entre los padres y sus hijos **se vuelve** conflictiva, los compadres deben mediar. O, si uno de los padres **se pone** enfermo, pierde su trabajo o sufre otra mala fortuna, los compadres ayudan emocional y económicamente a la familia. Además de los padrinos oficiales, muchos amigos pueden **hacerse** compadres de una persona; es decir, son amigos que son tan especiales que son parte de la familia.

Volverse expresses the idea of *become* as in *to turn into* and often may imply a sudden or involuntary change, but one that is more significant or long lasting. **Volverse** is usually used with adjectives.

> Mi abuela **se vuelve** loca tratando de cuidar a todos los familiares.

> Si un familiar anciano de la familia **se vuelve** discapacitado, el compadre lo cuida.

Ponerse is used **only** with adjectives to describe physical and emotional changes that are more temporary.

> Mis tíos **se ponen** frustrados con mi primo con frecuencia.

> Estoy segura que mi mamá va a **ponerse** muy contenta si Uds. la visitan.

Hacerse is used with nouns and adjectives. This way of expressing *to become* implies that a person makes some effort to achieve a result, often involving a profession or some other category to identify a person: **amigo, católico, arquitecto, experto, político,** and so on.

> Mi comadre decidió **hacerse** enfermera después de ser voluntaria por muchos años en el asilo de ancianos.

> En el bautizo, los padrinos **se hacen** miembros oficiales de la familia.

Lee las siguientes oraciones sobre situaciones inventadas que tienen que ver con los compadres. Complétalas con uno de los verbos que significa *to become*. Luego, indica si esta situación describe a los compadres, según la lectura.

Situación	Sí describe	No describe
1. Ernesto tiene un trágico accidente de coche y desafortunadamente _____ parapléjico. Su compadre le siente compasión por él pero le dice que está demasiado ocupado para visitarlo.	_____	_____
2. Soy madre de cinco hijitos. Cuando _____ cansada y ya no tengo la energía para cuidarlos bien, mi comadre viene a la casa para ayudarme.	_____	_____
3. Cuando nuestras hijas _____ mujeres, celebramos su quinceañera y nuestros compadres les regalan una tiara y las acompañan a la ceremonia en la iglesia.	_____	_____
4. Mi abuelo se está _____ senil. Ya no se acuerda de sus compadres. Por eso, sus compadres ya no lo visitan.	_____	_____
5. Mis padres _____ orgullosos cuando sus hijos se gradúan. Sus compadres brindan por su éxito en una cena familiar.	_____	_____

Another phrase, **llegar a ser**, can be used to express the idea of *to become* when the resulting state is the product of eventual and possibly difficult change.

Los conflictos familiares **llegan a ser** más comunes en zonas de mucha pobreza. *Family problems become more common in high poverty areas.*

PASO 2. Piensa en tus relaciones interpersonales. ¿Hay alguien que juegue (que... *who plays*) el papel de comadre o compadre en tu familia, en tu vida o en la vida de otra persona que conoces? Apunta unas frases sobre esta persona. Describe lo que hace esta persona en su papel de comadre/compadre. Luego, habla con tus compañeros sobre esta persona. ¿A Uds. les gusta la idea de los compadres? ¿Por qué sí o no?

PASO 3. Ahora vas a trabajar con una pareja para completar un proyecto sobre la importancia y la historia de la madre en México. Elige la **Tabla A** o **B**. (**Tabla B** está al final del capítulo.) Tu pareja debe usar la otra. Primero, conjuga todos los verbos en tu tabla. Luego, habla con tu pareja para completar la información que falta. Por último, empareja

las siguientes imágenes con las cuatro partes de la tabla. **¡OJO!** No mires la tabla de tu pareja. Uds. deben compartir información solo conversando.

MODELO: el Día de la Madre

E1: ¿En qué año se celebra el primer Día de la Madre en México? ¿Por qué se creó este día feriado en México?

E2: (Después de conjugar los verbos para completar los blancos): El primer año es en 1922. El día se origina (originarse) a causa de un esfuerzo entre tres grupos por promover el papel que, según estos grupos, las mujeres deben (deben) jugar: ser madres. Estos grupos/personas son: *El hogar*, una revista para mujeres, La Asociación para las Damas Católicas y el editor de un periódico mexicano.

TABLA A

La figura de la madre en la cultura mexicana*	
Las preguntas	**La información**
la Virgen de Guadalupe ¿Quién es?	Según la leyenda mexicana, la Virgen María _____ en 1531 en Guadalupe, una villa de México en el sitio anterior de un _____ destruido por los conquistadores españoles. Solamente un campesino indígena, _____, ve la aparición. Él _____ (emocionarse) al ver a la Virgen pero cuando se lo _____ (decir) al arzobispo de la Iglesia, él dice que Juan Diego tiene que pedirle a la Virgen un milagro.
la Virgen de Guadalupe ¿Qué importancia cultural tiene?	La Virgen es uno de los símbolos más importantes para los católicos mexicanos. Ella representa la figura de la madre y es una mestiza. Simboliza la mezcla de la cultura española y la cultura indígena. Ella es una de las _____ por medio de las que (*through which*) los mexicanos _____ (identificarse).
¿Qué dijeron dos escritores mexicanos sobre la importancia de la Virgen de Guadalupe?	Carlos Fuentes dijo que uno no _____ (poder) considerarse «mexicano/a» sin creer en la Virgen de _____. Octavio Paz dijo «el pueblo mexicano, después de dos siglos de experimentos y fracasos (*failures*), no _____ ya sino en la Virgen de Guadalupe y en la Lotería Nacional».
¿Por qué llora la Llorona?	Según la leyenda, ella _____ porque ahoga a sus _____ por venganza después de descubrir que su esposo la deja por otra mujer. Luego, _____ (ahogarse) en un río en la Ciudad de México. No puede entrar en el Cielo y vaga por el mundo como espíritu llorando y buscando a sus hijos.
la Llorona ¿Quién es?	Ella es la madre que llora, según una leyenda que tiene sus orígenes en el folclor azteca. Ella vive como fantasma y no puede _____ (escaparse) de su dolor.
¿Qué representa la Llorona en la cultura mexicana, según el escritor Octavio Paz?	La Llorona es una de las «representaciones mexicanas de la Maternidad... que _____ el diez de mayo». Ella es, según Paz, la «sufrida madre mexicana». Los niños mexicanos _____ cuando escuchan esta historia. Sus padres se la _____ (contar) como advertencia de los peligros de salir por la noche.
la Malinche ¿Quién es?	Ella es una figura histórica de México que _____ (hacer) la primera madre mexicana. Es una mujer indígena que _____ (jugar) un papel importante en _____. En español _____ doña Marina. Es la intérprete, amante e intermediaria entre Hernán _____ y las comunidades indígenas.
¿Qué importancia tiene la Malinche en la cultura mexicana?	Ella _____ (volverse) una figura mítica en México. El hijo que _____ (tiene) con Cortés es el primer mexicano, el primer mestizo. Algunos mexicanos la ven como una figura positiva, pero para otros es _____ porque ayuda a los españoles a conquistar a los pueblos indígenas.
¿Qué dice Octavio Paz sobre la Malinche?	Ella es «una figura que representa a las indias, fascinadas, violadas o seducidas por los españoles... La extraña permanencia de Cortés y de la Malinche en la imaginación y en la sensibilidad de los mexicanos actuales revela que _____ (ser) algo más que _____: son símbolos de un conflicto secreto que aún no hemos resuelto».

*Source: Cervantes-Ortiz, Leopoldo, "Octavio Paz y la Virgen de Guadalupe: una relectura intrahistórica," Protestante digital, April 20, 2014. http://protestantedigital.com; Booth, William, "In Mexico, a celebration of the mother cult," The Washington Post, May 12, 2012. https://www.washingtonpost.com; "Octavio Paz: Los hijos de la Malinche," Las tres y un cuarto, November 7, 2009. https://lastresyuncuarto.wordpress.com; "Madre sin fronteras: Tumbando los muros de injusticia," *Vida Nueva*, December 7, 2007. https://www.vida-nueva.com

¿Con qué imagen asocias lo siguiente?

a. la Virgen de
Guadalupe   b. la Llorona   c. la Malinche

© Danita Delimont/Getty Images   Ricardo Ruiz. Oil on canvas. 2012. © Ricardo Ruiz   (oil on canvas), Ortega, Juan (19th century) © Museo Nacional de Arte, Mexico City, Mexico/Bridgeman Images

_____   _____   _____

 PASO 4. Escucha las siguientes oraciones que resumen las ideas de las tablas. Busca la palabra que se describe. Luego, con tu pareja, escribe tres oraciones para resumir las ideas principales de la tabla. Algunas respuestas se repiten.

1. ____   a. Juan Diego
2. ____   b. la Malinche
3. ____   c. la Virgen de Guadalupe
4. ____   d. la Llorona
5. ____
6. ____
7. ____

Escribe un resumen de por lo menos tres oraciones de las ideas principales sobre la figura de la madre en México.

 PASO 5. A conversar: Habla con tus compañeros sobre las tradiciones que tienen que ver con la madre en la comunidad o el país donde viven Uds.

1.3 Julia es madre y esposa pero está frustrada y ya no está en casa

Actividades analíticas

Los usos de *ser* y *estar*

¡A analizar!

Repasa las imágenes de los personajes en las siguientes escenas. ¿Cómo son las personas? ¿Cómo están? ¿Dónde están? ¿Qué están haciendo en este momento? ¿Qué tienen? Empareja los fotogramas con las siguientes descripciones. Algunos fotogramas se emparejan con dos descripciones.

© Borja Cobeaga

1. _____

© Borja Cobeaga

2. _____

© Borja Cobeaga

3. _____

© Borja Cobeaga

4. _____

© Borja Cobeaga

5. _____

© Borja Cobeaga

6. _____

© Borja Cobeaga

7. _____

© Borja Cobeaga

8. _____

© Borja Cobeaga

9. _____

a. **Están** en la cocina, pero no **están** tomando café.

b. **Está** muy contenta al ver a sus visitas (*visitors*). **Es** una persona feliz.

c. **Son** perezosos. **Están** acostados en la sala. Tienen sueño.

d. Tiene muchas ganas de irse. **Está** en un asilo.

e. **Es** alto y serio. Tiene vergüenza de la habitación.

f. **Están** confundidos y tienen hambre.

g. **Es** una persona trabajadora y **es** una buena cocinera.

h. **Es** una persona optimista, pero **está** preocupada porque el piso **está** muy desordenado.

i. **Es** una persona tranquila pero ahora **está** alterado. **Está** hablando con su pareja.

j. **Están** sorprendidos. **Están** mirando la calle.

k. **Está** frustrada. **Está** saliendo.

l. **Es** baja, delgada y generosa. **Está** sirviendo la tortilla.

m. **Es** mayor. **Está** en el comedor y **está** encantada.

1. The verbs **ser**, **estar**, and **tener** can all be used to express *to be*. English speakers use one verb, *to be*, in numerous contexts that require more than one verb to express in Spanish: *I am happy, I am sick, I am a cook, I am in Cuba, I am scared, I am working,* and so on. The challenge is to learn which verb should be used in Spanish to express *to be*.

2. The verb **ser** is used to identify and describe inherent characteristics of people and things. It can also be used to link two nouns or pronouns in a sentence. With respect to people, to distinguish it from **estar**, think about how you would respond to the following request for information. *Your friend, Lourdes. Who is she? What is she like? Tell me about her.* The kinds of answers you would give will generally, but not always, be expressed with **ser**.

¿Cómo **es** Lourdes?	*What is Lourdes like?*
Ella **es** mi amiga. **Es** una persona muy trabajadora y amable. No **es** rica pero es muy generosa. **Es** de Bilbao. **Fue** enfermera pero ahora **es** cocinera en el asilo. **Es** una católica de toda la vida.	*She is my friend; she is a very hard-working, kind person. She's not wealthy but she's very generous. She's from Bilbao, Spain. She was a nurse. Now she's a cook at the nursing home. She is a lifelong Catholic.*

3. The verb **estar**, on the other hand, is used for four general situations:

   a) to describe _____ a person or object is located

¿Dónde **están** mis zapatillas?	*Where are my slippers?*
¿**Están** en la calle?	*Are they in the street?*

   b) to describe a condition

Joaquín **está** sorprendido y preocupado.	*Joaquín is surprised and worried.*

   c) to give a _____ or to express a subjective opinion or perception (*looks* or *seems*)

Lourdes, **estás** muy guapa esta noche.	*Lourdes, you're looking very pretty tonight.*
Lourdes, este guiso **está** delicioso. Me encanta.	*Lourdes, this stew is (seems to me) delicious. I love it.*

   d) to describe an _____ currently in progress

¿Qué **está** haciendo Lourdes en la cocina?	*What is Lourdes doing in the kitchen?*
En este momento, **está** friendo huevos para preparar una tortilla española.	*At this moment she is frying eggs to make a Spanish omelet.*

Estar will never be followed by a noun, even if that noun is modified (i.e., has a descriptive adjective).

4. In contrast with **ser**, **estar** is used to describe conditions in people that are not considered a part of their identity. Think of the answers you would give if someone asked how your friend Lourdes is doing. **¡OJO!** Being dead (or alive) is considered a condition, even though it is permanent.

¿Cómo **está** Lourdes?	*How is Lourdes?*
Ella **está** un poco cansada de vivir en el asilo pero **está** ocupada con su trabajo como cocinera.	*She is a bit tired of living at the residence for the elderly but she is busy with her job as a cook.*
Las flores que le compré a la abuelita **están** muertas.	*The flowers I bought for Grandma are dead.*

5. **Estar** + the present participle form of a verb are combined to form the present progressive tenses in Spanish. The present progressive corresponds to the English *to be* + *-ing* verb. The present participle is formed by removing the verb ending and adding **-ando** to -**ar** verbs and -**iendo** to -**er** and -**ir** verbs. Review of this structure can be found in the **¡A repasar!** grammar section of **Capítulo 2**.

Fernando **está** buscando sábanas limpias para su abuela.	*Fernando is looking for clean sheets for his grandmother.*

Review the following uses of **estar** from the descriptions of the photos from **¡A analizar!**

Write the letter of the explanation for why **estar** is used in each instance below.

a) to describe where a person or object is located

b) to describe a condition

c) to give a compliment or to express a subjective idea such as *looks* or *seems*

d) to describe an action currently in progress

Están ____ en la cocina, pero no **están** ____ tomando café.

Está ____ muy contenta.

Está ____ en un asilo.

Están ____ sorprendidos y perplejos.

Están ____ mirando la calle.

6. The verb **tener** *(to have)* followed by certain nouns forms idiomatic expressions, which are translated in English as *to be (adjective)*. Use the clues from **¡A analizar!** to complete the following table of expressions with **tener**.

tener años	to be ____ years old	**tener frío**	to be cold
tener calor	to be hot	**tener hambre**	_____
tener celos	to be jealous		
tener cuidado	to be careful	**tener sed**	to be thirsty
		tener suerte	to be lucky
tener la culpa	to be guilty	**tener miedo**	to be afraid
		tener prisa	to be in a hurry
tener éxito	to be successful	**tener razón**	to be right
tener ganas	_____	**tener sueño**	_____
		tener vergüenza	_____

Since **tener** is followed by nouns, use **mucho** (*a lot of*) and **poco** (*a little of*) to communicate *very / not very* and *a lot / a little*. Remember **mucho** and **poco / un poco de** are used with nouns and verbs; while **muy** and **poco** are used with adjectives and adverbs. The English translations of these expressions tend to use the adjectives and adverbs.

<table>
<tr><td>Fernando y su padre **tienen** mucha hambre.</td><td>*Fernando and his father are very hungry (have much hunger).*</td></tr>
<tr><td>Joaquín no **tiene** mucho éxito en su matrimonio.</td><td>*Joaquín is not very successful (does not have much success) in his marriage.*</td></tr>
<tr><td>Lourdes **tiene** un poco de celos de las familias extendidas.</td><td>*Lourdes is a little jealous (has a little bit of jealousy) of extended families.*</td></tr>
</table>

7. Both **ser** and **estar** can be used with the same adjectives to communicate different meanings.

ser aburrido	to be boring	**estar aburrido**	to be bored
ser cansado	to be tiresome	**estar cansado**	to be tired
ser listo	to be smart, clever	**estar listo**	to be ready
ser seguro	to be safe	**estar seguro**	to be sure
ser verde	to be green	**estar verde**	to be unripe
ser vivo	to be lively	**estar vivo**	to be alive

Which verb—**ser**, **tener**, or **estar**—would you use to complete the following phrases from the film's dialogue or about the film?

JOAQUÍN: ¿Julia? Fernando.

FERNANDO: ¿Qué? Joder, que _____ domingo.

JOAQUÍN: Tu madre no _____.

FERNANDO: ¿Por qué _____ (tú) descalzo (*barefoot*)?

JOAQUÍN: Porque no encuentro mis zapatillas.

FERNANDO: Papá. ¿_____ ella? Vamos a saludarla.

JOAQUÍN: _____ muy desmejorada.

FERNANDO: Hola, abuela.

LOURDES: Hola.

JOAQUÍN: Hola. _____ tu yerno, Joaquín. No sé si te acuerdas de mí.

Joaquín _____ suerte. La abuela quiere salir del asilo e ir a su casa.

JOAQUÍN: Julia. Soy yo. No me cuelgues (*hang up*). _____ importante. Es sobre tu madre. Ya sé que fui yo el que insistió en ponerla en un asilo pero ahora _____ aquí con nosotros... _____ diciendo la verdad.

8. Be careful not to confuse **hay** and **hacer** with **ser** and **estar**. Remember that **hay** means *there is* or *there are*. Meanwhile, **hace,** used with many weather expressions, can communicate *to be* in English as in «*It is windy/ hot/cold.*»

<table>
<tr><td>Fernando no sabe si **hay** mucha gente mayor que vive en asilos.</td><td>*Fernando doesn't know if there are a lot of elderly people who live in residences.*</td></tr>
<tr><td>Cuando **hace** frío, Lourdes se pone un suéter.</td><td>*When it is cold, Lourdes puts on a sweater.*</td></tr>
</table>

Actividades prácticas

A. ¡A describir!

 PASO 1. Elige una imagen y escribe cinco pistas (*clues*) para tu pareja para describir a una o más personas en la imagen. Responde a estas preguntas para escribir las pistas:

¿Cómo es?

¿Cómo está en este momento?

¿Dónde está?

¿Qué está haciendo en este momento?

Para la quinta pista, inventa otra oración con **ser, estar** o **tener**.

Utiliza **no** para algunas pistas para describir lo que **no** es o **no** está haciendo. Sé creativo/a.

Después de cada pista, tu pareja debe tratar de adivinar qué foto describes. Si ella/él adivina a la persona y la imagen, elige otra imagen. Consulta las listas de adjetivos para describir las características y las condiciones de una persona.

MODELO:

© Borja Cobeaga

E1: **Pista 1**: Está en su dormitorio.
E2: ¿Es la imagen I?
E1: **Pista 2**: Tiene sueño.
E2: ¿Es la imagen ___?
E1: **Pista 3**: No está incómodo en este momento.
E2: ¿Es la imagen ___?
E1: **Pista 4**: No está hablando con nadie. Está solo.
E2: ¿Es la imagen ___?
E1: **Pista 5**: No es deportivo.

Adjetivos para hablar de características humanas	
aburrido/a	independiente
agradable	(in)maduro/a
amable	insensible (*tactless*)
cariñoso/a	leal (*loyal*)
despreocupado/a (*carefree*)	listo/a
	meticuloso/a
eficiente	organizado/a
educado/a (*well-mannered*)	pensativo/a
	perezoso/a
engreído/a (*conceited*)	responsable
excéntrico/a	sensible (*sensitive*)
extraño/a	serio/a
honesto/a	tímido/a
fiable (*reliable*)	trabajador(a)
gracioso/a (*amusing*)	tranquilo/a
gruñón, gruñona (*grouchy*)	travieso/a
impulsivo/a	valiente

Adjetivos para hablar de condiciones/emociones humanas	
aburrido/a	sorprendido/a
ansioso/a	tranquilo/a
avergonzado/a	triste
borracho/a	
cansado/a	
confundido/a	
contento/a	
deprimido/a	
dormido/a	
emocionado/a	
enfermo/a	
enojado/a	
fascinado/a	
incómodo/a	
nervioso/a	
orgulloso/a	
preocupado/a	
sano/a (*healthy*)	

© Borja Cobeaga

a.

© Borja Cobeaga

b.

© Borja Cobeaga

c.

© Borja Cobeaga

d.

© Borja Cobeaga

e.

© Borja Cobeaga

f.

PASO 2. En parejas, conversen sobre un domingo típico con su familia o sus amigos. ¿Quiénes están? ¿Cómo son estas personas? ¿Dónde están Uds.? ¿Cómo están? ¿Qué están haciendo?

B. Tradiciones y cambios familiares*

PASO 1. Lee los siguientes párrafos sobre algunas tradiciones y cambios en las culturas hispanohablantes. Completa los párrafos con la forma apropiada de **ser, tener**, **hay** o **estar**.

Los abuelos: Su papel sigue siendo importante*

© Ron Levine/Getty Images RF

Los familiares mayores _____¹ importantes en las familias latinas. Ayudan con la crianza de los niños y con frecuencia, especialmente en las áreas rurales, viven con sus hijos u otros familiares. Pero ahora en muchos países, _____² más familias monoparentales (de un solo padre) y muchas mujeres trabajan fuera de la casa. En El Salvador en el 2015, en el 15,1% de los hogares monoparentales, el jefe _____³ un menor de edad, un/una adolescente que _____⁴ entre 14 y 17 años, un gran aumento desde 1992, según un estudio. ¿Cuáles _____⁵ las consecuencias de esta estructura familiar? Otros familiares, como los abuelos, tienen que ayudar. En España, uno de cada cuatro abuelos cuida a sus nietos. Estos cambios suponen que los abuelos y otros familiares juegan papeles esenciales en la crianza de los niños.

---

*Source: "Un 85% de las familias monparentales están en manos de mujeres," elperiodista.com, June 4, 2015. http://elperiodista.com.sv; Flores, Ricardo. "Aumentan los adolescentes como jefes de familia," La prensa gráfica, June 5, 2015. http://www.laprensagrafica.com; Altomonte, Guillermina and Cristián Albagly, "No quiero tener hijos, nunca," Paula, November 19, 2010. http://www.paula.cl; "Tasa de fertilidad, total 1960-2014," Banco Mundial. http://datos.bancomundial.org

La familia de muchos hijos: Una tendencia descendiente

© Rebecca Blackwell/AP Images

Propaganda en México para resaltar el problema del embarazo en las adolescentes

En todos los países hispanos, la tasa[a] de natalidad _____ [6] bajando. Por ejemplo, en México, en 1970, el número medio[b] de hijos para cada mujer era 6.8. Ahora _____ [7] 2.0 hijos. En los años 60, en México, El Consejo Nacional de la Población empieza una campaña publicitaria para promover familias más pequeñas. En los lugares públicos _____ [8] carteles[c] que dicen «La familia pequeña vive mejor». Aún en los países que _____ [9] las tasas más altas de natalidad en el mundo hispano, Guatemala (3.8 hijos por mujer) y Bolivia (3.2), las mujeres ahora _____ [10] teniendo menos hijos. En el Canadá la tasa es 1,6 y en los EE. UU., 1,9 hijos. ¿Por qué crees que estos cambios _____ [11] sucediendo? Además, existe una tendencia ascendente: _____ [12] más mujeres que deciden que nunca quieren tener hijos. En Chile, la tasa de natalidad en 1960 era 5,4 hijos por hijo. Hoy en día es 1,9, igual que en los EE. UU. Pero un dato quizás más sorprendente es que el 47% de las chilenas dice que nunca quiere tener hijos.

[a]*rate*   [b]*average*   [c]*signs*

PASO 2. Contesta las preguntas sobre la lectura del **Paso 1**.

1. ¿Qué porcentaje de familias en El Salvador tiene jefes adolescentes de familia? _____

2. ¿Qué porcentaje de abuelos en España ayuda a criar a sus nietos?
_____

3. ¿Qué propósito tiene la campaña del Consejo Nacional de la Población en México? _____

4. ¿Está subiendo o bajando la tasa de natalidad en los países hispanos? Da unos ejemplos. _____

 PASO 3. Conversa con tu pareja sobre el tamaño de tu familia y de otras familias que conoces.

1. ¿Es grande o pequeña tu familia? ¿Cuántas personas hay en tu familia?
2. ¿Eres hijo/a único/a o tienes hermanos? ¿Cuáles son las ventajas o desventajas de no tener hermanos?
3. ¿Tienes abuelos o bisabuelos? Si están vivos, ¿cómo son? ¿Dónde viven? ¿Cómo están en este momento?
4. ¿Quieres tener hijos? Si ya tienes hijos, ¿quieres tener más hijos?
5. En tu opinión, ¿cuál es el número de hijos ideal? ¿Por qué?

C. ¿La familia típica y tradicional?

PASO 1. Primero, lee el diálogo de varias escenas de «Éramos pocos». Luego, contesta las preguntas sobre tus ideas acerca de la familia tradicional en contraste con las familias modernas.

© Borja Cobeaga

FERNANDO: Cuánto tiempo sin verte. ¿Eh?

LOURDES: Mucho tiempo.

FERNANDO: Mira, Papá. Es la abuela.

LOURDES: Hola.

JOAQUÍN: Hola. Soy tu yerno, Joaquín. No sé si te acuerdas...

1. ¿Te sorprendes al leer el comentario de Joaquín: «Soy tu yerno, Joaquín. No sé si te acuerdas...»? Parece que el yerno y la suegra no se conocen. Según lo que sabes de las culturas hispanas, ¿es típico esto?

JOAQUÍN: ¿Dónde va a haber? Pues estarán en... Date prisa que la abuela se quiere acostar. Otra vez juntos, ¿eh? Las suegras y los yernos no suelen llevarse bien. Pero en nuestro caso siempre ha sido diferente. ¿No es cierto?

2. ¿Qué piensas del comentario de Joaquín que «las suegras y los yernos no suelen llevarse bien»? ¿Es un estereotipo? ¿En tu experiencia, es acertado (*correcto*) lo que dice Joaquín de esta relación?

FERNANDO: Me acuerdo mucho de ti, Abuela. Los domingos hacías una paella que sabía buenísima con pimientos, pollo, guisantes, costilla. ¿Sigues haciéndola?

3. Fernando dice que se acuerda de un plato que su abuela hacía cuando era niño. ¿Te acuerdas de la comida de tu abuela? ¿Qué comida prepara? En tu experiencia, son las abuelas las que transmiten las tradiciones culinarias de la familia? ¿Está cambiando esta tradición?

> LOURDES: ¿Tú crees que va a volver Julia? Yo creo que no. Mejor así estamos los tres solos. Perdóname.
>
> JOAQUÍN: Julia. Soy yo. No me cuelgues. Es importante. Es sobre tu madre. Ya sé que fui yo el que insistió en ponerla en un asilo pero ahora está aquí con nosotros.

4. Cuando Lourdes dice «mejor así estamos los tres solos», ¿refleja una actitud tradicional en las familias hispanas? ¿Cómo es la familia según este comentario de Lourdes?

 PASO 2. Completa la siguiente encuesta. Luego, en grupos pequeños, compartan sus ideas y apúntenlas. Prepárense a resumir las ideas del grupo al resto de la clase.

1. Aunque Lourdes no es la abuela real de Fernando, ¿crees que ella puede jugar ese papel en su familia?

    a. Sí.   b. No.   c. No estoy seguro/a.

2. ¿Por qué se queda Lourdes en la casa con Fernando y Joaquín?

    a. Le gusta cocinar.

    b. Se siente sola en el asilo y quiere una familia.

    c. Quiere ayudar a Fernando y Joaquín porque no saben cuidar una casa.

3. ¿Qué opinas de la decisión de Joaquín al final de no confesarle la verdad a Fernando?

    a. Debe decirle la verdad.

    b. No tiene que decirle la verdad porque la situación ayuda a Lourdes y a Joaquín y a Fernando también.

4. ¿Son Fernando y Lourdes estereotipos de un padre y una abuela?

    a. Sí, los dos son estereotipos y no reflejan la realidad moderna.

    b. Son estereotipos pero reflejan la realidad tradicional.

    c. No son estereotipos.

5. Para ti, ¿cómo es la familia ideal?

    a. Es la familia nuclear —padres e hijos— pero los abuelos son importantes, aunque no viven con sus hijos.

    b. Es la familia extendida. Todos los familiares se cuidan y se reúnen con frecuencia. La familia es más importante que el individuo.

    c. Es la pareja casada sin hijos.

6. En tu opinión, es bueno cuando los abuelos...

    a. viven en la casa con sus hijos y/o nietos.

    b. viven en su propia casa o en un asilo.

7. En el futuro cuando yo sea mayor...

    a. yo quiero vivir con mis hijos, mis nietos u otro familiar si no puedo vivir independientemente.

    b. yo quiero vivir con mis hijos, mis nietos u otro familiar aun si puedo vivir independientemente.

    c. yo quiero vivir en un asilo si no puedo vivir independientemente.

8. Inventa tu propia pregunta de encuesta para preguntarles a tus compañeros.

▶ D. ¿Qué opinan los demás?

PASO 1. Las personas entrevistadas contestan las siguientes preguntas. Lee las preguntas y escribe por lo menos cinco palabras del vocabulario de este capítulo que probablemente van a incluir en sus respuestas.

- ¿Qué opina Ud. de la situación de Lourdes en el cortometraje? ¿Toma ella una buena decisión? ¿Y el padre? ¿Toma él una buena decisión? ¿Por qué cree que sí o que no? ¿Qué aspectos de la familia está tratando de destacar este cortometraje?

- ¿Qué relación tiene o tuvo Ud. con sus abuelos, bisabuelos u otros familiares mayores? ¿Qué papel tienen/tuvieron en su familia?

- ¿Qué opina Ud. de los asilos para ancianos? ¿Cuáles son las ventajas y desventajas de vivir en un asilo? ¿Conoce Ud. a alguien que viva en un asilo para ancianos?

- ¿Qué actividades y emociones asocia usted con la vejez? ¿Qué tipo de vida quiere Ud. cuando sea mayor? ¿Le preocupa envejecer?

1. _____ 2. _____ 3. _____ 4. _____ 5. _____

PASO 2. Lee las siguientes ideas que Steve, May y Michelle van a mencionar. Elige la palabra o la frase de la columna derecha que complete la idea. Di quién entre tus amigos o familiares está de acuerdo.

____ 1. No me preocupa ____ porque cada etapa de la vida es como un regalo.

____ 2. Los mayores no son una carga. Ellos deben ____ su familia en lugar de vivir solos en un asilo de ancianos.

____ 3. Creo en la idea latina de ____ los familiares mayores. Los jóvenes deben ayudarlos cuanto puedan (*as much as they can*).

____ 4. Los asilos para ancianos son como la cárcel (*jail*). Son lugares ____ porque los ancianos están aislados.

____ 5. Me encantaba ____ con mis abuelos y estar completamente sumergido en sus conversaciones.

____ 6. El cortometraje cuenta una historia bonita porque toman la decisión de crear una familia. Una familia ____ tus experiencias contigo. Ríe y sufre contigo.

a. deprimentes
b. comparte
c. ocuparse de
d. reunirme
e. envejecerme
f. depender de

PASO 3. Primero, lee las siguientes oraciones. Luego, mira las entrevistas y apunta toda la información que puedas. Por último, lee las oraciones de nuevo, esta vez en voz alta, e identifica con quién asocias cada oración, Steve, May o Michelle.

Steve　　　　**May**　　　　**Michelle**

Palabras útiles

la cárcel
　jail

**bonachón/
bonachona**
　good-natured,
　friendly

cargar con
　to have
　responsibility for

debido a
　due to

MODELO: Me encantó conversar con mis abuelos y bisabuelos porque contaron historias del pasado.

　　　　　Es la idea de Steve.

_____ 1. Los asilos para ancianos, para mí, son como la cárcel.

_____ 2. No tuve una relación muy cercana con mis abuelos y bisabuelos ya que vivían en otra isla.

_____ 3. Yo tuve una relación muy estrecha con mi abuela. _____
_____
_____

_____ 4. Mi abuela vive con nosotros.

_____ 5. Mi abuela me cuidó desde los seis meses.

_____ 6. El cortometraje cuenta una historia bonita porque tanto la abuela como el padre querían crear una familia.

PASO 4. Lee las siguientes citas. Luego, elige dos y explica lo que infieres sobre los valores culturales de la persona entrevistada o del país que describe. Por último, explica con qué cita te identificas más.

MODELO: Steve dijo: «Los aspectos de la familia que destaca este cortometraje es acerca de los vínculos familiares, de cómo la familia se puede unir a través de la comida».

Infiero que Steve valora la familia, las juntas familiares y cree que comer juntos es una costumbre importante porque fortalece los lazos familiares. Infiero que valora las relaciones.

Me identifico con lo que él dice. Me gustan las comidas grandes con mis abuelos. Cenamos todos juntos un domingo por mes.

1. May dijo: «Los asilos yo pienso son bastante tristes, ¿no? Mi abuelo tuvo que ir a un asilo, debido a que tenía Alzheimer».

2. Michelle dijo: «A mí me parece que cuando entraron al asilo a buscar a Lourdes, me pareció un gesto muy humano. Porque ella estaba, aunque estaba con otras personas, no estaba con su familia».

3. May dijo: «Bueno, yo creo que en el cortometraje en realidad hubo una historia bellísima, porque se trata de la humanidad de las personas, ¿no? Aunque no hay sangre que corre en las venas entre sí, la familia al final del día es el que llega, el que come contigo, el que ríe, el que sufre. Eso es lo que crea la familia.»

4. Steve dijo: «No me preocupa envejecer tanto porque yo estoy seguro que voy a tener una vida bastante larga. Pero eso sí, no quiero acelerar envejecer».

5. Michelle dijo: «No me preocupa envejecer para nada. Mi papá tiene 79 años y es una persona muy activa. Entonces para mí yo creo que la vejez, yo creo que la edad, es algo mental. Entonces si uno hace ejercicio y se cuida y siempre está activo, es algo que vas a llegar muy bien a la vejez y yo no creo en retirarme».*

_____
*__Retirarse__ is considered an anglicism for "to retire (from work)." The standard Spanish verb for this action is __jubilarse__.

 PASO 5. En parejas, conversen sobre sus propias ideas respecto a las preguntas del **Paso 1.**

Comprueba tu progreso

Check your progress with verbs in the present tense by completing Carlos' description of his family. Choose the most logical verb from the options given in parentheses and conjugate it appropriately in the present tense. Check your answers once you're finished.

Yo _____¹ (ser / estar) una persona muy afortunada. _____²
(Hacer / Tener) la suerte de vivir con las personas que más _____³
(querer / jugar) en este mundo: mi madre, mi padre y mi hermano menor.

Mis padres _____⁴ (preguntar / trabajar) mucho porque los dos
_____⁵ (ser / estar) profesores de historia, pero nosotros siempre
_____⁶ (hacer / poder) cosas muy divertidas los fines de semana. Yo
_____⁷ (conocer / despertar) muy bien a mis padres y
_____⁸ (seguir / saber) que ellos _____⁹ (vestirse / quererse) mucho el uno a la otra.

Mi hermano _____¹⁰ (ser /estar) muy buena gente (_a good guy_).
_____¹¹ (Estudiar / Decir) en la misma universidad donde
_____¹² (mentir / enseñar) mis padres, _____¹³ (pedir / jugar) para el equipo de fútbol y por lo general _____¹⁴ (divertirse / cepillarse) mucho.

Todos nosotros _____¹⁵ (ser / estar) muy ocupados con las actividades de todos los días, pero cuando _____¹⁶ (reunirse / callarse) siempre _____¹⁷ (ponerse / llevarse) muy bien.

Respuestas

11. Estudia. 12. enseñan 13. juega 14. se divierte 15. estamos 16. nos reunimos 17. nos llevamos
1. soy 2. Tengo 3. quiero 4. trabajan 5. son 6. hacemos 7. conozco 8. sé 9. se quieren 10. es

A. «La comida es cultura.»

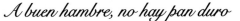

A buen hambre, no hay pan duro

La idea del refrán (*proverb*) «La comida es cultura» es que la comida es tan esencial, y refleja tanto las prácticas sociales y los valores culturales, que no es posible comprender bien una cultura sin saber algo de su comida. Hasta existe una especialización dedicada al tema: la antropología de la alimentación. Según algunos antropólogos, la comida ha

sido a la vez producto y catalizador de la evolución social del ser humano. Hace miles de años, nuestros antepasados dejaron de ser cazadores y recolectores, y empezaron a cultivar las cosechas y criar el ganado. La alimentación es una necesidad universal que ha producido las variadas características que observamos hoy en día entre las culturas del mundo.

PASO 1. Lee los refranes sobre la comida y elige la mejor explicación para cada uno.

MODELO: <u>b</u> La mejor medicina es la buena comida.

    a. Es mejor tomar medicina cuando estás enfermo/enferma.

    b. La buena comida puede sanar a una persona enferma.

    c. La mala comida puede causar una enfermedad.

1. _____ Ni mesa sin pan, ni ejército sin capitán.
   a. El pan / La comida dirige y organiza nuestras vidas. Nuestras vidas giran en torno (*revolve around*) a la comida.
   b. El pan / La comida es muy importante en las guerras y para los marineros que pasan mucho tiempo navegando los mares del mundo.
   c. Durante las guerras, muchas veces no hay suficiente comida para los soldados y el capitán tiene que buscarles comida.

2. _____ Desayunar como un rey, almorzar como un príncipe y cenar como un mendigo.
   a. Como los reyes son ricos, ellos comen todo lo que quieren, pero un mendigo es el más pobre y no come mucho. Por lo tanto, para tener una vida saludable, es mejor comer más por la mañana, menos durante el día y muy poco por la noche.
   b. Los reyes suelen comer demasiado y no piensan en el bienestar de la gente pobre. Por lo tanto, los que tienen muy poco deben resentir a las personas que tienen mucho de algo.
   c. La gente pobre no suele desayunar y la gente rica no suele cenar. Todos almuerzan. Por lo tanto, debes tratar de ganar más dinero, para ser como los reyes.

3. _____ Mas vale una trucha en el caldero (*pot*) que salmón en el mar.
   a. La gente disfruta más del pescado que viene del mar que del agua dulce (*fresh water*). Pero es difícil comprar pescado del mar.
   b. Es mejor aceptar algo seguro, como la comida que ya tienes en el caldero, que desear o depender de algo mejor que es difícil obtener.
   c. Es importante no preocuparse por el futuro. No debes pensar en cómo vas a conseguir algo en el futuro, como «el salmón en el mar». En cambio, debes enfocar en y agradecer lo positivo de hoy.

4. _____ Quien viene a mesa puesta no sabe lo que cuesta.

    a. Una mesa puesta es una mesa que ya tiene los cubiertos y las comidas. Así debe estar tu mesa cuando invitas a alguien a comer en tu casa. No debes decirles a los invitados cuánto cuesta la comida.

    b. Cuando alguien te regala algo, debes agradecerle el trabajo que le cuesta para comprar o preparar algo. Una persona que viene a comer en una mesa «puesta» debe estar muy agradecida.

    c. Una persona que disfruta de algo sin participar en su creación o su preparación, como una persona que llega a comer después de que la mesa ya está puesta, no aprecia ni comprende el trabajo que requiere.

5. _____ Dios le da pan a quien no tiene dientes.

    a. Dios le da las cosas que uno necesita como el pan. Aunque alguien no tenga dientes, Dios le da pan y así no pasa hambre.

    b. Una persona sin dientes no puede comer el pan. Expresa cierto resentimiento si alguien tiene algo que no puede apreciar. Es decir, las personas que poseen algo muchas veces no lo quieren o no lo necesitan.

    c. Es mejor no esperar algo que no va a pasar. Dios le da pan a alguien que no puede comerlo y por lo tanto, no nos va a ayudar cuando queremos o necesitamos algo.

 PASO 2. Basándote en los refranes del **Paso 1**, ¿qué infieres sobre los valores y las costumbres del mundo hispano? ¿Son parecidos o distintos de los valores y las costumbres de tu país o comunidad? Habla con tu pareja y compartan sus ideas con la clase.

PASO 3. Empareja los siguientes refranes en inglés con la mejor explicación de las ideas de cada refrán.

    MODELO: *Don't put all your eggs in one basket.*

        <u>Es mejor no poner todos tus recursos en una cosa o en un lugar porque puedes perder todo. Debes dividir tus recursos entre varias opciones.</u>

_____ 1. *Man does not live by bread alone.*

_____ 2. *Honey catches more flies than vinegar.*

_____ 3. *Don't cry over spilled milk.*

_____ 4. *You can't have your cake and eat it, too.*

_____ 5. *There is no such thing as a free lunch.*

a. Es mejor no reaccionar desproporcionadamente a los problemas y accidentes menores.

b. Los seres humanos tienen necesidades básicas como comer y beber, pero para prosperar y tener felicidad, necesitan mucho más.

c A veces, es necesario elegir entre dos opciones que quieres porque los dos deseos son incompatibles.

d. Hay que tener dudas cuando algo se ofrece gratis, porque casi siempre hay costos escondidos.

e. Si quieres que otra persona haga algo, es más eficaz ser amable que ser hostil o exigente.

PASO 4. En parejas, expliquen dos de los siguientes refranes. ¿Conocen Uds. otros refranes o frases idiomáticas que tengan que ver con la comida?

1. Too many cooks spoil the broth.
2. An apple a day keeps the doctor away.
3. You can't make an omelette without breaking a few eggs.
4. ¿Otro?

PARA TU INFORMACIÓN: LA FRASE «BUEN PROVECHO»

Antes de comer, es común decirles a las personas con quienes comes «**Buen provecho** (lit.: *benefit, profit, advantage*)». Además, en los restaurantes, al traerles la comida a la mesa, el camarero / la camarera les dice a los clientes, «**Buen provecho**».

Se emplea esta frase para decir «*Enjoy your meal*». Es el equivalente de la frase francesa *Bon apetit*. El uso de la frase se considera parte de las costumbres y la etiqueta de comer por todas partes en el mundo hispanohablante.

Antes de leer

B. Las comidas regionales y los estereotipos culturales

 PASO 1. Mira la lista de alimentos, e indica qué países asocias con cada uno. Luego, en parejas, discutan sus respuestas. ¿Son estereotipos falsos o basados en la ignorancia, o se basan en la realidad? Expliquen.

ALIMENTO

_____ 1. la paella
_____ 2. la hamburguesa
_____ 3. el arroz
_____ 4. la tortilla de maíz
_____ 5. el pescado crudo
_____ 6. el queso Brie
_____ 7. las papas
_____ 8. la salchicha Frankfurt

PAÍS

a. China
b. Irlanda
c. España
d. Francia
e. Alemania
f. Estados Unidos
g. Japón
h. México

 PASO 2. En parejas, describan otras comidas nacionales que conozcan bien, por ejemplo, la comida tailandesa, la comida italiana, la comida india, la comida francesa, la comida cubana, etcétera. ¿Cuáles son algunos platos típicos e ingredientes de estas comidas?

 PASO 3. Conversa con dos o tres compañeros sobre el estereotipo de los estadounidenses que comen la comida chatarra todos los días, que comen comidas ya preparadas o que no les gusta preparar la comida casera. ¿Crees que este estereotipo sea cierto? Explica. ¿Con qué frecuencia preparas una comida casera? ¿Comes comida chatarra? ¿Cuáles son las ventajas y las desventajas de comer afuera versus preparar una comida casera?

C. Las comidas confortables

© giovannirueda/iStock/Getty Images RF

«La comida confortable» se refiere muchas veces a los platos que evocan el mismo sentido de seguridad familiar que teníamos en la juventud. Con frecuencia son comidas caseras que se sirven calientes.

PASO 1. Primero, mira las comidas confortables típicas del mundo hispano en la columna izquierda. Luego, lee las listas de ingredientes que siguen y empareja los ingredientes con su plato. Por último, en la columna derecha infiere lo que los ingredientes indican sobre la geografía del país, sus influencias, sus cultivos y los animales que allí se crían (se... *are raised*).

LOS PLATOS Y SUS REGIONES	¿QUÉ INFIERES SOBRE LOS ANIMALES, LOS CULTIVOS O LA GEOGRAFÍA DEL PAÍS?
© Juanmonino/iStock/Getty Images RF _____ 1. el sudado de pollo, Colombia	**MODELO:** Los pollos probablemente son animales importantes en este lugar. Es una región donde se pueden cultivar papas y otras hortalizas.
© Daniel Gomes Lacerda/EyeEm/ Getty Images RF _____ 2. el gallo pinto, Costa Rica y Nicaragua	
© Deposit Photos/Glow Images RF _____ 3. la sopa de lima, México: Yucatán	

_____ 4. el pesque de quinua, Bolivia

© mezzotint/123RF

_____ 5. el sancocho dominicano, La República Dominicana

© Mark Hernandez

_____ 6. la milanesa napolitana, la Argentina

© Deposit Photos/Glow Images RF

a. ajo, arroz, caldo de frijol, cebolla, chile dulce, cilantro, frijoles, orégano, pimienta

b. huevo, leche evaporada, mantequilla, queso andino, quinua

c. aceite de oliva, ajo, filetes de carne, huevos, jamón, migajas de pan, queso mozzarella, queso parmesano, orégano, pimienta, sal, salsa de tomate, limón (amarillo)

d. aceite de oliva, aceite vegetal, ajo, cebolla blanca, cebolla morada, cilantro, limas, orégano, pechuga de pollo, pimienta, pimiento amarillo, sal, tortillas de maíz

e. ajo, caldo de gallina, cebolla, mostaza, muslos (_thighs_) de pollo, papas, pimentón rojo, sal, tomate, yuca

f. ajo, calabaza, caldo de pollo, carne de res, chuleta de cerdo, cilantro, jugo de naranja, pimiento, pollo, plátano, yautía (_A tropical plant with an edible tuber similar to a potato_)

 PASO 2. Para ti, ¿cuál es «la comida confortable»? ¿Cuál es tu comida confortable preferida? ¿Cuándo la comes? ¿Sabes prepararla? ¿Cómo te sientes cuando la comes? ¿En qué piensas? Luego, compara tus respuestas con las de tu pareja. ¿Son semejantes sus respuestas?

PASO 3. En parejas, identifiquen o infieran algunos de los ingredientes de este plato chileno típico. Una pista: Es un caldo hecho con un pez que hay en grandes cantidades en el océano Pacífico sudamericano. El pez se parece a una serpiente.

© StockFood LBRF/age fotostock

_____
_____
_____
_____

¡A leer!

© James Strange/Getty Images

En este poema, el gran poeta chileno y ganador del Premio Nóbel de Literatura, Pablo Neruda (1904–1973), explica la preparación de un plato tradicional chileno: el caldillo de congrio. Publicado en 1954 como parte de un libro de poesía, *Odas elementales*, es uno de los poemas que examina los detalles cotidianos de la vida, además de los eventos importantes. Tradicionalmente, una oda es un tipo de poema cantado que tiene sus orígenes en la literatura griega clásica. Típicamente celebra a una persona o una cosa. El tono es solemne y se expresan las emociones. Cada verso tiene entre tres y siete sílabas.

«ODA AL CALDILLO DE CONGRIO»
—PABLO NERUDA

En el mar
tormentoso
de Chile
vive el rosado congrio,[a]
gigante anguila[b]
de nevada carne.
Y en las ollas
chilenas,
en la costa,
nació el caldillo
grávido[c] y suculento,
provechoso.
Lleven a la cocina
el congrio desollado,[d]
su piel manchada[e] cede
como un guante
y al descubierto queda
entonces
el racimo[f] del mar,
el congrio tierno

ya desnudo,[g]
reluce[h]
preparado
para nuestro apetito.
Ahora
recoges
ajos,
acaricia[i] primero
ese marfil[j]
precioso,
huele
su fragancia iracunda,[k]
entonces
deja el ajo picado[l]
caer con la cebolla
y el tomate
hasta que la cebolla
tenga color de oro.
Mientras tanto
se cuecen
con el vapor
los regios[m]
camarones marinos
y cuando ya llegaron
a su punto,
cuando cuajó el sabor[n]
en una salsa
formada por el jugo
del océano
y por el agua clara
que desprendió[ñ] la luz de la cebolla,
entonces
que entre el congrio
y se sumerja en gloria,
que en la olla
se aceite,
se contraiga y se impregne.
Ya sólo es necesario
dejar en el manjar[o]
caer la crema
como una rosa espesa,[p]
y al fuego
lentamente
entregar el tesoro[q]
hasta que en el caldillo
se calienten
las esencias de Chile,
y a la mesa
lleguen recién casados
los sabores
del mar y de la tierra
para que en ese plato
tú conozcas el cielo.

---

[a]*conger eel*   [b]*eel*   [c]*thick, heavy, full*   [d]*skinned*   [e]*spotted*   [f]*fruit*   [g]*naked*
[h]*shines, glistens*   [i]*caress*   [j]*ivory*   [k]*irate*   [l]*minced*   [m]*regal*   [n]*cuajó... the flavor is set*
[ñ]*emitted, gave off*   [o]*delicacy*   [p]*thick*   [q]*treasure*

Después de leer

D. Oda al caldillo de congrio

PASO 1. Contesta las preguntas.

1. ¿De qué color es el congrio? ¿De qué color es la carne del pez? ¿Qué palabras indican el color? _____

2. Además del congrio, ¿qué otros ingredientes se usan para preparar el caldillo? _____

3. Un verso tiene solamente la palabra **Ahora** para marcar un cambio en el poema. ¿Qué tipo de información sigue esta palabra en el poema?
_____

4. ¿Cómo describe el poema los camarones, los otros animales del mar? _____

5. ¿De qué se forma la salsa del caldo? _____
_____

6. ¿Qué se calientan en el caldo por último cuando el **el tesoro** se entrega al fuego? _____

7. El poeta dice que no se puede comer el caldo hasta que lleguen «recién casados» dos elementos del plato. ¿Qué puedes inferir de este plato a base de esta referencia? _____
_____

8. Al final, el poeta habla del mar, de la tierra y del cielo. ¿Qué palabras se asocian con el mar y con la tierra? ¿Qué infieres sobre Chile a base de estas palabras? _____
_____
_____
_____

9. ¿Cuál es el doble significado de la palabra **cielo**. _____
_____

PASO 2. En parejas, conversen sobre las preguntas sobre el caldillo de congrio.

© Chris Mattison/age fotostock

© Sam Falk/New York Times co./Getty Images

1. Mira la foto de las anguilas. ¿Te parecen sabrosas? Muchas personas dirían (*would say*) que no, pero no hay duda de que el plato final es riquísimo. ¿Conoces otro plato cuyos ingredientes parecen poco atractivos, pero que resulta sabroso? _____

2. Mira la foto del plato final: caldillo de congrio. ¿Cómo te parece? ¿Te gustaría probarlo? ¿Por qué? _____

3. Según la preparación descrita en el poema, ¿es muy complicado el plato? ¿Cuántos ingredientes hay? _____

4. Tradicionalmente, ¿de qué tipo de región geográfica viene este caldo? Explica. _____

5. ¿Piensas que el caldillo de congrio es típico de una familia pobre, una familia de clase media, o una familia rica? ¿O de los tres tipos de familia? ¿Por qué? _____

6. ¿Crees que el autor conoce bien este plato? ¿Qué parte de su vida crees que recuerda cuando lo come? ¿Qué tipo de memorias evoca el plato para el poeta, en tu opinión? _____

▶ E. ¿Qué opinan los demás?

PASO 1. Las personas entrevistadas contestan las siguientes preguntas. Lee las preguntas y escribe por lo menos cinco palabras del vocabulario de este capítulo que probablemente van a incluir en sus respuestas.

- ¿Prepara Ud. una comida casera todos los días? ¿Le gusta cocinar? ¿Por qué sí o no? ¿Quién en su familia cocina más?
- ¿Qué platos son típicos de su país y de su casa? ¿Qué tradiciones y fiestas asocia con ciertas comidas?
- ¿Conoce Ud. las comidas que se sirven en el cortometraje? ¿En qué se difieren de o se asemejan a los platos que Ud. come típicamente?
- Los hombres en el cortometraje comen mucha comida chatarra antes de la llegada de Lourdes. ¿Qué opina Ud. de la comida chatarra? ¿Trata Ud. de evitarla? ¿Qué comidas y alimentos son sanos, en su opinión?

1. _____ 2. _____ 3. _____ 4. _____ 5. _____

PASO 2. Steve, May y Michelle van a hablar de unos platos típicos de su país. Completa las descripciones de los platos que van a mencionar con una de las siguientes palabras/frases de vocabulario. Cada palabra/frase se usa una sola vez.

agria	se cuece	guiso	se rellenan
ajo	se fríen	masa	sartén
se calienta	fuego medio	olla	se sazona

© Tina Wang/Getty Images RF

© bonchan/Getty Images RF

1. Un plato típico de Puerto Rico se llama **el mofongo**. Es una comida basada en plátanos (*plantains*) machacados (*crushed, mashed*) con ají (*pepper*), cebolla, cilantro, y camarones. Los plátanos _____ en aceite caliente.

2. **La arepa** es un plato popular en Colombia y Venezuela. Está hecha de una _____ de harina de maíz y viene de origen indígena. Las arepas _____ de una variedad de ingredientes, como la carne, los huevos, la ensalada o el queso. Se fríen en aceite en una _____ grande.

© Mark Hernandez

© David Wei/Alamy

3. En La República Dominicana, **el sancocho** es el plato más típico. Es un _____ de verduras, plátanos, papa, yuca y carne. Primero, _____ aceite a _____, una temperatura que no es muy baja ni muy alta. Se agregan la carne y otros ingredientes a una _____ profunda (*deep*) y _____ todo por una hora.

4. **El lechón asado** es un plato tradicional de cerdo asado preparado especialmente en la Navidad en La República Dominicana. _____ la carne primero con dientes de _____, perejíl, orégano, pimienta, sal y jugo de naranja _____ o de limón. Se unta (*is spread*) este sazón sobre la carne antes de asarla.

 PASO 3. Primero, repasa las oraciones sobre las entrevistas. Luego, mira las entrevistas. Por último, en parejas, túrnense para leer las siguientes oraciones sobre las entrevistas y decidan si la oración es cierta o falsa. Si es falsa, corríjanla.

Steve	May	Michelle

© McGraw-Hill Education/Klic Video Productions

Palabras útiles

el caldero
   cooking pot

las caraotas
   beans

carne mechada
   shredded beef

evitar
   to avoid

el pabellón criollo
   a typical Venezuelan dish made of rice, beans, fried plantains, and shredded beef

pincho
   appetizer

tajadas
(plátano maduro)
   fried plantains made from the ripe plantain

	CIERTO	FALSO
1. La República Dominicana y Venezuela tienen una influencia española muy grande, según Michelle y May.	_____	_____
2. May se preocupa por los químicos en la comida rápida.	_____	_____
3. El mofongo es un plato típico de la Navidad en La República Dominicana según Michelle.	_____	_____
4. Steve está tratando de evitar la comida chatarra.	_____	_____
5. Para las Fiestas de la Bahía en Puerto Rico, la gente va a la Iglesia.	_____	_____
6. A May y Michelle les fascina cocinar pero no a Steve.	_____	_____
7. El plátano es un alimento importante en los tres países.	_____	_____
8. Michelle no reconoció ninguno de los platos en «Éramos pocos».	_____	_____

PASO 4. Contesta las siguientes preguntas sobre las entrevistas.

1. ¿Quién dice que busca recetas por Internet? ¿Qué tipos de comidas prepara? ¿Quién le enseñó a cocinar? _____
_____

2. ¿Quién dice que su padre es el mejor cocinero de la familia? _____

3. ¿Qué alimentos son importantes en los tres países según Steve, May y Michelle? _____

4. ¿Quién dice que en su niñez asociaba la comida chatarra con un tipo de premio? _____

5. ¿Quién cree que las comidas más saludables son las ensaladas y los vegetales? _____

 PASO 5. En parejas, conversen sobre sus propias ideas respecto a las preguntas del **Paso 1**.

PARA TU INFORMACIÓN: LAS COSTUMBRES DE COMER

Algunas de las costumbres y normas de etiqueta son distintas de las de los Estados Unidos y el Canadá. Por lo general:

En el mundo hispanohablante, las manos no se ponen en el regazo (*lap*). Deben estar sobre la mesa, a la vista de todos. Se deben apoyar los antebrazos (*forearms*) en el borde de la mesa.

En varios países, cuando se usa un tenedor y un cuchillo, no se pasa el tenedor a la mano derecha después de cortar carne, por ejemplo, como es común en los Estados Unidos y el Canadá. En cambio, se toma el tenedor en la mano izquierda con los dientes hacia el plato. Después de cortar la comida, los dientes del tenedor están curvados hacia ti y se comen trozos pequeños de comida.

Al terminar de comer, pon el tenedor y el cuchillo paralelos sobre el plato. Los mangos (*handles*) deben señalar las cinco, como si el plato fuera un reloj, y la parte de arriba señala las diez.

La palabra **invitar** significa *to invite* pero además implica *to treat*, como «*I will treat you to coffee or dinner.*» Es decir, yo pagaré. Es común en los restaurantes que una persona pague la cuenta en lugar de dividirla. Cuando alguien dice, «Yo te invito a cenar», implica que él/ella va a pagar la cuenta.

F. El trasfondo geográfico/cultural: La comida del mundo hispanohablante

PASO 1. Mira las fotos de algunos platos tradicionales famosos del mundo hispanohablante, y lee las descripciones. Según la descripción, elige la foto de cada plato.

PLATOS:

© Ildi.Food/Alamy RF

1. _____

© Karolina Maliszewska/Alamy RF

2. _____

© Juanmonino/iStock/Getty Images RF

3. _____

© pjohnson1/E+/Getty Images RF

4. _____

© Sarah Bossert/E+/Getty Images RF

5. _____

© darqdesign/Shutterstock RF

6. _____

DESCRIPCIONES:

a. **La pupusa** es una tortilla de maíz, típicamente más grande que la arepa, y más grande que la tortilla mexicana. Se sirve con una variedad de rellenas (frijoles, queso, chicharrón).

b. **El ceviche** es una mezcla de pescado y/o marisco que se prepara por macerar en un jugo cítrico.

c. **La arepa** es una torta pequeña de masa de maíz, semejante a la pupusa. Típicamente se abren por la mitad, y se rellenan con una variedad de alimentos: queso, huevos, frijoles o cualquier tipo de carne.

d. **La ropa vieja** es un plato de carne de res desmechada (*shredded*), preparado con ajo, cebolla, pimientos, típicamente acompañado por frijoles, plátanos y arroz.

e. **Los elotes a la mexicana** son mazorcas (*cobs/ears*) de maíz cubiertas con una variedad de alimentos: crema o mayonesa, queso cotija,* polvo de chile y/o jugo de limón.

f. **La yerba mate** no es un plato, sino una bebida hecha de las hojas y ramas secas y molidas de un árbol semitropical. Se prepara como una infusión, como el té.

_____
*Un queso tradicional de México, de sabor fuerte

PASO 2. En el Internet, investiga cada plato del **Paso 1** para descubrir su país/ región de origen. Después, escribe el nombre del plato en las regiones identificadas en este mapa.

1. _____   3. _____   5. _____
2. _____   4. _____   6. _____

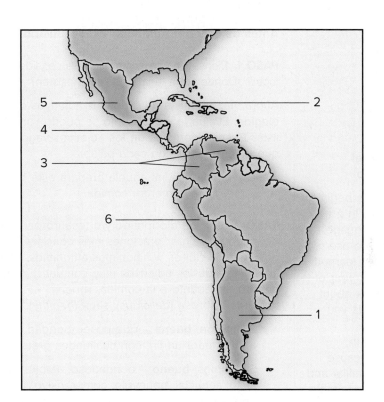

COMPROMISO CON LA COMUNIDAD: TRABAJA COMO
VOLUNTARIO/A EN UN BANCO DE ALIMENTOS

En cada comunidad hay organizaciones que ayudan a las personas que no tengan una alimentación suficiente. Investiga las oportunidades de ser voluntario/a para los grupos que recojan donaciones de comida y/o les sirvan comidas a personas necesitadas.

V. AMBIENTES EXPRESIVOS

 A. Escritura: La descripción

Al final de esta actividad vas a escribir un párrafo describiendo una celebración en que participas cada año que tiene como elemento esencial la comida. Primero, revisa la estrategia.

Antes de escribir: Aumentar el vocabulario

PASO 1. Piensa en una fiesta mientras consideras estas preguntas: ¿Cuándo tiene lugar? ¿Dónde tiene lugar? ¿Quiénes asisten? ¿Qué comen? ¿Cómo participas tú?

Ahora, haz una lista de todos los adjetivos que describan tu celebración elegida. Evalúa la lista. ¿Cómo se puede variar y aumentar el vocabulario de la lista? Busca sinónimos de los adjetivos vagos o que usan mucho. Piensa en lo que quieres decir con cada palabra.

> La comida que mi abuela prepara está **buena**. Ella es una cocinera **buena** y me gusta comer su comida.

PASO 2. Usa un diccionario y/o tesauro para utilizar una variedad más amplia de palabras y crear oraciones más concisas. Muchos sitios web ofrecen los dos—y definiciones, y sinónimos/antónimos. Piensa en las varias acepciones (*meanings*) de los adjetivos muy comunes. «Bueno», por ejemplo, es poco preciso; en cuanto a la comida, «buena» se puede entender de diversas maneras: sabrosa (*delicious*), sana (*healthy*), o económica (*cheap*).

> Definición: **buena** – que posee bondad moral; sano; que tiene buena aptitud para un fin; con cualidades gratas o gustosas

> Sinónimos: **bueno** – bondadoso, afable, honrado, virtuoso, recto, honesto, justo, servicial, benévolo, comprensivo, útil, adecuado, oportuno, provechoso, favorable, beneficioso, servible, saludable, gustoso, gracioso, grato, apetecible, sabroso, rico, magnífico

Compara la primera oración con la oración modificada para ser más precisa:

> La comida que mi abuela prepara está **buena**. Ella es una cocinera **buena** y me gusta comer su comida.

> La comida que mi abuela prepara está **sabrosa**. Ella es una cocinera **magnífica** y me encanta comer todos los platos que prepara.

¡A escribir! Ahora escribe un párrafo de un mínimo de ocho oraciones en el tiempo presente basado en las listas de palabras que has creado. No te olvides de agregar los detalles.

 Después del primer borrador En parejas, intercambien párrafos. Lee el párrafo de tu pareja y escribe al menos cinco preguntas para descubrir más sobre los detalles de los sucesos. Responde a las preguntas que tu pareja te haga y agrega esta información a la versión final de tu párrafo.

Estrategia: Aumentar el vocabulario

As students begin to write more in a second language, they tend to use words they learned in their first year of study. Think about which words you tend to use repeatedly in Spanish because they are familiar and you are comfortable with them.

In order to vary your word choice and write in a more effective and precise way, you will need to use a dictionary or thesaurus to check the definition of words and to find synonyms.

A better choice of words can clarify what you want to communicate and can add richness, clarity, and sophistication to your language skills.

B. Nosotros, los actores / los actrices: ¡La historia continúa!

PASO 1. En parejas, imaginen la conversación entre los personajes y escriban un guion (*script*) para una de las siguientes situaciones:

a. Julia vuelve al piso y Lourdes le abre la puerta.

b. Los nietos verdaderos de Lourdes la buscan y la encuentran viviendo con Joaquín y Fernando.

c. Fernando se encuentra con su madre en la calle.

PASO 2. Ensayen su guion y luego interprétenlo para la clase. Presten atención a la pronunciación, el lenguaje corporal, los gestos y el tono de voz.

C. Entrevista: Los lazos familiares

Entrevista a una persona hispanohablante sobre su familia. ¿Quiénes son los familiares más importantes para esta persona? ¿Qué aspectos de su familia le gustan? ¿Qué actividades hacen juntos? ¿Cuándo se reúnen? Escribe por lo menos cinco preguntas. Saca apuntes y está listo/a a presentar sus respuestas a la clase.

OPCIONAL: Pregúntale a la persona entrevistada si está bien si filmas un video de la entrevista para mostrar a la clase.

D. ¡Entrevista por videoconferencia!

Conversa con un(a) hispanohablante por videoconferencia y pregúntale seis a ocho preguntas sobre uno de los siguientes temas:

a. el papel de la familia en nuestra sociedad

b. su comida o tradición de comida favorita

c. el papel de la gente mayor en su familia o su comunidad

E. Investigación: La familia

Busca información sobre uno de los siguientes temas en tu país y en un país del mundo hispanohablante. Resume la información que encuentres e incluye datos interesantes. Preséntale la información a tu clase y compara y contrasta las semejanzas y diferencias entre los dos países.

- la comida casera típica
- las celebraciones familiares y la comida que se sirve
- el tamaño (*size*) de las familias
- las parejas que no desean tener hijos
- los papeles de la gente mayor en la familia
- actitudes hacia los asilos / la vejez
- las ventajas / las desventajas de la familia extendida

Tablas B

Anticipación

 F. El panorama de la familia española

TABLA B

Tema	Pregunta	Datos
el tamaño medio (*average size*) del hogar (*household*) español	¿Cuál es el tamaño medio del hogar español?	2,53 personas
los adultos jóvenes que viven con su padre y/o madre	¿Qué porcentaje de los adultos jóvenes vive con su madre y/o padre?	25–29 años: ___% vive con su madre y/o padre. 30–34 años: ____% vive con su madre y/o padre.
la edad media del matrimonio	¿Cuál es la edad media del matrimonio?	___ años
el número de hijos por mujer	¿Cuántos hijos nacen por mujer?	1,3 hijos
el envejecimiento de la población (el... *the aging of the population*)	¿Qué porcentaje de la población va a tener más de 65 años en el año 2050?	Para el año 2050, el _% de los españoles va a tener más de 65 años.
la edad media de maternidad de las madres españolas	¿Cuál es la edad media de maternidad de las madres españolas?	32,3 años
el porcentaje de hijos que nace fuera del matrimonio	¿Qué porcentaje de hijos nace fuera del matrimonio?	_%
el número de semanas de la baja por maternidad (*maternity leave*)	¿Cuántas semanas es la baja por maternidad?	16 semanas
el número de hogares en que vive una sola persona	¿En qué porcentaje de hogares vive una sola persona?	___%
el porcentaje de mujeres que vive con hombres que afirman que ellas normalmente cocinan y limpian la casa	¿Qué porcentaje de mujeres dice que ellas son las que cocinan y limpian la casa?	70%
la hora de la cena	¿A qué hora cenan los españoles?	Entre las 9:00 y las 11:00 de la noche
el domingo y la familia	¿Por qué es importante el domingo?	Es el día reservado para _____, ____ familiares y comidas con los _____.

Gramática

C. La parentela: Los papeles familiares en el mundo hispanohablante

TABLA B

La figura de la madre en la cultura mexicana	
Las Preguntas	**La Información**
la Virgen de Guadalupe ¿Quién es?	Según la leyenda mexicana, la Virgen María _____ en 1531 en Guadalupe, una villa de México en el sitio de un templo azteca, destruido por los conquistadores españoles. Solamente _____indígena, Juan Diego, ve la aparición. Él _____ (emocionarse) al ver a la Virgen pero cuando se lo dice al arzobispo de la Iglesia, él dice que Juan Diego tiene que pedirle a la Virgen un milagro.
La Virgen de Guadalupe ¿Qué importancia cultural tiene?	La Virgen es uno de los _____ para los católicos mexicanos. Ella representa la figura de la madre y es una mestiza. Simboliza _____ y la cultura indígena. Ella es una de las figuras maternales por medio de las que (por... *through which*) los mexicanos _____ (identificarse).
¿Qué dijeron dos escritores mexicanos sobre la importancia de la Virgen de Guadalupe?	Carlos Fuentes dijo que uno no _____ (poder) considerarse «mexicano/a» sin creer en la Virgen de Guadalupe. Octavio Paz dijo «el pueblo mexicano, después de dos siglos de experimentos y fracasos (*failures*), no cree ya sino en la Virgen de Guadalupe y en la _____ Nacional».
la Llorona ¿Quién es?	Ella es la madre que _____ que tiene sus orígenes en el folclor azteca. Ella vive como fantasma y no puede _____ (escaparse) de su dolor.
¿Por qué llora la Llorona?	Según la leyenda, ella llora porque ahoga a sus hijos en el río por venganza después de descubrir que su esposo la deja por otra mujer. Luego, _____ (ahogarse) en un río en la Ciudad de México. No puede entrar en el Cielo y vaga por el mundo como espíritu _____ a sus hijos.
¿Qué representa la Llorona en la cultura mexicana, según el escritor Octavio Paz?	La Llorona es una de las «representaciones mexicanas de la Maternidad... que festejamos el diez de mayo.» Ella es, según Paz, la «sufrida madre mexicana.» Los niños mexicanos _____ cuando _____. Sus padres se la _____ (contar) como advertencia de los peligros de _____ ____.
La Malinche ¿Quién es?	Ella es una figura histórica de México que _____ (hacer) la primera madre mexicana. Es una mujer _____ que _____ (jugar) un papel importante en la conquista de México. En español _____ doña _____. Es la intérprete, amante e intermediaria entre Hernán Cortés y las comunidades indígenas.
¿Qué importancia tiene la Malinche en la cultura mexicana?	Ella _____ (volverse) una figura mítica en México. El hijo que _____ (tiene) con Cortés es el primer mexicano, _____. Algunos mexicanos la ven como una figura positiva, pero para otros es una traidora porque _____ a conquistar a los pueblos indígenas.
¿Qué dice Octavio Paz sobre la Malinche?	Ella es «una figura que representa a las indias, fascinadas, violadas o seducidas por los españoles... La extraña permanencia de Cortés y de la Malinche en la imaginación y en la sensibilidad de los mexicanos actuales revela que _____ (ser) algo más que figuras históricas: son símbolos de___ _____que aún no hemos resuelto».

VOCABULARIO DEL CAPÍTULO 1

La familia

compartir	to share
contribuir	to contribute
echarle una mano	to lend a hand
encargarse de	to take charge of
extrañar	to miss (*a person*)
jugar un papel	to play a role
llevarse bien/mal	to get along well/badly
reunirse	to meet; to get together
valorar	to value
el familiar	family member
la nuera	daughter-in-law
la suegro/a	father/mother-in-law
el yerno	son-in-law
unido/a	united

Los mayores de edad

depender de	to depend on
envejecerse	to grow/get old
ocuparse de	to attend to; to be in charge of
el/la anciano/a	elderly person
el asilo de ancianos	nursing home
el bienestar	well-being
la carga	burden (*n.*)
la vejez	old age
aislado/a	isolated
deprimente	depressing
desmejorado/a	deteriorated, declining (*in physical condition*)
discapacitado/a	handicapped
sabio/a	wise

Cocinar y disfrutar de la comida

batir	to beat
brindar (por)	to toast (to)
calentar	to heat
cocer	to cook
freír	to fry
gozar	to enjoy
hervir	to boil
hornear	to bake
medir	to measure
mezclar	to mix
oler	to smell
pasar hambre	to go hungry
rellenar	to refill; to stuff
saltear	to stir-fry; to sauté
sazonar	to season
el acompañamiento	side dish
el ajo	garlic
el alimento	food
la chuleta	(lamb/pork) chop
el/la cocinero/a	cook
la comida chatarra	fast food, junk food
la copa	wineglass
el fuego bajo/ medio/alto	low/medium/high heat
el guiso	stew
la langosta	lobster; locust
el mantel	tablecloth
la masa	dough
la olla	pot
la paella	*a traditional Spanish saffron rice dish from Valencia that consists of shellfish or chicken and other ingredients that can vary*
la receta	recipe
el sabor	flavor, taste
la sartén	frying pan
la sobremesa	after-dinner conversation
la tortilla española	*a traditional Spanish omelet consisting of eggs, potatoes, and onions*
el tocino	bacon
agrio/a	sour
amargo/a	bitter
casera/o	homemade
rico/a	delicious; rich
salado/a	salty

CAPÍTULO 2

Las relaciones románticas

© Pedro Blanco Aroche

Romance guajiro del artista cubano Pedro Blanco Aroche, 2007

Identifica las varias imágenes en este cuadro de un artista cubano. ¿Qué parte del cuadro se destaca (se... *stands out*)? Hay varias parejas en el cuadro. ¿Cuál es la relación entre ellos? Además de las parejas, ¿cuáles son otros objetos y elementos interesantes? ¿Qué valores y costumbres de la vida en Cuba se ven?

¿Qué símbolos asocias con el amor? ¿Puedes pensar en otras obras artísticas que representen el amor? ¿Cuáles son algunas historias clásicas que tratan el tema del amor? Cuando una obra artística representa el amor, ¿suele presentar una visión trágica, romántica, triste, optimista o neutra de la experiencia? Si pintaras un cuadro personal como *Romance guajiro*, ¿qué imágenes incluirías?

I. ANTICIPACIÓN

A. El póster del cortometraje «La lotería»

© S. Daud and B. Ripley

El cortometraje «La lotería» trata de Savanna y Augusto, dos jóvenes dominicanos.

PASO 1. Mira el póster del cortometraje y contesta las preguntas.

1. ¿Qué relación existe entre estos jóvenes?
2. ¿Se sienten igual Savanna y Augusto?
3. ¿Tienen una relación exitosa? ¿Cómo lo sabes?

PASO 2. En parejas, conversen sobre las siguientes preguntas.

1. ¿Cómo se define una relación de novios —o una amistad— exitosa? ¿Cómo se logra? Piensa en las parejas que tú conoces y por qué hacen o no hacen una buena pareja.
2. ¿Qué cualidades y características buscas tú en un amigo / una amiga o en un novio / una novia?

B. ¡Conozcamos a los personajes!

PASO 1. Mira las imágenes de cuatro de los personajes del cortometraje «La lotería» y escribe cómo son y cómo están. Incluye todos los detalles que puedas.

<table>
<tr><td colspan="3">Adjetivos útiles</td></tr>
<tr><td>amable</td><td>enojado/a</td><td>nervioso/a</td></tr>
<tr><td>cómico/a</td><td>frustrado/a</td><td>preocupado/a</td></tr>
<tr><td>confundido/a</td><td>fuerte</td><td>romántico/a</td></tr>
<tr><td>conservador(a)</td><td>joven</td><td>serio/a</td></tr>
<tr><td>contento/a</td><td>liberal</td><td>tradicional</td></tr>
<tr><td>débil</td><td>moderno/a</td><td>tranquilo/a</td></tr>
<tr><td>desagradable</td><td>molesto/a</td><td>viejo</td></tr>
</table>

© S. Daud and B. Ripley

1. **el abogado de inmigración**
   ¿Cómo es el abogado?
   ¿Cómo está en esta escena?
   Otras observaciones:

© S. Daud and B. Ripley

2. **Augusto**
   ¿Cómo es Augusto?
   ¿Cómo está en este momento?
   Otras observaciones:

© S. Daud and B. Ripley

3. **Savanna**
   ¿Cómo es Savanna?
   ¿Cómo está en este momento?
   Otras observaciones:

© S. Daud and B. Ripley

4. **la madre de Savanna**
   ¿Cómo es la madre de Savanna?
   ¿Cómo está en esta escena?
   Otras observaciones:

PASO 2. Ahora infiere lo que puedas de los fotogramas (*still frames*) y contesta las preguntas. Usa las pistas (*clues*) que ves, la lógica y tu imaginación.

1. ¿De qué hablan Augusto y el abogado en el primer fotograma? ¿Quiere ayudar el abogado a Augusto?
2. ¿Quién es Savanna en relación con Augusto?
3. ¿De qué hablan Savanna y Augusto en el tercer fotograma?
4. ¿Dónde está la madre de Savanna en el último fotograma? ¿Qué o a quién mira tan fijamente?

C. Lugares importantes en «La lotería»

PASO 1. Los siguientes fotogramas muestran cuatro lugares del cortometraje. Apunta algunas características de los lugares en general. Por ejemplo: ¿Cómo es el lugar? ¿Para qué sirve? ¿Quiénes típicamente están en el lugar? ¿Cómo están las personas cuando están allí?

MODELO: **el parque** – Es un lugar donde hay árboles y mucho espacio verde. Las familias vienen al parque para jugar. Algunas personas vienen al parque para hacer ejercicio, por ejemplo, caminar o correr. Es un lugar tranquilo y por eso muchas personas se sienten relajadas.

© S. Daud and B. Ripley

© S. Daud and B. Ripley

1. la oficina del abogado

© S. Daud and B. Ripley

2. el restaurante

© S. Daud and B. Ripley

3. la iglesia

© S. Daud and B. Ripley

4. el aeropuerto

PASO 2. En parejas, digan si Uds. van a los lugares del **Paso 1** y con qué frecuencia. ¿Qué hacen Uds. allí? ¿Con quién van?

PASO 3. Ahora, para cada lugar del **Paso 1**, escribe dos actividades que los personajes del cortometraje probablemente hacen y una cosa que piensan mientras están allí.

D. Situación de suspenso: En la oficina del abogado

**Repaso gramatical:
III. Las palabras
interrogativas
Repaso gramatical: II.
Ir + a + infinitivo**

PASO 1. Mira el videoclip y contesta las preguntas.

1. ¿Qué sucede en esta escena?
2. ¿Qué va a ocurrir después?
3. ¿Cuál es una cosa que NO va a ocurrir en la próxima escena?

© S. Daud and B. Ripley

PASO 2. Lee la información sobre Programa de Diversidad de Visas de Inmigrante y escribe una lista de los cognados que ves. Luego busca dos palabras que sean nuevas para ti y escribe lo que piensas que significan. Por último, consulta con un diccionario y confirma las definiciones.

La lotería de visas estadounidenses*

Dado que[a] la inmigración es un tema polémico en muchos países, ¿te has preguntado alguna vez cómo se decide quiénes pueden entrar legalmente como inmigrantes a los Estados Unidos?

A partir de[b] 1995, cada año el Departamento de Estado de los Estados Unidos les ofrece la oportunidad de sacar visas para obtener la residencia permanente a aproximadamente 50.000 personas de países extranjeros. La ley se aprobó para darles visas a inmigrantes de diversas naciones que no tienen altos niveles[c] de inmigración a los Estados Unidos. La meta del programa es aumentar la diversidad de los inmigrantes.

Para tener un sistema justo, la ley prohíbe que estas visas se les den a personas de países que ya han enviado más de 50.000 personas a los Estados Unidos como residentes permanentes. Además, el sistema es una lotería. Durante el período de inscripción, que dura solamente un mes, se puede entrar en la lotería. Los «ganadores» se seleccionan al azar,[d] es decir, como en cualquier lotería para ganar dinero.

Solamente se puede entrar una vez por año en la lotería. La selección es completamente aleatoria.[e] Una persona que gana la lotería puede traer a su esposo/esposa y sus hijos (menores de 21 años) a vivir en los Estados Unidos. En 2015, más de 10 millones de personas entraron en la lotería.

---

[a]Dado... Since; *Given that*   [b]*A... Starting in*   [c]*levels*   [d]*al... randomly*   [e]*random*

1. Cognados: _____

2. Palabra nueva: _____

   Definición anticipada: _____

   Definición: _____

3. Palabra nueva: _____

   Definición anticipada: _____

   Definición: _____

PASO 3. Completa las preguntas con la palabra interrogativa apropiada, según lo que leíste en el **Paso 2.** Usa cada palabra interrogativa solo una vez. Luego, empareja las preguntas con las respuestas (a. – g.) más lógicas, según la información en el **Paso 2.** Por último, llena los espacios en blanco en las respuestas con el artículo apropiado (**el, la, los, las, un, una, unos, unas**).

Palabras interrogativas

¿Cómo?   ¿Cuándo?   ¿Cuánto?   ¿Quiénes?

¿Cuál?   ¿Cuántas?   ¿Qué?

---

*Source: "Green Card Through the Diversity Immigrant Visa Program," U.S. Citizenship and Immigration Services, February 14, 2014. https://www.uscis.gov

_____ 1. ¿ _____ pueden acompañar a un(a) inmigrante que gana esta lotería?

_____ 2. ¿ _____ veces se puede entrar en la lotería cada año?

_____ 3. ¿ _____ tiempo dura la inscripción?

_____ 4. ¿ _____ se decide quiénes reciben las visas?

_____ 5. ¿ _____ es uno de los propósitos del Programa de Diversidad de Visas de Inmigrante?

_____ 6. ¿ _____ empezó este programa?

a. _____ primer año del programa fue 1995.

b. _____ recipientes de la visa ganan al azar.

c. _____ razón es para aumentar _____ diversidad de los inmigrantes a los EE. UU.

d. El esposo / La esposa y sus hijos pueden ir con _____ persona que recibe la visa.

e. Se puede entrar una vez por año en _____ lotería.

f. Los postulantes tienen solamente _____ mes para completar el proceso de inscripción.

PASO 4. Contesta las preguntas.

1. Después de leer la información en el **Paso 2** sobre Programa de Diversidad de Visas de Inmigrante, ¿cambia tu opinión sobre lo que va a suceder en el cortometraje? Explica.

2. ¿A qué se refiere el título de este cortometraje? ¿A qué otras cosas puede referirse el título?

3. ¿Cómo va a responder Augusto a la pregunta del abogado?

E. Más sobre la lotería de visas*

Repaso gramatical:
II. Los artículos definidos e indefinidos
Repaso gramatical:
III. Las palabras interrogativas

PASO 1. Lee un poco más sobre la lotería de visas estadounidenses. Completa los espacios en blanco con el artículo definido (**el, los, la, las**) o indefinido (**un, unos, una, unas**) que se requiere. Después de cada sección, forma una pregunta de comprensión para tu pareja.

MODELO: Cada año, el gobierno de los Estados Unidos selecciona 100.000 ganadores al azar de todo el mundo. Pero de estos 100.000 personas solamente 50.000 recibe permiso para vivir en los Estados Unidos. Se hacen entrevistas y una revisión de antecedentes para determinar quiénes de estas 100.000 personas van a ganar.

© Joe Raedle/Getty Images

¿Cuántas personas son ganadores cada año?

¿Cómo seleccionan a los ganadores?

1. En 2015, _____ países hispanos no podían participar porque ya había venido _____ número máximo de ciudadanos de este país en los últimos cinco años. Por ejemplo, _____ ciudadanos de Colombia, la República Dominicana y México no podían participar en la lotería.

¿ _____?

2. _____ tarjeta verde no le otorga al recipiente la ciudadanía (*citizenship*), pero el/la recipiente puede trabajar legalmente en _____ Estados Unidos. Más adelante, se puede patrocinar a otros miembros de su familia para que ellos también puedan venir a los Estados Unidos a vivir permanentemente.

¿ _____?

*Source: "Lotería de Visas 2016: Estados Unidos sortea 100,000 residencias legales permanentes," Report24, May 28, 2016. www.report24.nl

3. El esposo / La esposa puede participar en la lotería también y así se
   duplica _____ posibilidad de que _____ familia gane. Pero, se puede
   participar solamente _____ vez por año.

   ¿ _____?

4. _____ tarjeta «verde» ya no es verde. Es rosada.

   ¿ _____?

5. Más de 10 millones de personas participan en la lotería cada año, pero solo
   una fracción de _____ solicitantes (*applicants*) puede inmigrar a los
   Estados Unidos. Por ejemplo, en 2015 solamente _____ 0,9% pudo entrar.

   ¿ _____?

PASO 2. En parejas, formen por lo menos cinco
preguntas que Augusto probablemente tuvo que
contestar para entrar en la lotería de visas
estadounidenses. Miren el formulario abajo para
sacar ideas. Utilicen palabras de interrogación y
luego comparen sus repuestas con las de otros
grupos.

© S. Daud and B. Ripley

MODELO: ¿Cómo se llama Ud.? ¿En qué año
nació?

U.S. DEPARTMENT *of* STATE BUREAU OF CONSULAR AFFAIRS	**Electronic Diversity Visa**
TRAVEL.STATE.GOV	Entrant Status check v05.00.00

Help

Verify Entrant

To retrieve a confimation number, the primary entrant informtion must be verified.

1. Diversity Visa Lottery Program Year:

Select the Diversity Visa Lottery program Year to check.

Diversity Visa Lottery Program Year   2013 ▽

2. Name:

Provide the primary entrant name exactly as entered on the Diversity Visa Lottery Form.

Last/Family Name	First Name	Middle Name
☐ No Last/Family Name	☐ No First Name	☐ No Middle Name

3. Date of Birth

Provide the date of birth for the primary entrant as entered on the Diversity Visa Lottery Form.

Day Select Day... ▽   Month Select Month... ▽   Year [____] *Format: YYYY.*

4. Email Address:

Provide the email address used on the Diversity Visa Lottery Form.

5. Authentication

AERVDK   🔄 Type the characters as they appear in the picture.
             🔊

[Cancel] [Submit]

F. ¿Qué hacen los personajes? ¿Qué están haciendo?

PASO 1. Completa las oraciones con la forma correcta de uno de los siguientes verbos para describir lo que hacen los personajes en el cortometraje. **¡OJO!** Cada verbo se utiliza solo una vez.

dar	hablar	poder
decir	informar	preguntar
escuchar	pensar	tener

1. Augusto _____ en los remordimientos de su vida y el narrador _____ que tiene tres.
2. El abogado le _____ a Augusto que él _____ permiso de vivir en los Estados Unidos.
3. Augusto _____ con el abogado y le _____ si su novia _____ ir con él a los Estados Unidos.
4. El abogado le _____ consejos a Augusto sobre su novia.
5. Savanna no _____ lo que el abogado dice.

PASO 2. Mira los fotogramas y para cada uno escribe una o dos oraciones en el presente progresivo (**estar** + *gerundio*) para describir lo que **están haciendo** los personajes en este momento.

© S. Daud and B. Ripley

MODELO: Augusto

Augusto le **está mostrando** (mostrar) el tatuaje de Ramón a su amigo, Ramón.

© S. Daud and B. Ripley

1. Augusto, Samantha

© S. Daud and B. Ripley

2. Augusto

© S. Daud and B. Ripley

3. Augusto, el abogado

© S. Daud and B. Ripley

4. Savanna

© S. Daud and B. Ripley

G. A inferir y predecir

En parejas, miren los fotogramas y contesten las preguntas.

© S. Daud and B. Ripley

© S. Daud and B. Ripley

1. En estos fotogramas, los personajes están en una iglesia. ¿Qué puedes inferir de esto? ¿Por qué no hay muchas personas en la iglesia?

2. En tu opinión, ¿cómo se sienten los personajes en los fotogramas? (¿Felices, tristes, decepcionados, ansiosos, confundidos, nerviosos?)

3. ¿Qué fotograma refleja lo que pasa primero? ¿Están en orden cronológico (*chronological*)? ¿Cómo lo sabes?

4. ¿Qué va a pasar en el futuro?

H. Sin sonido: Las pistas visuales (*Visual clues*)

© S. Daud and B. Ripley

PASO 1. Mira el cortometraje entero sin sonido. (*View the full short film but WITHOUT sound.*) Presta atención a las acciones y las emociones expresadas en la cara de los personajes. Utiliza las pistas visuales para escribir por lo menos cinco oraciones resumiendo lo que crees que ocurre en «La lotería». Explica el argumento (*plot*) y el desenlace (*denouement; how the narrative ends*) lo mejor que puedas. **¡OJO!** No te preocupes si no estás seguro/a. Observa y adivina (*guess*). ¡Vas a mirar el cortometraje con sonido pronto!

PASO 2. Compara tu resumen del argumento (del **Paso 1**) con el de una pareja. ¿Son parecidas sus interpretaciones de las pistas visuales? ¿Cómo son diferentes?

PASO 3. Ahora, escribe cinco preguntas sobre el cortometraje. Utiliza cinco palabras interrogativas diferentes. Pueden ser preguntas sobre lo que sucede o de opinión. Hazle tus preguntas a una pareja y apunta sus respuestas.

II. VOCABULARIO

A. Las parejas y las emociones

PASO 1. Al final (Al... *At the end*) del cortometraje, Augusto y Savanna están en una iglesia. Un cura y la madre de Savanna están con ellos. Parece que van a casarse, pero luego hay algún problema. Lee las oraciones sobre las siguientes escenas, infiere el significado de las palabras **en negrilla** y contesta las preguntas.

© S. Daud and B. Ripley

Savanna y Augusto empiezan a <u>salir juntos</u>, se hablan y se divierten y, a lo largo de los seis meses que se conocen, **se enamoran**. Savanna está enamorada de él y Augusto está enamorado de ella. <u>Se aman</u> mutuamente.

© S. Daud and B. Ripley

Típicamente antes de una boda, el hombre o la mujer **le propone** <u>matrimonio</u> a su novio/a. Si el novia / la novia <u>acepta la propuesta</u>, los novios están **comprometidos**, es decir, **se prometen** casarse. Si **rechaza** <u>la propuesta</u>, ellos no se casan. Se quedan solteros. En esta escena, **el cura** casa a **los prometidos**, Savanna y Augusto.

© S. Daud and B. Ripley

Durante la ceremonia, hay un problema. ¿Ya no están **enamorados** los dos? ¿Por qué **se enoja** Savanna?

© S. Daud and B. Ripley

Savanna <u>se pone</u> **triste**. ¿A lo mejor Augusto no es su **media naranja**? ¿Siente Augusto <u>remordimiento</u>?

Vocabulary words underlined and differently colored are featured in the dialogue of the short film.

Más vocabulario sobre las parejas y las emociones*

convivir	to live together
dejar a alguien	to leave (dump) someone
desilusionarse	to be disappointed/disillusioned
querer (ie) a alguien	to love someone
romper con	to break up with
sacar el tema	to bring up the topic
tener (ie) celos; estar celoso/a	to be jealous
la cita	date; appointment
la media naranja	expression meaning "other/better half" (*lit.* orange half)
la meta	goal
el noviazgo	engagement (period)
el remordimiento	regret
la soledad	solitude
desilusionado/a	disappointed
harto/a	fed up

Repaso: depender de, afligido/a, ansioso/a, apasionado/a, confundido/a, contento/a, deprimido/a, determinado/a, emocionado/a, inseguro/a, nervioso/a, preocupado/a, sorprendido/a

Preguntas

1. ¿Alguna vez invitaste a alguien a salir contigo? ¿Cómo invitaste a la persona? ¿Aceptó tu invitación? ¿Cómo te fue?
2. ¿Cómo se siente una persona la primera vez que sale con alguien?
3. ¿Cómo sabes que estás enamorado/a de alguien? ¿Cómo te sientes cuando estás con esa persona?
4. ¿Cómo es tu media naranja (existente o ideal)? ¿Qué cualidades tiene?
5. ¿Cómo se siente una persona cuando se da cuenta que tiene que romper con su pareja? ¿Cómo se siente una persona cuando su novio/novia rompe con él/ella? ¿Cuál es peor: cuando tienes que romper con tu pareja o cuando tu pareja te deja?

PASO 2. Utiliza palabras de vocabulario del **Paso 1** para completar la conversación imaginada entre Savanna y su madre.

¡La boda es en una semana!

LA MADRE: Hija, en serio ¿te propuso _____[1] Augusto?

SAVANNA: ¡Sí! ¡Y acepté! Estoy muy alegre.

LA MADRE: Felicidades, hija. Pero, debes tener cuidado. Es importante no tener _____.[2] Como tu mamá, te tengo que preguntar: ¿estás bien segura que quieres _____?[3] ¿Estás _____[4] de él?

SAVANNA: Sí, mamá, segurísima. Lo _____[5] mucho. Y sé que él me _____[6] a mí.

LA MADRE: Me alegro mucho. ¡Ay, mi hijita está comprometida!

SAVANNA: Sí, y nos casamos muy pronto. La _____[7] va a ser en una semana.

LA MADRE: ¡Pero, no hay mucho tiempo! Tengo que llamar al _____[8] inmediatamente.

B. ¿Cómo se sienten estas personas? ¿Qué va a pasar?

Escucha las oraciones que describen situaciones emocionales. Escribe cómo se sienten las personas en estas situaciones y qué va a pasar después de esto.

MODELO: *Oyes*: Voy a proponerle matrimonio a mi novia esta noche.

Escribes: Él probablemente está emocionado y nervioso. Va a proponerle matrimonio y ella va a aceptar. Los dos van a vivir felices y comer perdices (*partridges*).*

1. _____
2. _____
3. _____
4. _____
5. _____
6. _____

C. Narración: El comienzo de una relación romántica

Mira las imágenes que cuentan la historia de una relación nueva. Usa al menos ocho de las palabras de vocabulario para inventar una historia sobre esta pareja. ¡Sé creativo/a!

1. _____
_____
_____

2. _____
_____
_____

3. _____
_____
_____

4. _____
_____
_____

5. _____
_____
_____

6. _____
_____
_____

D. Los conflictos de pareja

Estudia la tabla sobre las razones más comunes de la ruptura de una relación romántica y del divorcio. Fíjate en las palabras en negrilla e infiere lo que significan.

Causas comunes de la ruptura / de una relación fallida*

la edad del matrimonio

Cuando una pareja se casa muy joven, pueden ser inmaduros. Además, a lo largo de los años uno o ambos de ellos puede(n) cambiar fundamentalmente. A través del tiempo, pueden convertirse en personas **incompatibles**.

la deshonestidad y la infidelidad

La honestidad es fundamental en una relación. Si alguien le miente a su pareja, la pareja puede perder **la confianza** en él o ella. **La infidelidad** es **un engaño** serio y puede ser un síntoma de problemas serios. **Los líos** ocurren cuando alguien tiene una relación emocional, romántica y/o sexual con otra persona. **Engañar** a la pareja **deshonra** los votos matrimoniales, y por eso puede acabar con una relación.

el abuso, **la desigualdad** de poder, el control excesivo

Una persona abusiva destruye la estabilidad en el hogar. La persona abusada se siente atrapada y resentida. La relación se derrumba irreparablemente. **La igualdad y el respeto** son esenciales para una relación feliz.

la identidad de una persona se pierde

Cuando alguien se enamora profundamente de otra persona, a veces **cede** su identidad y pierde de vista metas o actividades separadas. La relación llega a tener más importancia que las necesidades o deseos del individuo.

el egocentrismo

Una persona egocéntrica no es muy comprensiva y muchas veces está **ensimismada**. Si no piensa en su pareja, no **apoya** a su pareja, ni le hace caso, él/ella va a sentirse solo/a.

*Basado en datos y sondeos (surveys) de la Argentina, Chile, Costa Rica, Cuba, España, México y la República Dominicana. Source: Basado en datos y sondeos (surveys) de la Argentina, Chile, Costa Rica, Cuba, España, México y la República Dominicana; Ni, Preston, "Top 10 Reasons Relationships Fail," Psychology Today, July 12, 2015, https://www.psychologytoday.com; Wong, Kristin, "The 8 Most Common Reasons for Divorce, "msn.com, July 24, 2014. http://www.msn.com; Vulliamy, Elsa, "The Nine Most Common Reasons Couples Get Divorced," Independent, February 16, 2016. http://www .independent.co.uk; Greenberg, Melanie, "The Top 4 Reasons Relationships Fail, "Psychology Today, March 31, 2015. https://www.psychologytoday.com; Edemariam, Aida, "Divorced by 30: Why do so Many Young Marriages Come to an Early End?, The Guardian, December 19, 2014. https://www.theguardian.com

El desempleo, la bancarrota y otros problemas de dinero cobran un precio alto en una relación. Cuando la pareja sufre estrés, discute sobre las prioridades financieras en vez de **prestar atención** a su relación.

el dinero y los problemas financieros

A veces los deseos de uno difieren mucho de los sueños de la pareja. Por lo tanto, puede ser difícil tomar decisiones mutuamente beneficiosas sobre el trabajo, el número de hijos que una pareja tiene, la vivienda, el dinero y otros aspectos importantes.

los sueños para el futuro y **las metas** diferentes

Los celos se sienten fuertemente cuando una persona sospecha que su pareja le **es infiel**, por ejemplo. A veces los celos son injustificados y el resultado de la inseguridad. Una persona **celosa** puede obsesionarse por las actividades y relaciones de la pareja.

los celos

La comunicación clara y positiva es fundamental para una relación feliz y exitosa. Las dos personas deben poder expresarse abiertamente pero teniendo en cuenta los sentimientos de su pareja.

la falta de comunicación

Ciertas diferencias son difíciles de **superar**. Nuestras experiencias en la niñez, las costumbres familiares, las normas sociales y culturales dan forma a nuestra identidad. Cuando una persona difiere de su pareja en estos aspectos, los dos son personas muy distintas, lo cual dificulta una relación exitosa.

la incompatibilidad

PASO 1. Lee las oraciones en voz alta y determina si cada una describe una relación sana (*healthy*) y exitosa o problemática. Si describe una relación problemática, nombra el conflicto al cual se enfrenta la pareja.

1. La meta de Juan José es casarse con su novia. La meta de su novia es viajar sola por Sudamérica.

   ¿Conflicto? No ☐ Sí ☐: _____

2. El sueño de Paulino es tener una familia. A su novia le encantan los niños y ama a Paulino muchísimo.

   ¿Conflicto? No ☐ Sí ☐: _____

3. Catalina lee los mensajes de texto en el teléfono móvil de su pareja sin su permiso porque no se fía de (se... *trust*) él.

   ¿Conflicto? No ☐ Sí ☐: _____

4. Alejandro viene de una familia muy religiosa. La familia de su novia, María José, también es muy religiosa. A los dos les gusta asistir a la misa y rezan todos los días. María José dice que Alejandro es su media naranja.

¿Conflicto? No ☐ Sí ☐: _____

5. Santiago y su pareja, Nicolás, discuten a veces pero expresan sus sentimientos y hablan con calma cuando hay problemas. Se llevan bien porque hay mucha igualdad en su relación. Se tratan con respeto.

¿Conflicto? No ☐ Sí ☐: _____

6. Joaquín acaba de perder su trabajo y la familia necesita dinero. Está muy estresado porque no pueden pagar las cuentas. Solo piensa en esto y no le presta atención a su esposa ni comparte sus sentimientos con ella.

¿Conflicto? No ☐ Sí ☐: _____

 PASO 2. Ahora, inventa tres situaciones hipotéticas de parejas. Utiliza al menos una de las siguientes palabras de vocabulario en cada situación. Describe la situación y tu pareja debe decidir si es una relación problemática o exitosa y explicar por qué. Utiliza los ejemplos en **Paso 1** como modelos.

apoyar	convivir	engañar	ser fiel
comprometerse	depender de	prestar atención	tener celos

 PASO 3. El videoclip que vimos de «La lotería» no revela precisamente qué conflicto de relación experimentan Augusto y Savanna, pero sabemos que hay un conflicto. Sean creativos y traten de adivinarlo. En parejas, usen el vocabulario para inventar dos problemas posibles, dar detalles y explicar cómo se sienten los personajes.

© S. Daud and B. Ripley

MODELO: Augusto y Savanna están enamorados pero Augusto tiene la autoestima muy baja y tiene miedo de casarse. Se da por menos y piensa que Savanna merece (*deserves*) alguien mejor que él. Ella está frustrada porque lo ama mucho, quiere casarse con él y quiere que él se vea (quiere... *wants him to see himself*) como ella lo ve, un hombre bueno y su media naranja.

E. Cuando una relación termina, otra puede empezar.

Las siguientes tiras cómicas enfatizan el hecho de que a veces las relaciones románticas fallan. Míralas y contesta las preguntas.

1. ¿Quién aparece en la boda? ¿Por qué?

2. ¿Qué infieres sobre el novio? ¿Cómo es él? ¿Cómo se siente su novia en este momento?

3. ¿Qué opinas de romper con alguien por correo electrónico o por mensaje de texto?

"¿No te llegó mi e-mail?!..."

© Joe Kohl-CartoonStock.com

© Alberto Montt

4. ¿Por qué aparece un mando de videojuego en la boda? ¿Qué infieres sobre el novio en este chiste?

© Cristian Dzwonik "Nik" - www.gaturro.com

5. ¿Tiene la pareja una relación exitosa o fallida? ¿Cómo lo sabes?

6. Entender esta tira cómica depende de primero entender varios juegos de palabras (juegos... *puns*). Usa el contexto para ayudarte a entender el doble significado de «ella queda en cinta» en este chiste. ¿Qué crees que significa? ¿Y los otros dos juegos de palabras (cede, dividí)?

F. ¿Qué opinan los demás?

PASO 1. Las personas entrevistadas contestan las siguientes preguntas. Lee las preguntas y escribe por lo menos cinco palabras del vocabulario de este capítulo que probablemente van a incluir en sus respuestas.

- ¿Qué opina Ud. de la relación entre Augusto y Savanna?
- En su experiencia, ¿cuáles son algunas causas del deterioro y ruptura entre novios/esposos? ¿Cuáles son algunas fuentes de conflicto en una relación? ¿Qué se puede hacer para superarlas?
- En su opinión, ¿cuáles son los elementos de una relación romántica exitosa? ¿Qué se debe hacer para que tenga éxito?

1. _____   2. _____   3. _____   4. _____   5. _____

 PASO 2. Lee estas citas de las entrevistas sobre la compatibilidad. Léesela a tu pareja. Él/Ella debe decidir si tiene que ver con una relación exitosa o una relación fallida.

	RELACIÓN EXITOSA	RELACIÓN FALLIDA
1. Tenemos acceso a muchas personas y eso nos queda la intriga de querer conocer a alguien más. Por lo tanto llega a la infidelidad.	_____	_____
2. Los elementos de una relación… , para mí, definitivamente la comunicación y la honestidad.	_____	_____
3. Tienes que tener confianza en la pareja.	_____	_____
4. Empiezan muy temprano su relación y no se comunican mucho.	_____	_____
5. Yo creo que el orgullo viene a destacar en las rupturas.	_____	_____
6. A veces como que estamos tan aquí y allá y corriendo detrás de una meta, o estamos en la cabeza, estamos pensando en cosas que, del trabajo, de cómo pagar la casa.	_____	_____

Palabras útiles

apresurado/a
hasty, hurried

la berraquera
courage (Colombian colloquialism)

la calidez
warmth

clave
key, important

el descuido
neglect

jamás
never

los medios de comunicaciones
media

sumamente
very

ternura
fondness, affection

tierno/a
tender

PASO 3. Primero, lee las siguientes oraciones. Luego, mira las entrevistas. Por último, indica si las oraciones son ciertas o falsas, según las entrevistas.

Andrés   Martín e Irma   May

	CIERTO	FALSO
1. Las cuatro personas entrevistadas opinan que la relación entre Augusto y Savanna es típica.	_____	_____
2. Todos hablan de la importancia de la comunicación.	_____	_____
3. Una causa posible de los problemas de relación, según Martín e Irma, es que las parejas esperan demasiado tiempo para casarse.	_____	_____
4. Andrés explica que una relación puede fallar a causa de la tentación de querer conocer a otra persona.	_____	_____

5. Para May, la relación entre Augusto y Savanna era fría y seca.   _____ _____

6. May reconoce que las distracciones de la vida diaria pueden levar al descuido de una relación.   _____ _____

PASO 4. Elige uno de los comentarios interesantes o notables y explícalo en tus propias palabras. Luego, compara los siguientes comentarios. Por último, explica con quién estás más de acuerdo.

MODELO: May dijo: «Yo creo que el orgullo viene a destacar en las rupturas».

May dice que el orgullo que una persona tiene (o las dos personas tienen) es una causa de problemas de relación.

Las otras personas entrevistadas no mencionan el orgullo. Hablan de otras causas como la falta de comunicación.

Estoy de acuerdo con May. Creo que el orgullo puede afectar la comunicación porque una persona orgullosa no quiere ser completamente honesta o no quiere admitir que no tiene razón.

1. Andrés dijo: «Hoy en día estamos muy expuestos a muchas personas, dado al medio... a los medios de comunicaciones. Tenemos acceso a muchas personas y eso nos queda la intriga de querer conocer a alguien más. Por lo tanto llega a la infidelidad».

2. Martín e Irma dijeron: «Creo que es algo que sucede frecuentemente, jóvenes que se encuentran pronto y se enamoran. Y toman decisiones muy rápido. Toman decisiones apresuradas».

3. May dijo: «Una relación para que tenga éxito necesita, uno: el amor. Pero también, sumamente importante: el respeto. A veces como que se te olvidan estas cosas simples, de la ternura, la calidad, la calidez, la comunicación, las cosas más simples, de "¿Cómo está tu día?"»

 PASO 5. En parejas, conversen sobre sus propias ideas respecto a las preguntas del **Paso 1.**

III. GRAMÁTICA

Palabras útiles

lastimar los sentimientos de alguien
to hurt someone's feelings

la luna de miel
honeymoon

pedirle (i) disculpas a alguien
to ask someone for forgiveness

perder (ie) una apuesta
to lose a bet

la porquería
rubbish, nonsense

los preparativos
preparations

remontarse
to overcome

sentirse (ie) (i) fatal
to feel awful

tomarse de las manos
to hold hands

los votos matrimoniales
marriage vows

2.1 Augusto ganó la lotería

Los verbos regulares, los verbos con cambio de raíz y los cambios de ortografía comunes en el pretérito

¿Comprendiste?

Vas a mirar el cortometraje entero sin los subtítulos. **¡OJO!** No te preocupes si no entiendes todo. Puedes mirarlo varias veces y usar el contexto [por ejemplo, los gestos (*facial expressions*), las acciones, el sonido y el escenario (*setting*)] para ayudarte a entender el argumento (*plot*). Enfócate en las palabras que sabes.

PASO 1. Mientras miras el cortometraje, haz una lista de por lo menos cinco acciones que ves. Escribe los infinitivos e indica quién(es) hace(n) cada una.

© S. Daud and B. Ripley

MODELO: tomarse de las manos – Augusto y Savanna
esperar – Augusto
comer – Augusto y Savanna

PASO 2. En parejas, túrnense para leer las oraciones y decidir si son ciertas o falsas. Corrijan las oraciones falsas.

	CIERTO	FALSO
1. Savanna **acompañó** a Augusto a la oficina del abogado.	_____	_____
2. Savanna **ganó** la lotería del Programa de Diversidad de Visas de los Estados Unidos.	_____	_____
3. Augusto **aprendió** que Savanna no tenía permiso de acompañarlo a los Estados Unidos.	_____	_____
4. Augusto **decidió** proponerle matrimonio a Savanna porque ella necesitaba «papeles».	_____	_____
5. Augusto le **confesó** a Savanna que no quería casarse.	_____	_____
6. Savanna y Augusto **se casaron**.	_____	_____

Actividades analíticas

Los verbos regulares en el pretérito

Augusto **recibió** una carta importante del gobierno de los Estados Unidos.

Él y su abogado **hablaron** de esta carta.

Augusto le **preguntó** si su novia podía acompañarlo a los Estados Unidos. El abogado le **respondió** que no.

Savanna no **escuchó** la conversación entre Augusto y el abogado.

¡A analizar!

Elige la respuesta más lógica para cada pregunta y luego completa las respuestas con una palabra lógica.

PREGUNTAS PARA AUGUSTO

___ 1. ¿Qué **recibiste** del gobierno de los Estados Unidos?

___ 2. ¿Con quién **hablaste** sobre lo que recibiste?

___ 3. ¿Le **preguntaste** al abogado si podías llevar a tu _____ contigo a los Estados Unidos?

___ 4. ¿Qué te **respondió** el _____?

___ 5. ¿**Escuchó** Savanna tu _____ con el abogado?

RESPUESTAS

a. No, no creo. Ella me **esperó** en el pasillo (*hallway*).

b. Sí, le **pregunté** si podía acompañarme Savanna.

c. **Recibí** una _____ que dice que **gané** la lotería de visas estadounidenses.

d. Me **respondió** que solo podía llevar a mi _____, no a mi novia. Para poder llevar a Savanna, tenemos que casarnos.

e. **Hablé** con un _____ sobre la carta de los Estados Unidos.

1. The preterite is also known as the simple past tense and is used to narrate past events: *I walked, you ran,* and *they studied*. It focuses on the completion of an action, its beginning or end (rather than an action in progress or a repeated action).

2. As you will remember, for every verb tense in Spanish there are verbs that follow the established pattern of conjugation —regular verbs— and verbs that do not follow the pattern— irregular verbs. In the **¡A analizar!** sentences, the verbs in **bold** are all regular verbs in the preterite tense.

   Identify the subjects of the following verbs as used in the statements above:

   hablé – _____   recibí – _____

   preguntaste – _____   recibiste – _____

   escuchó – _____   respondió – _____

   hablaron – _____

Follow the patterns and fill out the following chart with the missing infinitives and preterite conjugations of these regular verbs. The statements and questions above will help you.

El pretérito de indicativo: Los verbos regulares			
	-ar	-er	-ir
	_____	_____	recibir
yo	_____	respondí	_____
tú	_____	respondiste	_____
Ud., él/ella	habló	_____	_____
nosotros/nosotras	hablamos	respondimos	recibimos
vosotros/vosotras	hablasteis	respondisteis	recibisteis
Uds., ellos/ellas	_____	_____	recibieron

Which two types of verbs share regular preterite endings? _____

Following the patterns you have outlined, complete the chart of endings for -ar, -er, and -ir verbs in the preterite.

Los verbos regulares de pretérito: Las formas		
	-ar	-er/-ir
yo	_____	_____
tú	-aste	_____
Ud., él/ella	_____	_____
nosotros/nosotras	_____	-imos
vosotros/vosotras	-asteis	_____
Uds., ellos/ellas	_____	_____

Which conjugations carry written accent marks? _____

¡OJO!

Accent marks are very important, as their inclusion or exclusion can change entirely the meaning of a conjugated verb:

Hablo. *I am speaking.*

Habló. *You (formal) / He / She spoke.*

Los verbos con cambio de raíz en el pretérito

¡A analizar!

Usando la letra **R** (Ramón), **A** (Augusto) o **S** (Savanna), indica quién probablemente dijo lo siguiente:

Ramón

Augusto

Savanna

___ 1. **Se sintió** muy mal después de su conversación con Savanna. No fue su intención lastimar los sentimientos de su novia. Supongo que **durmió** mal también esa noche porque no le gusta dormir sin ella.

___ 2. Tengo este tatuaje porque **perdí** una apuesta. **Me sentí** fatal al verlo la primera vez porque **pensé** que era bastante feo, pero ahora simplemente no lo miro. También le **pedí** a mi novia que no me lo mencionara más.

___ 3. Él **perdió** una apuesta conmigo y ahora tiene el mejor tatuaje del mundo. Se ve muy chulo.

___ 4. Me puse a reír cuando lo vi. ¡Qué tatuaje más terrible! Pero Augusto me **pidió** un favor: Nunca más mencionárselo.

___ 5. Después de nuestra conversación en el restaurante no nos hablamos. Sé que Augusto simplemente no **pensó** antes de hablar y que no quería ofenderme. De todos modos, volví a mi propio apartamento y los dos **dormimos** solos esa noche.

3. Spanish has three different verb infinitive endings (___, **-er**, and ___) and stem-changing verbs in the *present* tense, as you'll recall, fall into three categories (**e→ie, e→i**, and **o→ue**). All of the verbs in **bold** in the **¡A analizar!** sentences are stem-changing verbs. In the PRESENT tense, these verbs have stem changes in all conjugations except in the **vosotros** and **nosotros** forms. Review the PRESENT tense conjugation of each:

pensar (ie): pienso, piensas, piensa, pensamos, pensáis, piensan

perder (ie): pierdo, pierdes, pierde, perdemos, perdéis, pierden

dormir (ue): duermo, duermes, duerme, dormimos, dormís, duermen

pedir (i): pido, pides, pide, pedimos, pedís, piden

sentirse (ie): me siento, te sientes, se siente, nos sentimos, os sentís, se sienten

4. But look at what happens to these stem-changing verbs in the preterite. For the subject **Augusto**, are these verbs showing a stem change or not?

Augusto perdió (perder) una apuesta. – _____

Augusto se sintió (sentirse) muy mal. – _____

Although the verb infinitive ending does not determine the type of stem change a verb may have, it will help you determine if a change is needed at all. Which two verbs in the **¡A analizar!** sentences show NO stem change in the preterite? Be sure to look at both instances of each verb.

    -ar verb: _____ **-er** verb: _____

Verb infinitives that end in **-ar** and **-er** do NOT have a stem change in the preterite.

5. **-Ir** stem-changing verbs are the only verbs that experience a stem change in the preterite. Furthermore, the change only occurs with subjects in certain verb conjugations. Use the statements by Ramón, Augusto, and Savanna to help you find the pattern of where this stem change occurs in the preterite and fill out the chart.

El pretérito: Los verbos con cambio de raíz			
	e→ ie, i	e→ i, i	o→ ue, u
	_____	_____	_____
yo	_____	_____	_____
tú	te sentiste	_____	dormiste
→ Ud., él/ella	_____	_____	durmió
nosotros/nosotras	nos sentimos	pedimos	_____
vosotros/vosotras	os sentisteis	pedisteis	dormisteis
→ Uds., ellos/ellas	se sintieron	pidieron	durmieron

Note that, unlike the present tense, stem changes in the preterite do NOT include the diphthongs (two vowels) **ie** (as in **pienso**) or **ue** (as in **vuelvo**). The only vowel changes are **e → i** (as in **ella pidió**) and **o → u** (as in **Ud. durmió**).

- **-Ir** stem-changing verbs with an **e** stem change to _____.

  Other verbs that follow the **e → i** pattern in the preterite tense include **divertirse**, **mentir**, **sugerir**, **preferir** (second **e**), **reír**, **repetir** (second **e**), **seguir**, and **servir**.

- **-Ir** stem-changing verbs with an **o** stem change to _____.

  The verb **morir** (**ue** stem change in *present*) also follows this **o → u** pattern in the preterite tense.

In both cases, only the third-person singular and plural conjugations are affected.

Los cambios ortográficos comunes en el pretérito

¡A analizar!

Después de la boda, Savanna, Augusto, el cura y la madre de Savanna hablaron. Con la excepción de las primeras dos y la última oraciones, la siguiente conversación no está en orden. Lee las oraciones y pon las oraciones en orden lógico.

© S. Daud and B. Ripley

  1   EL CURA: Augusto y Savanna. ¡Felicidades! ¿Cómo se sienten? ¿Mejor? Creo que **oí** un poco de su conversación.

  2   AUGUSTO: ¡Ay! Padre Herrera. Me siento avergonzado. Le pido disculpas. ¿Qué **oyó** usted?

  ____   EL CURA: Ahora sí, todo tiene sentido, Savanna. Leí algo sobre este programa de lotería. ¿Es un programa que les da una tarjeta «verde» a los ganadores para poder vivir y trabajar en los Estados Unidos? Claro... Uds. concluyeron que casarse era la mejor manera de quedarse juntos.

  ____   SAVANNA: Sí, Padre. Porque nos amamos. A Augusto le **llegó** esta información hace unos días y por eso **comenzó** a pensar en las opciones para nosotros. **Leímos** las reglas del programa y las novias no pueden participar, pero las esposas sí.

____ **LA MADRE DE SAVANNA:** ¿Papeles? Es decir, ¿papeles oficiales? Hijo, qué poco romántico.

____ **AUGUSTO:** No hace falta. Yo la entiendo, señora. Yo debo pedirle a Ud. disculpas. Ud. **creyó** que Savanna iba a casarse con un idiota. Y me porté mal. Lo siento. Señora, es que Savanna y yo hablamos de los papeles hace unas semanas.

____ **SAVANNA:** Sí, Mamá. Lo que Augusto dice es cierto. ¿No te acuerdas que te **expliqué** que cuando Augusto me mencionó la idea de casarse, mencionó conseguir «papeles»? En ese momento, yo también **comencé** a tener dudas, pero luego **concluí** que «los papeles» era un beneficio secundario. ¿Entiendes, padre Herrera?

____ **EL CURA:** Uds. hablaron de los perros y una casa, creo. Y, Augusto, ¿tú le **explicaste** a Savanna que te encantan los perros... Pero no entendí el resto.

____ **LA MADRE DE SAVANNA:** Disculpe, padre, pero yo sí **oí** todo. Casi me dio un ataque de corazón. Cuando yo **llegué** a la iglesia esta mañana, yo **creí** que Augusto era un chico inmaduro. Pero, mi hija lo ama. Por eso estamos aquí. Augusto, discúlpame por lo que hice. Lo siento.

_10_ **EL CURA:** Entiendo. Uds. **llegaron** a la conclusión de que era hora de reconocer el amor que sienten. Pues, felicidades, señores Ramírez. Que Dios los bendiga. ¡Y buen viaje!

6. Similar to stem-changing verbs, the verb **oír** (*to hear*) and verbs whose infinitives end with double vowels (-**eer**, -**aer**, -**uir**) experience a spelling change in the _____ person conjugations only. Look at the chart below to see the change. In these double-vowel verb conjugations, the **i** changes to _____. Use the verbs in **bold** above from **¡A analizar!** to help you fill in the remaining pieces of the chart.

	caerse	leer	oír	concluir
yo	me caí	_____	_____	_____
tú	_____	leíste	oíste	concluiste
→ Ud., él/ella	se cayó	_____	_____	concluyó
nosotros/nosotras	_____	leímos	oímos	_____
vosotros/vosotras	os caísteis	leísteis	oísteis	concluisteis
→ Uds., ellos/ellas	_____	leyeron	oyeron	_____

7. Verbs with infinitives ending in -**car**, -**gar**, and -**zar** experience a spelling change in the _____ form. (See the **¡A analizar!** sentences for clues.)

- The **c** changes to ____ to preserve the hard **c** sound in **buscar**. Otherwise, before an **e** or **i** in Spanish, a **c** has an ___ sound.

  Review these Spanish words and pay attention to their pronunciation:

  centro, circo, casa, curioso, como

  Yo **busqué** una iglesia para la ceremonia.

- Similarly, in **yo pagué**, a ___appears between the **g** and the **é** to preserve the hard **g** sound. Otherwise, before an **e** or an **i**, a **g** has an [*h*] sound.

  Review these Spanish words and pay attention to their pronunciation:

  gusto, gastar, gol, generoso, gitano, guitarra

  Yo **pagué** mucho dinero para reservar la iglesia.

- In Spanish a **z** can only be followed by the vowels **a**, **o**, or **u**.

  Yo **empecé** a dudar la sinceridad de Augusto.

Write the **yo** form of these similar verbs:

Yo _____ (organizar) la ceremonia matrimonial.

Yo no _____ (criticar) al cura.

Yo _____ (jugar) con mis sobrinos el día de la boda.

Yo _____ (encargarse) de todos los detalles de la ceremonia.

Yo _____ (chocar) con mi tía abuela Alexandra sobre la ceremonia.

Yo _____ (almorzar) muy bien el día antes de la ceremonia.

Actividades prácticas

A. La trama: ¿Qué sucedió?

PASO 1. Llena los espacios en blanco con el pretérito de los verbos entre paréntesis. Luego, empareja la oración con el fotograma que muestra esa acción.

____ 1. La madre de Savanna _____ (enojarse).

____ 2. Savanna _____ (esperar) y no _____ (escuchar) toda la conversación en la oficina.

____ 3. Augusto y Savanna _____ (hablar) del matrimonio.

____ 4. Savanna _____ (escribir) las cosas de Augusto que no le gustan.

____ 5. Savanna no _____ (entender) por qué Augusto le pidió casarse con él de esa forma.

____ 6. Savanna y Augusto _____ (comer) en un restaurante.

a. © S. Daud and B. Ripley

b. © S. Daud and B. Ripley

c. © S. Daud and B. Ripley

d. © S. Daud and B. Ripley

e. © S. Daud and B. Ripley

f. © S. Daud and B. Ripley

PASO 2. Para cada oración del **Paso 1**, expresa oralmente o escribe algo de tu vida sobre la misma acción. Usa la forma de **yo**. Incluye detalles.

MODELO: **enojarse** - Una vez yo **me enojé** porque mi hermano comió mi almuerzo. Él sacó el almuerzo de la nevera y lo comió todo.

B. Antes y después

PASO 1. Mira los fotogramas y completa las oraciones para decir lo que sucedió antes o después de cada momento. Utiliza el pretérito.

MODELO:

Antes de llegar al restaurante, Savanna y Augusto <u>caminaron</u> (caminar) por la playa y lo <u>pasaron</u> (pasar) muy bien.

1. Después de ver la cara de Savanna, Augusto le _____ (pedir disculpas) y Savanna _____ (aceptar) casarse con él.

2. Antes de recibir el tatuaje, Augusto _____ (sentir) remordimiento por su apuesta con Ramón. Ramón _____ (reírse) mucho cuando _____ (ganar) la apuesta.

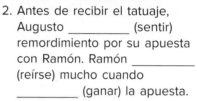

3. Después de explicar sus ideas feministas, Savanna _____ (concluir) que él no era feminista. Ella _____ (creer) que Augusto les _____ (caer) mal a sus amigos esa noche.

4. Antes de llegar a la iglesia, Savanna y Augusto _____ (leer) un texto de los votos matrimoniales. Por los nervios, los dos no _____ (dormir) bien la noche antes de la boda.

5. Después de ver el anillo, Savanna _____ (pensar) en muchas cosas en contra de Augusto y ella las _____ (escribir) en su cuaderno.

PASO 2. Vuelve a mirar los fotogramas del **Paso 1** y añade una descripción de lo que pasó o antes o después de cada uno según lo que falte.

> **MODELO:** Después de este momento en el restaurante... Augusto admitió que no quería casarse.

C. ¿Quién lo hizo?

Savanna

Augusto

el abogado

la madre de Savanna

 PASO 1. Escucha las siguientes oraciones sobre la historia y escribe el infinitivo de los verbos que oyes. Luego, decide si Savanna, Augusto, el abogado o la madre de Savanna hicieron la acción que se describe. En algunos casos, más de un personaje hizo la acción.

> **MODELO:** *Oyes:* Tomó una clase de ciencias políticas.
> *Escribes:* tomar: Augusto tomó

1. _____
2. _____
3. _____
4. _____
5. _____
6. _____

 PASO 2. Forma preguntas con cinco de los verbos que se usaron en el **Paso 1**. Entrevista a tu pareja y apunta sus respuestas. Finalmente, comparte sus respuestas con la clase.

> **MODELO:** E1 : ¿Asististe a una boda este año? ¿Quiénes se casaron?
> E2: Sí, asistí a una boda. Mi hermano y su novio se casaron.
> E1 : ¡Felicidades! Yo también asistí a una boda. Mi amiga se casó en Puerto Rico y...

D. ¿Cómo se conocieron?

PASO 1. Inventa una historia en el pasado de por lo menos ocho oraciones de cómo se conocieron Augusto y Savanna y cómo se enamoraron. Incluye algunas de las siguientes palabras/frases:

enamorarse	sacar el tema	apasionado/a
prestar atención	salir juntos	determinado/a
prometer	la cita	
romper con	el respeto	

PASO 2. Entrevista a una pareja sobre cómo conoció a una persona importante en su vida. Apunta unas preguntas preliminares y haz preguntas adicionales mientras escuchas sus respuestas. Saca apuntes y está listo/a a compartir su historia con la clase.

> **MODELO:** Cuándo conociste a tu mejor amigo / novio / compañero de cuarto? ¿Dónde lo conociste? ¿De qué hablaron ustedes?

2.2 Cuando Savanna supo, se sintió mal

Actividades analíticas

Los verbos irregulares en el pretérito

¡A analizar!

© S. Daud and B. Ripley

La amiga de Savanna le hace varias preguntas. Empareja cada una con la respuesta más lógica de Savanna y termina las respuestas donde sea necesario.

___ 1. **¿Hicieron** Uds. muchas cosas juntos antes de casarse?

___ 2. **¿Te pusiste** enojada cuando **supiste** su idea de los «papeles»?

___ 3. ¿Qué te **dijo** Augusto durante la ceremonia?

___ 4. **¿Trajo** Augusto el anillo a la ceremonia?

___ 5. ¿Qué **hiciste** después de salir enojada del restaurante?

___ 6. ¿Y los padres de Augusto? ¿Por qué no **estuvieron** en las fotos?

a. Me **dijo** que me ama y cree en mí.

b. Sí, muchísimas. Por ejemplo, el fin de semana pasado nosotros...

c. Ellos y los abuelos **quisieron** venir pero no **pudieron** porque...

d. **Tuve** que sentarme y hacer una lista de todas las cosas a favor y en contra de Augusto. Eso me **trajo** la calma y me di cuenta de que...

e. Sí, los dos los **trajimos**. Sé que no son muy tradicionales pero...

f. Más que enojada, **me puse** triste porque...

1. The verbs you saw in **bold** in **¡A analizar!** are irregular verbs in the preterite. Use the context to identify their subjects.

tuve – ___	trajimos – Augusto y yo
me puse – ___	
hiciste – ___	
te pusiste – tú	estuvieron – _____
supiste – ___	pudieron – _____
dijo – _____	quisieron – los padres y los abuelos de Augusto
trajo – _____ and ____	hicieron – _____

2. You will notice that regardless of the infinitive ending, (**-ar, -er, -ir**), the verbs above are all conjugated with the same set of endings. There is only one set of endings for the irregular preterite, unlike the regular preterite. Use the sentences above to help you supply the missing endings below.

yo	-e
tú	_____
Ud., él/ella	_____
nosotros/nosotras	-imos
vosotros/vosotras	-isteis
Uds., ellos/ellas	_____

There is another difference between the regular and irregular preterite conjugations. Look again at the endings above. What do regular preterite verb conjugations have that the irregular endings do not?

_____

3. Verbs that are irregular in the preterite can look quite different from their infinitive form. You will have to memorize their irregular stems, but luckily there are patterns that will help you remember them.

Look at the following clusters of verbs and see what patterns you can detect. Use the verbs from **¡A analizar!** and the patterns to help you complete the charts.

	andar	estar	poder	poner	saber	tener
yo	anduv_____	estuve	pude	_____	supe	_____
tú	anduv_____	_____	pudiste	pusiste	_____	tuviste
Ud., él/ella	anduv_____	estuvo	_____	puso	supo	tuvo
nosotros/nosotras	anduv_____	estuvimos	pudimos	pusimos	_____	_____
vosotros/vosotras	anduv_____	estuvisteis	pudisteis	_____	supisteis	tuvisteis
Uds., ellos/ellas	anduv_____	_____	_____	pusieron	supieron	tuvieron

- All of the irregular verb stems above contain the letter: _____

	conducir	decir	traer
yo	conduj_____	dije	traje
tú	conduj_____	dijiste	_____
Ud., él/ella	conduj_____	_____	trajo
nosotros/nosotras	conduj_____	dijimos	_____
vosotros/vosotras	conduj_____	dijisteis	_____
Uds., ellos/ellas*	conduj_____*	_____*	trajeron*

_____
*Note the lack of an i in the third person plural conjugation.

- All of the irregular verb stems above contain the letter: _____

	hacer	_____	querer
yo	hice	vine	_____
tú	hiciste	_____	quisiste
Ud., él/ella	_____	vino	quiso
nosotros/nosotras	hicimos	_____	quisimos
vosotros/vosotras	_____	vinisteis	quisisteis
Uds., ellos/ellas	hicieron	vinieron	_____

- All of the irregular verb stems above contain the letter: _____

4. The verbs **ir**, **ser**, and **dar** are exceptions. In fact, **ir** and **ser** have the same conjugations. How might you be able to tell these two verbs apart? _____
_____

	ir	ser	dar
yo	fui	fui	di
tú	fuiste	fuiste	diste
Ud., él/ella	fue	fue	dio
nosotros/nosotras	fuimos	fuimos	dimos
vosotros/vosotras	fuisteis	fuisteis	disteis
Uds., ellos/ellas	fueron	fueron	dieron

Actividades prácticas

 A. Savanna se enojó

PASO 1. Vuelve a mirar la escena del cortometraje en el restaurante cuando Savanna se enojó. Resume cinco eventos clave de esta escena. Usa verbos en el pretérito y las siguientes frases para contar una historia.

Verbos útiles

decidir

decir

empezar

estar

oír

pensar

ponerse

saber

sentirse

© S. Daud and B. Ripley

al principio: at the beginning

primero: first

luego: then (next)

entonces: then (so)

antes de + [**infinitivo**]: before + [*ing* form of verb]

después de + [**infinitivo**]: after + [*ing* form of verb]

por eso: that's why

al final: at the end

PASO 2. Después de salir del restaurante, Ramón, un amigo de Augusto, lo llama y ellos hablan de la conversación que Augusto y Savanna tuvieron en el restaurante. Imagina que eres Augusto y contesta las preguntas.

AUGUSTO: ¿Aló?

RAMÓN: Saludo, Augusto. ¿Qué hubo?

AUGUSTO: Ma-o-meno, Ramón, ¿qué lo qué?

RAMÓN: Bien, Augusto. ¿Cómo tú 'tá?

AUGUSTO: Voy a casarme.

RAMÓN: ¿Con Savanna? ¿Ehhh? ¿Estás medio loco? ¿Cuándo decidiste casarte? ¿Por qué?

AUGUSTO: _____

RAMÓN: Ahora, entiendo. ¿Cómo te sientes? ¿Está contenta Savanna?

AUGUSTO: _____

RAMÓN: Qué vaina... ¿entonces ella está enojada? ¿Qué le dijiste en el restaurante?

AUGUSTO: _____

RAMÓN: Bueeeno... ¡Anda! ¿Qué vas a hacer?

AUGUSTO: _____

  PASO 3. Vuelve a mirar la escena cuando Savanna reflexiona sobre Augusto. Luego, en parejas escriban un diálogo telefónico en que Savanna le cuente a su tía de la propuesta de matrimonio y de su lista. Usen el **Paso 2** como modelo.

© S. Daud and B. Ripley

B. La relación de Savanna y Augusto

 PASO 1. Vuelve a mirar la última parte del cortometraje. Llena los espacios en blanco con las palabras que faltan.

En la iglesia. Savanna y su madre se pusieron tristes, enojadas y desilusionadas

En el aeropuerto, estuvieron contentos.

CURA: Augusto, ¿aceptas a Savanna como tu esposa para _____,[1] cuidarla y respetarla en la salud y en la _____[2] todos los días de su vida? ¿Augusto?

AUGUSTO: Ven aquí un momento. No _____[3] hacer esto.

SAVANNA: ¿Cómo que no puedes?

AUGUSTO: Yo no puedo hacer esto. Yo no puedo ser uno de estos con la casa, con el carro, con los _____.[4] Yo no puedo hacer eso.

SAVANNA: Ay, amor, no te preocupes. Yo no quiero un perro.

AUGUSTO: Pero, a mí me gustan los perros.

CURA: Permiso, ¿Uds. quieren que cambiemos la fecha?

SAVANNA: _____[5] que hacer esto. Mi mamá está aquí.

AUGUSTO: Vamos a hacer esto. Vamos a hacer. Vamos a hacer.

SAVANNA: ¿Estás seguro?

AUGUSTO: Es que no hay ninguna otra manera de conseguir esos papeles.

SAVANNA: Tú solo estás _____[6] esto conmigo por los papeles.

AUGUSTO: No, pero que no es eso, no es eso. Dios mío. Lo que quiero decir...

SAVANNA: Idiota.

AUGUSTO: Bueno, yo no _____[7] decir eso. Mira.

SAVANNA: ¡Espérense! ¿Por qué? Tú no crees en nada de esto.

AUGUSTO: ¡No, no, no, no, no! ¡Párense! ¡Párense!

PASO 2. Escucha las siguientes oraciones sobre la escena del **Paso 1**. Decide si cada oración es cierta o falsa.

1. _____   3. _____   5. _____

2. _____   4. _____   6. _____

PASO 3. El cortometraje no revela lo que pasó entre la discusión de Savanna y Augusto en la iglesia y su llegada al aeropuerto. Sé creativo/a y completa esta parte de la historia. Usa cinco de las siguientes palabras del vocabulario y cinco verbos distintos en el pretérito.

amar	**enojarse**	**la soledad**
apoyar	**prometer**	**el sueño**
desilusionarse	**el remordimiento**	
harto/a	**sacar el tema**	

PARA TU INFORMACIÓN: ¿CUÁNTO TIEMPO HACE QUE...? (*HOW LONG AGO?*)

En inglés, la palabra *ago* se usa con frecuencia con el tiempo pasado: *We left three hours ago. I met her six years ago.* En español, se usa la siguiente fórmula:

- **hace** + *período de tiempo* + **que** + *verbo en el pretérito*
- *verbo en el pretérito* + **hace** + *período de tiempo*

Hace tres horas que salimos. / Salimos hace tres horas.

Hace seis años que la conocí. / La conocí hace seis años.

C. Nos conocimos hace seis meses

Mira la línea de tiempo que revela momentos y sucesos importantes de los últimos seis meses.

PASO 1. Imagínate que es el día después de la boda de Savanna y Augusto (en noviembre) y di cuánto tiempo hace que ocurrieron los siguientes sucesos importantes. ¡Sé creativo/a e inventa detalles!

> **MODELO:** Augusto y Savanna se conocieron hace seis meses en una fiesta. Hablaron toda la noche y Augusto le dio su número de teléfono.

mayo	junio	julio	agosto	septiembre	octubre	noviembre

mayo	junio	julio	agosto	septiembre	octubre	noviembre
conocerse	tener su primera cita	enamorarse	ir de vacaciones juntos	(Augusto) tomar una clase de ciencia política	(Augusto) entregar sus documentos para la lotería	(Augusto) recibir una carta del gobierno de los Estados Unidos
	(Augusto) darle el número de teléfono a Savanna	besarse				(Augusto) proponerle matrimonio a Savanna

PASO 2. Inventa por lo menos tres sucesos más que ocurrieron en la vida de Augusto y Savanna. Usa la estructura **hace** + *período de tiempo* + **que** + *verbo en el pretérito* para expresar cuándo ocurrieron.

Algunos sucesos posibles:

romper con el ex novio / la ex novia   conocer a la familia

salir juntos   cenar por primera vez con la familia

decir «te quiero»   sacar el tema del matrimonio

D. La cronología de la relación de Frida Kahlo y Diego Rivera

Frida Kahlo y Diego Rivera son dos de los artistas mexicanos más conocidos. Se enamoraron, se casaron, se divorciaron y se volvieron a casar, pero sus vidas tuvieron muchos altibajos.

Van Vechten Collection, Library of Congress, LC_USZ62-42516

 PASO 1. Abajo, tienes parte de la cronología de la relación entre Frida y Diego pero otras partes están en blanco. Elige **Tabla A** (que está abajo) o **B** (que está al final del capítulo). Tu pareja debe usar la otra tabla, y tiene la información que falta. Primero, conjuga en el pretérito los verbos en las oraciones. Luego, sin mirar la tabla de tu pareja, habla con él/ella para determinar qué pasó en la vida de estos artistas.

MODELO: E2: ¿Qué pasó en 1886?
           E1: Diego Rivera nació.

TABLA A

Año	Suceso importante
1886	Diego Rivera _____ (nacer).
1890	
1907	Diego Rivera _____ (ir) a Europa para estudiar el arte.
1913	Frida Kahlo _____ (contraer) la polio.
1922	
1925	Frida Rivera _____ (sufrir) lesiones graves en un accidente de autobús.
1927	
1929	Diego Rivera y Frida Kahlo _____ (casarse).
1930	
1932	Su hijo _____ (morir) antes de nacer.
1933	
1935	Diego _____ (tener) un lío con la hermana de Frida.
1938	
1939	Diego y Frida _____ (divorciarse).
1940	
1954	Frida _____ (morir).
1955	
1957	Diego Rivera _____ (morir).

PASO 2. Imagínate que eres o Frida o Diego y escribe tu versión de la historia de su vida. Cuenta todo desde tu punto de vista. Explica cómo te sentiste y por qué hiciste lo que hiciste.

¿RECUERDAS?

Los sustantivos Un sustantivo es una persona, un lugar, un objeto o una idea. Pero un sustantivo puede tener diferentes papeles (*roles*) en una oración. Por ejemplo, un sustantivo puede ser un sujeto porque hace una acción. Cuando un sustantivo es un sujeto, determina la conjugación del verbo.

Savanna compró un traje de novia e invitó a su madre a la boda.

Savanna es el sujeto y por eso el verbo **comprar** se conjuga así: **compró.**

Sin embargo, si un sustantivo recibe la acción del verbo es un complemento. **El traje de novia** y **la madre** son complementos porque reciben la acción de los verbos **comprar** e **invitar.**

Decide en las siguientes frases si el sustantivo subrayado es sujeto (S) o complemento (C). Recuerda que se puede poner el sujeto en español antes o después del verbo.

El cura puso las flores cerca del altar.

¿Hizo Augusto una lista de cosas a favor de Savanna?

Tuvo muchas ideas sobre el matrimonio Augusto.

2.3 «Te quiero»

Actividades analíticas

Los pronombres de complemento directo

¡A analizar!

Augusto le muestra a Savanna unas fotos de su última semana en la República Dominicana. Empareja las fotos con los comentarios que Augusto hace mientras las miran.

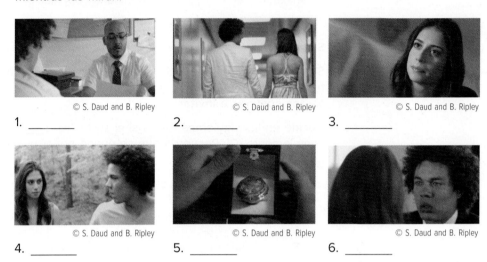

© S. Daud and B. Ripley

© S. Daud and B. Ripley

© S. Daud and B. Ripley

1. _____

2. _____

3. _____

© S. Daud and B. Ripley

© S. Daud and B. Ripley

© S. Daud and B. Ripley

4. _____

5. _____

6. _____

a. ¿Crees que la gente que **nos** vio ese día sabía que éramos esposos?

b. ¿Qué pensaste, mi amor, cuando **lo** viste por primera vez? ¿Te gustó?

c. Después de que él **la** leyó, yo me sentí aliviado sobre la lotería, pero preocupado por nuestra relación.

d. No me entendiste, ¿verdad?, cuando **te** hablé de la casa y el perro.

e. Yo sé que **te** decepcioné mucho ese día en el restaurante.

f. ¿Te acuerdas de cuando hablamos de mis ideas sobre el matrimonio? Creo que no **las** expliqué muy bien.

1. The direct object receives the action of the verb; it answers the question *whom?* or *what?* after the verb. If the verb is *to sing*, the direct object is what is *being sung* (Ask: "Sing what?"). If the verb is *to bring*, it is what is *being brought* (Ask: "Bring what?").

> They brought **flowers.**

Flowers tells what was brought. *Flowers* is the direct object.

> I saw **your fiancée** yesterday.

Your fiancée answers the question, *I saw whom?* Therefore, *your fiancée* is the direct object.

> Cuando Savanna se puso enojada y salió del restaurante, Augusto pidió **la cuenta.**

> Savanna escribió **una lista** de cosas a favor y en contra de casarse con Augusto.

> Note that someone can *sing a song to you* or *bring a gift to me*. The *song* and the *gift* are the direct objects. *You* and *me* would be indirect objects, not direct objects. We will address indirect objects in detail in the next chapter.

2. When the direct object is a person, there is something additional that precedes the direct object. Look at the sentences below. What word precedes the bolded direct objects? The Spanish word _____. This word, referred to in Spanish as the **a personal,** has no translation in English. Rather, it serves as a kind of "arrow," pointing out that the next word is an object, not a subject.

> Augusto conoció a **Savanna** hace seis meses.
>
> Ella llamó a **su madre**.

3. You will recall that pronouns are used to replace nouns in order to avoid repetition. So, instead of saying:

> Did you talk to your fiancé? I saw your fiancé yesterday.
>
> Did you buy the flowers? We need the flowers for the wedding.

We say:

> Did you talk to your fiancé? I saw **him** yesterday.
>
> Did you buy the flowers? We need **them** for the wedding.

The same is true in Spanish. Direct object pronouns help avoid repetition in writing and speech. Use the clues from **¡A analizar!** to help you complete the chart of direct object pronouns.

Los pronombres de complemento directo			
	Singular		**Plural**
me	_____	us	_____
you (*informal*)	_____	you (*pl., informal*)	**os**
her, you (*fem., formal*), it (*fem.*)	_____	them (*fem.*), you (*fem., pl.*)	_____
him, you (*m., formal*), it (*m./unknown*)*	_____	them (*m.*), you (*m., pl.*)	**los**

4. Remember that a direct object pronoun must agree in _____ and _____ with the noun it replaces. In each of the following sentences, decide what each direct object pronoun represents.

> ¿Crees que la gente que **nos** <u>vio</u> ese día sabía que éramos esposos?
>> ¿A quién vio? a _____
>> **nos** represents: a) us b) him c) it d) you _
>
> ¿Qué pensaste, mi amor, cuando **lo** <u>viste</u> por primera vez? ¿Te gustó que era grande y rosado (… y de plástico)?
>> ¿Qué viste? _____
>> **lo** represents: a) he b) him c) it d) you _
>
> Llegó en el correo. Después de que él **la** <u>leyó</u>, yo me sentí aliviado sobre la lotería, pero preocupado por nuestra relación.
>> ¿Qué leyó? _____
>> **la** represents: a) she b) her c) it d) you _
>
> No **me** <u>entendiste</u>, ¿verdad?, cuando te hablé de la casa y el perro.
>> ¿A quién no entendiste? a _____
>> **me** represents: a) you b) me c) it d) you _

Yo sé que **te** <u>decepcioné</u> mucho ese día en el restaurante.

¿A quién decepcioné? a _____

te represents: a) you b) me c) it d) you, plural _

¿Te acuerdas de cuando hablamos de mis ideas sobre el matrimonio? Creo que no **las** <u>expliqué</u> muy bien.

¿Qué no expliqué bien? _____

las represents: a) you b) me c) it d) them _

5. Where can pronouns that stand for direct objects be placed? Use these examples to decide:

CURA: Augusto, ¿aceptas a Savanna como tu esposa para amar**la**, cuidar**la** y respetar**la** en la salud y en la enfermedad todos los días de su vida.

Lo que más lamentaba Augusto fue saber en ese momento que ella no **lo** amaba.

Direct object pronouns (**lo** and **la** in the examples above) go _____ conjugated verbs and can be _____ to verbs that are not conjugated.

Lo voy a hacer. Voy a hacer**lo.**

El cura no **los** pudo casar. El cura no pudo casar**los.**

Write the provided direct object pronouns in their correct places in the following sentences. It may be possible to place them in more than one position.

te: Augusto nunca le dijo «_____ quiero _____» a nadie aparte de su madre.

la: Savanna tiene un buen recuerdo de cuando Augusto _____ abrazó ____ por primera vez.

la: El cura le preguntó a Augusto si _____ quería aceptar_____ como esposa.

los: Augusto pensó en sus remordimientos. _____ tuvo _____ por tres razones.

Actividades prácticas

A. Preparativos (*Preparations*) para la boda

PASO 1. A veces hay muchos preparativos para una boda. En parejas, miren la tabla. Túrnense para hacer y contestar preguntas en el pretérito sobre quién hizo qué para la boda de un amigo. **¡OJO!** A veces varias personas hicieron la misma cosa.

> **MODELO:** comprar el vino
> E1: ¿Quién compró el vino?
> E2: Los padres lo compraron.

los novios	la abuela	el padre	la madre	la hermana	yo

Food: © Jonelle Weaver/Getty Images RF; wedding dress: © Pam McLean/DigitalVision/Getty Images RF; wine: © lynx/iconotec.com/Glow Images RF; photos: © Africa Studio/ Shutterstock RF; wedding invitation: © Dmitry Kovalenko/123RF; wedding cake: © Purestock/SuperStock RF; musicians: © Pam McLean/DigitalVision/ Getty Images RF; priest: © Con Tanasiuk/Design Pics RF; flowers: © Purestock/SuperStock RF.

1. llamar al cura
2. mandar las invitaciones
3. escoger la música
4. planear el menú
5. hacer el vestido
6. comprar las flores
7. recoger el pastel
8. poner las fotos de familia en la mesa

PASO 2. Escucha las preguntas de la novia sobre la boda. Escribe una respuesta AFIRMATIVA desde el punto de vista (*point of view*) del NOVIO y utiliza pronombres de complemento directo.

1. _____
2. _____
3. _____
4. _____
5. _____
6. _____

B. ¿Casarnos por la iglesia, casarnos por lo civil o nos conformamos con la cohabitación?

PASO 1. Lee la lectura sobre tres tipos de uniones comunes. Luego, para cada verbo subrayado, escribe su complemento directo.

Tres tipos de uniones comunes*

El matrimonio existe en toda cultura, pero su significado y su papel en la sociedad varía y refleja[1] diferentes valores. Los siguientes tipos de uniones se manifiestan con frecuencia.

El matrimonio religioso: En un matrimonio religioso, un cura, u otro oficial religioso, consagra[2] la unión pero el gobierno también reconoce[3] el matrimonio. Es decir, la pareja disfruta de todos los derechos y responsabilidades de la institución.

El mundo hispano tiene una larga tradición de dominio socio-cultural por parte de la Iglesia Católica. Una ceremonia católica incluye[4] ciertos rituales y procedimientos que reflejan las creencias sobre el matrimonio e implican que los esposos se casan por vida. La pareja debe llevar[5] vidas fieles a las creencias católicas.

Los matrimonios civiles son comunes. En España el 60% de las parejas se casan por lo civil. ¿Los casa un cura?

Latinoamérica cuenta con el 40% de los católicos mundiales. Sin embargo, el número de latinoamericanos que se identifica como católicos ha estado bajando, desde el 90% en 1960 hasta el 69% en 2014. Por lo tanto, no sorprenden algunos datos recientes que muestran que para los jóvenes, casarse por la iglesia no es muy común.

Por ejemplo, en México solamente el 7,1% de las personas de menos de treinta años se casó por la vía religiosa. En cambio, en Costa Rica en 2008, el 21% de los matrimonios se celebró en una ceremonia religiosa y para 2014, el porcentaje subió al 39%. Una pareja costarricense comentó, «Sentíamos que nos faltaba algo y ese algo era la bendición nupcial. Sentíamos que la sociedad no nos miraba con buenos ojos.»

El matrimonio civil: Una autoridad civil (como un juez) formaliza[6] la unión. En general los matrimonios civiles son más frecuentes que los matrimonios religiosos.

*Source: "El obispo de Segovia pide a los novios no creyentes o con dudas que no se casen por la Iglesia," Periodista digital, July 11, 2014. www.periodistadigital.com; Ruiz, Julieta, "Nuevos requisitos para poder casarse en el DF," El Universal, August 14, 2014. www.archivo.de10.com.mx; "Nupcialidad en Chile: Algunas características," Instituto Nacional de Estadísticas, Chile, 2104. www.ine.cl; "Religion in Latin America: Chapter 5: Social Attitudes," Pew Research Center, November 13, 2014. www.pewforum.org; "Ocho estadísticas sobre el divorcio que le sorprenderán," El Economista América, July 1, 2014. www.eleconomistaamerica.cl; "Religión en América Latina: Cambio generalizado en una región históricamente católica," Pew Research Center, November 13, 2014. www.pewforum.org; Herrera, Claudia, "Parejas jóvenes ya no se casan por la Iglesia," Puebla gente grande, 2011. www.pueblagentegrande.com; Brazález, Almudena, "Sí, quiero," El País, June 27, 2012. www.blogs.elpais.com; "Las parejas cada vez se casan menos, más tarde y por lo civil," La Vanguardia, March 15, 2013. www.lavanguardia.com; De Vos, Susan, "Nuptiality in Latin America: The View of a Sociologist and Demographer," Center for Demography and Ecology, University of Wisconsin-Madison, 1990. www.ssc.wisc.edu

En España, por ejemplo, el 60% de las parejas se casó por lo civil. Es de notar que en España se prohibió el matrimonio civil (no religioso) entre 1564 y 1931. Durante un período corto, se legalizó el matrimonio civil, pero solamente hasta 1939. Luego, el dictador Francisco Franco prohibió[7] de nuevo el matrimonio civil y se invalidaron los matrimonios que se habían celebrado. No se legalizó otra vez hasta 1969.

La cohabitación: La cohabitación refleja[8] una unión que puede tener las mismas características que un matrimonio: hijos, responsabilidad compartida de la casa, un compromiso social y emocional, y el reconocimiento de la relación por parte de la comunidad. La diferencia principal es que es un compromiso que no se inscribe formalmente.

En algunos países donde hay poblaciones más altas de pueblos indígenas, las uniones no formalizadas son muy comunes. Los matrimonios tradicionales son menos comunes por varias razones. Una boda puede costar mucho y en algunas comunidades rurales la gente vive lejos de las autoridades religiosas o legales. Es más, el divorcio es muchas veces un proceso largo y difícil. Además, existe una explicación histórica. La aceptación de estos tipos de uniones se remonta a los tiempos coloniales cuando los hombres españoles las aprobaron[9] para poder formar relaciones con mujeres indígenas. De hecho, en cuatro países de Centroamérica, la unión informal es más frecuente que los matrimonios registrados oficialmente: El Salvador, Honduras, Nicaragua y Panamá. La sociedad la acepta y la reconoce[10] como tan válida como el matrimonio en muchos lugares.

1. _____
2. _____
3. _____
4. _____
5. _____

6. _____
7. _____
8. _____
9. _____
10. _____

PASO 2. Contesta las preguntas sobre la lectura del **Paso 1**.

1. ¿Cuál es la diferencia principal entre un matrimonio religioso y un matrimonio civil? _____
_____

2. Hoy en día, ¿cuál es más común, el matrimonio civil o religioso en España __
_____

3. ¿Qué porcentaje de los católicos mundiales son latinoamericanos? _____

4. ¿Qué tipo de matrimonio prohibió el dictador español Francisco Franco? __
_____

5. ¿En qué parte o en qué países del mundo hispano es una unión no formalizada, la cohabitación, más común que el matrimonio oficial? ¿Por qué? _____
_____

6. ¿En qué país se casa por la iglesia solamente el 7,1% de los jóvenes menos de treinta años? _____ En tu opinión, ¿por qué hay una diferencia entre los jóvenes y la gente mayor con respecto a casarse en una ceremonia religiosa? ¿Es así en tu país también?

7. De las personas que conoces, o en tu comunidad, ¿qué tipo de unión es más común? ¿Por qué?

C. La ceremonia religiosa, ¿la queremos tener?

PASO 1. Usa el diálogo entre Augusto y Savanna para inferir las respuestas a las preguntas.

© S. Daud and B. Ripley

AUGUSTO: Casarse... ¿qué sé yo? Es para gente religiosa que le gustan las putadas (vulg. *big pains*). Yo no creo en esas porquerías (*rubbish*). Me imagino que tú no crees en esas porquerías tampoco.

[...]

SAVANNA: ¿Tú te quieres casar conmigo?

AUGUSTO: No. Oye, mi amor, no te pongas así. Tampoco me quiero casar con más nadie.

1. ¿Qué pensó Augusto sobre el matrimonio religioso? ¿Lo apreció?
2. ¿Una ceremonia religiosa? ¿La deseó Savanna?
3. ¿Las opiniones de Augusto? ¿Las entendió Savanna?
4. ¿Prefirió Augusto el matrimonio por lo civil? O, ¿prefirió Augusto la cohabitación?
5. ¿La cohabitación, ¿por qué no la prefirió Savanna?

 PASO 2. Completa la encuesta (*survey*). Luego, en grupos pequeños, compartan sus ideas y saquen apuntes. Prepárense a resumir las ideas del grupo al resto de la clase.

1. Con respecto a la relación entre Savanna y Augusto,...
   a. Savanna lo conoce bien.
   b. Savanna no lo conoce para nada.
2. ¿Ama Augusto a Savanna?
   a. Sí, la ama.
   b. No, no la ama.
3. Para mí, el propósito del matrimonio es...
4. Un matrimonio por lo civil...
   a. vale menos que un matrimonio por la iglesia.
   b. vale tanto como un matrimonio por la iglesia.
   c. vale más que un matrimonio por la iglesia.
5. Conozco a alguien que se casó por lo civil.
   a. Cierto
   b. Falso
6. Para mí, la idea de ser soltero/a...
   a. me encanta.
   b. me da igual.
   c. me molesta.

7. En mi opinión, la cohabitación crea una relación igual que el matrimonio.

   a. Estoy de acuerdo.

   b. No estoy de acuerdo.

8. En mi opinión, Savanna y Augusto (debieron / no debieron) haberse casado (debieron... *should / should not have married*) porque....

9. El matrimonio es una tradición esencial para nuestra sociedad.

   a. Estoy de acuerdo.

   b. No estoy de acuerdo.

10. Inventa tu propia pregunta de encuesta para preguntarles a tus compañeros.

 ## D. ¿Qué opinan los demás?

PASO 1. Las personas entrevistadas contestan las siguientes preguntas. Lee las preguntas y escribe por lo menos cinco palabras del vocabulario de este capítulo que probablemente van a incluir en sus respuestas.

- ¿Qué piensa Ud. del matrimonio? ¿Es una unión bonita y sagrada? ¿Es una institución antigua que ya no es necesaria? ¿Qué opina su familia?
- ¿Cómo reaccionó Ud. cuando Augusto interrumpió la boda para decirle a Savanna, «No puedo hacer esto.»? ¿Cree Ud. que se casaron demasiado pronto?
- ¿Cómo se ve el matrimonio religioso en contraste con el matrimonio civil en su país? ¿Cuál es más frecuente?
- ¿Cuáles son las costumbres de boda o de matrimonio más importantes en su país? ¿Están cambiando estas tradiciones? ¿Por qué?

1. _____ 2. _____ 3. _____ 4. _____ 5. _____

 PASO 2. En parejas, túrnense para leer en voz alta las siguientes ideas de las personas entrevistadas. Luego, indiquen si reflejan sus opiniones o las opiniones de otra persona que conozcan. Expliquen.

MODELO: Es muy común cohabitar antes de casarse.

E1: Creo que sí es más común cohabitar antes de casarse hoy en día. Durante la generación de mis abuelos, no era muy común porque la gente lo vio como algo inapropiado. Pero muchas parejas ahora piensan que deben saber si son compatibles antes de casarse o simplemente creen que el matrimonio no es tan importante.

E2: Estoy de acuerdo. Conozco a muchas personas que no quieren casarse. Viven juntos pero no siempre piensan casarse en el futuro. Personalmente, yo espero casarme en el futuro.

1. No hay ninguna diferencia entre una ceremonia civil y una ceremonia religiosa.

2. Una ceremonia religiosa, en contraste con una ceremonia civil, incluye rituales como el vestido blanco, la fiesta y la iglesia.

3. Las mujeres están menos interesadas en la idea del matrimonio que antes.

4. Augusto no se casó con Savanna por amor.

5. A causa de las dificultades económicas, las personas no se están casando.

6. Cuando uno es más maduro/a le interesa más la idea del matrimonio.

PASO 3. Mira las entrevistas y saca apuntes. Luego, lee en voz alta las oraciones sobre los comentarios de las personas entrevistadas. Indica si la oración es cierta o falsa.

Palabras útiles

a medida que
as, while
el acuerdo
agreement
atado/a
tied
el bolsillo
pocket (as in, the amount of money one has)
el requerimiento
requirement
sobre todo
especially

Andrés   Martín e Irma   May

	CIERTO	FALSO
1. Andrés cree que el matrimonio es como cualquier otro acuerdo.	_____	_____
2. Para Andrés, romper un matrimonio, es decir, divorciarse, es una decisón en contra de Dios.	_____	_____
3. Martín e Irma creen que los dos tipos de ceremonias (religioso y civil) son iguales.	_____	_____
4. La música y el baile son muy importantes en las bodas mexicanas, según Martín.	_____	_____
5. A May no le gusta la idea del matrimonio.	_____	_____
6. En Venezuela, es obligatorio casarse por la Iglesia Católica.	_____	_____

PASO 4. Contesta las preguntas. Vuelve a ver los videos cuantas veces que te sea necesario.

1. ¿Qué piensa la familia de Andrés sobre el matrimonio? _____

_____

2. ¿Qué opina Andrés de Augusto cuando le dijo a Savanna que no quería casarse? _____

_____

3. ¿Qué opina Martín de la decisión de Augusto y Savanna de casarse? _____

_____

4. ¿Le importa más a Irma la ceremonia civil o la ceremonia religiosa? ¿Quiénes en su familia se han casado por lo civil? _____

_____

5. ¿Cómo se sintió May acerca del matrimonio antes? ¿Cómo han cambiado sus ideas? _____

6. ¿Qué afecta la decisión de algunos venezolanos de casarse? _____

_____

 PASO 5. En parejas, conversen sobre sus propias ideas respecto a las preguntas del **Paso 1**.

E. Suerte, prosperidad y amor: Costumbres de boda*

PASO 1. Lee los párrafos sobre las costumbres y tradiciones de boda en el mundo hispanohablante y contesta las preguntas. Responde con oraciones completas y usa pronombres de complemento directo en tus respuestas.

Matrimonios colectivos: Bolivia

En algunos pueblos rurales bolivianos, las parejas viven juntas en la casa de la familia del novio por varios años y muchas veces tienen hijos antes de casarse. En 2011, unas 350 parejas se casaron en una boda colectiva que celebró las culturas tradicionales de los varios grupos étnicos.

© Juan Karita/AP Images

Los novios que desaparecen: Venezuela

En la recepción de boda, los novios «desaparecen»; es decir, salen de la recepción y según la tradición, la primera persona que se dé cuenta de que ya no están va a tener suerte.

© Brand X Pictures/PUnchStock RF

Los zapatos escondidos: Colombia

Todos los hombres solteros se quitan los zapatos y los esconden debajo del traje de la novia. El novio selecciona un zapato y el dueño del zapato, según la creencia, es el próximo en casarse.

© Violeta Chalakova/Alamy RF

Los rituales mayas: México y Guatemala

En la cultura maya, la que todavía hoy en día se encuentra en partes de México y el norte de Centroamérica, hay varias antiguas tradiciones matrimoniales. Por ejemplo, ambos novios se visten de blanco y el novio le ofrece a la novia un paquete de regalos que incluye un huipil, ropa tradicional, que la novia lleva para la ceremonia. La ceremonia se celebra con incienso de copal y música tocada con instrumentos tradicionales de viento y de percusión.
Un cura (o un chamán) bendice la unión y recuerda las fuerzas naturales del agua, fuego, viento y agua. Al final, el cura a veces sacrifica un animal como un pavo, una vaca o una cabra (*goat*) para empezar el banquete que sigue.
Según la tradición maya, el yerno debe vivir en la casa de sus suegros por seis o siete años después de casarse.

© Michael Dwyer/Alamy

Source: "Boliva: 350 parejas se casan por tradiciones andinas," Diario libre, May 8, 2011. www.diariolibre.com; Popovic, Mislav, "Wedding Traditions in South America," traditionscustoms.com, no date. www.traditionscustoms.com

El anillo escondido: Varios países

En varios países del mundo hispanohablante, se esconden cintas con dijes (*charms*) y una con un anillo en el pastel de boda. Las mujeres solteras tiran de una cinta y la que saque la cinta con el anillo va a casarse dentro del próximo año.

© Photos 12/Alamy

Comprensión

1. En Bolivia, ¿conoce la novia a sus futuros suegros muy bien antes de casarse? ¿Por qué? _____
_____

2. Según una tradición venezolana, los invitados vigilan a los novios durante la celebración. ¿Qué pasa cuando ya no los ven? _____
_____

3. ¿Qué hacen los solteros con los zapatos en una boda colombiana? _____
_____

4. En la boda colombiana, ¿quién escoge el zapato de todos los zapatos escondidos? _____

5. ¿Quién lleva el huipil en la ceremonia maya? _____

6. ¿Por qué menciona el cura maya las cuatro fuerzas naturales? _____
_____

7. En las culturas mayas, después de la boda, ¿con qué frecuencia van a ver los novios a los padres de la novia? _____
_____

8. En las ceremonias mayas, a veces se sacrifica un animal para el banquete después de la boda. ¿Quién lo sacrifica? _____

9. En la costumbre de boda de los dijes, ¿dónde los esconden? ¿Qué «gana» la persona que descubre el anillo escondido? _____
_____

PASO 2. En parejas, conversen sobre las preguntas.

1. ¿Qué costumbre mencionada en el **Paso 1** te interesa más? ¿Qué costumbre te sorprende más?

2. Típicamente, ¿quién entrega a la novia al novio? ¿Cuáles son algunas razones históricas para esta tradición?

3. Típicamente, ¿quiénes son los padrinos (*groomsmen and maids of honor*)? ¿Cómo los seleccionan los novios?

4. Muchas novias llevan un vestido blanco y se cubren la cara con un velo. En muchas ceremonias, ¿quién lo levanta? ¿Qué simboliza el velo? ¿y el color blanco?

5. Las flores generalmente forman parte de la ceremonia. ¿Quiénes las llevan? ¿Lleva el novio una flor? Tradicionalmente, la novia lleva un ramo de flores. ¿Por qué lo lanza (*throw*) al final de la boda?

6. ¿Qué otras tradiciones de boda conoces? Descríbelas.

PASO 3. Piensa en una persona a quien conoces o a quien has visto en la televisión o en el cine que se haya casado. Describe la ceremonia. ¿Tuvieron los novios una ceremonia religiosa o civil? Descríbela. ¿Fue pequeña o grande? ¿Fue una boda colectiva? ¿Qué llevaron los novios? ¿Quiénes asistieron? ¿Cómo celebraron? ¿Hicieron alguna tradición especial?

Comprueba tu progreso

As you progress in your learning and begin incorporating uses of the preterite, as well as direct object pronouns, you will become better equipped to start sharing anecdotes and more easily talk about your past life experiences. You will find that you are well on your way to a major accomplishment: the ability to tell stories in the past.

Let's put into practice what you have learned with this short narration in which Teresa tells her friend Lucía what happened on a recent first date. Complete their conversation with the preterite of the verbs in parentheses. If no verb is given, write the appropriate direct object pronoun. Check your answers when you're finished!

TERESA: Hola, Lucía. ¿Sabes que yo _____[1] (cenar) con Esteban el sábado pasado?

LUCÍA: ¿ _____[2] (*Uds*: Ir) a un buen restaurante?

TERESA: Pues, no. Él _____[3] (escoger) el lugar —el Coco Loco, un restaurante turístico en el puerto. ¿ _____[4] conoces?

LUCÍA: Claro, todos los meseros llevan ropa tropical, ¿no? Me parece un poco charro (*tacky*). Pero ¿ _____[5] (divertirse) Uds.?

TERESA: Bueno, la verdad es que sí. _____[6] (*Nosotros*: Reírse) muchísimo y no _____[7] (*yo*: sentirse) nada estresada. Resulta que el ambiente ridículo del restaurante es perfecto para una primera cita.

LUCÍA: Y después de cenar, ¿qué _____[8] (hacer) Uds.?

TERESA: Primero, _____[9] (dar) una vuelta por el puerto y luego _____[10] (tomar) un café en la plaza. Después, Esteban me _____[11] (comprar) unas flores muy bonitas. ¿ _____[12] quieres ver?

LUCÍA: ¡Qué simpático! Oh, Teresa, ¡son flores tropicales! ¿_____[13] (*Tú*: Darse) cuenta?

TERESA: Sí. Esteban es un chico muy cómico. Me _____[14] (decir) que son para recordarme del restaurante que tanto me _____[15] (gustar). ¡Ja ja!

LUCÍA: ¿Vas a ver_____[16] otra vez?

TERESA: Claro que sí. Ya tenemos planes para el fin de semana...

Respuestas

1. cené 2. Fueron 3. escogió 4. Lo 5. se divirtieron 6. Nos reímos 7. me sentí 8. hicieron 9. dimos 10. tomamos 11. compró 12. Las 13. Te diste 14. dijo 15. gustó 16. lo

A. No sé si quiero...

© Orlando Sierra/AFP/Getty Images

© Deposit Photos/Glow Images RF

PASO 1. Mira las imágenes y contesta las preguntas.

1. «Quedarse para vestir santos» es una expresión que se usa para describir a una mujer que a los 30 años (más o menos) todavía es soltera. La expresión compara la soltería a la actividad de «vestir santos». ¿Qué relación hay entre vestir santos y no casarse?
2. ¿Existen expresiones parecidas a «quedarse para vestir santos» en inglés?
3. ¿Qué imagen existe de la mujer «solterona» (*spinster*) en tu país o en tu pueblo?
4. ¿Conoces el juego de cartas, «La vieja solterona»? ¿Lo jugaste alguna vez? ¿Cómo es la imagen de la solterona en el juego de cartas?
5. ¿Crees que la expresión, «quedarse a vestir santos» o la palabra «solterona» tengan relevancia todavía?

© Antonio Oquias/123RF

En la tradición católica, ciertas personas —típicamente las solteronas de edad avanzada— tienen la responsabilidad de realizar quehaceres en la iglesia. Un quehacer importante es cuidar las estatuas de los santos y cambiarles la ropa.

PASO 2. Mira la tabla y contesta las preguntas.

Porcentaje de adultos no casados*

Argentina	44%
Chile	62,6%
Colombia	53%
Costa Rica	43%
España	44,8%
Estados Unidos	50,2%
México	55,2%
Perú	73%
República Dominicana	80%

*Source: Vidal, Alicia, "En Argentina hay más hombres solteros que casados #San Valentín," Sitemarca.com, February 13, 2013. www.sitemarca.com; "Chile lidera países Ocde con menos personas casadas y más solteronas," La Tercera, April 2, 2013. www.latercera.com; Villegas, Jairo, "100.000 costarricenses viven solos," La Nación, February 1, 2009. www.nacion.com; "Cada año hay más divorciados y solteros en España," Diario ABC, October 30, 2013. www.abc.es; "The U.S. Is Becoming More European: Half Of Adult Americans Are Now Single," Forbes, September 11, 2014. www.forbes.com; "Los peruanos prefieren la convivencia," Perú21, November 8, 2011. www.peru2.pe; "La felicidad de los recién casados se agota a los dos años," El Comercio, September 13, 2014. www.elcomercio.pe; Ayuso, Miguel, "Soy soltera y sin hijos: Sé bien lo que piensas de mí," El Confidencial, December 23, 2012. www.elconfidencial.com

1. ¿Cierto o falso? Casi la mitad de los adultos es soltera en España. _____

2. ¿Cierto o falso? Hay más solteros en los Estados Unidos que en España. _____

3. ¿Cierto o falso? En Argentina hay más personas casadas que solteras. _____

4. ¿Cierto o falso? En Chile la mayoría de los adultos es casada. _____

5. En la República Dominicana, ¿qué se puede concluir del matrimonio? ¿Se puede inferir que la gente no se enamora tanto en la RD como en otros países?

6. El titular de un artículo reciente en un diario peruano fue: «La felicidad de los recién casados se agota a los dos años.» ¿Qué significa el verbo **agotarse**? _____ ¿Qué relación hay posiblemente entre este titular y los datos peruanos?

7. Un artículo reciente sobre Costa Rica informó lo siguiente, «Aumentó el porcentaje de personas solteras y bajó el de casadas.» ¿Según este artículo se puede inferir que, en el futuro, el porcentaje de adultos solteros va a ser más de 43%?

8. Un artículo reciente de España se titula así: «Soy soltera y sin hijos: sé bien lo que piensas de mí.» ¿Qué piensan otras personas de ella posiblemente? ¿Por qué? ¿Qué piensas tú de una persona de 35 o 45 años, soltera y sin hijos? ¿Es exitosa? ¿Se siente deprimida? ¿Se siente contenta?

9. Reflexiona sobre las razones por los datos y los titulares. Los siguientes factores sociológicos pueden explicarlos. ¿Qué otras razones hay?

   ¿Por qué?

   - La publicidad fomenta la idea de que la sexualidad no se limita a los cónyuges.
   - En una sociedad más individualista la gente ve más opciones de estilo de vida.
   - Debido a las presiones económicas, como la dificultad de mantener su propia casa, muchos jóvenes siguen viviendo en la casa de sus papás más tiempo.

Antes de leer

B. Actitudes y valores

PASO 1. La lectura que vas a leer trata de las mujeres solteras y las actitudes sociales hacia ellas. Indica si las siguientes oraciones reflejan tu opinión, la opinión de tus padres o abuelos, la opinión de tus amigos o si no reflejan la opinión de nadie que conozcas.

MODELO: Una mujer soltera no está contenta.

Mis abuelos piensan esto.

	Yo pienso esto	Mis padres / Mis abuelos piensan esto	Mis amigos piensan esto	Nadie que conozco piensa esto
1. Muchas personas se niegan a casarse porque buscan a la pareja perfecta que no existe.				
2. La vida de una persona soltera es aburrida.				
3. Los hombres prefieren la soltería (*single life; the state of being single*) más que las mujeres.				
4. Una persona casada no puede aprovechar (*to take advantage of*) muchas oportunidades.				
5. Ser soltero/soltera toda la vida es una mala idea.				
6. Los jóvenes deben tardar (*to delay*) mucho tiempo en casarse.				
7. El matrimonio no tiene nada que ver con la felicidad.				

PASO 2. En parejas, compartan y expliquen sus respuestas del **Paso 1**. ¿Qué opinan Uds.?

PARA TU INFORMACIÓN: SER/ESTAR CASADO/A

© Comstock/PunchStock RF

La palabra **casado/a** se usa con **ser** y con **estar**. El significado no cambia mucho. En «**ser casado/a**», **casado/a** es un sustantivo y en inglés significa *married person*.

Víctor es casado.   *Víctor is a married person.*
   (rather than a divorced or single person)

En cambio, en «**estar casado/a**», **casado/a** funciona como un adjetivo que describe una condición y significa *married*.

Karen **está casada** con Pablo *(Karen is married to Pablo)* pero su hermana Linda ya no **está casada**; está divorciada.

La diferencia de significado no es mucha. En general, los dos verbos expresan la misma idea: *a person is a married person / a person is married.*

 PASO 3. En grupos, contesten las preguntas. Expliquen sus respuestas.

1. ¿Cómo defines tú la soltería? ¿No tener pareja o no estar casado/a?
2. ¿Cómo es distinta la experiencia de ser soltero/a durante la juventud en contraste con la vejez?
3. ¿Cuáles son las implicaciones de ser soltero/a y a la vez ser padre/madre?
4. ¿Es mejor estar solo/a y feliz o estar casado/a e infeliz?
5. ¿Cómo se sienten muchas personas homosexuales que tienen pareja pero a quienes la sociedad clasifica como solteros/as?

C. ¿La soltería o la vida casada?

 PASO 1. En parejas, túrnense para leer las actividades y decidir si cada una es una ventaja o una desventaja de la soltería. Expliquen brevemente por qué. **¡OJO!** Cuando tu pareja te lea una oración, no la mires, solo escucha a tu pareja.

   MODELO: *Tú lees:* Yo voy al cine solo/a.

   Tu pareja dice: Es una desventaja porque es mejor hablar de las películas con otra persona.

1. Tengo que limpiar la casa sin ayuda.
2. Puedo acostarme y levantarme cuando quiera.
3. Pongo la música y los programas de televisión que me gusten.
4. Veo a mis amigos casi todos los días; son muy importantes.
5. Puedo dedicarme a mis pasatiempos.
6. Paso bastante tiempo solo/a.

PASO 2. En grupos de tres o cuatro, conversen sobre qué hicieron Uds. el fin de semana pasado. Traten de determinar si los solteros y los con novio/a o esposo/a en su clase hicieron cosas muy distintas o si hicieron cosas similares. Saquen apuntes y prepárense a compartir sus respuestas con la clase. **¡OJO!** Si todos en el grupo son solteros, piensen en sus amigos que tengan pareja y digan qué hicieron ellos, y viceversa.

¡A leer!

Este artículo se publicó en 2014 en *El Universal*, uno de los periódicos más viejos y de mayor circulación en México. El autor, Felipe Zámano, profundiza cambios de actitud y de expectativas con respecto a la soltería. ¿Se asocia todavía la soltería con la soledad? ¿Es una situación deseable o indeseable?

«¡SÍ A LA SOLTERÍA. NO A LA SOLEDAD! ¿ALGUIEN DIJO MATRIMONIO?»

- Felipe Zámano

El peso de la soltería femenina a los treintaitantos se ha aligerado[a] en los últimos años. El estereotipo de «las solteronas» como mujeres tristes, solas e incompletas ha perdido credibilidad en el imaginario social. La elección de un proyecto de vida en singular es considerada por millones de mujeres como una opción válida frente al[b] matrimonio.

Julieta tiene 37 años de edad y no se ha casado. Tampoco le preocupa tener pareja y en sus planes no está tener hijos. Desde hace seis años disfruta de «las libertades» de la soltería.

Vive en un departamento en la colonia Del Valle que terminó de pagar a principios de este año. Trabaja como directora del departamento de Recursos Humanos de una empresa exportadora de conservas,[c] aceites y alimentos enlatados.[d] Viaja a Estados Unidos un par de veces al mes para atender asuntos laborales pero aprovecha[e] para probar nuevos sabores y seguir las tendencias gastronómicas en exclusivos restaurantes neoyorquinos. Ahí visita las tiendas de moda de «la gran manzana». Los zapatos y las bolsas de diseñador[f] son su debilidad. Le gusta vacacionar alrededor del mundo. El verano pasado visitó el sureste asiático, y ahora prepara su próximo viaje, el cual tendrá como destino algún país del viejo continente, aún no lo decide.

Ha aprendido a vivir su **soltería** sin remordimientos. «Disfruto mi estilo de vida. Cada día estoy más tranquila con la elección que he tomado. No niego[g] que al principio tenía muchos miedos e inseguridades, pero después de seis años sin pareja he aprendido a vivir con ello. ¡Viva la soltería!», dice Julieta más que convencida.

NO MÁS SOLTERONAS

El 28 de noviembre de 1986, Odile Lamourère, mujer divorciada de 52 años que vivía sola desde hacía ocho,[h] sorprendió a la sociedad europea al inaugurar el primer Salón de los Solteros en el Hotel Holliday de París. Durante cuatro días 10 mil solteros, la mayoría de ellos mujeres, discutieron entre sí acerca de sus temores, inquietudes, exigencias[i] e incertidumbres. Hablaron de las ventajas y desventajas de vivir solos y la razón que cada uno de ellos encontraba para acudir al llamado[j] de Odile: «¡Porque existo, a pesar de todo!»,[k] «Por curiosidad y para conseguir leche esterilizada en envase de medio litro", «Para ver si realmente la soltería se conjuga solo en femenino», «Para ver si en una de esas encontraba un tipo[l] interesante», «Porque en invierno, uno tiene frío... », «Para mí ya no hay nada definitivo, yo vivo el momento».

Por primera vez, un grupo de mujeres se pronunciaba públicamente a favor de la soltería y renunciaba a ser tratadas como víctimas o personas incompletas emocionalmente.

«Nos negamos[m] a ser sinónimo de víctimas de la **soledad**, de minusválidos frente a la norma establecida», sostenía Odile Lamourère.

¿SABÍAS QUÉ?

El término neosolteras lo acuñó[n] la escritora Carmen Alborch en los años 90.

Las **neosolteras**, a diferencia de sus abuelas, viven su estado civil con nuevas reglas, ajustadas a la revolución feminista y a los tiempos de equidad entre los géneros. Ellas no prestan atención a los cuestionamientos por no seguir las reglas del mandato matrimonial, disfrutan de su individualidad, aunque no descartan la posibilidad de sostener un compromiso conyugal; dan prioridad a sus estudios académicos y desarrollo[ñ] profesional antes que a las labores domésticas o la crianza de los hijos; ejercen su vida sexual y afectiva con libertad; son autosuficientes económicamente y eligen sus consumos; viven su estatus social sin culpa[o] y, aunque a veces dudan «si están haciendo lo correcto», son congruentes y asumen con tranquilidad la decisión que tomaron.

¿NEOSOLTERAS? = LO + COOL

Antonieta estuvo a punto de casarse hace tres años. En el último momento, a dos meses de consumar la boda, se armó de valor para decirle no a su prometido aunque fuera difícil. Aún siente culpa por haberlo lastimado,[p] pero está convencida de que fue lo mejor para no embarcarse los dos en una historia sin final feliz. Ahí decidió que no se casaría, ni en ese momento ni después. Inició una terapia para recuperarse del dolor que, aunque nadie le creyera, también le produjo el rompimiento, pues sabe que cometió un error al aceptar.

Ahora, a sus 37 años, vive sola en un departamento de la colonia Roma. Le gusta su vida: «Ser independiente y pasear en calzones por mi casa o no levantarme si no tengo que ir a trabajar, ver tele, escuchar música, leer... hacer lo que me dé la gana».

¿Relaciones amorosas? «No me niego a ello[q] aunque me tardé como un año en volver a salir con alguien. Pero siempre queda claro que mis intereses no son llegar a casarme... . Y así ambos tranquilos, si aceptamos seguimos. No volvería a pasar por lo mismo. Lo tengo claro: **no me quiero casar**».

19,5 millones de mexicanos, de 20 a 69 años, son solteros, divorciados, separados y/o viudos.

ALGO CAMBIÓ, AUMENTÓ Y SE TRANSFORMÓ

Las explicaciones sobre por qué desde entonces se han incrementado las filas[r] de la soltería responden a diversos factores. Los expertos coinciden en que la

(Continued)

incursión de las mujeres al mercado laboral ha tenido mucho que ver, ya que su entrada a ese mundo trastocó[s] las estructuras sociales, lo que a su vez[t] provocó que las agendas de vida entre hombres y mujeres se «desajustaran».[u] Las prioridades profesionales de ambos cambiaron, las expectativas y demandas hacia la pareja aumentaron y las dinámicas familiares se modificaron. Todo esto, sumado a[v] las transformaciones socioeconómicas y lo difícil que resulta lograr la independencia económica, han impactado para que cada vez más hombres y mujeres posterguen el compromiso conyugal o decidan no asumirlo.

¿NEOSOLTERAS?

1. Son solteras por convicción. No les preocupan los cuestionamientos por no tener pareja.

2. No ven el matrimonio como una prioridad, aunque no están peleadas con la idea de sostener una relación sentimental.

3. Tienen independencia económica. Deciden sus consumos, planifican sus viajes, siguen la tecnología y visten a la moda. Ellas son su mejor inversión.

4. Disfrutan de su individualidad y valoran la libertad que les brinda su estatus social.

5. Dan prioridad a sus estudios académicos y desarrollo profesional antes que a las labores domésticas o la crianza de los hijos.

Testimonios recopilados en el libro de María Antonieta Barragán, *Soltería: elección o circunstancia...*, son un ejemplo que lo confirma:

«La vivo, no la padezco.[w] Es decir, me ocupo en lugar de preocuparme. El trabajo es una gran parte de mi vida pero también lo es ver a mis amigos, tomarme el tiempo de ir al cine, leer un libro, nadar, hacer ejercicio. Sin duda, viajar sola es una de mis actividades favoritas», señala Bertha.

Mientras Nina comparte: «Disfruto de mi compañía. No me siento sola en absoluto. Me siento libre para decidir lo que sea, desde lo más trivial hasta lo trascendente».

La soltería empieza a ser considerada por las más jóvenes como «el estado civil ideal». Son mujeres neo. Nuevas mujeres en busca de plenitud sin esa sensación del «vacío del compañero», con ganas de disfrutar y disfrutarse en público y en la intimidad, dentro o fuera del trabajo, de sus depas o sus círculos afectivos o amistosos. Mujeres que gozan[x] su día a día sin ninguna preocupación de que «el tren ya se les fue». Esa idea reina de las solteronas quedadas ha muerto. ¡Vivan las neosolteras!

[a]se... *has lightened, lessened* [b]frente... *compared to* [c]*canned preserved food* [d]*canned* [e]*she takes advantage of the opportunity* [f]de... *designer* [g]No... *I do not deny* [h]que... *who had been living alone for eight years* [i]*requests* [j]acudir... *come to/show up to the call* [k]a... *in spite of everything* [l]*guy* [m]Nos... *We refuse* [n]*coined* [ñ]*development* [o]*guilt* [p]por... *for having hurt him* [q]No... *I am not opposed to it* [r]*ranks* [s]*disrupted* [t]a... *at the same time* [u]se... *were upset, came loose* [v]sumado... *added to* [w]no... *I do not endure it* [x]*enjoy*

Después de leer

D. Las neosolteras

PASO 1. Di si las siguientes oraciones sobre las neosolteras son ciertas o falsas, según el artículo. Si la oración es falsa, corrígela.

	CIERTO	FALSO
1. Les interesa más el desarrollo profesional o el estudio académico que casarse.	_____	_____
2. Se niegan a tener relaciones amorosas.	_____	_____
3. Tienen más libertad.	_____	_____
4. Se sienten muy solas.	_____	_____
5. Dependen de sus familias económicamente.	_____	_____
6. Se quieren casar en el futuro.	_____	_____
7. Se preocupan por las oportunidades románticas perdidas.	_____	_____

PASO 2. En parejas, hablen de los estereotipos presentados de las solteras en el artículo. Luego, trabajen juntos para describir los estereotipos de la vida de las siguientes personas o en los siguientes lugares.

1. Un hombre de más de 30 años que vive con sus padres
2. Una mujer soltera de ochenta y cinco años
3. Una persona recién divorciada de treinta y cinco años
4. Una persona soltera en un centro urbano
5. Una mujer de cuarenta años con cuatro hijos que vive en las afueras de una ciudad de los Estados Unidos
6. Una persona gay que vive en un pueblo pequeño

PASO 3. Un debate: Pónganse en dos grupos. Un grupo debe identificar los aspectos favorables de tener pareja (los aspectos desfavorables de ser soltero/a) y el otro grupo debe identificar los aspectos favorables de ser soltero/a (los aspectos desfavorables de tener pareja). Organicen sus ideas y presenten su caso para justificar por qué tener pareja o no tener pareja es mejor.

E. ¿Qué opinan los demás?

PASO 1. Las personas entrevistadas contestan las siguientes preguntas. Lee las preguntas y escribe por lo menos cinco palabras del vocabulario de este capítulo que probablemente van a incluir en sus respuestas.

- ¿Qué opina Ud. de la idea de la soltería voluntaria? ¿Cuáles serían las ventajas de no tener pareja? ¿Desventajas?
- En su opinión, ¿cuál es la edad ideal para tener la primera relación seria? ¿Para casarse? ¿Por qué?
- ¿Qué opinión tiene la sociedad con respecto a la soltería? ¿Qué ideas o imágenes se asocian con las personas solteras?

1. _____ 2. _____ 3. _____ 4. _____ 5. _____

PASO 2. Elige la palabra o frase que mejor complete las ideas expresadas por los entrevistados sobre la soltería.

_____ 1. Una desventaja de la soltería es...

_____ 2. La soltería te permite...

_____ 3. Según la imagen negativa de la sociedad, una mujer sola es _____.

_____ 4. Los veintiocho años es la edad ideal para...

_____ 5. Según el ideal más tradicional, mucha gente quiere estar _____ en lugar de ser solteros.

_____ 6. Las expectativas sociales sobre casarse y _____ todavía predominan, por lo que una persona soltera puede sentirse excluida.

a. amarga e infeliz

b. casarse

c. en pareja

d. enfocarte en tu carrera

e. tener hijos

f. la soledad

 PASO 3. Primero, lee las oraciones. Luego, mira las entrevistas. Por último, empareja las siguientes ideas con la persona entrevistada que las expresó: Andrés, Martín, Irma, (ambos) Martín e Irma, o May.

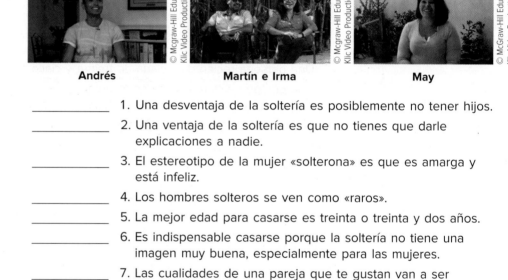

Andrés   **Martín e Irma**   **May**

_____ 1. Una desventaja de la soltería es posiblemente no tener hijos.

_____ 2. Una ventaja de la soltería es que no tienes que darle explicaciones a nadie.

_____ 3. El estereotipo de la mujer «solterona» es que es amarga y está infeliz.

_____ 4. Los hombres solteros se ven como «raros».

_____ 5. La mejor edad para casarse es treinta o treinta y dos años.

_____ 6. Es indispensable casarse porque la soltería no tiene una imagen muy buena, especialmente para las mujeres.

_____ 7. Las cualidades de una pareja que te gustan van a ser diferentes de las cualidades que les gustaron a tu madre y tu abuela.

 PASO 4. En parejas, túrnense para leer las siguientes citas de las entrevistas. Expliquen si Uds. están de acuerdo con lo que dijo la persona entrevistada.

1. Andrés dijo: «No creo que haya un punto en la vida de alguien donde digamos, "Okei, perfecto, estoy listo para relación." Eso nunca va a pasar. Siempre estamos listos y no listos».

2. Andrés dijo: «Está este concepto de tener hijos, de casarse, de formar familia, y la que no lo hace es catalogada como solterona. Entonces se empiezan a tener unos niveles de depresión, porque si no se casan se sienten excluidas y no hacen parte del sistema social».

3. May dijo: «Yo conozco a muchas solteras que tienen una vida social muy alegre y muy llena de amigos y familiares, no necesariamente tienen que estar solo con un perro, con un gato».

PASO 5. En parejas, conversen sobre sus propias ideas respecto a las preguntas del **Paso 1.**

F. El trasfondo geográfico/cultural: Los inmigrantes dominicanos*

PASO 1. Mira el mapa, lee las descripciones y contesta las preguntas sobre la inmigración.

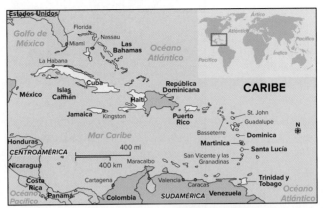

Hay 1,8 millones de personas de origen dominicano en los Estados Unidos y casi la mitad vive en Nueva York. Forman el grupo hispano más grande de la ciudad de Nueva York.

Los inmigrantes dominicanos constituyen 1,2% de los inmigrantes latinoamericanos en el Canadá.

1. ¿Qué otros países hispanohablantes están cerca de la República dominicana? _____

2. ¿Por qué crees que muchos dominicanos inmigran a Nueva York?
_____

3. ¿Cuáles son algunos problemas posibles que los inmigrantes dominicanos se enfrentan? _____

4. ¿En qué provincia del Canadá crees que hay más inmigrantes de Latinoamérica? _____

5. ¿De qué país son muchos de los inmigrantes latinoamericanos que van al Canadá? _____

PASO 2. Mira el mapa y contesta las preguntas sobre las visas estadounidenses.

---

*Source: "Más de 30 mil dominicanos residen en Canadá", www.acento.com, July 4, 2015; "Los dominicanos en EE.UU. son 1.8 millones y el 47% vive en Nueva York", Diario Libre, September 16, 2015

El número de visas disponibles para los siguientes países en 2015

México: 0
Cuba: 1488
La República Dominicana: 0
Océano Atlántico
Honduras: 73
Guatemala: 31
Nicaragua: 48
Venezuela: 1038
El Salvador: 0
Costa Rica: 50
Panamá: 5
Colombia: 0
Ecuador: 0
Perú: 0
Bolivia: 49
Océano Pacífico
Chile: 17
Paraguay: 7
Argentina: 68
Uruguay: 21

1. Por qué crees que no hay visas disponibles para México? _____
   _____

2. En 2015, ¿había visas disponibles para inmigrantes de la República
   Dominicana? _____

3. ¿Qué dos países tienen el número más alto de visas disponibles? ¿Por qué,
   en tu opinión? _____
   _____

 PASO 3. Para investigar más: Elige un grupo hispano de las listas anteriores.
Investiga tres factores que influyeron en la inmigración de gente de ese país a
los Estados Unidos o al Canadá.

 COMPROMISO CON LA COMUNIDAD:
AYUDAR A LOS INMIGRANTES

Para muchos inmigrantes, la transición a su hogar nuevo es difícil. Por lo
tanto, en muchas ciudades hay servicios y lugares que se dedican a
ayudar a los inmigrantes a completar formularios necesarios para sacar una
licencia de manejar, para solicitar trabajos, para solicitar vivienda, para abrir
cuentas, para comprender la cultura, para aprender a hablar inglés,
etcétera. Investiga si tu comunidad ofrece estos servicios. A veces buscan
voluntarios que hablen español para ayudar con estas tareas.

V. AMBIENTES EXPRESIVOS

A. Escritura: ¿Qué pasó en los últimos veinte años?

Estamos en el futuro y ya pasaron veinte años desde la boda de Augusto y Savanna. Escoge una de las siguientes situaciones:

a. Savanna y Augusto están todavía casados. Tienen hijos y viven en los Estados Unidos.

b. Savanna y Augusto ya no están casados y viven en diferentes países.

Antes de escribir: Una línea de tiempo

Crea una línea de tiempo que comience el día de la boda de Augusto y Savanna y que termine veinte años después de la boda. Indica todos los hitos (momentos clave) en los últimos veinte años con el fin de mostrar cómo es que llegaron los enamorados a este momento. (Por ejemplo: ¿Consiguieron trabajo en los Estados Unidos? ¿Volvió uno de ellos a la República Dominicana? ¿Cómo celebraron su vigésimo (*twentieth*) aniversario? ¿Cuándo tuvieron su primer hijo?) Escribe al menos diez hitos usando solamente el infinitivo de cada verbo.

MODELO:

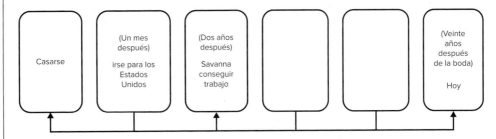

¡A escribir!

Ahora escribe un párrafo de un mínimo de ocho oraciones en el pasado basado en tu línea de tiempo. Puedes escribirlo desde el punto de vista (el... *point of view*) de uno de los personajes o desde el punto de vista de un narrador objetivo (**ellos, él, ella**). Escribe las acciones usando verbos en el pretérito, vocabulario de este capítulo y expresiones de transición. Sé creativo/a y no te olvides de agregar detalles.

EXPRESIÓN DE TRANSICIÓN	¿CÓMO SE USA?	¿QUÉ SIGNIFICA?
antes	**Cinco años antes...**	before
antes de + *infinitivo*	**Antes de decidir...**	before + *-ing verb*
así que	**Así que ella decidió...**	and so
como	**Como ellos no tuvieron trabajos...**	since (*reasons*)
desde	**Desde el día que se casaron...**	since (*time*)
después	**Un mes después...**	after, later
después de + *infinitivo*	**Después de empezar a...**	after + *-ing verb*
después de que + *verbo conjugado*	**Después de que él se fue a...**	after + *conjugated verb*
a causa de	**A causa de la enfermedad que sufrió...**	because of
por eso	**Por eso, los dos compraron...**	that's why
por lo tanto	**Por lo tanto, ella se dedicó a...**	therefore

Después del primer borrador

En parejas, intercambien párrafos. Lee el párrafo de tu pareja y escribe al menos cinco preguntas para descubrir más sobre los detalles de los sucesos.

Inventa respuestas a las preguntas que tu pareja te haga y agrega esta información a la versión final de tu párrafo.

B. Nosotros, los actores / las actrices: ¡Me propuso matrimonio!

PASO 1. En parejas, imaginen la conversación entre los personajes y escriban un guion (*script*) para una de las siguientes situaciones:

   a. Savanna le cuenta a su madre sobre la propuesta de matrimonio.

   b. Augusto le cuenta a Ramón sobre la propuesta de matrimonio.

   c. Una propuesta de matrimonio entre dos enamorados

PASO 2. Ensayen su guion y luego interprétenlo para la clase. Presten atención a la pronunciación, el lenguaje corporal, los gestos y el tono de la voz.

C. Entrevista: Momentos clave de una relación romántica

Entrevista a una persona hispanohablante, casada o divorciada, sobre los hitos de su relación. Escribe por lo menos cinco preguntas y usa cinco palabras interrogativas diferentes para entrevistarlo/la. Por ejemplo, hazle preguntas sobre cómo conoció a su esposo/a, la propuesta de matrimonio y sobre cuándo supo que quería casarse. Saca apuntes y está listo/a a presentar sus respuestas a la clase.

OPCIONAL: Pregúntale al entrevistado si está bien si filmas un video de la entrevista para mostrar a la clase.

 ### D. ¡Entrevista por videoconferencia!

Conversa con un(a) hispanohablante por videoconferencia y pregúntale seis a ocho preguntas sobre uno de los siguientes temas:

   a. la primera cita que tuvo

   b. el proceso de conseguir un pasaporte o inmigrar a otro país

   c. la experiencia de ser casamentero/a (*matchmaker*)

Saca apuntes mientras conversan y prepárate a presentar la información a la clase.

 ### E. Investigación: El matrimonio y la soltería

Busca información sobre uno de los siguientes temas en tu país y un país del mundo hispanohablante. Resume la información que encuentres e incluye datos interesantes. Preséntale la información a tu clase y compara y contrasta las semejanzas y diferencias entre los dos países.

- las tradiciones de boda
- las leyes sobre el divorcio
- la legalidad del matrimonio homosexual
- la convivencia
- la edad de casarse
- la soltería

Tabla B

Gramática

D. La cronología de la relación de Frida Kahlo y Diego Rivera

TABLA B

Año	Suceso importante
1886	
1890	El padre de Frida Kahlo _____ (inmigrar) a México de Alemania
1907	Frida Kahlo _____ (nacer).
1913	
1922	Frida Kahlo y Diego Rivera _____ (conocerse) por primera vez.
1925	
1927	Diego Rivera _____ (viajar) como delegado mexicano a la Unión Soviética
1929	
1930	Diego y Frida _____ (salir) para San Francisco
1932	
1933	Diego Rivera _____ (tener) que quitar el mural creado para el Centro Rockefeller en Nueva York
1935	
1938	Frida Kahlo _____ (hacer) una exposición de sus obras artísticas en los Estados Unidos.
1939	
1940	Diego y Frida _____ (volver) a casarse
1954	
1955	Diego Rivera _____ (casarse) por cuarta vez. Esta vez con Emma Hurtado.
1957	

VOCABULARIO DEL CAPÍTULO 2

Las parejas y las emociones

aceptar/rechazar la propuesta	to accept/reject the proposal
amarse	to love each other
convivir	to live together
dejar (a alguien)	to leave/dump (someone)
depender de	to depend on
desilusionarse	to be disappointed/disillusioned
enamorarse	to fall in love
enojarse	to get angry
ponerse (triste, feliz...)	to get/become (sad, happy...)
prometerse	to promise each other
proponerle matrimonio (a alguien)	to propose marriage (to someone)
querer (a alguien)	to love (someone)
romper con	to break up with
sacar el tema	to broach/bring up the topic
salir juntos	to go out (*as a couple*)
tener celos; estar celoso/a	to be jealous
la cita	date; appointment
el cura	priest
el/la prometido/a	the betrothed; fiancé/fiancée
la media naranja	expression meaning "other/better half" (*lit.* orange half)
la meta	goal
el noviazgo	engagement period
el remordimiento	regret
la soledad	solitude
afligido/a	heartbroken; grief-stricken; distraught
apasionado/a	passionate

comprometido/a	engaged
confundido/a	confused
deprimido/a	depressed
desilusionado/a	disappointed
determinado/a	determined
emocionado/a	excited
harto/a	fed up
inseguro/a	uncertain; insecure
nervioso/a	nervous
preocupado/a	worried
sorprendido/a	surprised

Repaso: ansioso/a, contento/a

Los conflictos de pareja

apoyar	to support
ceder	to cede; to yield; to give up
deshonrar	to dishonor
engañar	to deceive; to cheat on
prestar atención	to pay attention to
ser fiel/infiel	to be faithful/unfaithful
superar	to overcome
la confianza	trust
el engaño	trick; deception; cheat
la falta de	lack of
la honestidad/la deshonestidad	honesty/dishonesty
la igualdad/la desigualdad	equality/inequality
la incompatibilidad	incompatibility
la infidelidad	infidelity
el lío	affair (*romantic*); mess
el respeto	respect
el sueño	dream
ensimismado/a	self-consumed
incompatible	incompatible

CAPÍTULO 3

La diversión y la niñez

Las metas: ¿Qué debo saber y poder hacer al final de este capítulo?

Communicative Goals

Express, ask about, and understand actions and activities that took place in the past; correctly use the preterite and imperfect tenses to describe various aspects of past events; explain for whom or to whom actions are done.

Chapter Theme Goals

Summarize and reflect upon the plot of the short film «**De cómo Hipólito Vázquez encontró magia donde no buscaba**». Identify and interpret cultural conflicts and perspectives in the film and in interviews with native speakers.

Analyze and compare cultural perspectives and ideas regarding three key intercultural topics:

Entertainment

Sports

Childhood

Geographical and Cultural Knowledge Goals

Identify Argentina and Uruguay geographically, and describe cultural concepts related to entertainment, sports, and childhood in these countries. Note the cultural differences that result from these countries experiencing Christmas and New Year's celebrations in summer.

Knowledge of Reading Goals

Summarize and analyze the short story «**Cuatro bicicletas**», recognize and analyze the cultural attitudes about childhood.

© Mondadori Portfolio/Electa/Sergio Anelli/Bridgeman Images

Niños jugando a pídola del artista español Francisco Goya y Lucientes, 1780

Este cuadro, pintado en el siglo XVIII, muestra una imagen de la vida diaria de la niñez. ¿Qué están haciendo los niños? ¿Cuántos años tienen probablemente? ¿Se divierten los niños? ¿Por qué crees que sí o no? ¿Participabas en una actividad semejante cuando eras niño/a? ¿Qué tipos de actividades les gustan a los niños?

Describe todos los detalles de este cuadro que observas en el primer plano y al fondo. ¿Qué hay detrás de los niños? ¿Qué acaba de sucederle al tercer niño desde la izquierda? ¿Cómo reacciona el segundo niño? ¿Es típico este tipo de actividad durante la niñez? ¿Por qué? ¿Qué aspectos de la niñez no han cambiado desde el siglo XVIII, según este cuadro?

¿Conoces otras obras artísticas que retraten (*portray*) las actividades de la niñez? ¿Qué recuerdas de las imágenes de niños en los libros que leías cuando eras joven? ¿Cómo se presentan la niñez o los niños el cine? Describe una película sobre los juegos o la niñez que hayas visto. Si pintaras un cuadro para mostrar la niñez en tu comunidad o país, ¿qué imágenes incluirías?

139

I. ANTICIPACIÓN

A. El póster del cortometraje «De cómo Hipólito Vázquez encontró magia donde no buscaba»

El cortometraje «De cómo Hipólito Vázquez encontró magia donde no buscaba» trata de Hipólito Vázquez, un buscador de talentos que, junto con su fiel compañero Cholo, está en la búsqueda de un niño del que aseguran «es capaz de hacer magia con el balón (ball)».

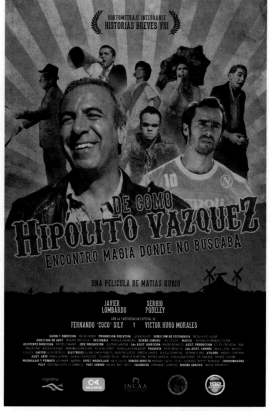

© Matías Alejandro Rubio

PASO 1. Mira el póster del cortometraje y contesta las preguntas.

1. ¿Qué tipos de personajes ves en el póster? ¿Cómo son?

2. Basándote en el póster, ¿dónde específicamente crees que tiene lugar este cortometraje?

3. ¿Qué objetos ves? ¿Quién tiene un balón?

 PASO 2. En parejas, conversen sobre las siguientes preguntas.

1. ¿Cómo defines un héroe? ¿Qué tipos de héroes puedes identificar? ¿Cómo defines el éxito? ¿Cómo se definen estos conceptos en tu comunidad o país?

2. ¿Qué papel tienen los deportes u otras actividades de diversión en tu vida? ¿En qué actividades participas? ¿Vas al cine, a los conciertos, a los juegos deportivos?

3. Cuándo eras niño/a, ¿qué actividades hacías por diversión, por ejercicio?

B. ¡Conozcamos a los personajes!

Repaso gramatical:
I. Los verbos como *gustar*

PASO 1. Mira las imágenes de cuatro de los personajes del cortometraje «De cómo Hipólito Vázquez encontró magia donde no buscaba» y escribe cómo son y cómo están. Incluye todos los detalles que puedas.

Adjetivos útiles

amable

débil

joven

preocupado/a

cómico/a

desagradable

liberal

serio/a

confundido/a

enojado/a

moderno/a

tradicional

conservador(a)

frustrado/a

molesto/a

tranquilo/a

contento/a

fuerte

nervioso/a

viejo/a

© Matías Alejandro Rubio

1. **Hipólito, buscatalentos**
   ¿Cómo es Hipólito?
   ¿Cómo está en esta escena? ¿Le gusta conversar?
   Otras observaciones:

© Matías Alejandro Rubio

2. **Cholo**
   ¿Cómo es Cholo?
   ¿Cómo está en este momento? ¿Qué le interesa?
   Otras observaciones:

© Matías Alejandro Rubio

3. **el niño**
   ¿Cómo es este niño?
   ¿Qué está haciendo en este momento?
   Otras observaciones:

© Matías Alejandro Rubio

4. **una mujer del pueblo**
   ¿Cómo es esta mujer?
   ¿Cómo está en esta escena?
   ¿Qué le preocupa?
   Otras observaciones:

PASO 2. Ahora infiere lo que puedas de los fotogramas y contesta las preguntas. Usa las pistas que ves, la lógica y tu imaginación.

1. En el primer fotograma, Hipólito Vázquez le da su mano a alguien. ¿A quién le da su mano? ¿Qué quiere Hipólito de la otra persona?

2. ¿Por qué tiene Cholo una cámara? ¿Adónde van Cholo e Hipólito?

3. ¿Que otros juguetes probablemente le gustan a este niño? ¿Qué otras actividades le gusta hacer?

4. La mujer en el cuarto fotograma le cuenta la historia de algo a Hipólito. ¿Qué tipo de historia es? ¿Cuál es la relación entre el niño, la mujer e Hipólito?

C. Lugares importantes en «De cómo Hipólito Vázquez encontró magia donde no buscaba»

PASO 1. Los siguientes fotogramas muestran cuatro lugares del cortometraje. Apunta algunas características de los lugares en general. Por ejemplo: ¿Cómo es el lugar? ¿Para qué sirve? ¿Quiénes típicamente están en el lugar? ¿Cómo están las personas cuando están allí?

1. un estadio de fútbol

2. un lugar desolado, sin habitantes

3. un circo

4. un pueblo pequeño

PASO 2. En parejas, digan si Uds. van a los lugares del **Paso 1** y con qué frecuencia. ¿Qué les gusta hacer en estos lugares? ¿Con quién van?

PASO 3. Ahora, imagina lo que piensan y hacen los personajes de este cortometraje en los lugares del **Paso 1.** Para cada lugar, escribe dos actividades que los personajes probablemente hacen y una cosa que piensan mientras están allí.

PARA TU INFORMACIÓN: LA PALABRA *CHE* EN LA ARGENTINA

La palabra **che** se usa frecuentemente en la Argentina. Puede significar *hey, hey you*, como para llamarle la atención a alguien.

Es también el equivalente de *friend, buddy, mate, pal, dude*.

Además se usa como interjección, el equivalente en inglés de *so* o *right*.

Fuera de la Argentina, se utiliza para referir a alguien de la Argentina, como en el ejemplo más conocido, Ernesto «Che» Guevara, el líder revolucionario.

D. Situación de suspenso: Llegaron a La Camelia.

Repaso gramatical:
II. Los adverbios

 PASO 1. Mira el videoclip y contesta las preguntas.

1. ¿Qué sucede en esta escena? ¿Cómo se sienten Hipólito y Cholo al llegar a su destino?

2. ¿Cuál es una cosa que probablemente sucedió antes de esta escena?

3. ¿Qué van a encontrar Hipólito y Cholo en La Camelia?

4. ¿Cuál es una cosa que NO va a ocurrir en la próxima escena?

© Matías Alejandro Rubio

Estrategia: Averiguar la categoría gramatical al consultar con el diccionario

Knowing the part of speech of a word can help you decipher a text. It is important to be able to identify a part of speech in English and in Spanish. Use a dictionary and contextual clues to identify key parts of speech such as nouns that function as subjects, nouns that function as objects, verbs, adjectives, and adverbs. For example, in English, the word *world* can be used both as a noun and an adjective. But in Spanish, the word **mundo** expresses *world* as a noun, while *world* as an adjective is expressed with **mundial,** as in **La Copa Mundial.** And the word **casa** could be a noun (*house*), or a conjugation of the verb **casar** (*to marry*).

PASO 2. Lee la siguiente información sobre la búsqueda de talento joven para los deportes de béisbol y fútbol, y busca las palabras indicadas **en negrilla.** Escribe la categoría gramatical (la... *part of speech*) de cada una y lo que piensas que significa. Luego, consulta con un diccionario y confirma sus definiciones. **¡OJO!** Al consultar con el diccionario, no te olvides de confirmar la categoría gramatical de cada palabra y dar la definición de la palabra según su uso en esta lectura.

La industria del atleta joven*

Por todo el mundo, el balón es seguramente uno de los juguetes más populares. Desde tiempos prehistóricos, este objeto simple nos ha fascinado. Mundialmente, a los niños les gusta jugar con pelota, solos o en grupos, y es uno de los elementos imprescindibles para dos de los deportes más importantes en el mundo hispanohablante: el béisbol y el fútbol. A una edad muy joven, a los niños les encanta aprender a patear un balón o lanzarlo. Con muy poco **equipo,**[1] o equipo improvisado (un palo puede servir como un bate), los niños se pueden divertir jugando estos deportes. Por todo el mundo hispanohablante, se puede encontrar a niños en **canchas**[2] informales jugando al béisbol y al fútbol.

---

*Source: "Ball," Encyclopedia Britannica, 2016. https://www.britannica.com; Quinn, TJ, "El sueño dominicano de ser pelotero," ESPN Deportes, November 9, 2011. http://espndeportes.espn .com; Pérez Neró, Nathanael, "Lucas García, el 'buscón' al que más peloteros le firman en RD," Diario Libre, October 28, 2009. http://www.diariolibre.com]; Sokolove, Michael, "How a Soccer Star is Made," New York Times, June 2, 2010. http://www.nytimes.com; Magawon, Allistair, "Football Talent Scouting: Are Clubs Getting it Wrong with Kids?" BBC Sports, December 22, 2015. http:// www.bbc.com

Pero este objeto tan común y simple es también parte de un sistema industrial y global de talento. A veces, de los millones de jugadores que juegan en partidos organizados e improvisados, surge un futbolista extraordinariamente talentoso. Por lo tanto, además de ser **fuentes**[3] de diversión, el béisbol y el fútbol son empresas mundiales, con millones, aun billones, de aficionados que compran entradas y mercancía de sus equipos favoritos. El dinero, la pasión y el talento se juntan para crear la profesión del buscatalentos.

En la República Dominicana, donde **reina**[4] el béisbol, estos agentes se llaman «buscones» y buscan a chicos jóvenes talentosos para ser **entrenados**[5] en Academias, diseñadas para la formación de beisbolistas profesionales en los Estados Unidos. Increíblemente, desde un país de aproximadamente diez millones de habitantes, vienen un décimo de los jugadores profesionales de las ligas estadounidenses.

De la misma manera, los buscatalentos de futbolistas se centran en jóvenes en el mundo hispanohablante, menores de edad, para el creciente (*growing*) mercado de la industria del fútbol. Este sistema de identificar posibles estrellas futuras del deporte manifiesta una red compleja de fuerzas económicas, políticas y sociales. Todos los países del mundo hispanohablante presentan **equipos**[6] nacionales y, por lo tanto, la identidad nacional se entrelaza con la fortuna de su equipo.

Lógicamente, entonces, en algunos países, hay escuelas o academias que entrenan, imparten educación y cuidan a los futbolistas con más potencial, aun a los siete u ocho años. Con frecuencia, las familias reciben pagos de los agentes y aceptan que su hijo viva lejos y a veces en otro país a cambio de la esperanza de que algún día goce de fama y riqueza. Se debate si estos niños son demasiado jóvenes para sacrificar partes de su niñez por este sueño.

1. **equipo**

   Categoría gramatical: _____

   Definición anticipada: _____

   Definición: _____

2. **canchas**

   Categoría gramatical: _____

   Definición anticipada: _____

   Definición: _____

3. **fuentes**

   Categoría gramatical: _____

   Definición anticipada: _____

   Definición: _____

4. **reina**

   Categoría gramatical: _____

   Definición anticipada: _____

   Definición: _____

5. **entrenados**

Categoría gramatical: _____

Definición anticipada: _____

Definición: _____

6. **equipo** (Nota que el contexto aquí es diferente del 1.)

Categoría gramatical: _____

Definición anticipada: _____

Definición: _____

PASO 3. Ahora, empareja las preguntas sobre la lectura con sus respuestas más lógicas, según lo que leíste en el **Paso 2.** Luego, llena los espacios en blanco en la lista de **Respuestas** con un adverbio apropiado. Cada adverbio se usa solo una vez. Recuerda que algunos adverbios no terminan en -**mente.**

como	**económicamente**	**increíblemente**	**también**
demasiado	**especialmente**	**informalmente**	**tan**
diariamente	**frecuentemente**	**quizás**	

MODELO: *Pregunta:* ¿Cuál es el objeto más popular para la diversión informal y para los deportes?

Respuesta: El balón es este objeto y es <u>especialmente</u> importante para los deportes modernos, como el fútbol y el béisbol.

PREGUNTAS

____ 1. ¿Qué se puede ver típicamente en los pueblos y ciudades del mundo hispanohablante?

____ 2. Además de ser uno de los juguetes más simples, ¿de qué otro sistema forma parte el balón?

____ 3. ¿Cuál es un aspecto económico de estos deportes?

____ 4. ¿Qué hacen los «buscones» en la República Dominicana?

____ 5. ¿Qué datos reflejan la importancia de los beisbolistas dominicanos en las ligas profesionales de los Estados Unidos?

____ 6. ¿Qué aspecto político se entrelaza con el fútbol?

____ 7. ¿Qué les pasa a los futbolistas jóvenes que van a las academias para entrenarse?

____ 8. ¿Qué opinan algunas personas sobre las academias que pueden estar lejos de las familias de los jugadores jóvenes?

RESPUESTAS

a. _____ a los 7 u 8 años, van a estos lugares, toman cursos académicos, viven en residencias y se entrenan _____ en el fútbol.

b. Algunos piensan que los niños son _____ jóvenes para dedicar su vida a una meta _____ improbable.

c. _____, el 10% de los jugadores profesionales estadounidenses son de la República Dominicana.

d. _____ cada país tiene un equipo nacional, el deporte representa el país en el escenario mundial.

e. Tratan de encontrar a beisbolistas jóvenes que _____ puedan llegar a ser profesionales.

f. Este objeto sencillo es _____ parte de una industria enorme de mercancía.

g. Es típico ver a niños jugando béisbol o fútbol _____ en las canchas de su pueblo o ciudad.

h. Los equipos profesionales dependen _____ de la venta de entradas y mercancía.

PASO 4. Contesta las preguntas.

1. Ahora que has leído en el **Paso 2** sobre la industria deportiva, ¿cambia tu opinión sobre lo que va a suceder en el cortometraje? Explica.

2. ¿A qué se refiere el título de este cortometraje? ¿A qué otras cosas puede referirse el título? ¿Cuál es la magia a la que se refiere el título?

E. Más sobre los futbolistas jóvenes: El fútbol en el cruce de la diversión y la pobreza*

Repaso gramatical: I. Los verbos como *gustar*

PASO 1. Lee un poco sobre el papel del fútbol en México, Honduras y otros países. Llena los espacios en blanco con la forma correcta del verbo entre paréntesis. Luego, usa la información indicada para escribir una oración que resuma la información. Añade otras palabras necesarias a la oración, según el **modelo.**

Unos niños jugando al fútbol en una cancha informal

© Leo Ramírez/AFP/Getty Images

MODELO: Según unos datos sobre el deporte en México, el 70% de los aficionados compra mercancía de su club favorito antes de, durante o después del partido. El éxito, por lo tanto, les **importa** (importar) a los jugadores no solamente por la alegría de ganar, sino también porque se convierte en ganancias económicas.

¡A resumir! los aficionados / fascinar / comprar productos relacionados a su equipo favorito.

(*Piensas:*

Personas afectadas: Los aficionados

Acción que afecta a las personas: fascinar

Actividad o cosa(s) que es/son el sujeto de esta acción: comprar productos relacionados a su equipo favorito de fútbol)

Escribes: A los aficionados les fascina comprar productos relacionados a su equipo favorito.

1. En Honduras, a muchos niños les _____ (gustar) jugar al fútbol callejero. Se llama **la potra**, y es el fútbol que se juega en la calle o en un pedazo de tierra. No hay un arco (*goal*) regular. En cambio, se usan piedras para señalar el arco.

   ¡A resumir! los niños / bastar / jugar con un arco que se crea de piedras – _____

2. En la potra, la meta es meter un gol como en el fútbol típico, pero mandan otras reglas. Como les _____ (faltar) un árbitro, los jugadores idean su propio sistema de reglas. Por ejemplo, aunque un equipo tenga más goles que el otro, el equipo con el último gol siempre gana. Los partidos pueden durar mucho más de 90 minutos y terminan cuando todos estén cansados.

   ¡A resumir! los jugadores de la potra / no importar / las reglas tradicionales del fútbol – _____

---

*Source: "En Altos de Cazucá 210 niños le hacen el quite a las pandillas jugando fútbol," El Tiempo, December 29, 2006. www.eltiempo.com; "El Salvador: Youth Dodge Crime by Playing Soccer," QCostarica.com, March 26, 2014. www.qcostarica.com; Guasch, Tomás, "El fútbol es un camino para salir de la pobreza," Diario AS, June 21, 2010. www.futbol.as.com; "El fútbol desde el punto de vista económico," La Economía, undated. www.laeconomia.com.mx; "Las 20 reglas de la potra callejera," El Heraldo, July 10, 2014. www.elheraldo.hn

3. Aunque la potra es un juego informal de la niñez en Honduras, muchos también lo consideran un escape de la pobreza. Como la mayoría de los futbolistas hondureños profesionales vienen de barrios pobres, no le _____ (sorprender) a nadie que estos juegos informales de la niñez puedan convertirse en un modo de salir adelante.

   ¡A resumir! muchos hondureños / parecer / el fútbol un modo de escaparse de la pobreza – _____
   _____

4. En algunos países pobres, a muchos jóvenes les _____ (quedar) pocas opciones para salir adelante económicamente. En otros países, como El Salvador y Colombia, existen programas de fútbol para los niños porque además de vivir en la pobreza, muchos viven con un exceso de tiempo. Es de notar que el 72% de los salvadoreños tiene menos de 18 años de edad y algunos viven rodeados de las amenazas de las pandillas (*gangs*) y/o de las drogas.

   ¡A resumir! muchos jóvenes / entretener / programas de fútbol – _____
   _____

5. Además, solamente, el 36% de los jóvenes hondureños menores de edad asiste a la escuela. Por lo tanto, los peligros en sus comunidades les _____ (preocupar) a muchas familias. Aunque no todos los niños van a vivir del fútbol en el futuro, estos tipos de organizaciones les ayudan a los jóvenes a evitar problemas sociales.

   ¡A resumir! muchos jóvenes / faltar / oportunidades educativas – _____
   _____

6. El fútbol, que se extiende por toda la sociedad en muchos países, puede estar repleto de dinero. A todos los padres les _____ (importar) el bienestar de sus hijos. Para muchos jóvenes, el fútbol, como parte de programas comprensivos que también cuidan la salud y la educación de los niños, quizás no les ofrezca futuros de fama y riqueza, pero puede ser una parte imprescindible de su desarrollo.

   ¡A resumir! como / muchos jóvenes / fascinar / jugar al fútbol, estos programas funcionan bien – _____
   _____

PASO 2. ¿Qué probablemente les gusta a Hipólito y Cholo? Usa la lógica y completa las siguientes frases. Luego, comparte tus ideas con una pareja y hazle preguntas similares con los mismos verbos.

© Matías Alejandro Rubio

MODELO: A Hipólito le gusta… <u>ir al estadio de fútbol para ver su equipo favorito</u>. ¿Qué te gusta hacer? ¿Te gusta ir al estadio de fútbol?

1. A Hipólito y a Cholo les aburre(n) _____
2. A Hipólito (no) le interesa(n) _____
3. A Cholo le parece(n) importante _____
4. A Hipólito y a Cholo (no) les preocupa(n) _____
5. A Hipólito y Cholo les encanta(n) _____
6. A Hipólito le molesta(n) _____

F. ¿Qué han hecho los personajes?

PASO 1. Completa las oraciones sobre lo que los personajes han hecho con la forma correcta del presente perfecto de uno de los siguientes verbos. **¡OJO!** Cada verbo se usa solo una vez.

contar	descubrir	explicar	hacer	reírse
decir	empezar	hablar	llegar	sorprender

1. Hipólito y Cholo _____ a un pueblo y _____ con unos hombres que comían y que jugaban a las cartas.

2. Hipólito les _____ que buscaban a un joven de unos quince años que jugaba para el club La Camelia.

3. Un señor les _____ que tenían que caminar unas cuatro o cinco horas. Esta información les _____ a Hipólito y Cholo y los hombres que jugaban a las cartas _____.

4. Cholo le _____ preguntas a Hipólito sobre cómo _____ a descubrir talentos.

5. Hipólito le _____ de un «pibe» (*joven*) que _____ hace treinta años.

PASO 2. Mira los fotogramas y para cada uno escribe una o dos oraciones en el presente perfecto para describir lo que han hecho los personajes.

© Matías Alejandro Rubio

MODELO: Hipólito

Hipólito le **ha dado** la mano a un señor que **ha conocido** en un pueblo pequeño.

© Matías Alejandro Rubio

1. Los hombres del pueblo

_____

_____

© Matías Alejandro Rubio

2. Cholo

_____

_____

© Matías Alejandro Rubio

3. Hipólito

_____

_____

© Matías Alejandro Rubio

4. Cholo e Hipólito

_____

_____

G. A inferir y predecir

En parejas, miren los fotogramas y contesten las preguntas.

© Matías Alejandro Rubio

© Matías Alejandro Rubio

1. En el primer fotograma, ¿cómo se siente Hipólito? ¿Por qué se siente así?
2. ¿Qué descubren Hipólito y Cholo después de llegar a La Camelia?
3. ¿Quién es el niño con el balón?
4. ¿Qué puede estar sucediendo en el segundo fotograma? ¿Quiénes son las personas con Cholo?

H. Sin sonido: Las pistas visuales

PASO 1. Mira el cortometraje entero sin sonido. Presta atención a las acciones y las emociones expresadas en la cara de los personajes. Basándote en las pistas visuales, escribe por lo menos cinco oraciones resumiendo lo que crees que ocurre en «De cómo Hipólito Vázquez encontró magia donde no buscaba». Explica el argumento (*plot*) y el desenlace (*denouement; how the narrative ends*) lo mejor que puedas. **¡OJO!** No te preocupes si no estás seguro/a. Observa y adivina (*guess*). ¡Vas a mirar el cortometraje con sonido pronto!

© Matías Alejandro Rubio

PASO 2. Compara tu resumen del argumento (del **Paso 1**) con el de una pareja. ¿Son parecidas sus interpretaciones de las pistas visuales? ¿Cómo son diferentes?

PASO 3. Ahora, escribe cinco preguntas sobre el cortometraje. Usa cinco palabras interrogativas diferentes. Pueden ser preguntas sobre lo que sucede o de opinión. Hazle tus preguntas a una pareja y apunta sus respuestas.

II. VOCABULARIO

A. La diversión y el espectáculo

PASO 1. En este cortometraje, vemos las reacciones emocionadas del público al ver varios tipos de espectáculos en el circo. Lee las oraciones sobre las siguientes escenas, infiere el significado de las palabras **en negrilla** y contesta las preguntas.

© Matías Alejandro Rubio

En La Camelia, todo el pueblo participa en **el circo**, o como artista, como este malabarista (*juggler*), o como **público**. **Un circo** típicamente incluye **payasos**, acróbatas, contorsionistas, tragafuegos (*fire swallowers*), **magos** y domadores (*tamers*) de animales. **El circo** es famoso por la variedad de sus **funciones** cómicas y **asombrosas**.

© Matías Alejandro Rubio

Los espectáculos con frecuencia **conmueven** al **público**. **El espectáculo** comienza cuando **el presentador** dice «**Damas y caballeros**, tengo el inmenso honor de presentar a un nuevo artista.» **El público** en La Camelia les **da aplausos calurosos** a los artistas.

150   Capítulo 3 La diversión y la niñez

Más vocabulario sobre la diversión y el espectáculo*

asombrar	to astonish/amaze
conmover (ue)	to move (*emotionally*)
entretener (ie)	to entertain, to amuse; to distract
hacer (la) magia	to perform/do/make magic
la entrada	ticket for admission to an event
la función	show, individual act
el/la mago/a	magician
el/la payaso/a	clown
asombroso/a	amazing
«¡Damas y caballeros... !»	"Ladies and gentlemen. . . !"

Repaso: asistir a, la obra (de teatro, musical), el/la presentador(a)

Preguntas

1. ¿Alguna vez fuiste a un circo? ¿Qué funciones viste? ¿Qué funciones te asombraron? ¿Te encantan los espectáculos de magia? ¿Te gustan los payasos o te molestan? Explica.

2. ¿Qué tipos de espectáculos te conmueven? ¿Te fascinan las películas, obras de teatro, conciertos musicales, programas televisivos, obras musicales? ¿Por qué?

3. ¿Prefieres obras dramáticas o cómicas? ¿O ambos tipos de obras? ¿Te gustan las películas de horror que te dan miedo?

 PASO 2. Escucha lo que cada persona dice sobre sus gustos y preferencias. Escribe una o dos actividades que probablemente le gusta hacer y una actividad que NO le gusta hacer. Explica por qué.

espectáculos dramáticos	una obra de teatro, una obra de teatro musical, la ópera
espectáculos musicales	la danza, el ballet, el concierto, el festival de música
espectáculos audiovisuales	el cine (una película), la radio, la televisión
variedades	el circo, los humoristas, el ilusionismo, hacer la magia, los mimos, los títeres (*puppets*), el/la ventrílocuo/a
actividades individuales o de pocas personas	apostar a la lotería / en un casino, la fotografía, rodar películas/documentales, salir a cenar
actividades sociales de muchas personas	salir a... un club nocturno, un parque de atracciones salir de parranda (*to go partying*)

Más vocabulario sobre las actividades de diversión

apostar (ue)	to bet, to gamble
rodar (ue)	to film, to shoot a movie

Vocabulary words underlined and differently colored are featured in the dialogue of the short film.

MODELO: *Oyes:* Me aburren los conciertos de música y, en general, no me gusta salir.

Escribes: Él/Ella probablemente ve televisión en casa porque no le gusta salir y no va a un concierto de música rock porque le aburren los conciertos.

1. _____

2. _____
_____

3. _____

4. _____
_____

5. _____

6. _____
_____

PASO 3. Usa la información del **Paso 2** y habla con tu pareja sobre las actividades que le entretienen. ¿Les gustan las mismas actividades? Hablen de sus preferencias y luego compartan con la clase lo que tengan en común.

B. El deporte

PASO 1. Los deportes son una de las formas más populares de diversión. Mucha gente practica y/o es aficionada de algún deporte. Usa las palabras del vocabulario para completar la conversación imaginada entre Hipólito y un jugador talentoso joven.

© Matías Alejandro Rubio

Los deportes profesionales son **espectáculos** que **entretienen** a muchos **aficionados** en los estadios y **las canchas** o por televisión o radio. Algunos **aficionados** pagan mucha plata [*money (silver)*, (*common expression for money in South America*)] por **las entradas** o por **mercancía** relacionada a su equipo favorito, por ejemplo, camisetas o gorras. Los mejores deportistas **compiten** en **campeonatos** y **torneos** por todas partes del mundo. **Los aficionados** se emocionan cuando su equipo <u>mete un gol</u>. («¡Goooooool!»)

© Matías Alejandro Rubio

El presentador presenta al **mago** del **balón** para **el deleite** del **público**. Hipólito y Cholo se emocionan al mirar al joven futbolista, que aparentemente **hace magia** cuando juega. Ellos piensan que es un fenómeno, **un genio** cuando **patea** y juega con **el balón**.

Más vocabulario sobre el deporte

competir (i)	to compete
fallar	to miss; to fail; to make a mistake
golpear	to hit
lanzar (c)	to throw
marcar (qu)	to score, to earn points
patear	to kick
vencer a un oponente	to beat an opponent
el balón	la pelota
el bate	bat (*as in sporting equipment*)
el/la buscatalentos	talent scout
el campeonato	championship
la cancha	field, court (*for games, sports*)
el deleite	delight, pleasure, enjoyment
el/la ganador(a)	winner
el/la genio/a	genius; phenomenon
el/la perdedor(a)	loser
el torneo	tournament

PARA TU INFORMACIÓN: EL VOSEO

En la Argentina, el Uruguay, Bolivia, Guatemala, Costa Rica, El Salvador, Honduras y otras regiones del mundo hispanohablante, se usa el pronombre **vos** en lugar de **tú** para el sujeto de la segunda persona singular informal.

Se puede conjugar un verbo con **vos** en el tiempo presente del indicativo.

- A los verbos que terminan en -**ar** (buscar), se añade -**ás**: buscás
- A los verbos que terminan en -**er** (aprender), se añade -**és**: aprendés
- A los verbos que terminan en -**ir** (vivir), se añade -**ís**: vivís.

No hay cambios de raíz: **decís** (decir), **contás** (contar), **podés** (poder).

A completar

Podés llegar a ser famoso

HIPÓLITO: ¿Cómo andas? ¿Todo bien, Che? ¡Qué buena onda *sos*! Te hablo en serio. Vos *sos* un _____.

EL JUGADOR: Me encanta el fútbol. Los jugadores del Club Boca Juniors son mis héroes. Me entusiasma la idea de jugar con un club argentino.

HIPÓLITO: Mira vos... ¿Qué te parece venir a vivir en Buenos Aires para asistir a la mejor academia de fútbol para pibes hábiles como vos? La Academia tiene los mejores entrenadores y las mejores _____ de todo el país.

EL JUGADOR: Bueno, ¿puedo traer mi _____? Me da suerte en los partidos. ¿Y mis papás? ¿Me pueden acompañar?

HIPÓLITO: Pasa que (*The thing is*) no hay espacio para las familias, pero tus papás te pueden visitar. Un día cuando *jugués* en un enorme estadio, ellos te van a aclamar con el resto de tus _____.

EL JUGADOR: ¿Puedo ganar mucha plata?

HIPÓLITO: ¡Puede ser! Los futbolistas de mi academia son los mejores, viste (*you know*). Te prometo que si vos *podés* eludir a los defensores y *podés* _____ un gol, vas a ganar plata. Y si *llegás* a _____ en el _____ *podés* ganar mucha plata.

PASO 2. En parejas, conversen sobre las preguntas.

1. ¿A qué deportes eres aficionado/a? ¿Cuáles son tus equipos favoritos? ¿Qué mercancía deportiva tienes?

2. ¿Te gusta ver los partidos de los deportes profesionales en la televisión? ¿Alguna vez fuiste a un partido de un deporte profesional? ¿Cómo reaccionaron los aficionados? ¿Qué hicieron los aficionados cuando el equipo ganó o perdió? ¿Aclamaron (*Did they cheer*) o abuchearon (*did they boo*) a los jugadores?

3. ¿Tienes talento atlético? ¿Qué deportes te gusta practicar? ¿Eres competitivo/a? Para ti, ¿es muy importante vencer a tu oponente en un partido o juego? ¿Cómo reaccionas cuando pierdes? ¿Eres un/una buen(a) o mal(a) perdedor(a)? Da ejemplos.

4. ¿Te gusta ir a los partidos no profesionales, como los partidos en las escuelas secundarias? ¿Por qué sí o no?

5. ¿Conociste alguna vez a un(a) buscatalentos? ¿Dónde? ¿Qué hizo él/ella? ¿Van los buscatalentos a las escuelas secundarias de tu comunidad para reclutar a atletas para un equipo universitario?

6. ¿Qué opinas de los padres que le pagan a alguien por entrenar a su hijo? ¿Qué opinas de la costumbre de ofrecerles dinero a las familias de los atletas jóvenes talentosos?

C. La niñez y la diversión

A los niños les fascina una variedad de juegos y **juguetes**. En el mundo hispanohablante, como por todo el mundo, las actividades infantiles pueden incluir competencias en las que los **ganadores vencen** a los **perdedores**. Aunque las **reglas** de los juegos pueden variar, la mayoría de los juegos infantiles tiene un papel doble: les enseñan las normas sociales a los niños mientras que al mismo tiempo les divierten.

PASO 1. En parejas, túrnense para leer en voz alta las descripciones de algunos juegos tradicionales de la niñez en el mundo hispano. Luego, contesten las preguntas.

El escondite / La escondida[a]

En este juego, unos niños **se esconden** y un niño / una niña busca a los demás.[b] El niño que busca cuenta hasta cierto número y dice, «Listos o no, allá voy.» Después de que el que busca encuentre a sus compañeros, **le toca el turno** a otro niño / otra niña buscar.

La rayuela / El avión / El descanso / La peregrina / El tajo[c]

Este juego tradicional tiene varios nombres en el mundo hispano. Se **dibujan** cuadrados en el suelo con tiza. Se **tira** una piedra[d] y se **salta** a pata coja.[e]

La gallina ciega[f]

Una persona tapa[g] los ojos. Sus amigos le **dan vueltas** para despistarla. Los amigos tratan de huir[h] de «la gallina ciega» y la persona con los ojos tapados trata de encontrar a los demás.

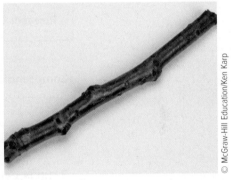

El palito mantequillero

Este juego venezolano tradicional significa «*a little stick to churn butter*». Un niño, «el capitán» del juego, **esconde** un palito. Sus compañeros tratan de encontrarlo. Mientras ellos lo buscan, el niño que lo **escondió** les dice «frío» si están lejos del palito, «tibio» cuando **se acercan** más y «caliente» cuando están muy cerca del palito escondido. Cuando alguien lo encuentra, el capitán le dice, «te quemaste».

---

[a]*Hide-and-seek*   [b]*others*   [c]*Hopscotch*   [d]*stone*   [e]*a...on one foot*   [f]*blind*
[g]*se...covers*   [h]*flee*

Más vocabulario sobre la niñez y la diversión

acercarse a	to approach, to go up to
acertar (ie)	to get right, to be right
adivinar	to guess
contar (ue) un chiste	to tell a joke
dar vueltas	to spin around
elegir (i) (i)	to select
esconder(se)	to hide (oneself)
hacerle caso a alguien	to listen to someone; to pay attention to (as in obey) someone
reírse (de) (i) (i)	to laugh (at)
saltar	to jump
tocarle (el turno) a alguien	to be someone's turn
turnarse	to take turns
la adivinanza	riddle
el comportamiento	behavior
el juguete	toy
la muñeca	doll
la pista	clue
la rayuela	hopscotch
la regla	rule
imaginario/a	imaginary

Repaso: el desarrollo

¿Comprendiste?

1. En el escondite, ¿qué hace el niño que busca a sus amigos? _____
   _____

2. En el juego de la rayuela, ¿qué objeto común se tira? ¿Qué otro objeto se necesita para jugar rayuela? _____

3. En la gallina ciega, ¿qué hace una persona después de taparse los ojos?
   _____

4. En el juego, el palito mantequillero, ¿qué pistas le da el niño que escondió el palito a sus amigos? _____
   _____

PASO 2. Escribe descripciones de actividades o juegos que jugabas cuando eras niño/a. ¿Eran similares o diferentes a los juegos de los **Pasos 1** y **2**? ¿Cómo? Describe el equipo o los objetos que usabas y las acciones que se tenían que hacer. Comparte estas descripciones con tu pareja para que él/ella adivine la actividad o el juego.

D. ¿Cómo se juega?

PASO 1. Elige una de las siguientes tablas (**A** que está abajo o **B** que está al final del capítulo) que describen dos juegos infantiles: **los piloyes** y **el ángel**. Trabaja con tu pareja para completar la información que falta. **¡OJO!** No mires la tabla de tu pareja. Uds. deben compartir información solamente conversando.

MODELO: E1: ¿En qué país es popular este juego infantil los piloyes?

E2: En Guatemala.

TABLA A

	Los piloyes	**El ángel**
	© Author's Image/Glow Images RF	© Brand New Images/ Stone/Getty Images
País donde es popular el juego	_____	Puerto Rico
Objeto(s) necesario(s) para jugar	unos frijoles grandes	_____
Objetivo del juego: ¿Cómo se gana?	Ganar más _____ que el otro jugador	Correr y recoger una cinta antes de ser atrapado por el «ángel».
Reglas para jugar: ¿Qué se hace primero?	Se dividen los frijoles entre todos los jugadores. Se parte (divide) por la mitad uno de los frijoles.	Se elige un lugar para _____ invisible. Detrás de la línea es la «casa». Todos los jugadores se quedan a salvo en la «casa».
Reglas para jugar: ¿Qué se hace segundo?	Se elige al azar a un niño a quien le toca el primer turno. El niño elegido tira _____.	Se pone la cinta en un lugar lejos de la casa. Un niño es elegido «el ángel» y todos los jugadores se asignan a sí mismos un color distinto (rojo, verde, azul claro, amarillo, etcétera). El ángel trata de adivinar el color de cada niño.
Reglas para jugar: ¿Qué se hace tercero?	Su compañero adivina qué lado del frijol va a caer boca arriba (face up), y dice, «cara o carne».	El ángel se acerca a la casa y empieza el siguiente diálogo: EL ÁNGEL: Tun tun. (Knock, knock.) JUGADOR(A) 1: ¿Quién es? EL ÁNGEL: _____. JUGADOR(A) 1: ¿Qué quieres? EL ÁNGEL: _____. JUGADOR(A) 1: ¿De qué color? El ángel dice el nombre de un color. El niño que tiene este color asignado, dice... NIÑO/A DEL COLOR NOMBRADO: _____.
Reglas para jugar, ¿Qué se hace por último?	Si el niño acierta, _____ _____. Si no acierta, él/ella tiene que _____ compañeros un frijol entero.	El niño del color elegido corre para tratar de agarrar (grab) la cinta antes de que el ángel lo/la atrape (catch).
El significado del título (¿Cuál es..)	Los piloyes son un tipo de frijol grande y rojo.	El ángel es el niño que _____ _____ y trata de atrapar al niño que corre por la cinta.

PASO 2. En parejas, repasen la información del **Paso 1.** Cuando estén listos, túrnense para explicar los juegos **el piloy** y **el ángel** en sus propias palabras.

E. Los juegos intelectuales de habilidad y de azar

PASO 1. En el mundo hispanohablante, también hay muchos juegos que no requieren habilidades físicas, sino intelectuales. Por ejemplo, hay juegos de estrategia como muchos juegos de cartas y el ajedrez. Primero, lee sobre la historia de la baraja española de cartas y el ajedrez. Luego, escribe tres hechos que aprendiste de la historia de los dos. Comparte los hechos con tu pareja. ¿Escribieron los mismos hechos?

© Matías Alejandro Rubio

Los hombres del pueblo que Hipólito conoció **jugaban a los naipes**. ¿Qué **juegos de naipes** jugabas cuando eras niño/a? ¿Qué juegos juegas ahora?

Los juegos intelectuales de habilidad y de azar*

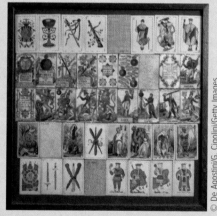

© De Agostini/G. Cigolini/Getty Images

Una baraja española de 1778

© CSP_JavierGil/Fotosearch LBRF/age fotostock RF

Los cuatro palos de **la baraja** española

Las barajas españolas: Los musulmanes llevaron la **baraja de cartas**, o **naipes**, a España en el siglo XIV. La palabra «**baraja**» significa «**bendición**» en hebreo. Durante la Inquisición española,[a] que comenzó en el siglo XV, los judíos que

*Source: "Instituto Superior Latinoamericano de Ajedrez," EcuRed, undated. www.ecured.cu; "Chess and Latin American Children," Zona latina, undated. www.zonalatina.com; "Documentación Diseño de Baraja," Pixelnomicon, undated. www.pixelnomicon.net; Gonzales, Carla, "La baraja española: origen y significado," Soy esotérica, November 2, 2011. www.soyesoterica.com; Schnessel, Silvia, "Juego de naipes para OCULTAR la identidad judía," Yad be Yad, September 14, 2010. www.yadbeyad.wordpress.com; "Azuay y Sucumbíos buscan la corona en el Latinoamericano de Ajedrez sub-14," El Universo, January 1, 2015. www.eluniverso.com; Exposito Fernández, Antonio, "El azar: las barajas," Gaceta matemámatica, June 4, 2015. www.gacetamatematica.blogspot.com

todavía practicaban su fe eran perseguidos.[b] Para esconderse de la persecución, se sentaban alrededor de una mesa con **naipes** y rezaban con libros de oraciones[c] en su regazo.[d] De ese modo, cuando otras personas los veían, pensaban que estaban **jugando a los naipes** y no sabían que estaban rezando.

   La baraja española se utiliza hoy en día en España y Latinoamérica. Tiene cuatro palos[e] que representan componentes esenciales de la sociedad medieval: bastos[f] (el cultivo de comida, la agricultura), oros[g] (el comercio, la economía), copas (las ceremonias religiosas, la Iglesia Católica) y espadas[h] (las armas, el ejército, la reconquista). La **baraja** típica se compone de 48 o 50 **cartas**. Algunos juegos comunes que se juegan con esta **baraja** son: la brisca, el burro, el chinchón, el cinquillo, el conquian, la escoba, el mus y el tute. En **las partidas** de estos **juegos de naipes**, se ven elementos reconocidos de juegos como *bridge*, *spades*, *gin rummy*, *euchre, go fish, hearts,* etcétera. Por ejemplo, algo que muchos juegos tienen en común es que **los naipes se vvreparten al azar** y los jugadores **se turnan**.

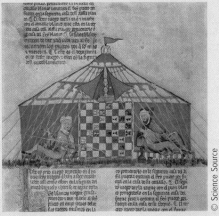
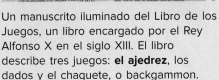

Unos señores cubanos juegan al **ajedrez** en la Habana.

Un manuscrito iluminado del Libro de los Juegos, un libro encargado por el Rey Alfonso X en el siglo XIII. El libro describe tres juegos: **el ajedrez**, los dados y el chaquete, o backgammon.

El ajedrez: Como **la baraja de naipes**, se piensa que **el ajedrez** se originó en el Oriente y que los musulmanes la introdujeron a Europa al llevarlo a sus territorios en la España medieval. Probablemente llegó a la Península Ibérica en el siglo IX. «El Poema de ajedrez», escrito por un rabino español, se remonta[i] al siglo XII. En el siglo XIII, el rey Alfonso X, el Sabio, encargó un libro titulado *Libro de **ajedrez, dados** y tablas.* Es uno de los libros más importantes e históricos sobre **los juegos de mesa**. La primera sección del libro se dedica a explicar **las reglas** y los problemas del **ajedrez**. En esta época, **las piezas** tomaron la forma de figuras medievales que conocemos hoy: el rey, los caballeros, las torres, los obispos y los peones. La figura de la dama, o sea la reina, apareció luego y reemplazó una pieza de la versión árabe que era un consejero real. **El ajedrez** era considerado un juego de la nobleza, pero la Iglesia Católica lo trató de prohibir en la Edad Media porque a veces los jugadores **apostaban** mientras jugaban.

   El ajedrez se juega en todas partes del mundo hispanohablante. El Instituto Superior Latinoamericano de **Ajedrez**, que se fundó en 1992, considera **el ajedrez** un deporte, un arte y una ciencia. Para 1998, un tercio de los niños mexicanos y un cuarto de niños argentinos, colombianos y chilenos entre siete y once años tenía un juego de **ajedrez** en casa.

---

[a]la... Una institución creada por los reyes católicos en el siglo XV para buscar y castigar herejes (*heretics*) de la fe católica.   [b]*persecuted*   [c]*prayers*   [d]*lap*   [e]*suits of cards*   [f]*clubs*   [g]*gold coins*   [h]*swords*   [i]*se... goes back to*

Más vocabulario sobre los juegos intelectuales de habilidad y de azar	
jugar (ue) a las cartas / los naipes	to play cards
repartir al azar	to distribute / divide up randomly
el ajedrez	chess
la baraja de cartas	deck of cards
el dado / los dados	die/dice
el juego de azar/habilidad	game of chance/skill
el juego de mesa	board/table game
la partida	game; hand; round (*for table games like cards*)
la pieza	piece (*as in game piece*)

PASO 2. Ahora, escucha oraciones sobre las lecturas del **Paso 1.** Decide si cada oración describe algo que se asocia con (**a**) el ajedrez, (**b**) la baraja española o (**c**) los dos.

1. _____   3. _____   5. _____   7. _____

2. _____   4. _____   6. _____

PASO 3. Mira la tira cómica y contesta las preguntas con oraciones completas.

1. ¿Qué ideas implica este chiste sobre la diversión? ¿Qué significa **pilas**? ¿Qué critica de los jóvenes y el tipo de actividad que les interesa?

_____

_____

_____

2. ¿Te aburre el ajedrez? ¿Por qué sí o no? Piensa en los elementos de una actividad, deporte o juego que te entretiene. ¿Cuáles son? ¿Prefieres los juegos de habilidad, azar o una combinación de los dos?

_____

_____

_____

3. ¿Qué significa la palabra **temporada**? ¿Qué implica el uso de esa palabra?

_____

_____

_____

4. ¿Qué te parecen los juegos competitivos? ¿Te gusta jugar y/o mirar los espectáculos deportivos? ¿Te conmueve el fútbol? ¿Asistes a los campeonatos de un deporte?

_____

_____

_____

5. ¿Prefieres actividades de diversión donde haya mucha gente o poca gente? ¿En qué actividades o deportes participabas cuando estabas en la escuela secundaria?

_____

_____

_____

F. Las adivinanzas

PASO 1. Por todo el mundo, a los niños les encanta escuchar pistas de las adivinanzas para adivinar lo que se describe. Las pistas se dan con frecuencia en versos que riman. En parejas, túrnense para leer en voz alta las pistas y resolverlas.

1. Vuela sin alas. Silba sin boca. Pega sin manos y nadie lo toca. ¿Qué será?
2. Mala fama a mí me han hecho porque el barro (*mud*) es mi elemento. A algunos de mis hermanos les meten monedas dentro. ¿Qué será?
3. Nieto de su bisabuelo, padre de tus hermanos, de tus primos es el tío y de tus tíos hermano. ¿Qué será?
4. Todos me pisan a mí, pero yo no piso a nadie; todos preguntan por mí, yo no pregunto por nadie. ¿Qué será?

1. el viento   2. el cerdo   3. tu padre   4. la calle

Respuestas:

PASO 2. Piensa en una actividad, deporte o juego de diversión. Tu pareja debe hacerte preguntas de tipo **sí** o **no** para descubrir cuál es.

MODELO: La rayuela (*hopscotch*) es el juego que tu pareja trata de adivinar.

E1: ¿Es un deporte?

E2: No.

E1: ¿Se juega en la casa?

E2: No.

E1: ¿Se lanza una pelota?

E2: No.

E1: ¿Es un tipo de espectáculo?

E2: No.

E1: ¿Se debe hacer alguna acción física como tirar algo, correr, o saltar?

E2: Sí

E1: ¿Se juega en un estadio?

E2: No...

G. ¿Qué opinan los demás?

PASO 1. Las personas entrevistadas contestan las siguientes preguntas. Lee las preguntas y escribe por lo menos cinco palabras del vocabulario de este capítulo que probablemente van a incluir en sus respuestas.

- Cuando Ud. tiene tiempo libre, ¿qué tipos de actividades le entretienen? Si Ud. vive con otras personas, ¿qué actividades les divierten a ellos?

- ¿Le conmueve algún tipo de espectáculo? ¿Le asombran los espectáculos de magia o de acrobacia como se hacen en un circo? ¿Le gustan los payasos? ¿Qué tipos de espectáculos o actividades le hacen reír?

- ¿Qué juegos jugaba Ud. durante su infancia? ¿Le gustaba competir con otras personas o prefería Ud. actividades menos competitivas?

1. _____ 2. _____ 3. _____ 4. _____ 5. _____

PASO 2. Primero, lee en voz alta las descripciones de los tipos de diversión que les interesan a los entrevistados y las actividades que hacían cuando eran niños. Luego, completa los espacios en blanco con una de las siguientes palabras del vocabulario. Por último, para cada descripción, explica tu punto de vista sobre la actividad o la experiencia.

asombraba   encantan   los payasos

circo   mago

MODELO: *Tú lees:* Me <u>encantan</u> las artes.

Tú dices: A mí no me gusta mucho el teatro pero me interesan los museos de arte. Me encantan los espectáculos de música rock.

1. Me _____ los animales.
2. Lo que me gusta más del _____ es la acrobacia.
3. Quería ser _____ cuando era niño y hacía diferentes trucos.
4. La lucha libre me _____ cuando era niño.
5. _____ me dan miedo.

 PASO 3. Primero, lee las siguientes descripciones para anticipar lo que vas a oír en las entrevistas. Luego, mira las entrevistas varias veces. Indica el nombre de la persona con quien se asocia cada descripción. Es posible que la descripción se asocie con más de una persona.

Nadja   **Steve**   **Michelle**

_____ 1. Le gusta mucho el baile.

_____ 2. Durante la infancia, hacía natación con sus vecinos y era competitiva.

_____ 3. Le gustan los espectáculos de comedia y grabar videos creativos o graciosos.

_____ 4. Empezó a jugar al baloncesto en el quinto grado.

_____ 5. Quería ser mago y hacía trucos y espectáculos a sus primos y a sus vecinos.

_____ 6. Le encanta ver jugar a los animales.

PASO 4. Lee las siguientes citas y explícalas en tus propias palabras. Indica quién lo dijo: Nadja, Steve o Michelle. Luego, explica si te identificas con su comentario.

> **MODELO:** _La cita_: «Nos encanta grabar videos que sean creativos o graciosos o que tengan algún tipo de valor artístico.»
>
> _Tú dices_: Steve dijo este comentario. A Steve le gusta grabar videos. Yo me identifico mucho con su comentario. Me encanta grabar videos sobre muchas cosas y subirlos a una red social. Pero, mis videos no tienen un valor artístico. Son solamente para divertirnos a mí y a mis amigos.

1. «Usualmente tomo las clases de jazz o flamenco, o salsa. Me encanta ir a los lugares que tienen las clases donde puedes ir en grupo o puedes tomar clases privadas.» _____

2. «Para mí la lucha libre es lo mejor que existe, es algo que mi papá de casualidad me introdujo a mi vida cuando era pequeño. Él era muy fanático creciendo y era algo bien grande culturalmente en Puerto Rico.» _____

3. «Me parece que en el deporte competitivo es bonito sentirse orgulloso de un equipo, orgulloso de una escuela, de un país. Y poder manifestar ese orgullo en competencia sana.» _____

4. «Cuando era pequeño, yo era bien competitivo. Pero no sabías cuál iba a ser el deporte que iba a realizar.» _____

5. «Aprecio muchísimo las artes en general, todo. El circo me gusta, me gusta la acrobacia, me parece espectacular. La verdad es que son guerreros, son personas que tienen habilidades muy muy marcadas: la disciplina, la flexibilidad, la fortaleza.» _____

 PASO 5. En parejas, conversen sobre sus propias ideas respecto a las preguntas del **Paso 1.**

III. GRAMÁTICA

Palabras útiles

acogedor(a)
welcoming (*adj.*)

diestro/a
right-handed

estar empatados
to be tied
(score in a
game)

gastar bromas
to play jokes

hacer trucos
to do tricks

jugar al escondite
to play hide
and seek

el pibe
kid (*used in
Argentina*)

**el partido de
campeonato**
championship
game

el tiro penal
penalty kick

zurdo/a
left-handed

3.1 Hipólito buscaba al pibe que hacía magia con la pelota.

El imperfecto

¿Comprendiste?

Vas a mirar el cortometraje entero sin los subtítulos. **¡OJO!** No te preocupes si no entiendes todo. Puedes mirarlo varias veces y usar el contexto [por ejemplo, los gestos (*facial expressions*), las acciones, el sonido y el escenario (*setting*)] para ayudarte a entender el argumento (*plot*). Enfócate en las palabras que sabes.

PASO 1. Mientras miras el cortometraje, haz una lista de por lo menos cinco infinitivos para representar cinco acciones que ves. Luego, usa el pretérito para formar preguntas con los verbos. Por último, en parejas, túrnense para hacer y contestar las preguntas.

© Matías Alejandro Rubio

MODELO: E1: asombrarse – ¿Cuándo se asombraron Hipólito y Cholo?

E2: Se asombraron al encontrar al niño que hace magia con el balón.

recordar – ¿Qué recordó Hipólito?

E1: Recordó su pasado cuando vio jugar a un futbolista excelente y se hizo buscatalentos.

rodar – ¿Qué rodó Cholo?

E2: Rodó un documental sobre Hipólito...

 PASO 2. En parejas, túrnense para leer las oraciones y decidir si son ciertas o falsas. Corrijan las oraciones falsas.

	CIERTO	FALSO
1. Los hombres que **jugaban** a las cartas no **sabían** dónde **estaba** La Camelia.	____	____
2. Mientras **caminaban**, Cholo **rodaba** un documental.	____	____
3. «El Maestro» le dijo a Hipólito que **era** urgente encontrar al futbolista en La Camelia.	____	____
4. Hipólito y Cholo no **tenían** que caminar mucho para llegar a La Camelia.	____	____
5. La mujer que encontró al niño **conocía** a los padres de él, pero ellos murieron.	____	____
6. La mujer que encontró al niño dijo que a ella no le **importaba** el futuro del niño.	____	____
7. El joven futbolista **tenía** mucho talento.	____	____

Actividades analíticas

Los verbos regulares e irregulares en el imperfecto

© Matías Alejandro Rubio

¡A analizar!

Elige la respuesta más lógica para cada pregunta y luego completa las respuestas con una palabra lógica.

PREGUNTAS PARA HIPÓLITO

___ 1. ¿Qué **hacías** antes de ser
_____
_____?

___ 2. ¿Qué _____
practicabas cuando **eras**
niño?

___ 3. ¿En qué **pensaban** Uds.
cuando vieron _____
al niño?

___ 4. ¿Cómo **eran** las personas
de La Camelia?

___ 5. ¿Mientras Cholo y vos
estaban en La Camelia,
empezaron a tener dudas?

RESPUESTAS

a. **Eran** muy relajadas, muy acogedoras (*welcoming*). Ellos **tenían** una comunidad muy unida. Ellos **se divertían** pero también **se cuidaban**.

b. **Trabajaba** de camionero. **Viajaba** por las provincias de mi país, la _____.

c. Sí. Mientras **conocíamos** a la gente, empezamos a cuestionar nuestro viaje a las provincias. Pasa que la gente nos **trataba** tan calurosamente y **era** obvio que **quería** tanto al niño, pero no porque **era** un genio del fútbol.

d. Me **interesaban** todos los deportes. De vez en cuando yo **pateaba** el _____ pero no **jugaba** muy bien al _____. Me **gustaba** jugar con los amigos. Me acuerdo que todos **jugábamos** al escondite. Yo sí **vencía** a mis amigos porque yo siempre **encontraba** a mis amigos que se **escondían**. Yo sí sé buscar a la gente.

e. No **podíamos** ni hablar. **Era** tan impresionante lo que **veíamos**. Es un _____ con el balón. Después, **pensaba** que al Maestro le **iba** a agradar tanto este «descubrimiento».

1. The imperfect, like the preterite tense, is used to talk about the past. Whereas the preterite expresses the simple past tense and views actions as completed, the imperfect is used to talk about actions that were in progress in the past or were done repeatedly. The imperfect also sets the stage, describes background events, settings, or the feelings surrounding an experience.

2. Although the English equivalents of the imperfect can vary, it may help to remember that the imperfect often roughly expresses the idea of *was/were + ing* (we *were playing, he was hiding*) or *used to* + action, *would* + action, to indicate repeated, habitual actions (*I used to go to the movies on Sundays. She would always win the game*).

3. The imperfect forms are more straightforward than the present and the preterite conjugations because there are only three irregular verbs. The three verbs that do not follow a regular pattern are **ser**, **ir**, and **ver**. Now look at the **¡A analizar!** sentences with **contar**, **querer**, and **sentir** and explain what happens with stem-changing verbs in the imperfect. Do they experience a stem change in the imperfect? _____

Identify the subjects of the following verbs as used in the questions and answers above:

trabajaba _____ practicabas _____ trataba _____

jugábamos _____ pensaban _____ vencía _____

hacías _____ quería _____ tenían _____ conocíamos _____

Follow the patterns and complete the following chart with the missing infinitives and imperfect conjugations of these regular verbs. The questions and answers from above will help you.

El imperfecto de indicativo: Los verbos regulares			
	-ar	**-er**	**-ir**
	_____	hacer	_____
yo	_____	hacía	_____
tú	_____	_____	divertías
Ud., él/ella	pensaba	_____	divertía
nosotros/nosotras	pensábamos	_____	divertíamos
vosotros/vosotras	pensabais	hacíais	divertíais
Uds., ellos/ellas	_____	_____	_____

Which two types of verbs share the same endings in the imperfect? _____ and _____ verbs

4. Following the patterns you outlined in point **3**, complete the chart of endings for -**ar**, -**er**, and -**ir** verbs in the imperfect.

Los verbos regulares de imperfecto: Las formas		
	-ar	**-er / -ir**
yo	_____	_____
tú	-abas	_____
Ud., él/ella	_____	_____
nosotros/nosotras	_____	-íamos
vosotros/vosotras	-abais	_____
Uds., ellos/ellas	_____	_____

Some of the conjugations have written accent marks. Which conjugation of -**ar** verbs has an accent mark and on what letter is the accent mark?

_____

Which -**er**/-**ir** conjugations have accent marks?

_____

Los verbos irregulares en el imperfecto: ir, ser, ver

Cholo

el niño

Hipólito

la mujer que encontró al niño

¡A analizar!

Usando la letra **C** (Cholo), **N** (el niño), **H** (Hipólito) o **M** (la mujer que encontró al niño), indica quién probablemente dijo lo siguiente.

_____ 1. Cuando me preguntó por qué traía mi cámara, le expliqué que **iba** a ganar plata con mi documental.

_____ 2. Yo sabía desde que él tenía tres añitos que **era** un jugador fenomenal, pero eso no me importaba.

_____ 3. Cholo y yo estábamos acostumbrados a la vida de los pueblos, pero al llegar a La Camelia, **éramos** como peces fuera del agua.

_____ 4. Cada vez que yo lo **veía** patear el balón, no pensaba en su futuro como un futbolista famoso, sino en un niño que todos queríamos.

_____ 5. Antes de hablar con la mujer que conocía la historia de La Camelia y del niño, **íbamos** a llevarnos al pibe mágico a ayudarlo a realizar el sueño de ser famoso.

5. The three irregular verbs do not follow the regular pattern in various ways. For instance, in what way does the verb **ver** not follow the pattern? Use the comments above made by the characters to help you.

ver: Ver has the same endings as the regular _____

verbs but the letter _____ in the ending is not dropped before the conjugation.

Use the statements by Cholo, el niño, Hipólito and la mujer to help you find the pattern of the three irregular verbs in the imperfect.

El imperfecto de indicativo: Los verbos irregulares			
	ir	**ser**	**ver**
yo	_____	era	veía
tú	ibas	eras	veías
Ud., él/ella	iba	_____	veía
nosotros/nosotras	_____	_____	veíamos
vosotros/vosotras	ibais	erais	veíais
Uds., ellos/ellas	iban	eran	_____

Actividades prácticas

A. La trama: ¿Qué sucedía mientras... ?

PASO 1. Llena los espacios en blanco con el imperfecto de los verbos entre paréntesis para describir lo que sucedía mientras otra acción ocurría. Luego, empareja la oración con el fotograma que muestra esa acción.

____ 1. Cholo _____ (tomar) un mate mientras _____ (explicar) quiénes ____ (ser) todos los artistas del circo.

____ 2. Los hombres _____ (comer) mientras _____ (jugar) a las cartas.

____ 3. Hipólito _____ (tener) dudas mientras _____ (hablar) con el Maestro.

____ 4. Cholo _____ (rodar) mientras Hipólito _____ (preguntarse) dónde estaban.

____ 5. Hipólito y Cholo _____ (asombrarse) mientras el futbolista _____ (mostrar) sus habilidades mágicas con la pelota.

____ 6. Hipólito _____ (escuchar) mientras la mujer le _____ (contar) la historia del pueblo y del niño.

© Matías Alejandro Rubio

a.

© Matías Alejandro Rubio

b.

© Matías Alejandro Rubio

c.

© Matías Alejandro Rubio

d.

© Matías Alejandro Rubio

e.

© Matías Alejandro Rubio

f.

PASO 2. Mira las fotos y escribe oraciones completas para describir lo que hacían las siguientes personas mientras otras personas hacían algo diferente.

© Ingram Publishing RF

© Fancy Collection/SuperStock RF

MODELO: el público, la niña

El público **aplaudía** mientras la niña **se daba vueltas**.

© KidStock/Getty Images RF

1. Cristobal, su hermano mayor

© Fuse/Getty Images RF

2. los aficionados, el beisbolista

© Hero Images/Getty Images RF

3. las niñas, el padre

© Floresco Productions/age fotostock RF

4. la niña, la madre

B. Descripciones en el pasado: ¿Qué sucedía cuando...?

PASO 1. Escucha las siguientes oraciones sobre qué sucedía en el trasfondo (*background*) cuando otras acciones tuvieron lugar. Escribe los verbos en el imperfecto que oyes y la letra de la imagen a la que corresponde la descripción.

MODELO: *Oyes:* Hacía sol y los hombres del pueblo se divertían jugando a las cartas cuando Hipólito y Cholo llegaron.

Escribes: hacía, se divertían, **e.** (la imagen e)

© Matías Alejandro Rubio

a.

© Matías Alejandro Rubio

d.

© Matías Alejandro Rubio

b.

© Matías Alejandro Rubio

e.

© Matías Alejandro Rubio

c.

© Matías Alejandro Rubio

f.

____ 1. _____
____ 2. _____
____ 3. _____

____ 4. _____
____ 5. _____
____ 6. _____

PASO 2. ¿Qué hora era? ¿Dónde estabas? ¿Qué hacías cuando...? En parejas, completen las siguientes historias. Pídele a tu pareja la información que falta entre paréntesis sobre el trasfondo (*background*) de unos sucesos para llenar los espacios en blanco. Los verbos deben ser conjugados en el imperfecto. Usando la información que tu pareja te dé, completa la historia. Una historia se cuenta según la perspectiva de un buscatalentos y la otra se cuenta según el punto de vista de un futbolista durante un partido de campeonato. Compartan sus historias con la clase.

> **MODELO:** Texto del **Estudiante A: El buscatalentos**: Hace veinte años que yo llegué a un pueblo muy pequeño. Ese día _____ (*expresión de tiempo*) y en la plaza central del pueblo, había tres niños que _____ (*verbo de acción física*).
>
> E1: Por favor, dime una expresión de tiempo.
> E2: Hacer viento
>
> (*E1 escribe en el blanco:* Ese día <u>hacía viento</u>.)
>
> E1: Gracias, ahora por favor dime un verbo de acción física.
> E2: dormir
>
> (*E1 escribe en el espacio en blanco:* Ese día <u>hacía viento</u> y en la plaza central del pueblo, había tres niños que <u>dormían</u>.)

Estudiante A: El buscatalentos

Me acuerdo muy bien del día que encontré a uno de los talentos mágicos que descubrí. Eran las _____[1] (*hora*) de la mañana cuando llegué a un pueblo pequeño y lejos de la capital. Cuando llegué, _____[2] (*expresión de tiempo*) y la temperatura estaba a _____[3] (*número entre 0 y 100*) grados centígrados. Bueno, no me importaba. Tenía que encontrar a este chico. Yo llevaba un/una _____[4] (*prenda de ropa*) _____[5] (*color*), así que yo me sentía _____[6] (*condición física*). Fui a un restaurante donde me dijeron que este chico trabajaba. Entré. Todos los clientes _____[7] (*verbo de acción física*). Lo vi inmediatamente. Era el chico _____[8] (*adjetivo*) que _____[9] (*verbo de acción física*) en la cocina del restaurante. Nos hablamos y cuando su jornada terminó, salimos y detrás del restaurante, había una cancha de fútbol. El joven me mostró lo que podía hacer con el balón.

Estudiante B: El futbolista

Me acuerdo de un campeonato especial. Era especial porque mis abuelos, que vivían muy lejos de la ciudad de mi club de fútbol, vinieron a verme jugar. Pero la noche antes del campeonato, me tropecé (*I bumped into*) con un/una _____[1] (*objeto*) y me lastimé _____[2] (*parte del cuerpo*). Esa noche me sentía muy preocupado porque quería jugar. Cuando me desperté por la mañana, miré por la ventana y vi unos _____[3] (*animales*) que _____[4] (*verbo de acción física*) enfrente de mi casa. En este momento, pensé que eso era una señal que iba a tener buena suerte. Toda mi familia vino al partido. Hacía muy mal tiempo; _____[5] (*expresión de mal tiempo*), pero estaba decidido. No solamente quería jugar bien, sino que quería ganar. Pero me dolía(n) mucho _____[6] (*parte del cuerpo*) y mi entrenador me sacó del juego. Al final del partido, estábamos empatados (*tied*) y le dije al entrenador que quería participar en el tiro penal. Aceptó y metí el gol ganador a pesar de que me sentía _____[7] (*condición física o emocional*). Cuando salí del estadio, todos los aficionados _____[8] (*verbo de acción física*).

C. Mi infancia era distinta.

PASO 1. Lee sobre la niñez del famoso tenista español, Rafael Nadal. Luego, usa unas palabras del vocabulario y compara y contrasta tu niñez con la de Rafael Nadal. Por último, léele tu descripción a una pareja.

© Michael Steele/Getty Images

Cuando Rafael Nadal era niño, vivía en Mallorca, una isla en el mar Mediterráneo. Le gustaban dos deportes: el tenis y el fútbol. Como hacía mucho calor en el verano, iba a la playa. Hablaba español y catalán, un idioma romance que se habla en ciertas regiones de España. Su tío, quien era un tenista profesional, jugaba varias horas al día con Rafael cuando tenía solamente cuatro años. Aunque Rafael escribía con su mano derecha (era **diestra**), practicaba el tenis con la mano izquierda (era **zurdo**). Es decir, es ambidextro, y esa habildad le da una ventaja competitiva. Cuando tenía doce años, todavía jugaba al fútbol y al tenis. A los doce años decidió enfocarse solamente en el tenis.

> **MODELO:** Cuando yo era niña no vivía en una isla como Mallorca, sino que vivía en una ciudad sin playa: Austin, Texas. No me gustaba jugar al tenis, pero sí me gustaba...

PASO 2. Entrevista a una pareja sobre su infancia. ¿Qué hacía para divertirse? ¿Qué juegos jugaba? ¿Adónde iba de vacaciones? ¿Jugaba a un deporte? Usando el imperfecto, inventa por lo menos cinco preguntas de entrevista. Saca apuntes y comparte información sobre tu pareja con tu clase.

> **MODELO:** ¿Qué deportes jugabas? ¿Qué programas de televisión mirabas? ¿Ibas a conciertos de música con tu familia? (etcétera).

3.2 «Tenés que conseguirme a este pibe ya mismo... »

Actividades analíticas

Los pronombres de complemento indirecto

¡A analizar!

¿Son ciertas o falsas las siguientes oraciones? Si una oración es falsa, corrígela.

	CIERTO	FALSO

1.
© Matías Alejandro Rubio

A Hipólito siempre **le** encantaba el fútbol. _____ _____

2.
© Matías Alejandro Rubio

El señor que jugaba a las cartas **les** dio indicaciones a Hipólito y Cholo para ir a La Camelia. _____ _____

3.
© Matías Alejandro Rubio

La madre adoptiva **les** permitió a Hipólito y Cholo llevarse al niño el día que llegaron a La Camelia. _____ _____

4.
© Matías Alejandro Rubio

Cholo comprendió perfectamente todo lo que **le** dijo el presentador. _____ _____

5.
© Matías Alejandro Rubio

Al final el narrador **nos** habló directamente a nosotros y **nos** explicó lo que es un héroe. _____ _____

1. Indirect objects in a sentence are the people (usually) or things (much less frequently) that are affected secondarily or indirectly by the verb's action. In English, you'll often see the prepositions *to/for* used in a sentence with an indirect object. To find the indirect object, first identify the verb and then ask "to whom?" or "for whom?" after the verb. In the following example, what is the verb? _____

> Le di el chocolate a **LaTonya**.   *I gave the chocolate to LaTonya. /*
> *I gave LaTonya the chocolate.*

Now ask "[verb] to whom?" to find the indirect object. Who receives the action of the verb in the above sentence? _____

Now identify the indirect object, the people affected by the action, in each of the five **¡A analizar!** sentences.

1. _____

2. _____

3. Hipólito y Cholo

4. _____

5. _____

Remember that in Spanish, sometimes the indirect object may come first in a phrase or sentence. So, to understand who is doing what to whom, always start by looking for the verb and asking *to whom* or *for whom* the action is done. You can also look for use of the Spanish **a personal,** which, as you learned in **Capítulo 2,** serves as a kind of "arrow," pointing out that the upcoming noun is an object, not a verb subject. Review the following examples.

| De verdad, **te digo**... | *Seriously, I tell you (I tell something to you). . .* |
| **Tenés que conseguirme al pibe este** ya mismo. | *You have to get me that kid (You have to get that kid for me) right now.* |

2. Indirect objects are nouns which may be replaced by corresponding indirect object pronouns. For example, after first referring to someone ("*for Cholo*"), you can use a pronoun ("*for him*") in further references to that person. Use the clues from **¡A analizar!** to help you complete the chart of indirect object pronouns.

Los pronombres de complemento indirecto			
	Singular		**Plural**
me	**me**	us	_____
you	**te**	you (*pl. informal*)	**os**
him/her, it	_____	them (*m., fem.*), you (*pl. m., fem., formal*)	_____

Identify the indirect objects (IO) and indirect object pronouns (IOP) in each of the following sentences. Also, identify the verb and its subject in each sentence.

Después de que Hipólito conoció a la mujer, ella le contó la historia del pueblo.

IO: _____

IOP: _____

Subject: _____

Verb: _____

El presentador les dio la bienvenida a todos los espectadores del circo.

IO: _____

IOP: _____

Subject: _____

Verb: _____

3. You may notice that certain types of action verbs tend to be associated with indirect objects and indirect object pronouns. Use the sentences from **¡A analizar!** to help you fill in the missing verbs below.

- Verbs of communication: **contar**, _____, **explicar**, **enviar, escribir, enseñar**, _____, **mandar, mostrar**

Cuénta**me**.	Tell _me_.
¿No **te** acabo de decir eso?	Didn't I just tell _you_ that?

- Verbs of giving: _____, **entregar, regalar**

El payaso **le** regaló una pelota **al niño**.	The clown gave _the boy_ a soccer ball (gave a soccer ball _to the boy_).

- Verbs of limiting or allowing someone's behavior: **dejar, impedir, imponer**, _____, **prohibir**

Le permitieron **a Cholo** participar en el espectáculo.	They let _Cholo_ participate in the show.

- Verbs like **gustar** that stress the "victim" or "beneficiary" of an action. The cause of that action is the subject of the verb. The verb **gustar** (_to be pleasing to_) is always used with an indirect object pronoun. Other verbs like **gustar: agradar, alegrar, disgustar**, _____, **faltar, fascinar, frustrar, hacer falta, interesar, parecer**

Hoy **les** encantás y mañana te tiran al tacho.	Today _they_ love you (Today you are pleasing _to them_) and tomorrow they throw you away.

4. If a Spanish sentence contains an indirect object, the indirect object pronoun should also be used, even if the indirect object itself is specifically stated.

Los payasos **les** presentó un acto chistoso **a la gente de La Camelia y a Hipólito**.	The clowns presented a funny act _to the people of La Camelia and Hipólito._

Because of the clarifying phrase **a la gente de La Camelia y a Hipólito**, it is clear that the verb subject, **los payasos**, presented their act to/for _the people of La Camelia and Hipólito_: the indirect object. For that reason, also using the corresponding indirect object pronoun **les** may seem unnecessary. You will note there is no equivalent for **les** in the English translation. In Spanish, however, the indirect object _pronoun_ (here **les**) will generally be used in a sentence along with the indirect object _noun_(s). So do use the indirect object pronoun even when the indirect object (people who are affected) is identified.*

It many cases, it is possible to omit phrases with **a** that emphasize to/for whom an action is done.

A Hipólito siempre **le** encantaba el fútbol.	_Hipólito_ always loved soccer.

(**A Hipólito** could be omitted if it was clear that Hipólito was the person who loved soccer; **le** must remain in the sentence to express **He** always loved soccer.)

Déja**me**lo **a mí**.	Leave it _to me_.

---

*Remember that direct object pronouns are different. You either mention the direct object or you use a pronoun to stand in for it, but usually not both.

(Here, **me** is required to express *me*; **a mí** is optional and probably used just for emphasis.)

> Hipólito **le** dijo **al presidente del club** que no encontró al niño.
>
> *Hipólito told <u>the club president</u> that he didn't find the boy.*

(Here, both **le** and **al presidente del club** are necessary to ensure clarity; **al presidente del club** clarifies to whom **le** refers, since **le** can mean *to him/her/you*. If a preceding sentence or context made **al presidente del club** obvious, only the **le** would be necessary.)

5. Observe the position of the indirect object pronouns in the **¡A analizar!** sentences. They are placed _____ conjugated verbs and negative commands.

> Cuando los jugadores salieron al campo, el público **les dio** aplausos calurosos.
>
> *When the players entered the field, the crowd applauded <u>them</u> warmly (gave warm applause to them).*

> ¡No **le** muestres la tarjeta roja!
>
> *Don't give <u>him</u> a red card! (Don't give a red card <u>to him</u>)!*

However, look at the position of the indirect object pronoun in the affirmative command below. Indirect object pronouns are placed _____ affirmative commands and attached to them as one word. This word formation almost always requires a written accent mark over the stressed vowel in the original command form.

> ¡Muéstra**le** la tarjeta roja!
>
> *Give <u>him</u> a red card! (Give a red card <u>to him</u>)!*

6. In the examples below we see that, like direct object and reflexive pronouns, indirect object pronouns can either precede OR can be _____ infinitives and the gerund in the present progressive. If they are attached to the gerund, a written accent mark will be required over the originally stressed vowel in the participle.

> El público **les va a dar** aplausos calurosos a los jugadores cuando salgan al campo.
>
> El público **va a darles** aplausos calurosos a los jugadores cuando salgan al campo.
>
> *The crowd <u>is going to warmly applaud the players</u> (is going to give warm applause <u>to the players</u>) when they enter the field.*

Based on the previous two examples, where can indirect object pronouns be placed when used in the presence of an infinitive?

_____

> El presentador **le estaba gritando** a Cholo pero él no entendió nada.
>
> El presentador **estaba gritándole** a Cholo pero él no entendió nada.
>
> *The announcer <u>was shouting</u> (something) <u>at (to) Cholo</u> but he didn't understand anything.*

Based on the previous two examples, where can indirect object pronouns be placed when used with the present progressive? _____

_____

Actividades prácticas

A. ¿Quién le dijo...?

PASO 1. Completa las preguntas con el pronombre de complemento indirecto **le/les** para indicar a quién(es) le(s) afectó una acción. Luego, escribe la letra de la persona / las personas —el sujeto— que hizo/hicieron esta acción.

a. el hombre del pueblo

b. la mujer que encontró al niño

c. Cholo, el compañero de Hipólito

d. el niño que hace magia con la pelota

e. los payasos

f. los hombres que jugaban a las cartas y comían

> **MODELO:** _c_ ¿Quién **le** pidió ayuda a Hipólito con su documental?
> **Sujeto:** Cholo **Persona(s) afectada(s):** Hipólito

____ 1. ¿Quién _____ contó a Hipólito la historia de la Camelia?

 Sujeto: _____ **Persona(s) afectada(s):** _____

____ 2. ¿Quién _____ dijo a Hipólito y Cholo que quería jugar para la selección mundial?

 Sujeto: _____ **Persona(s) afectada(s):** _____

____ 3. ¿Quién _____ dio las instrucciones a Hipólito y Cholo de cómo llegar a la Camelia?

 Sujeto: _____ **Persona(s) afectada(s):** _____

____ 4. ¿Quiénes no _____ dijeron nada a Hipólito y Cholo cuando ellos llegaron al pueblo?

 Sujeto: _____ **Persona(s) afectada(s):**

 _____

____ 5. ¿Quiénes _____ presentaron un acto chisotoso a la gente de la Camelia y a Hipólito?

 Sujeto: _____ **Persona(s) afectada(s):**

 _____

PASO 2. En parejas, túrnense para responder a las preguntas del **Paso 1.** Usen el pronombre de complemento indirecto en su respuesta y respondan con todos los detalles pertinentes que puedan de del cortometraje.

> **MODELO:** ¿Quién **le** pidió ayuda a Hipólito con su documental? Cholo le pidió ayuda a Hipólito con su documental. Le hizo preguntas sobre el fútbol y cómo llegó a ser buscatalentos. Hipólito le respondió que se enamoró...

B. ¿Es una obligación?

PASO 1. ¿Qué obligaciones debemos tener hacia los niños prodigios del fútbol? En parejas, hagan oraciones de las siguientes series de palabras. Incluyan los pronombres de complemento indirecto apropiados en sus oraciones. Luego, túrnense para expresar sus opiniones sobre cada oración. Frases para expresar obligación: **deber + infinitivo, tener que + infinitivo**

MODELO: Los entrenadores / suministrar / a los niños / una formación educativa, además de entrenamiento deportivo.

E1: Los entrenadores **deben suministrarles** a los niños una formación educativa, además de entrenamiento deportivo.

E2: Estoy de acuerdo. Los atletas tienen que aprender más que jugar muy bien su deporte.

1. Los padres / explicar / a sus hijos los peligros de la explotación.
2. Las ligas departamentales / dar / a los jóvenes pobres / la oportunidad de hacerse ricos.
3. La FIFA (*The Fédération Internationale de Football Association*) / prohibir / a los clubes / la inscripción de niños extranjeros.
4. Si al niño / gustar / jugar al fútbol / los padres / apoyarlo.
5. Los clubes / pagar / grandes cantidades de dinero / a los padres de los talentos jóvenes.

C. El béisbol en la República Dominicana

PASO 1. Lee la siguiente lectura sobre el béisbol en la República Dominicana y luego contesta las preguntas que siguen.

El béisbol en la República Dominicana*

Aunque el fútbol goza de popularidad en todos los países hispanohablantes, el deporte oficial de la República Dominicana es el béisbol. El béisbol era muy popular en Cuba durante el siglo decimonoveno, y cuando miles de cubanos se fugaron a la República Dominicana durante la Guerra de los Diez Años entre Cuba y España (1868-1878), introdujeron una pasión nacional.

© Thearon W. Henderson/Stringer/Getty Images

Como es el caso del fútbol en muchos países latinoamericanos, miles de jóvenes dominicanos sueñan con jugar en las Grandes Ligas. Un testimonio de este fenómeno cultural es el hecho de que cada uno de los treinta equipos de la MLB[a] tiene una academia en la isla; otro es que tantos dominicanos se destacan entre los ganadores de los premios MVP[b] y Cy Young: Pedro Martínez, Sammy Sosa, Miguel Tejada, Vladimir Guerrero, Bartolo Colón y Albert Pujols.

---

*Source: Jesús González, Luis, "Béisbol cubano: una tradición centenaria," *OnCuba*, May 7, 2012. www.oncubamagazine.com; "Cómo los latinos desbancaron a los afroestadounidenses del béisbol en EE.UU.," *BBC Mundo*, October 2, 2014. wwww.bbc.com/mundo; "Dominicanos encabezan lista de 238 extranjeros en Grandes Ligas," *La Opinión*, April 4, 2016. www.laopinion.com; Gaines, Cork, "Lionel Messi is the Highest Paid Soccer Player in the World and It's Not Even Close," *Business Insider*, March 25, 2015. www.businessinsider.com; Barrabi, Thomas, "A-Rod Salary: Injured Yankees Star Alex Rodriguez Earns More Than Entire Houston Astros Roster," *International Business Times*, March 29, 2013. www.ibtimes.com

A diferencia del deporte verdaderamente global, el fútbol, y a pesar de su popularidad en otros países, el béisbol todavía se considera un deporte «estadounidense»; solo en los Estados Unidos ganan los jugadores los enormes salarios de millones de dólares. Hay varios factores que explican por qué los dominicanos registran la mayor cantidad de jugadores extranjeros en MLB:

- En 1947, ocurrió la integración de jugadores negros en las Grandes Ligas, con Jackie Robinson como el primero en quebrar la barrera de color cuando jugó con los Dodgers. Este cambio de política les hizo posible jugar en los Estados Unidos a millones de latinoamericanos de herencia africana —especialmente en el Caribe. En la República Dominicana, más del 80% de la población es de ascendencia africana.

- Empezando en 1958, el número de equipos de béisbol en los Estados Unidos aumentó desde dieciséis a treinta, y este crecimiento exigió el reclutamiento de talento fuera del país.

- Sigue siendo más barato reclutar a los niños desde países relativamente pobres, comparados con los Estados Unidos. Es bastante común que vengan de familias pobres y sin buenos consejos legales, hasta hoy en día.

- En los países tropicales, el béisbol no es deporte estacional. Los jugadores tienen más oportunidad para practicar, porque pueden jugar todo el año.

El resultado de estos factores es que los dominicanos —de un país del 10 millones de personas— representan más del 10% de los jugadores en las Grandes Ligas, una organización basada en los Estados Unidos —un país de 318 millones de personas.

La diferencia entre el béisbol y el fútbol se ve en los sueldos de los jugadores más famosos; en 2013, Alex Rodríguez ganó el sueldo anual más alto de béisbol: 25 millones de dólares. En 2015, Leo Messi ganó aproximadamente 74 millones de dólares.

Pero existen preocupaciones en los dos deportes en cuanto al reclutamiento de jóvenes. Los buscatalentos cazan a niños talentosos para jugar en sus academias, y allí juegan hasta que pueden ser «vendidos» a los clubes profesionales; las comparaciones al tráfico de niños no son sin validez. Como la FIFA, la MLB ha impuesto una edad mínima para contratar a un jugador: 17 años. Esto ocurrió después de que los Toronto Blue Jays contrataron a un jugador de 13 años en 1984.

_____
[a]*Major League Baseball*   [b]*Most Valuable Player*

Comprensión

1. ¿Cómo les afectó a los dominicanos la integración racial del béisbol en los Estados Unidos? _____
_____

2. ¿Cuánto le pagaron a Alex Rodríguez en 2013? ¿Y a Leo Messi en 2015? _____

3. ¿Qué les preocupa a algunas personas, en cuanto al sistema de reclutamiento de jóvenes? _____

4. ¿Qué les falta a algunos niños talentosos cuando deciden ser entrenados en una academia? _____

5. ¿Quiénes les introdujeron el deporte de béisbol a los dominicanos? _____

 PASO 2. Escribe tres preguntas sobre la información en la lectura del **Paso 1.** En parejas, túrnense para hacerse las preguntas y contestarlas.

3.3 «Lo vi de lejos. Era un flaquito, morochito... »

Actividades analíticas

El pretérito y el imperfecto en contraste

¡A analizar!

PASO 1. En el siguiente párrafo, Hipólito cuenta lo que recuerda de un niño que descubrió hace treinta años. Los verbos conjugados en el pretérito están **en negrilla**.

© Matías Alejandro Rubio

«Yo que sé cómo **comencé**, Cholo, **empecé** hace treinta años... Yo laburaba de camionero, manejaba un camión grande. Y **paramos** en un pueblito, no me acuerdo cómo se llamaba el pueblito, pero había un picadito (*pick-up game*)... Inolvidable. Lo **vi** de lejos. Era un flaquito, morochito, negrito, unas patitas (*feet*) así tenía... La llevaba atada, Cholo. Atada... atada. Era distinto, viste... **Apareció** un matungo, le **puso** la pata (*foot*) acá. Cinco metros lo **levantó**.»

¿Qué información se comunica con estos verbos? _____

Vuelve a leer el mismo párrafo. Ahora los verbos conjugados en el imperfecto están subrayados.

Yo que sé cómo comencé, Cholo, empecé hace treinta años... Yo <u>laburaba</u> de camionero, <u>manejaba</u> un camión grande. Y paramos en un pueblito, no me acuerdo cómo <u>se llamaba</u> el pueblito, pero <u>había</u> un picadito... Inolvidable. Lo vi de lejos. <u>Era</u> un flaquito, morochito, negrito, unas patitas así <u>tenía</u>... La <u>llevaba</u> atada, Cholo. Atada... atada. **Era** distinto, viste... Apareció un matungo, le puso la pata acá. Cinco metros lo levantó.

¿Qué tipo de información se comunica con estos verbos? _____
_____

PASO 2. Lee las descripciones de lo que sucedió en estos tres fotogramas que aparecen en orden. Luego, elige una frase de descripción que corresponde a cada fotograma.

© Matías Alejandro Rubio

© Matías Alejandro Rubio

© Matías Alejandro Rubio

a. Hipólito **llegó** al pueblo y **preguntó** por La Camelia.

b. Un señor del pueblo les **respondió**.

c. Después de manejar unos treinta kilómetros, **empezaron** a caminar.

____ 1. **Hacía** sol y no **había** nadie. Les **quedaba** mucho para llegar a La Camelia.

____ 2. Sus compañeros se **reían** porque **sabían** que La Camelia **estaba** muy lejos.

____ 3. **Tenía** una personalidad amistosa y **venía** con su amigo Cholo.

In what verb tense are the verbs under each of these three still frames from the film? _____

Do the actions depicted in the stills show a series of events (that move the narration forward) or do they focus more on background information and descriptions or actions in progress? _____
_____

In what tense are the verbs in sentences 1, 2, and 3? _____

When the second set of sentences (1, 2, and 3) are matched to the appropriate sentences in the first set (a, b, c), what kind of information about the past is added? Read the two sentences together and think about how they work together to talk about the past. _____
_____

PASO 3. Empareja las siguientes oraciones con los fotogramas.

© Matías Alejandro Rubio
a.

© Matías Alejandro Rubio
b.

© Matías Alejandro Rubio
c.

____ 1. **Eran** las tres de la tarde cuando **empezaron** a jugar.

____ 2. **Sonreía** porque Cholo le **preguntó** sobre sus recuerdos de buscar talento.

____ 3. El payaso **ensayaba** su acto mientras que la contorsionista **hacía** sus ejercicios de flexión.

Write down all the verbs in the past tense in the above sentences.

Which verbs are in the preterite? _____

Which verbs are in the imperfect? _____

Which verbs provide background descriptions? _____

Which verbs describe two actions in progress at the same time? _____

1. Spanish has two simple past tenses: the narrative preterite tense, and the descriptive imperfect tense. When used together, the imperfect sets the scene/background, describing how things were/looked, while the preterite narrates the events that took place.

Hoy al mediodía el jugador **erró** un penal. No sabés cómo **estaba** la gente. Se lo **querían** comer crudo, lo **tuvimos** que sacar con escolta policial.	*This afternoon the player <u>missed</u> a penalty kick. You don't understand what the crowd <u>was</u> like. They <u>wanted</u> to eat him alive, we <u>had to</u> get him out of there with a police escort.*

2. In general, the imperfect has three main uses:
   - To set the scene by describing time, weather, age, location, and conditions in the past
   - To talk about an action that was in progress in the past (often following the word **mientras**)
   - To talk about repeated or habitual actions. In these instances these verbs often correspond to the English equivalent *would / used to do something*. You might see words like **siempre, cada vez, con frecuencia, todos los...** to indicate that the action was habitual, but those kinds of clues are not always present.

   Which use of the imperfect is being used in each of the examples below?

   Mis padres **compraban** entradas para los partidos de béisbol todos los años al comienzo de la temporada. _____

   _____

   My parents would buy / used to buy tickets for the baseball games every year at the beginning of the season.

   Cuando Hipólito y Cholo llegaron a La Camelia, **era** de noche, **hacía** fresco, la luna **daba** muy poca luz y ellos se **sentían** agotados. _____

   _____

   When Hipólito and Cholo arrived at La Camelia, it was nighttime, it was chilly, the moon gave off very little light, and they felt exhausted.

   Hipólito y la madre adoptiva del joven futbolista **hablaban** de él mientras él **pateaba** la pelota. _____

   _____

   Hipólito and the adoptive mother of the young soccer player were talking about him while he was kicking the ball around.

   Los hombres **jugaban** a las cartas cuando Hipólito les preguntó sobre la distancia a La Camelia. _____

   _____

   The men were playing cards when Hipólito asked them about the distance to La Camelia.

3. The preterite is often described as the verb tense used to talk about *completed* actions. Of course, when we talk about past actions, all the actions are by definition completed, so we need to ask what aspect of the action is important to the speaker. Is the action being talked about as simply having occurred (preterite), or is the action being viewed as a process, something that was ongoing at that moment in the past, unfinished or as a repeated action (imperfect)? Consider these contrasting examples:

   Cholo **rodó** un documental sobre la carrera de Hipólito Vázquez. **Trabajó** un año para rodarlo y editarlo y **no durmió** mucho ese año.

   Cholo filmed a documentary about the career of Hipólito Vázquez. He worked a year to film it and to edit it and he didn't sleep much that year.

   Cholo **rodaba** su documental sobre la carrera de Hipólito Vázquez mientras **caminaban** en una zona desolada. Los fines de semana cuando **trabajaba** en la edición de la película, no **dormía** mucho.

   Cholo was filming his documentary about the career of Hipólito Vázquez while they were walking in a desolate area. On the weekends when he would work / worked on the editing of the film, he didn't (usually) sleep much.

   Notice that both sets of sentences talk about Cholo's documentary with some of the same verbs. The first set of sentences simply reports that certain things occurred: *he filmed, worked,* and *didn't sleep* much. In this case, the speaker isn't interested in talking about the process of these actions; rather the goal is to communicate that they occurred. In contrast, the second set of sentences stresses the process or ongoing nature of these actions rather than their mere completion: *was filming* vs. *filmed*, for example.

4. Note that certain verbs in the preterite, like ones used to narrate some unobservable actions, such as *knowing, having, wanting,* and the beginning/end of some conditions, require a translation in English that differs from the original meaning of the verb. For example, when we say *I* **knew** *him when we were young*, we use the imperfect to describe the ongoing condition: **Lo conocía cuando éramos jóvenes.** But when we use the verb **conocer** in the preterite, we are narrating the action that began the condition: **Lo conocí hace muchos años.** (*I met* *him many years ago.*) Therefore, when we use the verb **conocer** in the preterite, it translates as *to meet*, marking a completed moment in time, the moment that *knowing* began.

Other "unobservable action/condition verbs" that can have alternate translations when used in the preterite are given in the chart below the following passages. Use these passages to infer the English equivalents and complete the chart.

Cuando Hipólito **conoció** a la mujer que le contó la historia de La Camelia, descubrió que todo el pueblo **conocía** (y amaba) al niño que jugaba al fútbol.

Hipólito no **sabía** mucho sobre la historia de La Camelia, ni sobre la historia del niño. Pero, cuando **supo** que el niño no **tenía** padres, empezó a cuestionar sus metas.

Al llegar a La Camelia, Cholo y Hipólito descubrieron que el joven futbolista solamente **tenía** unos once o doce años. Pero según el maestro, **tenían** que llevar al niño. Antes de hablar con la madre adoptiva del niño, **tuvieron** que convencerles a todos los miembros del circo que iba a tratarlo bien. Pero, al final, Hipólito **tuvo** que tomar la decisión difícil de no llevarlo.

La contorsionista **quiso** doblarse para caber en una caja más pequeña pero no **pudo** caber enteramente. Cholo le dijo que él ni siquiera **quería** intentar meterse en esa caja.

Aunque Hipólito no **podía** jugar al fútbol como sus héroes del deporte, disfrutaba de jugarlo en partidos informales.

Cuando era más joven, Hipólito deseaba ser futbolista profesional. De hecho, hizo una prueba (*tried out*) para uno de sus clubes favoritos en la Argentina, pero no **pudo** ser parte del equipo porque no estaba suficientemente dotado para el fútbol, uno de los deportes más competitivos del mundo.

Contraste entre el pretérito y el imperfecto		
	Pretérito	**Imperfecto**
conocer	_____	knew (person, place)
saber	learned, found out	_____
tener	got, received, took place	_____
querer (+inf)	_____	wanted
no querer (+inf)	refused	did not want
poder (+inf)	managed	was able (had ability)
no poder (+inf)	_____	wasn't able (lacked ability)

Actividades prácticas

A. ¿Cómo empezó?

© Matías Alejandro Rubio

PASO 1. Cuando hablamos de los orígenes de algo, es típico usar el pretérito y el imperfecto para contar la historia. Mira de nuevo este clip de la película en la que la mujer cuenta la historia del origen del circo La Camelia. Escribe los verbos que faltan para completar el párrafo.

¿Ud. sabe por qué este circo se llama «La Camelia»? La camelia _____¹ una flor de oriente, reconocida por su belleza. Los comerciantes europeos, que _____² en busca de especias, (*spices*), la _____³ y se _____⁴ inmediatamente. _____⁵ llevarla a Europa, pero la flor no _____⁶ su hábitat y _____.⁷ Hubo un hombre, que luego de varios intentos y con mucha paciencia y amor, _____⁸ hacer crecer a la camelia en occidente (*the West*).*

© sean824/123RF

PASO 2. Escribe en la siguiente tabla todos los verbos que identificaste en el **Paso 1** según su tiempo verbal.

VERBOS EN EL PRETÉRITO	VERBOS EN EL IMPERFECTO
_____	_____
_____	_____
_____	_____
_____	_____

PASO 3. Contesta las preguntas sobre esta escena. Luego, en parejas, determinen por qué el pretérito o el imperfecto se utilizó en cada pregunta.

1. La Camelia es el nombre del circo y el pueblo. ¿Qué **era** originalmente?

   _____

2. ¿De qué **iban** en busca los comerciantes europeos? _____

3. ¿Qué pasó cuando los comerciantes **conocieron** la camelia? _____

   _____

---

*El occidente refiere al hemisferio al oeste del meridiano de Greenwich—especialmente Europa y las Américas, y al conjunto de culturas que se encuentran en esta zona. Las influencias culturales dominantes que comparten estas culturas incluyen la religión cristiana, las ideas de la Edad Antigua del período greco romano y La Ilustración.

4. ¿Qué **sucedía** después de que los comerciantes intentaron llevar la flor a Europa? _____

5. ¿Qué **hizo** un hombre para hacer crecer a la camelia? _____

_____

¿Te fijaste?

Nota que la mujer dice «para hacer crecer **a** la camelia» y recuerda que la **a personal** se usa ante una persona que sirve como objeto directo. Puesto que se suele usar solamente con personas, o quizás con mascotas queridas, ¿por qué se usa con la palabra **camelia**? ¿Qué representa la flor en esta película? _____

_____

B. Otro deporte popular: La lucha libre mexicana*

La lucha libre mexicana combina los elementos del deporte, *wrestling*, con el teatro y la acrobacia. Es el segundo deporte en popularidad en México. El deporte es famoso por la acrobacia impresionante y los saltos, llamados **suicidas,** fuera del cuadrilátero (*ring*). Con frecuencia los luchadores llevan máscaras para ocultar su identidad real, y así pueden crear una personalidad nueva.

© Peter Macdiarmid/Getty Images

PASO 1. Lee sobre la lucha libre mexicana y uno de los iconos del deporte, El Santo. Elige la respuesta correcta. **¡OJO!** Para entender bien el contexto, lee los dos párrafos enteros antes de decidir entre el pretérito y el imperfecto.

---

*Source: Peña, Carmen. "Más que un deporte: Exposición reinvindica la lucha libre en México," *Sin embargo*, November 20, 2015. http://www.sinembargo.mx; Echegaray, Luis Miguel, "El Santo, Legendary Mexican Wrestler Commemorated in Google Doodle," *The Guardian*, September 23, 2016. https://www.theguardian.com; Padilla, Patricia, "Rodolfo Guzmán Huerta, mejor conocido como: Santo el Enmascarado de Plata," *tulancingo.com.mx*, http://www.tulancingo.com.mx; Bernasconi, Bruno, "Biografía de Santo el Enmascarado de Plata," *Kingdomcomics.org*, http://www.kingdomcomics.org; Smallwood, Karl, "Dedication to the Mask: The Story of El Santo," *todayifoundout.com*, July 7, 2015. http://www.todayifoundout.com/index.php; Jiménez Ruiz, Orlando, "Santo Guzmán: anti-biografía de un superhéroe de la industria cultural mexicana," *Universidad Nacional Autónoma de México (thesis)*, 2010. http://132.248.9.195/ptd2010/febrero/0653732/0653732_A1.pdf

El Santo

Uno de los luchadores más queridos fue «El Santo», cuyo hijo también participa y es conocido por el nombre «El Hijo del Santo». Su nombre real fue Rodolfo Guzmán Huerta. _____[1] (Nació / Nacía) en 1917 y _____[2] (murió / moría) en 1984. Cuando _____[3] (fue / era) joven, _____[4] (vivió / vivía) en la capital, la Ciudad de México, y aunque _____[5] (jugó / jugaba) al béisbol y al fútbol americano, cuando _____[6] (tuvo / tenía) aproximadamente dieciocho años _____[7] (empezó / empezaba) su carrera como luchador.

En aquel entonces, _____[8] (luchó / luchaba) casi todos los días y _____[9] (trabajó / trabajaba) como carpintero, pintor y mecánico para ganarse la vida. _____[10] (Creó / Creaba) varias identidades y nombres como, «El Hombre Rojo» y «El Murciélago II», antes de convertirse en «El Santo».

PASO 2. Contesta las siguientes preguntas sobre la lectura.

1. ¿Quién era uno de los luchadores más queridos en en la historia del deporte en México? ¿Qué implicaciones tiene su nombre? _____
   _____

2. ¿Cuántos años tenía El Santo cuando murió? _____
   _____

3. ¿Qué otros deportes practicaba cuando era joven? ¿Cuántos años tenía cuando empezó a participar en la lucha libre? _____
   _____

4. Además de luchar, ¿qué más hacía Rodolfo Guzmán Huerta para ganarse la vida? _____

5. ¿Cuáles fueron otras identidades que Rodolfo Guzmán Huerta tuvo antes de transformarse en El Santo? _____

PASO 3. Usa el imperfecto o el pretérito para llenar los espacios en blanco con la forma correcta del verbo entre paréntesis. **¡OJO!** Primero lee toda la historia para el contexto antes de conjugar los verbos.

La máscara del Santo

La máscara del Santo era plateada y se dice que la _____[1] (llevar) todo el tiempo aun cuando no _____[2] (estar) en público. Ni los miembros de su equipo _____[3] (poder) ver su cara. De hecho, cuando ellos viajaban, su equipo _____[4] (tener) que tomar otro vuelo porque en la aduana, los oficiales de inmigración _____[5] (requerir) que se quitara la máscara[a] y él no _____[6] (querer) que su equipo le viera la cara.[b] La máscara se considera sagrada y no se debe quitar ni revelar la identidad real del luchador. Una vez su oponente le _____[7] (quitar) la máscara al Santo y por debajo tenía otra máscara.

Su fama como héroe popular _____[8] (comenzar) a tomar forma al principio de los años cincuenta cuando su imagen _____[9] (aparecer) todas las semanas en una historieta.[c] Después, a finales de los años cincuenta, se transformó en un personaje famoso del cine. En 1958, empezó su carrera cinematográfica y _____[10] (aparecer) en dos películas ese año. En una,

La máscara del Hijo del Santo es casi idéntica a la máscara plateada de su padre, El Santo.

© Peter Macdiarmid/Getty Images

_____[11] (luchar) contra «El Cerebro del Mal» y en la otra, sus oponentes fueron «Los Hombres Infernales». A partir de ese año, El Santo continuamente _____[12] (recibir) ofertas para trabajar en el cine, porque sus películas siempre _____[13] (tener) éxito en la taquilla.[d]

_____[14] (Tener) su último juego de lucha libre cuando _____[15] (tener) sesenta y cinco años. Para despedirse de sus aficionados, poco después de que _____[16] (jubilarse), El Santo _____[17] (revelar) su cara verdadera por primera vez en un programa de televisión. Una semana después, _____[18] (morir). _____[19] (Llevar) una de sus máscaras famosas cuando lo _____[20] (ellos: enterrar).

_____
[a]que... *that he take off his mask*   [b]*le... see his face*   [c]*comic strip*   [d]*box office*

PASO 4. En parejas, contesten las siguientes preguntas sobre la lectura.

1. ¿Cuándo llevaba su máscara El Santo? ¿Qué tenían que hacer El Santo y los miembros de su equipo cuando viajaban? ¿Por qué? ¿Por qué crees que hacía El Santo eso? _____
_____

2. ¿Qué sucedió una vez con su máscara cuando luchaba en un juego? _____
_____
_____

3. ¿En qué tipos de medios de comunicación masiva aparecía El Santo durante los años cincuenta? ¿Cuáles son ejemplos de personajes parecidos que tienen fama hoy en día? _____

4. ¿Cuántos años tenía El Santo cuando se jubiló? ¿Te parece sorprendente su edad? ¿Por qué? _____

5. ¿Dónde estaba cuando reveló su cara por primera vez? ¿Cuándo lo hizo? ¿Por qué crees que decidió mostrar su cara? _____
_____

6. ¿Qué llevaba cuando lo enterraron? _____

7. ¿Cuáles son las ventajas y las desventajas de tener otra identidad? ¿Has pensado en ocultar tu identidad real? ¿Por qué?¿Te disfrazas de vez en cuando? ¿Cuándo? ¿Te gustaba disfrazarte cuando eras niño/a?

C. Asistir a un espectáculo deportivo*

PASO 1. Lee sobre cuatro espectáculos deportivos populares en el mundo hispanohablante. Luego, empareja las descripciones de lo que sucedió en estos espectáculos deportivos con el nombre del espectáculo.

_____
*Source: "Países y ciudades que han prohibido las corridas de toros," *El Muro*, undated. www
.elmuro.mx; "Prohíben corridas de toros en estados de México," *El Debate*, August 21, 2015. www
.debate.com.mx; "Las maratones y medias maratones más grandes de Latinoamérica en el 2012,"
COLOMBIA CORRE, April 5, 2013. www.colombiacorre.com.co; "Venezuela inaugura los IV Juegos
Deportivos Indígenas," *teleSUR*, October 12, 2014. www.telesurtv.net; Kunz, Matthias, "Gran censo
2006: 265 millones juegan al fútbol," *FIFA Magazine*, July, 2007. www.es.fifa.com

© Radius/SuperStock RF

© Alejandro Ayala Xinhua News Agency/ Newscom

La corrida de toros

La historia de la corrida de toros se remonta a tiempos antiguos, aproximadamente al año 2000 a.e.c. (antes de la era común). En la corrida típica, tres toreros lidian[a] seis toros. Los toreros matan los toros en un ritual cuyas pautas[b] determinan los movimientos del torero y las reacciones del público. La corrida tradicional empieza en la tarde y el público compra entradas más caras para no tener que sentarse en el sol. Durante el espectáculo, el público silba[c] o abuchea para mostrar su desagrado[d]. En cambio, para mostrar que le agrada la corrida, el público agita pañuelos.[e] Algunos países como la Argentina, Uruguay, Nicaragua, Panamá, Cuba y ciertas regiones de España y México han prohibido las corridas de toros. En Costa Rica se celebran las corridas pero se prohíbe matar el toro.

El maratón

Los deportistas participan en maratones por todas partes del mundo hispanohablante. El maratón es una carrera de 42 kilómetros. Miles de personas corren en los maratones que tienen lugar en las ciudades del mundo hispanohablante, como en Asunción, Paraguay; Santiago, Chile; Madrid, España; Querétaro, México; La Habana, Cuba; Quito, el Ecuador, etcétera. Los corredores empiezan en un parque, plaza u otro lugar conocido y recorren lugares importantes en la ciudad. Los maratones suelen empezar por la mañana y tienen varios patrocinadores que suministran fondos para el suceso. Además, el maratón es un tipo de fiesta en la que los que[f] ayudaron al corredor / a la corredora a prepararse, asisten y lo/la animan a seguir. Muchos espectadores esperan cerca de la línea de meta para ver a los corredores cuando terminen. En Madrid, se invita a los espectadores a seguir la ruta de los corredores por debajo de la calle en el metro.

© Hector Vivas/LatinContent/Getty Images

© Super Stock/age fotostock

El fútbol

Sin lugar a dudas, el fútbol es el deporte que inspira más pasión mundial entre espectadores y aficionados. Muchos datos reflejan el alcance de este deporte. Por ejemplo, la FIFA (Federación Internacional de Fútbol Asociación) informó en 2006 que unos 270 millones de personas en todo el mundo participan en el deporte, un 4% de la población mundial. La experiencia de asistir a un partido entre selecciones[g] (equipos) profesionales que representan clubes, pueblos, estados o países provoca unas tendencias básicas del ser humano: el tribalismo, la defensa de «territorio», la competencia y el deseo de identificarse con un grupo. Todo esto se ve en el fútbol. Por ejemplo, durante muchos partidos los aficionados cantan «cánticos», canciones tradicionales o históricas asociadas con cierto club de fútbol para animar a los jugadores o criticar a los oponentes. Además de cantar, los aficionados se visten del color y símbolos de su equipo, despliegan[h] banderas y tiran cintas.

Los juegos deportivos indígenas

Al nivel nacional e internacional, muchos países latinoamericanos participan en juegos deportivos indígenas, competencias que celebran los deportes autóctonos[i] de la gran variedad de culturas indígenas en Latinoamérica. En diversos países como México, Venezuela y Bolivia, el público tiene la oportunidad de ver actividades como canotaje,[j] arco y flecha, watura (una carrera en la que los corredores cargan 10 kilogramos de yuca), las cerbatanas,[k] la cucaña (un juego que consiste en escalar un poste cubierto con una sustancia resbaladiza[l] con solo los brazos y las piernas) entre otras actividades. En Venezuela, los juegos coinciden con la celebración del Día de la Resistencia Indígena que conmemora la lucha de los indígenas contra los conquistadores españoles y así fomenta un sentido de comunidad e identidad entre los espectadores.

---

[a]*fight* [b]*guidelines* [c]*whistles* [d]*displeasure* [e]*hankerchiefs* [f]*los.... those who*
[g]*equipos* [h]*they unfold* [i]*indigenous* [j]*boating* [k]*blowguns* [l]*slippery*

Los cánticos de fútbol empezaron en las canchas de la Argentina, pero se cantan en partidos de fútbol por todas partes del mundo hispanohablante. Aunque los cánticos demuestran el entusiasmo por el equipo y la nación, a veces incluyen lenguaje ofensivo o incitan a la violencia. En esos casos, a veces se les prohíbe el ingreso a aficionados acusados de cánticos con letras violentas. A continuación, hay un cántico típico para celebrar la selección (*equipo*) argentina:

«Dale, Argentina»
Vamos, vamos,
Argentina,
vamos, vamos a
ganar,
que esta
barra quilombera,[a]
no te deja, no te
deja de alentar.[b]

---
[a]barra... *rowdy fans*   [b]no...
won't stop supporting you

____ 1. Conmemoraron el Día de la Resistencia Indígena.

____ 2. El público cantó cánticos que criticaron a los jugadores del otro equipo.

____ 3. Llevaban los colores de su equipo favorito.

____ 4. Muchos espectadores animaban a los deportistas mientras corrían.

____ 5. Los espectadores silbaban para expresar su descontento.

____ 6. Un hombre escalaba un poste mientras otro tiraba flechas hacia (*toward*) un blanco (*target*).

____ 7. Un corredor se sentía enfermo y no pudo correr más. Así que empezó a caminar. Sin embargo, llegó a la línea de meta.

____ 8. Había muchos espectadores y todos teníamos nuestro pañuelo.

a. la corrida de toros
b. el maratón
c. el partido de fútbol
d. los juegos deportivos indígenas

PASO 2. En parejas, túrnense para leer lo que cuentan varias personas de su experiencia de asistir a uno de estos espectáculos. Usen el pretérito o el imperfecto para llenar los espacios en blanco con la forma correcta del verbo entre paréntesis. También decidan a qué espectáculo asistieron las personas.

MODELO: Antes de salir, yo _____ (ponerse) un jersey de mi equipo favorito. Cuando salí de mi casa, _____ (tener) las entradas en mi bolsillo (*pocket*). Yo _____ (llegar) temprano para ver a los jugadores mientras _____ (hacer) ejercicios de calentamiento.
¿A qué actividad deportiva asistí yo? Tú... asististe a un partido de fútbol.

1. Cuando llegamos, _____ (ser) las seis de la mañana y había muchos deportistas que _____ (hacer) estiramientos. Nosotros _____ (tener) un letrero con el nombre de nuestro amigo en mayúscula para animarlo.
¿A qué actividad deportiva asistimos nosotros? Uds... _____

2. Cuando Andrea y su amiga Inés _____ (llegar), _____ (ser) las cinco de la tarde y _____ (hacer) mucho sol. No pudieron comprar entradas para los buenos asientos, así que ellas _____ (tener) mucho calor durante el espectáculo. Mientras _____ (mirar) el drama del evento, al final ellas _____ (sacar) su pañuelo y lo agitaron para mostrar que estaban contentas con los atletas.
¿A qué actividad deportiva asistieron ellas? _____

3. Ayer, yo _____ (asistir) a un espectáculo deportivo muy interesante. Antes de llegar, yo no _____ (saber) nada de las actividades que los deportistas hacían. Yo _____ (ver) una variedad de eventos. Los deportistas _____ (estar) en un campo y mucho del equipo, por ejemplo los arcos y las flechas, era hecho a mano.
¿A qué actividad deportiva asistí yo? Tú... _____

4. El sábado pasado por la tarde, Enrique y sus primos _____ (estar) muy emocionados mientras _____ (prepararse) para ir al estadio y ver el deporte que más les _____ (apasionar). _____ (Llegar) temprano y _____ un ojo de la cara por los mejores asientos. Mientras ellos _____ (mirar) desde las gradas, su equipo _____ (marcar) cuatro goles. Siempre que su equipo _____ (marcar) un gol, ellos _____ la bandera de su país.
¿A qué actividad deportiva asistieron ellos? _____

PASO 3. Imagina que tú fuiste a dos de los espectáculos del **Paso 1.** Escribe oraciones para contestar las siguientes preguntas. Luego, en parejas, túrnense para hacerse preguntas sobre la experiencia de asistir a uno de estos espectáculos. Sean creativos y den todos los detalles que puedan.

- ¿Qué hora era?
- ¿Qué tiempo hacía?
- ¿Cuántas personas había?
- ¿Qué hacían muchas personas?
- ¿Qué hizo un aficionado / una aficionada mientras miraba el espectáculo?

> **MODELO:** Los juegos deportivos indígenas
>
> E1: ¿Qué hora era cuando llegaste?
>
> E2: Eran las dos de la tarde cuando llegué.
>
> E1: ¿Y a qué hora iba a empezar la actividad?
>
> E2: Llegué justo a tiempo porque empezaron a las dos.
>
> E1: ¿Qué tiempo hacía?
>
> E2: Llovía. Por eso yo...

D. ¿Qué opinan los demás?

PASO 1. Las personas entrevistadas contestan las siguientes preguntas. Lee las preguntas y escribe por lo menos cinco palabras del vocabulario de este capítulo que probablemente van a incluir en sus respuestas.

- ¿Podría Ud. describir los deportes más populares en su país? ¿Qué hacen los aficionados para celebrar su equipo favorito? ¿Es Ud. aficionado/a de algún deporte o equipo?

© Ezequiel Becerra/AFP/Getty Images

- ¿Qué opina Ud. del fútbol? ¿Qué importancia tiene en su país, pueblo o comunidad? En su país, ¿se consideran héroes a los futbolistas y otros atletas profesionales?
- ¿Practica Ud. algún deporte? ¿Practicaba algún deporte de niño/a?

1. _____ 2. _____ 3. _____ 4. _____ 5. _____

PASO 2. Lee los siguientes comentarios de los entrevistados e identifica el tema de la pregunta a la que responden. Luego, explica si te identificas con la cita o si describe tu país.

> **MODELO:** a «En Puerto Rico tienen su propia liga de voleibol, en donde cada ciudad de Puerto Rico tiene su propio equipo. Y ellos compiten entre sí y cada cuatro años, de todos esos equipos, escogen a los mejores jugadores para representar a la isla en las Olimpiadas.»
>
> En mi país, el vóleibol es popular en el colegio pero no es muy popular al nivel profesional. Me acuerdo que miré unos partidos de vóleibol durante las últimas Olimpiadas. En mi país no hay equipos que representen una ciudad.

_____ 1. «Todo el mundo se va a las casas de otras personas a ver el juego, a representar a Puerto Rico, a crear, hacen camisas, banderas de todo tipo, porque es un deporte que cada punto, ellos se lo viven, se lo celebran.»

_____ 2. «El deporte más popular en República Dominicana es el béisbol.»

_____ 3. «De niña yo practicaba la natación, mucho, y luego cuando crecí, tenía como 12 años, empecé a hacer el softbol y siempre me ha gustado el tenis.»

_____ 4. «Cuando está la Copa Mundial yo veo todos los juegos.»

_____ 5. «Y yo pienso que esa fue la razón por cual el fútbol no fue tan grande en Puerto Rico porque no le han tomado tanta atención hasta ahora en la isla.»

_____ 6. «Bueno, en Costa Rica de todo, nos pintamos las caras de los colores de la bandera. Entonces es azul, blanco y rojo.»

a. los deportes en su país
b. el fanatismo deportivo
c. el fútbol
d. los deportes que Ud. practica / practicaba

PASO 3. Primero, lee las preguntas sobre las entrevistas que vas a mirar. Luego, mira las entrevistas, saca apuntes y contesta las preguntas.

© McGraw-Hill Education/ Klic Video Productions

Nadja

Steve

Michelle

Palabras útiles

el auge
increase, surge, growth

la cuerda
rope, cord

el fisiculturismo
bodybuilding

la patineta
skateboarding

el pito
horn sound

el portero
goalie

toparse
to come across, to happen upon

ya que
since, now that

MODELO: Además del baloncesto, ¿qué otros deportes le interesan a Steve?

A Steve le interesan la patineta, el fisiculturismo y las artes marciales.

1. ¿Quién tiene un amigo que es portero para la selección de fútbol, Real Madrid? _____

2. ¿En qué país se suben las personas arriba de los carros, van en procesión y gritan con música para celebrar el equipo de béisbol? _____

3. ¿Quién ganó una medalla de oro en una competencia de jiujitsu brasileño? _____

4. ¿Qué deportes practicaba Michelle de niña? _____
_____

5. ¿Qué deporte era muy importante cuando Steve estaba creciendo?
_____

6. De los tres países de origen de los entrevistados, ¿en dónde es más popular el fútbol? _____

PASO 4. En parejas, primero, túrnense para leer las siguientes citas. Luego, indiquen quién dijo cada una. Por último, contesten las preguntas.

1. «Bueno, yo, la verdad es que bueno, el fútbol es parte del corazón del país. No era tan fanática pero soy amiga de uno los jugadores, entonces como que después de eso, pues me metí mucho en apoyar a mi amigo.»

   Preguntas: ¿Quién dijo esto? ¿Qué hace su amigo? ¿Qué quiere decir cuando dice que el fútbol es parte del corazón del país? _____

   _____

   _____

2. «Como adulta me topé con un deporte que es el jiujitsu brasileño y entonces, en el 2012, pues hice un año intenso que me encantó y competí en la competencia internacional Federal de jiujitsu brasileño en Panamá. Y gané medalla de oro para Costa Rica.»

   Preguntas: ¿Quién dijo esto? ¿Cuánto tiempo practicó antes de competir en la competencia internacional de jiujitsu brasileño? ¿Qué ganó en esta competencia? _____

3. «En Puerto Rico tienen su propia liga de voleibol, en donde cada ciudad de Puerto Rico tiene su propio equipo. Y ellos compiten entre sí y cada cuatro años, de todos esos equipos, escogen a los mejores jugadores para representar a la isla en las Olimpiadas.»

   Preguntas: ¿Quién dijo esto? ¿Qué tiene cada ciudad de Puerto Rico? ¿Quiénes representan a Puerto Rico en las Olimpiadas? _____

   _____

   _____

4. «Tengo una patineta, so [sic] que no hago trucos ni nada profesional pero sí corro mucho la patineta. Y me gusta el fisiculturismo, estoy ahora poco a poco entrenando en el gimnasio, tratando de crecer algunas libritas para ver si me veo un poco mejor.»

   Preguntas: ¿Quién dijo esto? ¿Qué no hace con la patineta? ¿Para qué entrena con el fisiculturismo? _____

   _____

5. «Es impresionante, ellos desde los cinco años, ves a los niños, aunque no tengan pelota, aunque no tengan bate, lo, hacen una pelota, ponen muchísimas camisas juntas, con cuerdas, lo que encuentren.»

   Preguntas: ¿Quién dijo esto? ¿De qué deporte habla? ¿Qué tratan de crear los niños? _____

   _____

   _____

PASO 5. En parejas, conversen sobre sus propias ideas respecto a las preguntas del **Paso 1.**

Comprueba tu progreso

Use the verbs provided and what you have learned thus far about the preterite and the imperfect to complete the conversation between Marcos and his friend about a recent circus experience. If no verb is given, write the appropriate indirect object pronoun. Check your answers when you're finished!

MARCOS: Hola, Roberto. Me han dicho que piensas ir al circo este fin de semana. Pues, Elena y yo _____¹ (ir) el sábado pasado y lo _____² (pasar) muy bien. Te lo recomiendo.

ROBERTO: ¡Ay qué bien! _____³ (*Nosotros*: Querer) ir el fin de semana pasado pero _____⁴ (*nosotros*: llegar) a la taquilla tarde y ya no _____⁵ (quedar) entradas.

MARCOS: ¡Ay, qué pena!

ROBERTO: Sí, _____⁶ (*nosotros*: estar) desilusionados de no poder ir al circo, pero en su lugar _____⁷ (*nosotros*: decidir) ver una película. Y afortunadamente _____⁸ (*yo:* conseguir) entradas al circo para el sábado que viene.

MARCOS: ¡Genial! No sé si lo has visto antes, pero _____⁹ digo que es uno de los mejores circos que he visto. _____¹⁰ (Haber) muchos animales, acróbatas y ¡hasta un payaso divertidísimo que _____¹¹ (ir) de un lado de la carpa (*tent*) a otro en su mini-moto toda la noche!

ROBERTO: ¡Vaya! Oye, di___,¹² ¿había domadores de leones también? A mi novia _____¹³ fascinan.

MARCOS: Sí, y son fantásticos. Un león _____¹⁴ (saltar) de su jaula y _____¹⁵ (asustar) al público, pero uno de los domadores se le acercó al león y _____¹⁶ rasgó la cabeza y dentro de unos segundos el león le _____¹⁷ (estar) lamiendo la cara, contentísimo. _____¹⁸ (Ser) increíble.

Respuestas

1. fuimos; 2. pasamos; 3. Quisimos; 4. llegamos; 5. quedaban; 6. estábamos; 7. decidimos; 8. conseguí; 9. te; 10. Había; 11. iba; 12. me; 13. le; 14. saltó; 15. asustó; 16. le; 17. estaba; 18. Fue

A. La vida del niño: las esperanzas y los logros (*achievements*) personales

La vida temprana de una persona está llena de hitos (*milestones*): se aprende a caminar, a hablar, a leer y escribir, a atarse los cordones, a montar en bicicleta. Es característica esencial de los niños querer aumentar su capacidad de relacionarse con el mundo: comprenderlo y ser comprendidos, tener el mismo sentido de autonomía que ven cuando observan a sus padres, a sus hermanos y/o amigos mayores, a sus vecinos y a sus maestros. Pero a menudo esas aspiraciones no concuerdan con las realidades físicas y psicosociales de lo que es ser niño. Por consiguiente, nace el refrán universal, «Cuando sea mayor... ».

En parejas, miren las fotos, piensen en su niñez y contesten las preguntas.

© BananaStock/age fotostock RF

© JGI/Jamie Grill/Blend Images LLC RF

1. ¿Compartías los mismos sueños, de ser bombero/a o superhéroe? ¿Cuáles eran tus esperanzas y sueños para el futuro? ¿Qué profesión querías tener cuando tenías 7 u 8 años? ¿Quieres todavía hacerla? ¿Por qué?

2. ¿Qué actividades podías hacer cuando eras niño/a? ¿Había algo que querías hacer, pero que no te resultó fácil? ¿Algo que te prohibían tus padres?

3. ¿Puedes recordar la experiencia de intentar hacer algo repetidamente, hasta que finalmente lo hiciste? ¿Qué era? ¿Cómo te sentiste al tener éxito?

B. La imaginación y la formación personal

PASO 1. La imaginación creativa cumple un papel importante en la formación psicológica del niño y su comprensión del mundo. Al utilizar la fantasía e imaginarse cosas que no existen, los niños concretan su conceptualización de los límites de la realidad. Esta función es tan importante que explica en parte la existencia universal de los cuentos de hadas y leyendas fantásticas y su popularidad entre los niños. Los cuentos fantásticos estimulan la imaginación y les enseñan valores culturales. A través de la fantasía, los niños encaran (*face*) los miedos y exploran su propia identidad, sus deseos y sus preocupaciones.

Lee la leyenda y elige el pretérito o el imperfecto para llenar los espacios en blanco con la forma correcta de los verbos entre paréntesis.

FLOR NACIENTE Y EL MAÍZ BLANCO

(CUENTO TRADICIONAL DE EL SALVADOR)

Hace mucho tiempo la señora de los pipil tuvo una niña y la llamó Flor Naciente. _____[1] (Ser) una niña preciosa con unos dientes blancos como perlas. Un día que estaba jugando en el río _____[2] (escuchar) una voz que decía «Si la hermosa doncella quiere conocer a un hombre dulce, debe seguir las huellas que dejaron sus pies más allá del río.»

Y como _____[3] (ser) muy curiosa, la niña _____[4] (caminar) y _____[5] (caminar) siguiendo las huellas[a] hasta que volvió a escuchar la misma voz: «Soy el señor de los murciélagos.[b] Si te quedas conmigo, seremos felices y nuestros hijos serán los más hermosos.»

Ella _____[6] (decidir) quedarse y tuvieron un hijo con los dientes tan blancos como los suyos. Pero un día le _____[7] (llegar) a Flor Naciente la noticia de que su pueblo _____[8] (pasar) hambre ya que miles y miles de ratones arrasaron[c] los campos y comieron todo el maíz.

Como _____[9] (amar) a su pueblo, _____[10] (ir) a ayudarlos a buscar la semilla[d] del maíz, pero por mucho que buscaba no la encontraba. Desesperada, le _____[11] (contar) a su marido lo que _____[12] (pasar) y este le _____[13] (decir) «Dile a tu pueblo que trabaje la tierra, y cuando a nuestro hijo le caiga su primer diente,[e] deberás plantarlo. Confía en mí.»

Y ¿sabes qué _____[14] (pasar)? Pues que la tierra _____[15] (dar) su fruto y los granos del maíz _____[16] (ser) blancos como los dientes de un niño. Desde ese momento el maíz es blanco en recuerdo de una chiquilla que sementó[f] un diente de su hijo para salvar a su pueblo.

© Pixtal/age fotostock RF

---

[a]*footprints*   [b]*bats*   [c]*destroyed*   [d]*seed*   [e]*cuando... when our son's first tooth falls out*   [f]*sowed*

PASO 2. En parejas, lean la tira cómica y contesten las preguntas.

1. ¿Qué implica el hecho de que decida hacerle un dibujo a Papá Noel, en vez de escribirle una carta?

2. De niño, ¿creías en Santa Claus o Papá Noel? ¿Hasta cuándo? ¿Cómo aprendiste la verdad? ¿Cómo te sentiste?

3. ¿Utilizan los padres los personajes imaginarios solo para hacerles a sus hijos portarse bien? ¿Hay otra razón?

4. ¿Creías en otras figuras imaginarias? Eran personajes amables, como un hada madrina (un... *fairy godmother*), o espantosos, como monstruos? ¿Recuerdas de dónde vino esta creencia —de los padres, o un amigo, o de tu propia imaginación?

Antes de leer

C. La Navidad en Sudamérica

Según la tradición popular, visita Papá Noel en Nochebuena, trayéndoles regalos a los niños. Como Santa Claus en los Estados Unidos, la figura de Papá Noel se originó en las tradiciones cristianas de celebrar el día anterior al nacimiento de Jesucristo (25 de diciembre). Se reúnen las familias y es común asistir a la Misa de Gallo a medianoche. En algunos lugares, como Bolivia, la familia cena después de la misa.

© Martin Bernetti/AFP/Getty Images

Unas niñas chilenas visitan a Papá Noel en diciembre en Santiago. Fíjate en la ropa que llevan.

Aunque la Navidad ocurre durante el verano en Sudamérica, las imágenes y los símbolos de la festividad son muy parecidos a los del hemisferio norte, incluso los árboles navideños, La Virgen y los Reyes Magos. La comida es distinta —típicamente hace mucho calor y una ensalada fría sirve mejor que los platos navideños estadounidenses.

En parejas, túrnense para describir estas (u otras) celebraciones de tu niñez.

1. De niño/a, ¿celebrabas la Navidad u otra festividad religiosa, como Hanukkah o Ramadán?
2. ¿Dónde y con quiénes celebrabas? ¿Qué comían? ¿Había tradiciones especiales de tu familia?

¡A leer!

El autor de este cuento, Federico Ivanier, nació en Montevideo, Uruguay. Escribe principalmente literatura juvenil, pero también ha sido profesor de sociología, inglés y cinematografía. Ha ganado varios premios por sus obras, entre ellas la novela *Martina Valiente*. Ha ganado el Premio Nacional de Literatura del Ministerio de Educación y Cultura del Uruguay cuatro veces.

© Silvina Borges

«CUATRO BICICLETAS»

– FEDERICO IVANIER

Siempre odié las Navidades. Siempre detesté todo acerca de ellas. Todo: la histeria de las compras, las locuras del 24, las corridas para salir con un millón de cosas rumbo a[a] la casa de la tía Claudia, el calor insoportable y el sudorcito[b] que me recubría antes de llegar. Nunca me banqué[c] ni el turrón[d], ni el pan dulce, ni el budín[e] inglés, ni las avellanas[f], ni nada esa comida invernal destinada a recargarte[g] de calorías. ¿Acaso nadie se da cuenta de que estamos en Uruguay y ya es verano y seguro en ese día se superaron los 35 grados?

Y después, chequear todo el tiempo el reloj, consultar con la tele, con el teléfono, a ver cuándo iban a ser justito, justito las doce, ni un minuto más, ni uno menos, para ir a observar cómo la gente literalmente quemaba dinero con fuegos artificiales. Y cuando ya terminó eso, todo el mundo te besuqueó, te deseó feliz Navidad y brindó con sidra. ¡A abrir los regalos!

Todo el mundo empieza a decir, como si tuvieran una sobredosis de antidepresivos: *vino Papá Noel, vino Papá Noel*. Se piensan que seguimos en el jardín de infantes. Ya desde primero sabés que ningún gordito se metió en el *living* justo cuando vos no veías. Pero los adultos son impenetrables a estas cuestiones. Les encantan los juegos donde ellos mienten y los niños, como unas bananas, les creen todo. Y ojo, no importa si ya dejaste de ser niño. Ellos igual siguen. Así que dale que va: *vino Papá Noel, vino Papá Noel*, cuando se sabe que el tío Marcos o la tía Claudia terminaron de acomodar los paquetes junto a un arbolito que, en pleno verano de un país donde nunca nieva, ¡tiene nieve! Y no queda otra que abrir los regalos. Tus temores[h] se confirman: alguien te regaló medias de fútbol de equipos como Jorge Wilsterman o Guaraní. Eso o calzoncillos con dibujos de *Los Padrinos Mágicos*. Sí, detesto todo eso. Detesto que Papá Noel lleve ese ridículo disfraz rojo, abrigado como si estuviera en el Polo cuando los mosquitos no te dejan dormir de noche. Y detesto que venga en un trineo[i] de renos[j]. A ver, ¿cuánta gente en Uruguay tuvo alguna vez un trineo o vio de veras un reno? Si alguien viera renos por acá, haría asado[k] de reno, pulpón[l] de reno, chorizo[m] de reno, morcilla[n] de reno, pamplonas[ñ] de reno y mollejas[o] de reno. Mirá si acá algún reno se nos va a ir volando. Justo.

Ufa con la Navidad. Es, supuestamente, un momento para pasar bien, pero no: todo el mundo anda estresado, a lo loco de acá para allá. No tiene sentido. ¿Nadie se da cuenta? Termina siendo un negocio gigantesco, nada más. Y no soy el único que piensa así, ¿eh? Estoy cansado de escuchar a varios que odian las fiestas. Pero nunca hacen nada. Nunca arman un boicot respetable. Se estresan. Y se olvidan que pasar bien debería ser algo simple, sencillo.

Ah, pero eso, en Navidad, es imposible.

Lo que, por supuesto, me lleva a detestarla todavía más.

Y, obvio, sí, también está el costado[p] de mis padres. Antes, cuando estaban casados, se peleaban por qué llevar para la cena, con qué ropa cada uno debía ir vestido, a qué hora estar prontos, qué faltaba hacer, etcétera, etcétera. Las fiestas les multiplicaban las discusiones. Y llegaban a la casa de mi tía malhumorados.[q]

Ahora que están separados, debería ser más fácil, pero no. Tampoco. Ahora el tema es con quién mi hermana Ainara y yo vamos a pasar las fiestas. El acuerdo es que se turnan: pasamos un 24 con cada uno, pero igual los dos quieren vernos aunque sea[r] un ratito ese día.

Es debido a[s] toda esta serie de consideraciones que, finalmente, tomé una decisión clave e inquebrantable:[t] hacer una (la primera del mundo, estoy seguro) huelga[u] de Navidad.

—¡¿Una qué?! —saltó mi madre.

—Una huelga de Navidad —le repetí, en tono monocorde.[v]

—¿Qué es eso?

—Una medida de fuerza para mostrar mi odio profundo a la Navidad.

—Ajá —(es lo que dice cuando no sabe qué decir).

—Por tanto —culminé—, decidí que no voy a participar en nada que tenga que ver con este ritual decrépito y deprimente.

—¿Cómo que no vas a participar en nada? No entiendo.

—No voy a hacer nada, eso. No voy a ir a reunirme, no le voy a desear feliz Navidad a nadie, no voy a escuchar ninguna oración que incluya las palabras Papá Noel o, peor todavía, Santa Claus. Tampoco voy a recibir regalos ni a ayudar a poner la mesa ni a comer pan dulce ni lengua a la vinagreta.[w] Voy a hacer huelga. He dicho.

Vi que me contemplaba asombrada.[x] Azorada,[y] diría yo. Pensaba qué decirme. Y no se le ocurría nada.

—No podés ponerte de huelga. Tenés trece años, nada más —me dijo Ainara, que estaba allí, en el *living*, contemplando la conversación y viendo qué podía sacar ella a su favor. Mi hermana es así. De aprovechar todas las oportunidades.

Mi hermana se dirigió a mi madre.

—Pensándolo bien, Francisco tiene derecho a ponerse de huelga. Yo también estoy de huelga. ¡Vamos a hacer un piquete![z]

—Que se anulen[aa] las Navidades para siempre —dije, apostando fuerte.[bb]

—Imposible.

—Bueno, entonces, no sé —repliqué—. Que se me dé libertad de acción ese día.

—Se nos dé —aclaró Ainara.

—Uf, sí, sí. Libertad, siempre libertad —resopló[cc] mi madre—. ¿Libertad para hacer qué?

—No sé. Para andar en bici.

Que nadie se crea que eso era un plan o fantasía o algo así que yo tenía. No, nada que ver. Dije lo primero que se me cruzó, nomás.[dd]

—Bueno, podés ir a andar en bici todo el día… Y de noche…

—No. Me refiero, precisamente, a andar en bici de noche.

En realidad, no tenía mucho sentido lo que estaba diciendo, razón por la que, obviamente, me encantaba decirlo. Más allá de eso, tampoco era que yo viviera muy pendiente[ee] de andar en bici ni nada. Pero fue lo más en contra[ff] que se me ocurrió.

—Muy bien —pronunció mi madre, dando por terminada la negociación colectiva—. Tenés permiso para quedarte solo en casa ese día.

Pasaron los días y finalmente llegó el 24. Ni una palabra acerca de mi huelga. La mía y la de Ainara, en todo caso, aunque ella pedía una suspensión de las medidas de lucha para abrir regalos (pensaba recibirlos igual).

Llegaron las diez de la noche y todo estaba tranquilo, tranquilísimo. Mi madre no parecía con planes de ir a lo de la tía Claudia. Chequeé en el almanaque,[gg] para ver que no me había confundido de fecha, y no, no me había confundido. Era 24 de diciembre nomás. Bueno, pensé. Y a eso de las diez y cuarto, llegó mi padre… en bicicleta.

—Muy bien, ¿están listos? —preguntó luego de[hh] los saludos.

Había traído también una bicicleta para mi madre y cuatro chalecos fosforentes.[ii]

—¿Y todo eso? —le dije.

—Nos plegamos[jj] a la huelga —sonrió mi madre, haciéndome una guiñada.[kk]

Y ante mi absoluto pasmo,[ll] repartió chalecos, nos hizo ponérnoslos, ella misma se colocó uno, se calzó[mm] una mochila, se puso un chaleco y se subió a su birrodado.[nn]

—Bueno, Franchu —suspiró mi padre—, guíanos.

—¿Guíanos? ¿Guíanos adónde?

—¿No era que querías pasar Navidad en bici?

—Sí, pero...

—¿Qué?

—Okey, ¿cuál es la trampa?[ññ]

—Francisco Daniel Echeverría —me encaró mi padre—, permitime que, humildemente, te dé un consejo: no seas tan paparulo como para no darte cuenta de cuando conseguiste lo que querías. Guíanos.

—Entonces... ¿vos también venís con nosotros?

—Hasta donde sé —me dijo, con una sonrisa—, estamos todos de huelga, ¿no?

¿No tenés nada para discutir con mamá?, pensé, sin decirle nada. ¿No se van a pelear por nada?

Solté una risa y me subí a mi bici. Si no tenían planes de discutir, mucho mejor. ¡Huelga de discusiones también, caramba! Y así salimos. Recorrimos Montevideo mientras todo el mundo se juntaba a comer. La ciudad entera parecía adormilarse[oo] bajo la noche estrellada, como acostada en una hamaca paraguaya.

Tomamos por sitios que nunca había visto, yendo despacio, comentando detalles. En un par de ocasiones, incluso nos dimos cuenta de que íbamos por lugares familiares, pero que, en cierto modo, les descubríamos características, hasta ese momento, desapercibidas.[pp] No seguimos ningún camino en particular: nada más torcíamos[qq] hacia un lado u otro o seguíamos de largo si se nos antojaba.[rr]

Terminamos en las canteras[rrrr] del Parque Rodó, mirando el mar, donde se reflejaba la luna, y la costa con los edificios, que formaban un arco casi interminable. Nos sentamos en el pasto[ss] y justo cuando empezaba a tener hambre, mi madre abrió su mochila y sacó una torta de pollo y un par de refrescos. Mi padre hizo aparecer unos sándwiches y la cena estaba lista. Una cena insuperable, porque la torta de pollo de mi madre es de calidad intergaláctica.

—Feliz Navidad —me dijo mi madre.

—Igualmente —le respondí.

No pasó nada sobre lo que algún día se podría escribir un cuento, creo yo. Pero igual me puse a pensar que estaba buenísimo estar ahí. ¡Hasta era posible pasar bien en Navidad, mirá vos!

No había sido tan difícil, en realidad. Había alcanzado con cuatro bicicletas. Y dos, eran prestadas.

---

[a]rumbo... *on the way to* [b]*sweat* [c]me... *put up with* [d]*nougat candy* [e]*pudding* [f]*hazelnuts* [g]*fill you up* [h]*fears* [i]*sleigh* [j]*reindeer* [k]*barbecue* [l]*steak* [m]*sausage* [n]*blood sausage* [ñ]*stuffed meat* [o]*sweetbreads* [p]*issue* [q]*in a bad mood* [r]*aunque... even if it's* [s]*debido... due to* [t]*unyielding* [u]*strike* [v]*monotone* [w]*lengua... beeftongue vinaigrette* [x]*astonished* [y]*amazed* [z]*picket* [aa]*se... cancel* [bb]*apostando... doubling down* [cc]*puffed* [dd]*Dije... I just said the first thing that popped into my head, that's all* [ee]*viviera... cared that much about* [ff]*en... contrary* [gg]*almanac* [hh]*luego... after* [ii]*chalecos... reflective vests* [jj]*Nos... We yield* [kk]*wink* [ll]*shock* [mm]*se... put on* [nn]*bike* [ññ]*catch* [oo]*doze* [pp]*unnoticed* [rr]*turned* [rr]*se... we felt like it* [rrrr]*quarries* [ss]*grass*

D. Después de leer

PASO 1. Según las actitudes que demuestran los personajes en el cuento, identifica quién probablemente expresó las siguientes opiniones, poniendo una X bajo el personaje. Explica tus respuestas. **¡OJO!** Puede haber más de una respuesta correcta.

¿Quién lo habría dicho?				
	Francisco	**Ainara**	**la madre**	**el padre**
1. Estoy de acuerdo. Debemos hacer una huelga de Navidad.				
2. Pero todavía quiero recibir regalos.				
3. Lo más importante es pasar tiempo juntos sin discutir.				
4. Me encantan los fuegos artificiales.				
5. Vamos a andar en bici toda la noche.				
6. Tenía dudas, pero en fin me divertí.				

PASO 2. En grupos pequeños, contesten las preguntas.

1. ¿Por qué odia tanto Francisco las Navidades? Menciona por lo menos tres razones. ¿Hay otra razón implícita, que no menciona? _____

_____

2. Cuando se queja de Papá Noel, ¿por qué dice «peor todavía, Santa Claus»? _____

3. ¿Te parece Francisco muy listo? ¿Por qué? Da un ejemplo del cuento para apoyar tu respuesta. _____

4. ¿Qué emociones nos transmite el siguiente pasaje en que habla el narrador? ¿Cómo se siente? ¿Cómo lo sabes?

«Y después, chequear todo el tiempo el reloj, consultar con la tele, con el teléfono, a ver cuándo iban a ser justito, justito las doce, ni un minuto más, ni uno menos, para ir a observar cómo la gente literalmente quemaba dinero con fuegos artificiales.»

_____

_____

5. Dice Francisco que no le importa tanto andar en bicicleta. ¿Por qué <u>insiste</u> en hacerlo, y de noche? _____

6. ¿Por qué está contento al final? _____

PASO 3. Imagina que tienes que resumir este cuento para alguien que no lo haya leído. Describe el punto de vista del narrador, el conflicto principal del cuento, tres sucesos claves del cuento, y el desenlace del cuento. Usa el tiempo pasado.

E. ¿Qué opinan los demás?

PASO 1. Las personas entrevistadas contestan las siguientes preguntas. Escribe por lo menos cinco palabras del vocabulario de este capítulo que probablemente van a incluir en sus respuestas.

- ¿Creía en Papá Noel o Santa Claus cuando era niño/a? ¿Hasta cuándo? ¿Sigue siendo una tradición en su familia?

- ¿Cómo es la niñez / la infancia típica en su país o comunidad?

- En su opinión, ¿cuál fue «la magia» que Hipólito encontró donde no buscaba? ¿Tomó Hipólito la decisión correcta al final de la historia? ¿Por qué?

1. _____ 2. _____ 3. _____ 4. _____ 5. _____

PASO 2. Lee algunas de las ideas expresadas por los entrevistados sobre las creencias de la infancia, la niñez típica, los juguetes y el final del cortometraje. Elige una idea de cada tema con la que más te identifiques y explica. Si no te identificas con ninguna opción, explica por qué.

© Majority World/UIG via Getty Images

EL TEMA	LAS IDEAS
las creencias de las infancia	a. Me di cuenta de que Papá Noel no era real cuando tenía siete años.
	b. Creía que un ratoncito dejaba dinero debajo de la almohada cuando se te caía un diente.
	c. Creía que los Reyes Magos me traían regalos y el día de los Reyes Magos, el seis de enero, era un día muy importante.
la niñez típica	a. La infancia típica es jugar en el exterior, es salir al barrio y jugar con los vecinos.
	b. La niñez consiste en anticipar y celebrar muchos días de fiesta cuando recibes regalos.
	c. Los adultos les ponen demasiada atención a los niños.
los juguetes	a. El mejor juguete era un trompo.
	b. Mi juguete preferido eran los Barbies.
el final del cortometraje	a. La «magia» que Hipólito buscaba era la paciencia porque al ser de la ciudad y ser buscatalentos, no la tenía.
	b. La «magia» que Hipólito buscaba es la idea de que el ser humano vale más que el dinero.

 PASO 3. Primero, revisa las ideas expresadas por los entrevistados. Luego, mira las entrevistas e indica el nombre de la persona que expresó cada idea. Por último, completa los espacios en blanco con la forma correcta del verbo indicado.

Nadja

Steve

© McGraw-Hill Education/Klic Video Productions

Michelle

<table><tr><td>**Palabras útiles**

la dicha
happiness
romper el alma
to break one's
heart (*lit.* soul)</td></tr></table>

_____ 1. «Pues, siento que en la historia de Hipólito con la magia, creo que el mensaje para mí fue lo que dice su madre adoptiva, que es paciencia. Que si él tenía, si ellos le _____ (poder) ofrecer al niño paciencia y tiempo.»

_____ 2. «Cuando era pequeño, yo _____ (pensar) que yo era el rey del mundo. Porque había tantas fantasías y tantas cosas que mi mamá me hacía creer.»

_____ 3. «Sí tenía buena imaginación porque siempre me ha gustado escribir historias. Entonces siempre me, me ponía a escribir historias que _____ (inventarse).»

_____ 4. «Mi opinión, la magia que le encontró fue que es más importante o vale más un ser humano que el dinero. Yo creo que sí _____ (hacer) la decisión correcta. Creo que él aprendió, fue, fue una lección: que aunque _____ (ir) a perder tal vez su trabajo o dinero, era más importante que el niño estuviera bien.»

_____ 5. «Porque como crecí con hermanas, no tuve, no tuve la dicha de tener muchos juguetes míos. Y tuve que compartir las Barbies de mis hermanas, y pues yo _____ (crear) situaciones con las Barbies y con los muñecos que ellas tenían. En donde _____ (*nosotros:* hacer) literalmente lucha libre, o estaban saliendo en un "date", diferentes tipos de situaciones.»

 PASO 4. Termina las siguientes oraciones para describir las ideas expresadas por una de las personas entrevistadas. Luego, compara tu vida con esas ideas. Comparte tus oraciones con tu pareja y pídele que reaccione a tus oraciones.

1. Nadja / Steve / Michelle creía que...
2. La niñez típica según Nadja / Steve / Michelle...
3. El juguete favorito de Nadja / Steve / Michelle era...
4. Nadja / Michelle cree que el mensaje del cortometraje es...

 PASO 5. En parejas, conversen sobre sus propias ideas respecto a las preguntas del **Paso 1.**

F. El trasfondo geográfico/cultural: El trabajo infantil, un dilema mundial*

PASO 1. Lee la información sobre el trabajo infantil y contesta las preguntas.

Según UNICEF, hoy en día más de 155 millones de personas bajo la edad de 14 años trabajan, la mitad de ellos en condiciones peligrosas. En América Latina, hay 13 millones de niños en situaciones de trabajo infantil. Los dos factores que más predicen esta situación son la pobreza y la ubicación en zonas rurales. En 1959, setenta y ocho naciones firmaron la Declaración de los Derechos del Niño, que prohíbe este tipo de explotación.

El trabajo infantil existe en los Estados Unidos también, a pesar de leyes estatales, nacionales e internacionales. Según organizaciones como Human Rights Watch y la Association of Farmworker Opportunity Programs, más de medio millón de niños trabaja para compañías agrícolas en este país, la mayoría siendo hijos de inmigrantes hispanos.

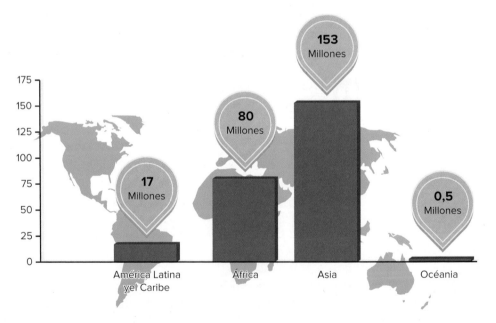

En 1999, había aproximadamente 17 millones de niños en situaciones de trabajo infantil en América Latina y el Caribe, pero este número se ha reducido considerablemente, debido a los esfuerzos de organizaciones nacionales y mundiales, como el Programa Internacional para la Erradicación del Trabajo Infantil (IPEC), una iniciativa de la Organización Internacional del Trabajo.

*Source: "Datos y cifras sobre el trabajo infantil," *Organización Internacional de Trabajo*, 1996. www .ilo.org; "27 million Latin American and Caribbean Youth in the Informal Economy," *International Labor Organization*, April 22, 2015. www.ilo.org

El trabajo infantil se define como el esfuerzo laboral que llevan a cabo niños; puede ocurrir en una variedad de sectores: la agricultura, la fabricación (*manufacturing*), la minería (*mining*), la industria hotelera o restaurantera, hasta el trabajo doméstico. Muchas veces ocurre en contra de leyes nacionales e internacionales, típicamente para contribuir a la situación económica de la familia. Pero la explotación laboral puede realizarse en formas más graves, en que los niños se ven obligados a la esclavitud.

Comprensión

1. En cuanto al número de trabajadores infantiles, ¿cómo se compara América Latina con África? _____

2. ¿Cuáles son los sectores laborales con tasas muy altas de trabajo infantil?
   _____

3. ¿Cuáles son algunos factores que concuerdan con la probabilidad de que un niño / una niña se vea obligado/a a trabajar? _____

4. ¿Existe el trabajo infantil en los Estados Unidos? ¿Dónde? _____
   _____

 PASO 2. En parejas, contesten las preguntas.

1. La agricultura es el sector económico donde se encuentra el mayor número de niños trabajadores. ¿Se deben aplicar las leyes existentes, diseñadas para pequeñas granjas familiares, a los empleados de las granjas más grandes? ¿Por qué?

2. ¿Hay otros sectores económicos en que los niños pueden ser explotados?

3. ¿Cuál es la diferencia entre los quehaceres obligatorios y el trabajo forzado?

4. ¿Qué protecciones sociales tienen los niños para prevenir estos abusos?

 PASO 3. Para investigar más: Además de los riesgos físicos, ¿cuáles son los otros riesgos posibles —a corto plazo y a largo plazo— del trabajo infantil?

 A CONECTARSE CON LA COMUNIDAD: OPORTUNIDADES PARA SERVIR DE VOLUNTARIO/VOLUNTARIA A BENEFICIO DE LOS NIÑOS

Existen muchas oportunidades para trabajo voluntario con niños menos afortunados. En tu propia comunidad, es probable que haya iglesias y otras organizaciones que buscan voluntarios.

A nivel nacional, la Cruz Roja Americana ofrece oportunidades para servir de voluntario/voluntaria, especialmente para personas bilingües:

http://www.redcross.org/cruz-roja/hazte-voluntario

A nivel internacional, la United Nations International Children's Emergency Fund (UNICEF) se dedica a la protección de los derechos del niño y promulga mejoras en la vida de los niños y sus familias:

http://www.unicef.org/spanish/about/employ/index_volunteers.html

V. AMBIENTES EXPRESIVOS

A. Escritura: Contar una historia sobre la niñez

Piensa en los momentos clave de tu niñez. ¿Qué sucesos recuerdas? ¿Cómo puedes hablar de estos momentos pasados ahora? Elige una de las siguientes situaciones.

a. Un momento clave o significativo de tu propia niñez

b. Eres Hipólito y recuerdas un momento clave o interesante de tu infancia. Estabas obsesionado con los deportes.

c. Eres el futbolista joven de La Camelia. Ahora tienes 70 años y le estás contando a tus nietos una historia de tu niñez.

Antes de escribir: Elaborar y agregar descripción y detalles

PASO 1. Primero, escribe los sucesos significativos de un momento clave de tu historia. Conjuga estos verbos en el pretérito.

PASO 2. Luego, al lado de cada acción, escribe la siguiente información.

Una descripción de un lugar o un objeto que sea relevante a esta acción: Piensa en los colores, los sonidos, la textura de algo, los olores, la luz, etcétera, para mejor captar la experiencia que quieres comunicar. Compara y contrasta los objetos y los lugares con algo que revele sus cualidades esenciales.

Una descripción de una persona: Para describir a una persona, no te limites a su apariencia física y su personalidad. Describe sus acciones, emociones y pensamientos. Compara a la persona con algo o alguien. Intenta crear una imagen clara y viva de esta persona.

Información de trasfondo: ¿Qué información de trasfondo se necesita para comprender mejor esta acción o suceso?

Alargar los momentos claves: Piensa en los elementos más emocionantes, interesantes, intrigantes de tu historia. ¿Cómo puedes alargar estas partes de la historia con más detalles?

PASO 3. Después de agregar detalles a todos los sucesos, piensa en la mejor manera de presentar estos sucesos. ¿Debes empezar al final, incluir escenas retrospectivas, o contar la historia desde diferentes perspectivas?

> **MODELO:** Un episodio de la niñez: Cuando me perdí durante un juego de escondite.

Sucesos claves:

a. Mi hermano, otros niños del barrio y yo **decidimos** jugar al escondite.

DESCRIPCIÓN: Era el crepúsculo (*twilight, dusk*) y mientras el sol se escapaba de nuestro mundo pequeño, dejaba huellas (*tracks*) doradas por todo el cielo. Llevaba mi andrajoso (*ragged*) abrigo que me quedaba apretado. Mis brazos sobresalían como dos gusanos que trataban de escapar de la tierra despúes de la lluvia. Iba abrigado, pero no tenía guantes. No se me ocurrió ponérmelos. De niño, me encantaba jugar afuera y no me importaba el frío. Esa noche no había luna y nos quedaba poca luz.

Estrategia: Agregar descripciones y detalles

A good story tells not only the events that occur, but also the details of the events, and the descriptions of the background that provide more form and context to the story. What previous events or conditions led up to the story or impact it in some way? Stories usually combine these two aspects of the past tense to create a more captivating experience for the reader, to control the rhythm of the narrative, and to put emphasis on certain aspects of the story.

b. Mi hermano empezó a contar hasta treinta.

DESCRIPCIÓN: Mi hermano era menor que yo, pero era tan alto que todos pensaban que era mayor que yo. Su altura le facilitaba la vida. Podía trepar casi todos los árboles de nuestra finca y me parecía que la gente lo respetaba, simplemente por su altura. Era callado y era imposible detectar lo que sentía solamente por la expresión de su cara. Su vida interior era un misterio, una cueva (*cave*) oscura en la que no entraba la luz. El juego empezó esa noche cuando se agachó (*bent*) la cabeza y mi hermano se tapó los ojos. Contaba tan lentamente que me entusiasmé pensando que tenía tiempo para pensar en el lugar perfecto.

c. Decidí esconderme en una arboleda cerca de mi casa.

DESCRIPCIÓN: Empecé a correr pero no sabía adónde iba. Poco a poco, me alejaba de mi hermano y cuando ya no podía escuchar su voz monótona que recitaba los números treinta a uno, me di cuenta de que mis manos estaban congeladas, inmóviles como unos ladrillos pesados y fríos...

Corrí rápidamente hacia unos árboles.

Me puse detrás de un árbol grande.

Mi hermano no me **encontró**.

Esperé treinta minutos.

No **pude** encontrar una salida de la arboleda.

¡A escribir!

Ahora escribe una historia de un mínimo de veinte oraciones en el pasado basada en la información que has anotado. Puedes escribirla desde el punto de vista (*point of view*) de uno de los personajes o desde el punto de vista de un narrador objetivo (**ellos, él, ella**). Escribe las acciones usando verbos en el pretérito y el imperfecto, vocabulario de este capítulo y expresiones de transición. Sé creativo/a y no te olvides de agregar detalles.

Después del primer borrador

En parejas, intercambien párrafos. Lee el párrafo de tu pareja y escribe al menos cinco preguntas para descubrir más sobre los detalles de los sucesos. Inventa respuestas a las preguntas que tu pareja te haga y agrega esta información a la versión final de tu párrafo.

B. Nosotros, los actores / las actrices: ¡Cuando era niño/a,... !

PASO 1. En parejas, imaginen la conversación entre los personajes y escriban un guion (*script*) para una de las siguientes situaciones:

a. Hipólito le pregunta a Cholo sobre su niñez y por qué le interesan el fútbol y los documentales.

b. Los artistas del circo conversan sobre su niñez.

c. El futbolista joven de La Camelia le pregunta a Hipólito sobre su niñez.

PASO 2. Ensayen su guion y luego interprétenlo para la clase. Presten atención a la pronunciación, el lenguaje corporal, los gestos y el tono de la voz.

C. Entrevista: Momentos clave de la infancia

Entrevista a una persona hispanohablante sobre los momentos clave de su infancia. Escribe preguntas con por lo menos cinco palabras interrogativas para entrevistarlo/la. Por ejemplo, hazle preguntas sobre qué hacía cuando era niño/a, cómo se divertía, qué actividades hacía, qué juegos jugaba, con quién jugaba. ¿Tiene un recuerdo particular de su niñez?

OPCIONAL: Pregúntale al entrevistado si está bien si filmas un video de la entrevista para mostrarle a la clase.

D. ¡Entrevista por videoconferencia!

Conversa con un(a) hispanohablante por videoconferencia y pregúntale seis a ocho preguntas sobre uno de los siguientes temas:

a. el concepto del éxito y del héroe

b. sus recuerdos sobre los deportes y el espectáculo deportivo

c. los juegos y las actividades de su niñez

Saca apuntes mientras conversan y prepárate a presentar la información a la clase.

E. Investigación: El deporte, la comedia y la diversión

Busca información sobre uno de los siguientes temas en tu país y otro país del mundo hispanohablante. Resume la información que encuentres e incluye datos interesantes. Preséntale la información a tu clase y compara y contrasta las semejanzas y diferencias entre los dos países.

- los juegos tradicionales
- los campeonatos del fútbol y otros deportes profesionales
- la experiencia variada de la infancia
- los chistes y el humor
- el héroe y su lugar en la cultura
- la experiencia de asistir a un espectáculo deportivo

Tabla B

Vocabulario

D. ¿Cómo se juega?

Los piloyes	El ángel
 © Author's Image/ Glow Images RF	 © Brand New Images/ Stone/Getty Images

País dónde es popular el juego	Guatemala	_____
Objeto(s) necesario(s) para jugar.	_____	Una cinta
Objetivo del juego: ¿Cómo se gana?	Ganar más frijoles que los otros jugadores	_____
Reglas para jugar: ¿Qué se hace primero?	Se dividen los frijoles entre todos los jugadores. Se parte (*divide*) por la mitad _____.	Se elige un lugar para poner una línea invisible. Detrás de la línea es la casa. Todos los jugadores se quedan en la «casa».
Reglas para jugar: ¿Qué se hace segundo?	Se elige al azar a un niño a quien le toca el primer turno. El niño elegido tira una de las mitades del frijol.	Se pone la cinta en un lugar lejos de la casa. Un niño es elegido «el ángel» y todos los jugadores se asignan a sí mismos un color distinto (rojo, verde, azul claro, amarillo, etcétera). El ángel tiene que _____ de cada niño.
Reglas para jugar: ¿Qué se hace tercero?	Su compañero adivina qué lado del frijol va a caer boca arriba (*face up*), y dice, «_____».	El ángel se acerca a la casa y empieza el siguiente diálogo: EL ÁNGEL: Tun tun. (*Knock, knock.*) JUGADOR(A) 1: ¿Quién es? EL ÁNGEL: Es el ángel. JUGADOR(A) 1: ¿Qué quieres? EL ÁNGEL: Quiero una cinta. JUGADOR(A) 1: ¿De qué color? El ángel dice el nombre de un color. El niño / La niña que tiene este color asignado, dice… NIÑO/A DEL COLOR NOMBRADO: Yo lo tengo y no te lo quiero dar.
Reglas para jugar, ¿Qué se hace por último?	Si el niño acierta, todos sus compañeros le pagan un frijol entero. Si no acierta, él/ella tiene que pagarles a sus compañeros un frijol entero.	El niño del color elegido corre para tratar de agarrar _____.
El significado del título (¿Cuál es..)	Los piloyes son un tipo de _____.	El ángel es el niño que trata de adivinar el color secreto de los otros niños y trata de atrapar al niño que corre por la cinta.

VOCABULARIO DEL CAPÍTULO 3

La diversión y el espectáculo

apostar (ue)	to bet, to gamble
asombrar	to astonish, to amaze
conmover (ue)	to move (*emotionally*)
dar aplauso(s) caluroso(s)	to applaud warmly (to give a warm round of applause)
entretener (ie)	to entertain, to amuse; to distract
hacer (la) magia	to perform/do/make magic
rodar (ue)	to film, to shoot a movie
el circo	circus
«¡Damas y caballeros... !»	"Ladies and gentlemen. . . !"
la entrada	ticket for admission to an event
el espectáculo	show, performance
la función	show, individual act
el/la mago/a	magician
el/la payaso/a	clown
el público	audience
asombroso/a	amazing

Repaso: asistir a, la obra (de teatro, musical), el/la presentador(a)

El deporte

competir (i)	to compete
fallar	to miss; to fail; to make a mistake
golpear	to hit
lanzar	to throw
marcar	to score, to earn points
meter un gol	to score a goal
patear	to kick
vencer a un(a) oponente	to beat an opponent
el/la aficionado/a	fan
el balón	la pelota
el bate	bat (*as in sporting equipment*)
el/la buscatalentos	talent scout
el campeonato	championship
la cancha	field, court (*for games, sports*)
el deleite	delight, pleasure, enjoyment
el/la ganador(a)	winner

el/la genio/a	genius; phenomenon
la mercancía	merchandise
el/la perdedor(a)	loser
el torneo	tournament

La niñez y la diversión

acercarse	to approach, to go up to
acertar (ie)	to get right, to be right
adivinar	to guess
contar (ue) un chiste	to tell a joke
dar vueltas	to spin around
dibujar	to draw
elegir (i)	to select
esconderse	to hide (oneself)
hacerle caso a alguien	to listen to someone; to pay attention to (*as in obey*) someone
jugar (ue) a las cartas / los naipes	to play cards
reírse (i) (de)	to laugh (at)
repartir	to distribute / divide up randomly
saltar	to jump
tocarle (el turno) a alguien	to be someone's turn
turnarse	to take turns
la adivinanza	riddle
el ajedrez	chess
la baraja de cartas	deck of cards
el comportamiento	behavior
el dado / los dados	die/dice
el juego de azar/ habilidad	game of chance/skill
el juego de mesa	board/table game
el juguete	toy
la muñeca	doll
la partida	game; hand; round (*for table games like cards*)
la pieza	piece (*as in game piece*)
la pista	clue
la rayuela	hopscotch
la regla	rule
imaginario/a	imaginary

CAPÍTULO 4

Los papeles sociales

Las metas: ¿Qué debo saber y poder hacer al final de este capítulo?

Communicative Goals

Students will be able to refer to people and objects using pronouns, give directions and instructions using formal and informal commands, and talk about examples of informal economies, indigenous populations, and gender roles.

Chapter Theme Goals

Summarize and reflect upon the plot of the short film «**Kay Pacha**». Identify and interpret cultural conflicts and perspectives in the film and in interviews with native speakers.

Analyze and compare cultural perspectives and ideas regarding three key intercultural topics:

Informal economies
Indigenous populations
Gender roles

Geographical and Cultural Knowledge Goals

Identify the geographic location of **Perú**. Describe cultural concepts related to indigenous populations and gender roles, traditions, and values in the Spanish-speaking world.

Knowledge of Reading Goals

Summarize and analyze the short story «**La infiel**» and recognize and analyze the cultural attitudes about gender roles.

© María Cristina Medeiros Soux

Pushak, el que dirige de la artista chilena María Cristina Medeiros Soux

Describe este cuadro titulado, *Pushak, el que dirige* de la artista chilena contemporánea, María Cristina Medeiros. El hombre retratado en el cuadro es de la cultura quechua, una cultura indígena de la cordillera de los Andes que vive en partes de la Argentina, Bolivia, Chile, Colombia, el Ecuador y el Perú. En quechua, un idioma hablado por entre ocho y diez millones de personas, «Pushak» significa guía, acompañador, jefe y autoridad.

¿Cómo es la ropa de este hombre? ¿Qué importancia probablemente tiene? ¿Qué detalles artísticos se destacan en este cuadro? El hombre tiene un bastón (*cane, walking stick*) en su mano. ¿Qué propósitos tiene? Según la artista, el arte del renacimiento y del barroco le influye. Además le interesan los arquetipos históricos. ¿Te recuerda este cuadro a obras del renacimiento o del barroco? ¿De qué manera puede ser este hombre un arquetipo?

¿Qué sabes de las poblaciones indígenas en tu país? ¿Tiene algún antepasado indígena tu familia? ¿Puedes nombrar algunos grupos indígenas o sus lenguas?

¿Qué imágenes o símbolos asocias con los indígenas en tu país? ¿Estereotipos? ¿Sabes algo de su historia?

I. ANTICIPACIÓN

A. El póster del cortometraje «Kay Pacha»

© Alvaro Sarmiento

DATOS CINEMATOGRÁFICOS

Director: Álvaro Sarmiento

Fecha: 2013

Personajes: Inés, Leoncio, Maribel, Carmencita

Escenario: el campo

País: Perú

El cortometraje «Kay Pacha» trata de la lucha de dos familias peruanas por sobrevivir. Estas dos jóvenes tienen un papel único en su familia.

PASO 1. Mira el póster del cortometraje y contesta las preguntas.

1. ¿Cómo son estas dos jóvenes? ¿Qué están haciendo en este momento?
2. ¿Dónde están? ¿Por qué se visten así?
3. ¿Cómo se sienten? ¿Por qué?

PASO 2. En parejas, conversen sobre las preguntas.

1. ¿Qué tipo de trabajos son inaceptables para ganar dinero?
2. ¿Has visto ejemplos del uso de la cultura y las tradiciones indígenas para ganar dinero? ¿Piensas que es explotación o una buena manera de educar a la gente y ganar dinero a la vez?

B. ¡Conozcamos a los personajes!

PASO 1. Mira las imágenes de cuatro de los personajes del cortometraje «Kay Pacha» y escribe cómo son y cómo están. Incluye todos los detalles que puedas.

Adjetivos útiles			
aburrido/a	débil	introvertido/a	respetuoso/a
amable	desagradable	joven	sensible
cómico/a	egoísta	moderno/a	serio/a
confundido/a	enojado/a	molestoso/a	tradicional
conservador(a)	frustrado/a	nervioso/a	tranquilo/a
contento/a	fuerte	preocupado/a	viejo/a

© Alvaro Sarmiento

1. **Maribel, la hija de Leoncio e Inés**
   ¿Cómo es ella?
   ¿Cómo está en esta escena?
   Otras observaciones:

© Alvaro Sarmiento

2. **Inés, la madre de Maribel**
   ¿Cómo es ella?
   ¿Cómo está en este momento?
   Otras observaciones:

© Alvaro Sarmiento

3. **Leoncio, el padre de Maribel**
   ¿Cómo es Leoncio?
   ¿Qué mira en este momento?
   Otras observaciones:

© Alvaro Sarmiento

4. **Carmencita, la amiga de Maribel**
   ¿Cómo es Carmencita?
   ¿Cómo está?
   Otras observaciones:

PASO 2. Ahora infiere lo que puedas de los fotogramas y contesta las preguntas. Usa las pistas que ves, la lógica y tu imaginación.

1. ¿Qué mira la joven en el primer fotograma? ¿Le molesta algo?
2. ¿Qué hace la mujer en el segundo fotograma?
3. ¿Qué le preocupa al hombre del tercer fotograma? ¿Por qué?
4. ¿Qué tipo de trabajo tiene la joven en el cuarto fotograma? ¿Por qué está vestida así? ¿Dónde está? ¿Por qué lleva una ovejita? ¿Con quién habla?

C. Lugares importantes en «Kay Pacha»

PASO 1. Los siguientes fotogramas muestran cuatro lugares del cortometraje. Apunta algunas características de los lugares en general. Por ejemplo: ¿Cómo es el lugar? ¿Para qué sirve? ¿Quiénes típicamente están en el lugar? ¿Cómo están las personas cuando están allí? ¿Qué hiciste la última vez que estuviste en este lugar?

1. la casa

2. la plaza de una ciudad

3. el trabajo

4. afuera, en el campo

PASO 2. En parejas, digan qué hacen Uds. en los lugares del **Paso 1** y con qué frecuencia. ¿Con quiénes están en estos lugares? ¿Hay una plaza en su pueblo o ciudad? ¿Qué hicieron Uds. en ese lugar la última vez que estuvieron allá? ¿Qué hacían en ese lugar cuando eran más jóvenes?

PASO 3. Ahora, imagina lo que piensan y hacen los personajes del cortometraje en los lugares del **Paso 1**. Para cada lugar, escribe dos actividades que el personaje o los personajes probablemente hacen y una cosa que piensan mientras están allí.

> **PARA TU INFORMACIÓN:** LA PALABRA *INDIO*
>
> Cristóbal Colón utiliza la palabra **indio** en sus diarios para hablar de la gente que vivía en unas islas caribeñas donde sus carabelas desembarcaron.
>
> Aunque **indio** e **indígena** a veces se consideran sinónimos, **indio** suele tener una connotación negativa y en muchos contextos es un insulto. Se asocia **indio** con la perspectiva de los europeos o los conquistadores y, así, con la tendencia de agrupar a todos los pueblos indígenas bajo un solo término, a pesar de su diversidad, lo cual refleja un sentido de superioridad.
>
> En este cortometraje, los jefes de trabajo utilizan la palabra de una manera despectiva.

D. Situación de suspenso: En el trabajo, hablando con los jefes

Repaso gramatical:
II. *Por y para*

 PASO 1. Mira el videoclip y contesta las preguntas.

© Alvaro Sarmiento

1. ¿Qué sucede en esta escena? ¿Con quiénes habla Leoncio, el señor de la camisa roja?

2. ¿Cómo se siente Leoncio? ¿Cómo se sienten los otros hombres?

3. ¿Qué va a ocurrir después?

4. ¿Cuál es una cosa que probablemente NO va a ocurrir en la próxima escena?

5. ¿Cuáles son dos cosas que probablemente sucedieron antes de esta escena?

Estrategia: Identificar palabras y frases clave para encontrar ideas principales

After you've read a text once quickly just for the gist, read it a second time and write down two to three key words or phrases in each paragraph or section. Key words and phrases should be those that help you find the most meaning in the text, answer essential questions about it, summarize the information and infer meaning. Then, infer one or two ideas from these key phrases, even if you're not completely sure you're right. A third reading will allow you to refine and correct your assumptions.

PASO 2. Lee la siguiente información sobre la diversidad étnica del Perú y escribe las palabras que crees que son clave para cada párrafo. Luego, indica lo que en tu opinión es la oración de cada sección que expresa la idea principal.

La diversidad étnica del Perú y sus raíces históricas*

1. En el Perú, dependiendo de los datos consultados, entre el 30% y el 45% de la población es «indígena». Los pueblos indígenas son grupos étnicos variados que vivían en las Américas antes de la llegada de los europeos en el siglo XV y que todavía forman una parte importante de muchas sociedades. Hoy en día, se hablan aproximadamente 1000 idiomas indígenas por todas partes de las Américas, con millones de hablantes. Los dos grupos indígenas más grandes del Perú son los quechuas y los aymaras, descendientes de la civilización incaica, un imperio que duró más de tres siglos, hasta que su último baluarte[a] fue conquistado por los españoles.

Una joven peruana del Valle Urubamba vestida de ropa nacional

© Bartosz Hadyniak/Getty Images RF

---

*Source: "Sánchez Velásquez, Daniel," ¿Sabemos cuánta población indígena hay en el Perú?," *Revista Ideele, December 2015. http://revistaideele.com;* "The World Fact Book, Peru", Central Intelligence Agency, The World Fact Book, 2016. https://www.cia.gov; "Perú, ubicación y demografía," Reportaje Perú, 2015. http://www.reportaje.com.pe; "Peru: Population Comparison," Countryreports.org, 2016. http://www.countryreports.org; "Población de Perú," Universia, Estudios Internacionales, Estudios en Latinoamérica, 2016, http://internacional.universia.net

2. Para los indígenas de las Américas, la llegada de los europeos fue una catástrofe. Tanto en lo que hoy es el Perú como en otras regiones de las Américas, la mayoría de los pueblos y tribus indígenas murió a causa de su esclavitud por parte de los europeos y por enfermedades contra las que no tenían resistencia, como la viruela.[b] El sistema de la encomienda les obligaba a los indígenas a darles a los conquistadores un «tributo», oro, por su salvación y protección. El oro era para la corona española y los indígenas eran sus súbditos.[c] Este legado de opresión y violencia conlleva[d] repercusiones en la actualidad. Además de las profundas cuestiones morales, las sociedades del momento presente tienen que enfrentar el tema de la identidad nacional a través de esta carga histórica.

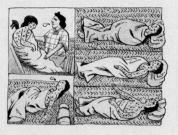

Una ilustración del sufrimiento azteca causado por la viruela

3. Por lo tanto, las etiquetas[e] que se usan para hablar de ciertos grupos pueden implicar temas sensibles. De la misma manera que las palabras utilizadas en inglés para referirse a ciertas razas o grupos étnicos, históricamente oprimidos, siguen evolucionando, los vocablos que clasifican grupos de personas en Latinoamérica pueden suponer significados controvertidos. Algunos datos indican que el 37% de los peruanos es de sangre mixta, una combinación de herencia europea e indígena. La palabra **mestizo,** utilizada para hablar de gente de ascendencia mixta, se remonta a la colonización cuando los españoles establecieron un sistema de castas para clasificar grupos étnicos. Debido a esta historia de clasificación y represión, las palabras **mestizo** y **mestizaje** pueden considerarse ofensivas para algunas personas.

Cuadro que retrata al conquistador español. Martin García de Loyola y su esposa, una princesa incaica, Beatriz Clara Coya, pintado en el siglo XVII.

4. Los afroperuanos, aproximadamente el 2% de la población, son descendientes de africanos traídos como esclavos al Perú durante la Colonia. Han aportado[f] mucho a todos los aspectos de la cultura peruana: la comida, el folclor, la literatura y la jerga.[g] En 2006, el Congreso peruano declaró el cuatro de junio el Día de la Cultura Afroperuana para darle al grupo todavía discriminado más visibilidad y para fomentar políticas públicas por su bienestar.

Acuarela del pintor afroperuano, Pancho Fierro, del siglo XIX.

Además, los inmigrantes del Japón, China y Corea constituyen del 2 al 3% de la población peruana. En el siglo XIX, miles de hombres de China viajaron por mar para el Perú para trabajar en el cultivo de algodón, azúcar y guano (una palabra derivada del quechua). Actualmente, el Perú tiene la población más alta de inmigrantes japoneses de los países del mundo hispanohablante.

---

[a]bastion   [b]smallpox   [c]subjects   [d]entails, brings   [e]labels   [f]Han... they have contributed
[g]jargon; vernacular

1. Palabras clave:

_____

Oración más importante de la primera sección:

_____

2. Palabras clave:

_____

Oración más importante de la segunda sección:

_____

3. Palabras clave:

_____

Oración más importante de la tercera sección:

_____

4. Palabras clave:

_____

Oración más importante de la cuarta sección:

_____

PASO 3. ¿Recuerdas algunos usos de las preposiciones **por** y **para**? Busca cuatro ejemplos de **por** o **para** en la lectura del **Paso 2**, y explica brevemente por qué se usa **por** o **para** en cada caso.

1. _____
2. _____
3. _____
4. _____

PASO 4. Primero, empareja las preguntas con sus respuestas más lógicas, según lo que leíste en el **Paso 2**. Luego, llena los espacios en blanco con **por** o **para**.

____ 1. ¿_____ quién(es) era el oro que los indígenas tenían que pagar durante la Colonia?

____ 2. ¿Qué es el Día de la Cultura Afroperuana?

____ 3. ¿Por qué murieron muchos indígenas después de la llegada de los europeos?

____ 4. ¿Por qué fue una catástrofe la conquista _____ las civilizaciones indígenas?

____ 5. ¿Cuál fue el propósito del sistema de castas creado _____ los españoles?

____ 6. ¿Por qué salieron inmigrantes de Asia de sus países _____ el Perú?

a. Un día especial creado por el gobierno peruano _____ el bienestar de los afroperuanos

b. Fueron _____ trabajar en el cultivo de varios productos.

c. _____ la esclavitud y las enfermedades desconocidas como la viruela.

d. _____ la corona española

e. Sus civilizaciones fueron destruidas y muchos pueblos indígenas murieron o vivieron bajos sistemas represivos.

f. _____ clasificar a la gente y, _____ lo tanto, imponer un sistema basado en la desigualdad étnica

E. El turismo en el Perú*

Repaso gramatical:
II. Las preposiciones
Repaso gramatical:
I. La a personal

PASO 1. Las jóvenes Carmencita y Maribel trabajan informalmente en el turismo peruano. Lee sobre el turismo en el Perú. Infiere el significado de las preposiciones **en negrilla**. Luego, forma dos preguntas sobre la información para tu pareja.

© Alvaro Sermiento

MODELO: El Perú depende económicamente del turismo. De hecho, el turismo es una de las industrias que está creciendo más rápidamente. El país provee diferentes tipos de turismo: el ecoturismo, el turismo de aventura, el turismo de playa, el turismo gastronómico, el turismo cultural y el turismo del voluntariado. **Entre** todos estos tipos, el turismo cultural es el más popular.

entre: among; between
¿Cuáles son los diferentes tipos de turismo en el Perú?
¿Cuál es el tipo de turismo más popular?

PARA TU INFORMACIÓN:
EL PARQUE ARQUEOLÓGICO DE SACSAYHUAMÁN

© Byelikova Oksana/
Shutterstock RF

El templo de Sacsayhuamán en Cusco, Perú

Sacsayhuamán es un sitio arqueológico en Cusco. Aunque los incas construyeron grandes partes de la estructura, otra cultura anterior, los Killke, empezó la construcción de partes del templo en el siglo XII. Como muchas de las obras arquitectónicas de los incas, las piedras del templo se encajan (se... *fit together*) sin el uso de argamasa (*mortar*).

1. Los turistas vienen al Perú **desde** varios países **alrededor del** mundo. **Según** datos recientes, los tres países de dónde viene el mayor número de turistas son: Chile, los Estados Unidos y el Ecuador. En cuanto a América Latina, el número de visitantes de Bolivia, Brasil, Colombia y México está creciendo. El Perú recibe a más turistas de Japón que de Europa. Los dos lugares más visitados son las ciudades de Lima y Cusco. **Según** datos recientes del Ministerio de Comercio Exterior y Turismo, el número de turistas ha estado aumentando. En promedio, los turistas se quedan diez días y gastan casi mil dólares.

   desde: _____ **según:** _____ **alrededor del:** _____
   ¿_____?
   ¿_____?

2. **A causa de** la rica y diversa historia cultural del Perú, el turismo cultural, o el turismo étnico, ocupa un lugar de mucha importancia. A algunos turistas les fascina visitar las ruinas de la cultura incaica. **A pesar de** su derrota (*defeat*) por parte de los españoles en el siglo XVI, muchos elementos culturales todavía sobreviven **dentro de** los varios grupos indígenas que conservan su idioma y sus costumbres.

   a causa de: _____ **a pesar de:** _____ **dentro de:** _____
   ¿_____?
   ¿_____?

3. El turismo étnico puede considerarse una actividad **mediante** la cual se «consume» una cultura. Es decir, la cultura vende una experiencia o un producto que representa lo que los turistas esperan de la cultura. La comercialización, entonces, determina qué aspectos de la cultura se promocionan. **Ante** el interés por parte de los turistas de experimentar y presenciar las culturas indígenas, los miembros de la cultura a veces la adaptan a lo que quieren ver y experimentar los turistas.

   mediante: _____ **ante:** _____
   ¿_____?
   ¿_____?

---

*Source: Contreras, Javier, "El 62% de los turistas extranjeros que visitan el Perú son vacacionistas," *La República.pe,* September 22, 2015. http://larepublica.pe; "El flujo de turistas extranjeros al país aumenta 45% últimos 5 años," andina.com.pe, June 23, 2016. http://www.andina.com.pe; Tinoco, Óscar, "Los impactos del turismo en el Perú," bibliotecavirtual.info, August 2003. http://www.bibliotecavirtual.info; "Perú recibió 1, 2 millones de turistas extranjeros hasta abril," *El comercio,* June 19, 2016. http://elcomercio.pe.

4. El cortometraje hace referencia a varios elementos del sector turístico peruano. En la situación de suspenso, se menciona la construcción de un hotel junto a Sacsayhuamán, una fortaleza construida por los incas **durante** los siglos XV y XVI, situada en una colina **fuera de** la ciudad de Cusco. **Desde** la cima se puede ver toda la ciudad.

durante: _____ **fuera de:** _____ **desde:** _____

¿_____?

¿_____?

5. El cortometraje muestra, además, que algunos de los personajes crean representaciones, es decir, puestas en escena (*stagings*) **para** conformarse a lo que esperan los turistas. Es muy común ver **cerca de** los sitios turísticos niños vestidos en ropa tradicional. Estos obreros jóvenes les ofrecen a los turistas la oportunidad de posar en una foto con niños «auténticos» y exóticos.

para: _____ **cerca de:** ____

¿_____?

¿_____?

PASO 2. Usa la información a continuación para formar oraciones lógicas sobre lo que ves en cada fotograma. Usa un tiempo pasado apropiado y no te olvides de incluir la **a** personal donde sea necesario.

© Alvaro Sarmiento

MODELO: Carmencita / seguir / los dos turistas

Carmencita siguió **a** los dos turistas.

© Alvaro Sarmiento

1. Mientras comer, / Leoncio / no mirar / miembros de su familia

© Alvaro Sarmiento

2. Maribel y Carmencita / conocer / una turista de Suiza

© Alvaro Sarmiento

3. La madre / cargar / su bebé en la espalda

© Alvaro Sarmiento

4. Una turista / invitar a posar para una foto / Carmencita y Maribel

PASO 3. Para cada fotograma del **Paso 2**, inventa dos oraciones más en las que una persona es el objeto directo. Usa los verbos de la lista y sé creativo/a.

abrazar	buscar	llamar	querer	visitar
amar	conocer	llevar	traer	
besar	escuchar	mirar	ver	

MODELO: Los turistas no miraron **a** Carmencita.

Cuando volvieron a su hotel, llamaron **a** sus familias para saludarlas.

F. ¿Qué hicieron los personajes? ¿Qué hacían?

Repaso gramatical: II.
Por y para
Repaso gramatical: III.
Las preposiciones

PASO 1. Completa las oraciones sobre lo que los personajes hicieron con la forma correcta de uno de los siguientes verbos. Cada verbo se utiliza solo una vez. Para los otros espacios, elige la preposición correcta.

bajar	estar	hablar	poder	trabajar
culpar	haber	ir	sentirse	utilizar

1. Leoncio _____ varios tipos de herramientas _____ (por / para / encima) trabajar en la construcción del hotel.

2. Un día _____ (por / para / de) la tarde, Leoncio _____ al piso donde _____ los jefes _____ (por / para / en) hablar con ellos _____ (por / para / sobre) su trabajo.

3. Cuando Leoncio llegó, los dos jefes _____ de cómo el templo, Sacsayhuamán, _____ interferir con su hotel. _____ (Por / Para / Acerca de) ser un sitio arquitectónico histórico, los dos jefes se enojaron, echaron a Leoncio, y luego _____ a los pueblos indígenas _____ (por / para / con) cualquier problema o demora que impidiera la construcción del hotel.

4. Como Leoncio _____ bajo las órdenes de sus jefes, en ese momento, no _____ nada más que hacer. Leoncio probablemente _____ frustrado, enojado y humillado. _____ (Por / Para / Sobre) su esposa, ser despedido _____ a ser muy malas noticias.

PASO 2. Lee las siguientes citas del diálogo. ¿Qué se puede inferir de lo que dijeron y otros aspectos de la situación? Contesta las preguntas sobre las citas.

1. El capataz dijo: «Hay que tumbar (*to knock down*) las piedras y hay que hacer el hotel de Sacsayhuamán de una buena vez. Con cinco piedritas que están amontonadas (*piled up*) ellas no nos van a joder el hotel.»

   ¿A qué se refería el jefe cuando habló de «las piedras»? ¿Qué implica su uso de la palabra **piedritas** en lugar de **piedras**? ¿Qué actitud tenía el jefe sobre el templo Sacsayhuamán?

2. Leoncio dijo: «Sea consciente, pues, Don Fidel. Estamos haciendo horas extras, estamos trabajando horas de más para la chamba, don Fidel, y Ud. nada. Cumpla con lo que promete, Don Fidel. Sea consciente, pues. No sea abusivo.»

   ¿Qué valor simbólico puede tener el nombre **Fidel**? El nombre viene del nombre en latín *Fidelis*. ¿Qué significa y por qué es irónico que don Fidel tenga ese nombre?

3. Un jefe dijo: «Ya, ya, comunista de mierda, retírate carajo. Tanto joder.»

   Este jefe utiliza varios insultos para hablar de Leoncio después de que él les pidió más plata. ¿Qué puedes inferir de su uso de la palabra **comunista**? ¿Por qué crees que la utilizó?

PARA TU INFORMACIÓN: EL USO DE LAS PALABRAS *DON* Y *DOÑA* COMO TÍTULO EN ESPAÑOL

Las palabras **don** y **doña** son títulos, como **señor** o **señora** pero suelen comunicar más respeto. Históricamente, los términos se empleaban solamente para el clero (*clergy*), la realeza (*royalty*) o la nobleza. Hoy en día, los títulos se usan en una variedad de contextos, pero con frecuencia se utilizan para mostrar respeto o estima para las personas que merecen una reverencia especial, tienen una posición importante de liderazgo, son mayores o están en una posición de poder.

4. Fidel dijo: «Estos indios impiden el desarrollo del país. Por eso estamos como estamos, ¿ya ves?»

Fidel les echa la culpa (echa… *blames*) a los pueblos indígenas por algo. Según él, ¿de qué tienen los indígenas la culpa? ¿Qué opinas de esta crítica?

G. A inferir y predecir

En parejas, miren los fotogramas y contesten las preguntas.

© Alvaro Sarmiento

© Alvaro Sarmiento

1. En el primer fotograma, hay varios carteles que empiezan con la palabra «Necesito». ¿Qué tipos de carteles son? ¿Qué se necesita?
2. En tu opinión, ¿cómo se siente Leoncio en el primer fotograma?
3. ¿Dónde están las personas en el segundo fotograma? ¿Qué están haciendo? ¿Cómo se sienten? ¿Cómo están vestidas?
4. ¿Qué va a pasar en el futuro?

H. Sin sonido: Las pistas visuales

© Alvaro Sarmiento

PASO 1. Mira el cortometraje entero sin sonido. Presta atención a las acciones y las emociones expresadas en la cara de los personajes. Utiliza las pistas visuales para escribir por lo menos cinco oraciones resumiendo lo que crees que ocurre en «Kay Pacha». Explica el argumento y el desenlace lo mejor que puedas. **¡OJO!** No te preocupes si no estás seguro/a. Observa y adivina. ¡Vas a mirar el cortometraje con sonido pronto!

PASO 2. Compara tu resumen del argumento (del **Paso 1**) con el de una pareja. ¿Son parecidas sus interpretaciones de las pistas visuales? ¿Cómo son diferentes?

PASO 3. Ahora, escribe cinco preguntas sobre el cortometraje. Utiliza cinco palabras interrogativas diferentes. Pueden ser preguntas sobre lo que sucede o de opinión. Hazle tus preguntas a tu pareja y apunta sus respuestas.

II. VOCABULARIO

A. Las condiciones de trabajo

PASO 1. Leoncio pierde su trabajo y la familia debe superar problemas económicos. Lee las oraciones sobre las siguientes escenas, infiere el significado de las palabras **en negrilla** y contesta las preguntas.

© Alvaro Sarmiento

El empleador de Leoncio, don Fidel, está harto de los reclamos de Leoncio. Don Fidel contrató a **obreros** para trabajar en un sitio de construcción, pero no cumple con las leyes de protección para **los obreros**. Demuestra una actitud negativa y discriminatoria hacia Leoncio y **los obreros indígenas**. Los **menosprecia**. Leoncio insiste que don Fidel deba cumplir con su responsabilidad de pagarles a **los obreros**. Pero como Leoncio trabaja en el sector informal de la construcción no puede reclamar **el maltrato** de don Fidel formalmente al **gobierno**.

© Alvaro Sarmiento

Leoncio mira **los anuncios** de trabajo en **la bolsa de trabajo**. Necesita conseguir un empleo porque sus jefes lo **despidieron** cuando les pidió el dinero que le debían. Era **un obrero** en una obra de construcción. ¿Lo va a contratar alguien?

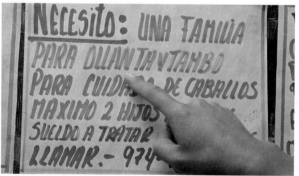

© Alvaro Sarmiento

En **la bolsa de trabajo**, le interesa a Leoncio **un anuncio** para un trabajo que requiere el cuidado de caballos. Pero, se fija en el hecho de que solamente se permita a dos hijos menores. En general, **la mano de obra** enfrenta dificultades para encontrar trabajos y ganar suficiente para **mantener a su familia**. ¿Va a **solicitar** este trabajo? ¿Cómo puede encontrar un trabajo?

Más vocabulario sobre las condiciones de trabajo*

menospreciar	to look down on; to undervalue
quejarse (de)	to complain (about)
renunciar	to quit
el aumento de sueldo	pay raise
la mano de obra	the workforce
la plata	**el dinero**
el sueldo	salary

Repaso: solicitar, el gobierno, el/la indígena

Preguntas

1. ¿Tienes un trabajo? ¿Dónde trabajas? ¿Cómo es tu jefe? ¿Qué hiciste para conseguir el trabajo? ¿Tuviste un trabajo cuando eras más joven?

2. ¿Alguna vez renunciaste? ¿Te despidieron por alguna razón? En general, ¿por qué renuncia alguien a un trabajo? ¿Por qué despide un jefe / una jefa a su empleado/empleada?

3. ¿Es difícil encontrar un trabajo nuevo? ¿Por qué? ¿Se puede encontrar un trabajo en un anuncio? ¿Qué otros recursos hay para encontrar un trabajo?

4. ¿Se menosprecian ciertos trabajos en tu comunidad? ¿Cuáles? ¿Menosprecian algunos empleadores a sus empleados? ¿Cómo reaccionan o pueden reaccionar los empleados?

5. ¿Qué puede hacer un(a) empleado/empleada si hay maltrato en su trabajo? ¿Qué recursos o leyes hay para proteger a los obreros?

6. ¿Alguna vez pediste un aumento de sueldo? ¿Qué sucedió? Si no pediste un aumento de sueldo, ¿por qué no?

PASO 2. Usa palabras de vocabulario (del **Paso 1**) para completar la conversación imaginaria entre Leoncio y su esposa, Inés.

¡Tienes que encontrar un trabajo!

LEONCIO: No te preocupes. Voy a conseguir un trabajo. Fui a donde ponen los _____[1] de trabajo y voy a _____[2] una chamba para ser vigilante.

INÉS: Pero, muchas personas _____[3] esos trabajos que ponen en la bolsa de trabajos. Son muy difíciles de conseguir. Encima, no tienes experiencia. No sabes nada de ser vigilante.

LEONCIO: No respetas, pues, mis decisiones. Yo sé _____[4] a mi familia. Pero la cosa está jodida. No hay trabajo.

INÉS: ¿Para qué tienes tantos hijos, pues? ¿Qué les vamos a dar de comer? Tienes que _____[5] algo ahorita. ¿Por qué no buscas algo con tu primo vendiendo anticuchos[a] en su anticuchera? Habla con él nomás y dile que lo puedes ayudar.

LEONCIO: Mi primo compite con todos los otros vendedores que trabajan en las áreas turísticas. A él no le sobra _____[6] para pagarle a nadie. Voy a _____[7] algo mañana.

---

[a]*shish kebab*

Vocabulary words underlined and differently colored are featured in the dialogue of the short film.

B. La economía sumergida y la mano de obra informal*

 PASO 1. Lee sobre el trabajo de las jóvenes que forma parte de la economía sumergida en Cusco, Perú. Infiere el significado de las palabras **en negrilla**. Luego, en parejas, túrnense para hacerse las preguntas que siguen y contestarlas.

© Alvaro Sarmiento

Carmencita y Maribel tienen **vestimenta indígena** tradicional y trabajan por **propinas** que les dan los turistas que vistan la Plaza de Armas y otros sitios turísticos del Perú. Ellas les preguntan a los turistas si quieren cargar a la ovejita. Cuando una turista les preguntó cuánto <u>cuesta</u> tomarse una foto con ellas, ellas le responden que no **cobran** nada, solamente aceptan <u>propinas</u> voluntarias. Los turistas les pagan **en efectivo**. Maribel tiene que **recurrir a** este trabajo informal porque su padre no tiene un trabajo estable. Sus **ganancias**, por lo tanto, no se contarían (no... *would not be counted*) en los datos oficiales del gobierno y, al no saber de estos **ingresos, el gobierno no les cobraría impuestos** a las jóvenes.

Source: "INEI: El 79% del empleo en el Perú es informal," peru21.pe, March 7, 2014. http://peru21.pe

Más vocabulario sobre la economía sumergida y la mano de obra informal

<u>largarse</u>	to leave, to go away
recurrir a	to resort to; to appeal to
la economía informal/sumergida	informal/underground economy
el impuesto	tax
en efectivo	in cash
Repaso: el derecho	

1. ¿Cuánto cobran Maribel y Carmencita por tomarse una foto con ellas y las ovejitas? ¿Cómo deben pagarles los turistas? ¿Por qué?

2. ¿Tienen que pagar Maribel y Carmencita impuestos sobre sus ingresos? ¿Por qué sí o no? ¿Es legal su trabajo? ¿Cómo lo sabes?

3. ¿Pagas todo en efectivo? ¿En qué situaciones utilizas efectivo en lugar de una tarjeta de crédito?

4. ¿Qué opinas de los impuestos? ¿Es fácil no pagar los impuestos?

5. ¿Alguna vez en tu vida dependiste de las propinas? Explica.

6. ¿Hay zonas turísticas cerca de donde vives? ¿Trabajas o trabajaste en el sector turístico? ¿Qué experiencias suelen comprar los turistas? ¿Qué están comprando los turistas en este cortometraje?

PASO 2. Lee más información sobre la economía sumergida y luego contesta las preguntas.

© Omar Mogollón-Alagunna

¿Qué actitud demuestra esta tira cómica sobre **los vendedores ambulantes**? Es decir, se trata de **vendedores** que no trabajan en una tienda o puesto físico. En algunos países del mundo hispanohablante, los trabajos relacionados a las actividades comerciales informales, como **los vendedores ambulantes,** constituyen la mitad[a] de todos los trabajos. En Nicaragua, se calcula que el 65% de los trabajadores **realiza** trabajos en el sector informal. En Paraguay, llega al setenta por ciento de todos los trabajadores. En el Perú, el trabajo informal constituye el diecinueve por ciento del producto interno bruto (PIB),[b] es decir, de todos los servicios y productos vendidos en el país.

Existen sectores informales laborales en todos los países. Los trabajos informales no se regulan y, por lo tanto, no están sujetos al control fiscal y legal de **un gobierno.** Por ejemplo, **el gobierno** no puede **cobrarles impuestos a los obreros** en un trabajo informal. Por otro lado, **las leyes** que protegen **los derechos** de **los obreros** no pueden regular esos tipos de transacciones comerciales. Esos **obreros,** entonces, pueden sufrir abusos o **explotación** laboral.

Los trabajos informales se **realizan** muchas veces a pequeña escala y con poco capital. Muchos trabajos informales son actividades legales, pero **la economía sumergida** también se compone de trabajos ilegales, como el narcotráfico o la piratería de *software*, películas y otros productos digitales. Pero muchos son trabajos de crear o vender algo por su propia cuenta, sin que **una empresa** o **el gobierno** controle las

© Roy Morsch/age fotostock/Alamy

transacciones. Por ejemplo, este señor vende frutas y verduras en la calle. Es **un vendedor ambulante,** lo cual significa que va de un sitio para otro para venderlas.

Hay diferentes tipos de trabajos informales. Además de muchos trabajadores independientes que proveen servicios o venden productos, se **encuentran** muchos trabajos en **la economía informal** en las siguientes categorías:

- trabajadores domésticos (la limpieza, cuidado de niños o gente mayor)
- gente que trabaja en su casa fabricando o haciendo algún producto
- **vendedores ambulantes** que venden comida, **artesanía** u otros productos
- recicladores, gente que rebusca[c] materiales o comida de la basura para consumir o vender
- trabajadores en el sector turístico que no son empleados de los hoteles, de las aerolíneas o de medios de transporte
- trabajadores de construcción
- trabajadores del cultivo de productos agrícolas

---

[a]*half*　　[b]*producto... gross domestic product*　　[c]*rummage through*

Más vocabulario sobre los vendedores ambulantes y la obra de mano informal

realizar	to carry out
la empresa	company
la explotación	exploitation

Repaso: explotar, respetar, la artesanía

Comprensión

1. ¿Cómo se define un(a) vendedor(a) ambulante? ¿Qué venden los vendedores ambulantes donde vives? _____
_____

2. ¿En qué países hispanohablantes son los trabajos informales más de la mitad de los trabajos? _____

3. ¿Cuáles son algunos ejemplos de los trabajos legales e ilegales que forman parte de las economías laborales sumergidas? _____
_____
_____

4. ¿Cuál es una ventaja y una desventaja de estos tipos de trabajos? _____
_____
_____

 PASO 3. Escucha las siguientes personas que describen sus trabajos. Decide si cada una describe un trabajo de la economía formal o informal.

MODELO: *Oyes*: Yo confecciono artesanía peruana. Yo soy tejedora y hago tejidos a mano de la lana de alpaca. Este tipo de lana es de muy buena calidad y me permite crear una variedad de prendas. Trabajo con otras mujeres de mi pueblo y vamos a los mercados y las ferias grandes para vender nuestros tejidos. Antes trabajé en un mercado cerca de la Plaza de Armas pero perdí mi puesto.

_____ trabajo formal

_X_ trabajo informal

1. _____ trabajo formal   _____ trabajo informal
2. _____ trabajo formal   _____ trabajo informal
3. _____ trabajo formal   _____ trabajo informal
4. _____ trabajo formal   _____ trabajo informal
5. _____ trabajo formal   _____ trabajo informal
6. _____ trabajo formal   _____ trabajo informal

© Danita Delimont/Alamy RF

C. Narración: Un día típico en la plaza

PASO 1. Imagina que Maribel describe un día en su vida de la semana pasada. Escribe un párrafo en el pasado según su punto de vista y utiliza por lo menos diez de las siguientes palabras/frases de la lista de vocabulario.

MODELO: **Un día según la perspectiva de Leoncio**: Me levanté a las seis y desayuné en casa. Cuando llegué a la obra de construcción, vi a don Fidel, el jefe que me contrató hace un mes. Decidí nomás hablar con él sobre un aumento de sueldo...

*Source: "INEI: El 79% del empleo en el Perú es informal," *peru21.pe*, March 7, 2014. http://peru21.pe/economia/inei-79-empleo-peru-informal-2173107

cobrar	realizar	el maltrato
costar	el aumento	la plata
encontrar	el derecho	la propina
largarse	en efectivo	el sueldo
menospreciar	las ganancias	la vestimenta

PASO 2. Estudia la tabla sobre las ventajas y las desventajas de una economía informal. Llena los espacios en blanco con una palabra de la lista de vocabulario.

Las ventajas y las desventajas de la economía informal[*]

LAS VENTAJAS

1. La gente pobre puede _____ una gran variedad de trabajos.

2. La gente pobre que trabaja en el sector informal, sin otras opciones, puede _____ a sus familias.

3. Muchas veces, el trabajador trabaja independientemente y no tiene que sufrir el _____ de un _____ abusivo.

4. El trabajador no tiene que pagar _____. Así que puede quedarse con más de sus _____.

5. Se venden productos que la gente con menos _____ económicos necesitan, a _____ más bajos.

LAS DESVENTAJAS

1. Algunos jefes de los trabajos informales no _____ los _____ de los obreros.

2. Los _____ que ganan con frecuencia son bajos y no hay manera de aumentarlos.

3. Si un empleador es abusivo, los trabajadores no pueden _____ las leyes y al sistema de justicia. En general, el _____ no puede proteger (*protect*) a los trabajadores explotados.

4. Los _____ del sector formal tienen que _____ con las _____ y los reglamentos de trabajo. Por lo tanto, los trabajos informales pueden ser peligrosos porque carecen (*they lack*) de la protección de estas leyes.

5. Los obreros del sector informal participan en _____ sumergida y a veces trabajan en comercios ilegales como la contrabanda. Para los clientes, estos productos pueden ser ilegales y/o ser de baja calidad.

PASO 3. Piensa en un trabajo que has tenido, sea formal o informal, y escribe cinco oraciones para describirlo. Explica cómo conseguiste el trabajo, qué hacías en el trabajo, cómo y con qué frecuencia te pagaban/pagan, las condiciones del trabajo y las ventajas o desventajas de ese tipo de trabajo. Utiliza por lo menos cinco de los siguientes verbos.

---

[*]Source: González, Elizabeth. "Weekly Chart: Latin America's Informal Economy," Americas Society / Council of the Americas, April 2, 2015. http://www.as-coa.org; Alter Chen, Martha, "The Informal Economy: Definitions, Theories and Policies," *Women in Informal Employment, Globalizing and Organizing,* August 2012. http://wiego.org; "Concept of Informal Sector," The World Bank Group, Accessed December 13, 2016. http://lnweb90.worldbank.org

VERBOS QUE SE UTILIZAN CON OBJETOS INDIRECTOS		VERBOS REFLEXIVOS
dar	mandar	comprarse
decir	ofrecer	cortarse
enseñar	pagar	lastimarse
entregar	probarse	lavarse
enviar	regalar	ponerse ropa
explicar		quitarse / sacarse ropa

PASO 4. En parejas, conversen sobre lo que escribieron en el **Paso 3**. Tu pareja debe hacerte preguntas de seguimiento (*follow-up*).

D. Las voces indígenas / El choque cultural

PASO 1. Las siguientes tiras cómicas muestran choques culturales históricos y contemporáneos. Míralas y lee las descripciones. Luego, contesta las preguntas que siguen.

© Carlos Tovar

El pueblo indígena y el hombre en el tractor describen el concepto del **desarrollo** según su punto de vista. El bosque y los recursos naturales tienen un papel importante en la cultura indígena. Sus **antepasados desarrollaron costumbres** que dependían de esos recursos. **Los sitios arqueológicos,** como el monumento Sacsayhuamán en Cusco, reflejan importantes **costumbres** y valores culturales. Por lo tanto, muchos desean preservar y proteger **las ruinas** de estos **sitios** ante la **explotación** comercial.

---

[a]*management, use*   [b]*balanced*   [c]*to cut down*

La identidad étnica en Latinoamérica es un tema sumamente complicado. La región refleja una historia multiétnica moldeada por tensiones e injusticias basadas en conceptos de etnia.

El legado de la colonización y la explotación de la tierra, el tratamiento injusto de los esclavos africanos y los pueblos indígenas influyen en la complejidad de la identidad indígena y su papel en las sociedades de la región.

Aproximadamente el 8,3% de todos los habitantes de Latinoamérica se considera indígena. El 40% de la gente que vive en zonas rurales es indígena.

Hay más de 800 diferentes grupos de pueblos indígenas y se hablan centenares (*hundreds*) de idiomas distintos.

A pesar de la gran variedad entre los indígenas, muchos sufrían y siguen sufriendo bajo sistemas discriminatorios que los marginan.

Los países que tienen las poblaciones más grandes de gente indígena son: México, el Perú, Bolivia, Guatemala y el Ecuador.

© Guillermo Bastías

En los siglos XV y XVI, los europeos **descubrieron** grandes territorios en las Américas, cuyos recursos y pueblos explotaron para establecer **un imperio** grande. **Los conquistadores** españoles querían aprovechar este **descubrimiento** para enriquecerse y creyeron que tenían el derecho de reclamar y ocupar las tierras americanas en nombre de la corona española y la Iglesia. Esta manera de pensar reflejaba algunas de las actitudes europeas de **la época**. Para los indígenas, **los conquistadores** eran **invasores**. Ellos también «descubrieron» a los europeos, una cultura con costumbres y valores muy distintos. Las culturas de los indígenas, que vivían por todas partes de las Américas, se remontaban a **la época antes de Cristo**. En esta tira cómica los pocos **conquistadores** enfrentan al pueblo indígena, cuya **etnia** se difería de la de los europeos.

Más vocabulario sobre las voces indígenas / el choque cultural	
conquistar	to conquer
desarrollar	to develop
el ancestro	ancestor
el antepasado	ancestor
el desarrollo	development
la época	era, time period
la etnia	ethnic group, ethnicity
el invasor	invader
las ruinas	ruins
el siglo	century
el sitio arqueológico	archaeological site
antes/después de Cristo	B.C./A.D.
Repaso: la costumbre	

1. En la primera tira cómica, ¿quién es el conductor del *bulldozer*? ¿Qué punto de vista tiene él? ¿Qué metas tiene? ¿Qué representa o simboliza él?

2. ¿Qué actitudes tienen los indígenas? ¿Qué metas tienen?

3. ¿Qué contrastes trata de resaltar (*highlight*) la tira cómica? ¿Qué critica la tira cómica? ¿Qué opinas de esta crítica? ¿Cómo defines el desarrollo, el progreso?

4. En la segunda tira cómica, ¿qué percepción tienen los conquistadores de «las minorías étnicas»? ¿Cómo se presenta este descubrimiento histórico en los textos históricos? ¿Fue un descubrimiento mutuo?

5. ¿Qué critica esta tira cómica? ¿Cómo presenta a los conquistadores? ¿Qué estrategias visuales emplea la tira para hacer esa crítica?

6. ¿Cómo defines un grupo étnico? ¿Te identificas con un grupo étnico?

7. ¿Cómo reaccionaste o te sentiste al mirar estas tiras cómicas? ¿Reflejan choques culturales históricos y/o choques del siglo XXI?

 PASO 2. En parejas, conversen sobre las preguntas.

1. ¿En tu país hubo una conquista de pueblos indígenas? ¿Qué sucedió? ¿Qué les motivó a los conquistadores? ¿Qué metas tuvieron?

2. ¿Cuáles fueron los efectos de la conquista de los pueblos indígenas en tu país? ¿Qué choques culturales se destacaron (*stood out*) a causa de esta conquista? ¿Qué conflictos se notan hoy en día como resultado?

3. ¿Qué sabes de las costumbres y los valores culturales de los pueblos indígenas de tu país o región?

E. Los efectos de los problemas económicos en la familia y cuestiones de género

PASO 1. La inseguridad y los problemas económicos provocan el estrés familiar. ¿Qué ideas infieres sobre los papeles de cada miembro de la familia de Maribel? Basándote en las descripciones de cada fotograma, ¿qué debe hacer y no debe hacer la madre, el padre y las hijas de la familia según Leoncio e Inés?

© Alvaro Sarmiento

Mientras regresan a casa, Inés y Leoncio hablan de su situación económica. A Inés le preocupa la deuda que tienen, y por eso <u>se queja de</u> su situación por sus hijos. Ella cree que no pueden **mantener** a más hijos, por lo que está a favor de utilizar algún tipo de <u>control de natalidad</u>.

© Alvaro Sarmiento

Leoncio es **la cabeza de la familia**. Cuando Inés le pregunta si ha conseguido algo de dinero esta semana, él le responde que solamente le pagaron diez soles. Ella está preocupada porque es difícil **mantener** a tres hijas, y está enojada porque Leoncio no fue a la posta (*medical clinic*) para tener una vasectomía. Leoncio se frustra y le dice a Inés que ella debe callarse y que no debe <u>meterse</u>.

© Alvaro Sarmiento

Maribel escucha la pelea entre sus padres. Inés dice que no quiere **engendrar** a más hijos porque ni tienen suficiente dinero para **criar** a los hijos que ya tienen. Leoncio dice que va a juntar **plata** porque va a conseguir un trabajo de vigilante (*security guard*). Según Leoncio, sus hijas ya no van a trabajar. Le dice a Inés lo siguiente, «¿Tú crees que a mí no me **fastidia** ver a mis hijas trabajando? Una en el mercado y la otra sacándose fotos con los gringos. ¡Me jode! Pero no **encuentro** trabajo. No hay trabajo. Encima jodes y jodes. ¿Sabes qué voy a hacer? ¡Me voy a ir de esta casa!»

Vocabulario sobre los problemas económicos en la familia y cuestiones de género

criar	to raise (*children*)
fastidiar	to disgust; to bother
meterse	to meddle; to get involved
el/la cabeza de familia	head of family
el control de natalidad	birth control
la feminidad/masculinidad	femininity/masculinity
el machismo/feminismo	machismo/feminism
femenino/a / masculino/a	feminine/masculine

Repaso: la (des)igualdad

 PASO 2. Escucha las oraciones sobre los fotogramas del **Paso 1**. Decide si lo que oyes es cierto o falso. Si es falso, corrige la oración.

> **MODELO:** *Oyes:* Leoncio encontró un trabajo de vigilante.
>
> *Escribes:* Falso. Leoncio quiere encontrar un trabajo de vigilante, pero no ha conseguido ese trabajo.

	CIERTO	FALSO
1.	_____	_____
2.	_____	_____
3.	_____	_____
4.	_____	_____
5.	_____	_____
6.	_____	_____

PASO 3. En el videoclip que vimos de «Kay Pacha», Don Fidel despide a Leoncio. Adivina qué sucede después de ese día cuando él pierde su trabajo. ¿Qué hizo su hija, Maribel? ¿Cómo reacciona su esposa, Inés? Inventa un final de cinco o seis oraciones y utiliza palabras de la lista de vocabulario.

© Alvaro Sarmiento

> **MODELO:** Leoncio busca al jefe de don Fidel y se queja del mal tratamiento. Le dice que don Fidel no respeta los derechos de los obreros... Maribel se viste de indígena para los turistas.

F. ¿Qué opinan los demás?

PASO 1. Las personas entrevistadas responden a las siguientes preguntas. Escribe por lo menos cinco palabras del vocabulario de este capítulo que probablemente van a incluir en sus respuestas.

- ¿Qué tipos de trabajos ha tenido Ud. en su vida? ¿Trabaja o trabajó alguna vez por propinas?
- w¿Tiene o tuvo Ud. protecciones legales en su trabajo? Explique.
- ¿Hay muchas personas que trabajan en el sector informal de la economía en su país (por ejemplo, vendiendo cosas en la calle)? ¿Qué productos o servicios venden? ¿Qué otros trabajos hace la gente en este sector informal? ¿Cuáles son las ventajas y desventajas de estos trabajos?

1. _____ 2. _____ 3. _____ 4. _____ 5. _____

 PASO 2. En parejas, lean las ideas expresadas por los entrevistados. Piensen en alguna conexión entre las ideas y su vida. Si no hay ninguna conexión, expliquen por qué.

> **MODELO:** *Idea*: Trabajé por propinas como mesera y fue muy difícil.
>
> *Tú dices*: Nunca trabajé por propinas como mesera, pero mi compañera de cuarto trabaja como mesera y ella se queja de las propinas que algunos de los clientes le dejan. Y dice que si no hay mucha clientela una noche, ella gana muy poco.

1. He tenido trabajos de pintor y jardinero.
2. Hay mucho comercio en la calle donde vivo yo.
3. El primer trabajo en donde me pagaban con propina fue en un restaurante.
4. Donde yo vivo hay mucha gente que vende comida en la calle.
5. He trabajado cuidando bebés y limpiando casas.
6. Donde yo vivo, hay asociaciones que ayudan a personas que necesitan rehabilitarse a vender productos en la calle.

PASO 3. Primero, lee las siguientes citas de las entrevistas. Luego, mira los videoclips de las entrevistas. Por último, escribe la letra de la palabra o frase que mejor complete la oración en la columna izquierda.

Palabras útiles

el calzado
footwear
la maquiladora
assembly plant
el mercado sobre ruedas
flea market, open air market
el tamarindo
tamarind, the fruit from the tropical tamarind tree, used to make beverages and medicine

Martín e Irma   Steve   Michelle

____ 1. «Yo no he tenido ninguna _____ legal.»

____ 2. «Las ventajas de trabajar en el sector _____ es de que tú pones tu propio horario.»

____ 3. «He trabajado en una tienda donde _____ lentes.»

____ 4. «En los sectores informales... he visto _____ de ropa y calzado, también.»

____ 5. «La desventaja es de que si no hay trabajo ese día, si no hay _____, si no hay clientela, no sacas para comer.»

____ 6. «En República Dominicana hay mucha gente que vende diferentes productos como tamarindo o empanadas de yuca... . La ventaja es poder hacer un poquito de dinero. La desventaja es que no están _____.»

a. negocios
b. vendían
c. protección
d. vendedores
e. protegidos
f. informal

PASO 4. En parejas, contesten las preguntas sobre las entrevistas.

1. ¿Quiénes han trabajado por propina? ¿A quién no le gustó? _____
_____

2. Según Martín e Irma, ¿qué se vende en un mercado sobre ruedas en México? _____

3. ¿Quién ha trabajado en una maquiladora? _____

4. ¿Cuáles son las ventajas y las desventajas de trabajar en el sector informal, según los entrevistados? _____
_____
_____

5. De los tres países de origen de los entrevistados (México, Puerto Rico y la República Dominicana), ¿en qué país no se ve mucha gente vendiendo en la calle? _____

6. ¿Quién ha tenido un trabajo corporativo? _____

PASO 5. En parejas, conversen sobre sus propias ideas respecto a las preguntas del **Paso 1**.

III. GRAMÁTICA

Palabras útiles

acabarse
to run out of (money, time, patience, etcetera)

chambear
to work

jalar el pelo de alguien
to pull someone's hair

la nena
little girl

pellizcar
to pinch

la posta
clinic

nomás
just, only

prometedor
promising (*adj.*)

rogar
to beg

el soroche
altitude sickness

el sol
Peruvian currency

4.1 «El trabajo, yo te lo doy y me dices "abusivo"»

Los pronombres en combinación

¿Comprendiste?

Vas a mirar el cortometraje entero sin los subtítulos. **¡OJO!** No te preocupes si no entiendes todo. Puedes mirarlo varias veces y usar el contexto (por ejemplo, los gestos, las acciones, el sonido y el escenario) para ayudarte a entender el argumento. Enfócate en las palabras que sabes.

PASO 1. Mientras miras el cortometraje, escribe por lo menos cinco oraciones que describen interacciones entre los personajes. Usa un tiempo pasado e incluye complementos directos o indirectos con los pronombres correspondientes cuando sea necesario.

> **MODELO:** Carmencita y Maribel **le** hablaron a una turista.
>
> La turista **les** hizo preguntas a las jóvenes.
>
> Maribel escuchaba a sus papás mientras discutían y **se** sentía triste y preocupada.

© Alvaro Sarmiento · © Alvaro Sarmiento

PASO 2. Decide si los siguientes diálogos imaginarios son lógicos o ilógicos, según lo que viste en el cortometraje. Si es ilógico, explica por qué.

> **MODELO:** Entre Leoncio y don Fidel

© Alvaro Sarmiento · © Alvaro Sarmiento

LEONCIO: Don Fidel, desde que Ud. me despidió, no tengo suficiente plata para mantener a mi familia. Necesito ese trabajo en el hotel. ¿**Me lo** puede ofrecer otra vez?

DON FIDEL: Por supuesto, Leoncio. **Te lo** doy otra vez, con mucho gusto. Ven mañana al sitio a trabajar.

_____ Es lógico. _X_ Es ilógico.

Es ilógico porque es obvio que a don Fidel no le importan los problemas económicos que Leoncio y los otros obreros tienen.

1. Entre Maribel y su madre, Inés

MARIBEL: Mami, estas papas podridas (*rotten*), ¿dónde las pongo?

INÉS: Ponlas detrás de nosotras. Vamos a llevarnos solamente las buenas. Ese saco allí, ¿**me lo** puedes pasar para las buenas?
_____ Es lógico. _____ Es ilógico.

2. Entre Maribel y Carmencita

CARMENCITA: ¿Quieres ir a las calles don Bosco y Arco Iris hoy?

MARIBEL: ¿Por qué a esas calles?

CARMENCITA: Mi mamá **me las** recomendó porque dijo que por las tardes los domingos hay muchos turistas pero no hay muchos jóvenes trabajando.
_____ Es lógico. _____ Es ilógico.

3. Entre Leoncio e Inés

LEONCIO: Mira, aquí están los cien soles que te traje.

INÉS: No entiendo. ¿Los encontraste en la calle?

LEONCIO: No, el don Fidel **me los** pagó por todo el trabajo de más que hice. Quiero dár**telos** porque sé que quieres comprar un auto nuevo.
_____ Es lógico. _____ Es ilógico.

4. Entre Maribel, Carmencita y una turista

TURISTA: ¿Cuánto cuesta por sacar una foto con Uds. y la ovejita?

MARIBEL Y CARMENCITA: Bueno, no cuesta nada. Trabajamos por una propina voluntaria.

TURISTA: Muy bien. No tengo efectivo. ¿Les puedo pagar la propina por tarjeta de crédito?

MARIBEL Y CARMENCITA: Por supuesto, señora. Ud. **nos la** puede pagar con tarjeta de crédito, cheque o con efectivo.
____ Es lógico. ____ Es ilógico.

Actividades analíticas
Los complementos indirectos juntos con complementos directos

¡A analizar!

En parejas, túrnense para leer las oraciones y decidan si son ciertas o falsas con respecto a los sucesos del cortometraje «Kay Pacha». Corrijan las oraciones falsas.

	CIERTO	FALSO
1. Maribel llevó a la ovejita a la plaza y **se la** entregó a un turista para una foto.	_____	_____
2. La turista de Suiza les dijo a Carmencita y Maribel «Las ovejitas están preciosas. ¿**Me las** pueden regalar»?	_____	_____
3. Leoncio les pidió cien soles a sus jefes y ellos **se los** dieron.	_____	_____
4. Leoncio le compró un vestido nuevo a su hija Maribel y le dijo «Mira, mi hija, lo que te compré. Es un vestido nuevo. **Te lo** regalo. Ya no tienes que andar en la plaza llevando la vestimenta indígena.»	_____	_____
5. Inés estaba frustrada con su matrimonio y estaba diciéndo**selo** a Leoncio cuando Maribel se despertó y los escuchó.	_____	_____
6. Carmencita y Maribel pusieron las propinas en los bolsillos pero un turista **se las** robó.	_____	_____
7. Después de tomarse una foto con dos turistas, Maribel les dijo, «Aceptamos propinas y Uds. pueden pagár**noslas** si quieren. Son propinas voluntarias.»	_____	_____
8. Según Fidel, hay muy pocos trabajos en la ciudad, pero él cree que su empresa debe ofrecér**selos** a los pueblos indígenas.	_____	_____

1. Indirect and direct object pronouns sometimes occur together in a sentence.

   Remember that an indirect object pronoun (**me, te, le, nos, os, les**) is present anytime an action implies or refers to a person who is affected in some way by the action, such as *to you*, *for me*. (Ask: *[Verb] to/for whom?*) The indirect object pronoun needs to appear even if the indirect object itself is still present. Meanwhile, a direct object pronoun (**me, te, lo, la, nos, os, los, las**) stands in for the thing, a person, or an idea that directly receives the action of the erb. (Ask: *[Verb] what?*)

   Refer to the examples in **¡A analizar!** to answer the following questions about the positioning of these object pronouns.

   When both pronouns are used together, they're placed _____ a conjugated verb. They can also both be _____ to an infinitive (**pagar**, for example) or a present participle form of the verb (**diciendo**, for example).

   Which pronoun comes first when the direct and the indirect object pronouns are used together? _____

   In the question, **¿Me las pueden regalar?** [*Can you give them (the little lambs) to me?*], **me** is the indirect object pronoun, referencing the person secondarily affected by the verb's action. Identify the indirect object pronouns and the person(s) they refer to in the following two sentences from **¡A analizar!**

      Te lo regalo. _____

      Aceptamos propinas y Uds. pueden pagár*noslas* si quieren. _____

2. Remember the two Spanish stress rules: words that end in a vowel, **n** or **s** are stressed on the *second to the last* syllable; words that end in a consonant other than **n** or **s** are stressed on the *last syllable*. An accent mark is required when the pronunciation of a word breaks one of these rules. That's why attaching pronouns to the end of commands,* infinitives, or present participles often necessitates the addition of a written accent: a new word is formed that may break a stress rule.

   For example, look at sentences **5, 7,** and **8** in **¡A analizar!** and note the accent marks that are required due to the attachment of the object pronouns. In each case, the accent mark is placed over the vowel that was originally stressed before the object pronouns were added. Here are more examples.

      Esta vestimenta nueva es para ti, Luci. Vamos a *ponértela*.

      Las propinas que ganamos, estamos *poniéndolas* en nuestros bolsillos.

      Maribel, esa bolsa, *pásamela*.

   Where should the accent mark be placed on the two italicized words below?

      No quiero hablar más de ir a la posta pero tú sigues *hablandomelo*. _____

      Esa ovejita, ¿puede Ud. *cargarmela*? _____

3. In **¡A analizar!** sentences **1, 3, 5, 6,** and **8** we see a new indirect object pronoun form, one that is different from the main forms (**me, te, le, nos, os, les**). This change occurs in order to avoid a specific repeated consonant sound. Use the sentences above to analyze this occurrence.

      Maribel llevó a la ovejita a la plaza y se la entregó a un turista para una foto.

   _____
   *We will study this in **Gramática 4.2**.

What is the direct object of the verb **llevó**? What was carried? _____

What is the direct object pronoun? ___ What was handed over? _____

The verb **entregó** also has an indirect object. To whom was something handed over? _____

Which indirect object pronoun would normally be associated with that indirect object? ___

Was that pronoun used in this sentence? ____

Analyze two or three more **¡A analizar!** sentences. Identify the direct and indirect objects in each.

Was the indirect object pronoun typically associated with that indirect object used in any of these examples? ____

What word was used instead? ____

In order to avoid the repetition of a particular consonant sound, the indirect object pronouns **le** and **les** will change to **se** before a direct object pronoun that begins with what letter? ___

Use the **¡A analizar!** sentences to help you fill in the following chart with the rules for indirect and direct object pronouns.

Los pronombres de complemento indirecto y directo juntos			
Original	**Changes to...**	**Original**	**Changes to...**
le lo	_____	les lo	se lo
le la	_____	les la	se la
le los	_____	les los	_____
le las	se las	les las	_____

Los complementos reflexivos juntos con complementos indirectos o directos

¡A analizar!

Lee los diálogos y decide si los pronombres **en negrilla** son reflexivos, directos o indirectos.

© Alvaro Sarmiento

© Alvaro Sarmiento

—Don Fidel, ya tenemos varios meses chambeando y Ud. **nos**[1] dijo que **nos**[2] iba a aumentar el sueldo y hasta ahora nada. Todo sigue igual.

—Lárga**te**.[3] No puedes quedar**te**.[4]

—¿Capital Berna?

—¡Tú **lo**[5] sabes!

—Sí, en el colegio **nos**[6] enseñan.

—Es buen colegio. **Me**[7] alegro mucho.

1. _____   3. _____   5. _____   7. _____

2. _____   4. _____   6. _____

© Alvaro Sarmiento

A la posta debiste ir, pues, Leoncio, cuando las señoritas **te**[8] dijeron vasectomía para el control de natalidad. **Me**[9] quejo por mis hijas.

© Alvaro Sarmiento

—¡A mí no **me**[10] toques, Leoncio! ... ¿Quieres engendrar más hijos para qué? ¿Para mandar**los**[11] a la calle...?
—¡Cálla**te**![12] Mis hijas lo único que van a hacer es trabajar por vacaciones.

8. _____   9. _____

10. _____   11. _____   12. _____

4. The pronouns **me**, **te**, **os**, and **nos** can be reflexive, direct, or indirect. Pay close attention to their use in the sentence, because that is often the only way to tell these types of pronouns apart.

You already know to identify the verb and ask *"[Verb] what?"* to find the direct object (*Eat what? Write what?*), and *"[Verb] to/for whom?"*; (*Write to whom? Cook for whom?*) to find the indirect object. Reflexive pronouns (**me, te, se, nos, os, se**)* can also be easily identified in a sentence. Remember that reflexive pronouns will always match the subject of the verb and verb form: **(yo)** *me* **llamo, (tú)** *te* **llamas.** In contrast, an indirect or a direct object pronoun will not match the subject of the verb.

Identify the three pronominal verb infinitives used with the first two **¡A analizar!** film stills. _____

Which reflexive pronouns were used with these verbs? _____ and _____

For the two pronominal verbs under the last two stills, identify the subject of the verb and the pronoun:

   quejarse: _____

   callarse: _____

Contrast the following sentences.

Me preocupo mucho por mis hijas.	*I worry / I get (<u>myself</u>) worried a lot about my daughters.*
Mis hijas **me** preocupan.	*My daughters worry/concern <u>me</u>.*

Note that in the first example, the verb ending **-o** corresponds to the first person singular subject, **yo.** The pronoun **me** matches that subject. Therefore, the pronoun **me** must be reflexive. The pronominal verb **preocuparse** is used to express a process, that of *getting worried*.

In contrast, in the second example, the verb ending **-an** does not match the pronoun, and instead corresponds to the third person plural subject. This means that the pronoun **me** is NOT a reflexive pronoun. Here the word **me** functions as _____ object pronoun: something is worrisome *to me*.

Both sentences express comparable ideas, but **me** functions differently in each.

---

*See **Gramática 1.2** for a review of pronominal verbs.

5. When two pronouns are used together, they must follow a particular order. In the following sentences, identify the kinds of pronouns used and try to infer the rule for the order of the two pronouns.

La madre de Carmencita trajo la vestimenta. Luci va a probár**sela.**[1, 2] La madre de Carmencita está ayudándo**la.**[3]	*Carmencita's mother brought the outfit. Luci is going to try it on (herself). Carmencita's mother is helping her.*
Se[4] **les**[5] acabó la plata y a Inés **se**[6] **le**[7] acabó la paciencia.	*The money ran (itself) out on them and patience ran (itself) out on Inés. / They ran out of money and Inés ran out of patience.*

In the examples above, reflexive pronouns are used in combination with both direct and indirect object pronouns. Which type of pronoun usually occurs first? _____

To remember the order in which these pronouns are placed, learn the acronym **RID,** which stands for **r**eflexive, **i**ndirect, and **d**irect. Note that only two—not all three—types of pronouns can be used in combination with one verb. Now give the types of pronouns you just identified in the sentences above.

1. _____   5. _____
2. _____   6. _____
3. _____   7. _____
4. _____

Now complete the placement rules* below based on the sentences above.

The reflexive, indirect, and direct object pronouns are placed _____conjugated verbs, and may either precede or be attached to _____ and the _____

6. Pronominal verbs that describe unplanned or accidental events are often combined with indirect object pronouns. The indirect object pronouns indicate the "victims" of these events.

While English often tends to describe the person involved as the cause of an unfortunate event, and therefore as the subject of the sentence, Spanish stresses that people are affected by an unintended mishap. For this reason, the people affected are expressed as indirect object pronouns in Spanish. Notice the awkwardness of literally translating into English the pronominal verbs describing unplanned/accidental events.

A Leoncio **se le perdió** el trabajo.	*Leoncio lost the job. (The job "got lost" to Leoncio. / The job "lost itself" to Leoncio.)*

Acabarse is a pronominal verb that means *to run out of.* The use of this pronominal verb plus the mention of the person(s) affected by the verb's action will require the use of both a reflexive and an indirect object

---

*In **Gramática 4.2** we will address the position of these pronouns when used with commands.

pronoun, and communicates the idea that something *ran out on someone,* as in the sentences below.

A ellos **se *les* acabó** el dinero.   *They ran out of money. [The money "ran (itself) out on" them.]*

A Inés **se *le* acabó** la paciencia.   *Inés lost her patience. [Patience "ran (itself) out on" Inés.]*

The indirect object pronouns from the sentences above are italicized. To whom does each one refer?

Se *les* acabó el dinero. _____

Se *le* acabó la paciencia. _____

Accidental or unplanned events—losing, forgetting, dropping, breaking, running out of—tend to be talked about by using pronominal verbs with reflexive pronouns. The people affected are identified by indirect object pronouns. You'll remember that pronominal verbs with reflexive pronouns are sometimes used to communicate the process of *getting* or *becoming* (**preocuparse, alegrarse**). An accidental or unplanned event can also be understood as a similar kind of process: *got lost, got run out of, got broken, got left behind,* and so on.

In short, Spanish often uses the pronominal form of certain verbs plus an indirect object pronoun to talk about mishaps and unplanned events, and who was affected by them. The literal English translations vary, but in general they are similar to the way we might talk about car problems or other mishaps: *The car broke down on me. / The computer froze up on me.*

Study the following two examples.

A Inés **se le cayeron** algunas papas.   *Inés dropped the potatoes. / Some potatoes fell out on Inés. (She is the person affected.)*

What is the indirect object pronoun in the above sentence? ___

What is the pronominal verb? _____

A ellos **se les quedaron** solamente dos soles.   *They only had two soles left. / Only two soles were left behind to them.*

What is the indirect object pronoun in the above sentence? ___

What is the pronominal verb? _____

Write the formula for these types of unplanned occurrences.

se + _____ + _____ -person form of a verb (singular or plural, to match the subject) + the verb subject

Below are some of the most common verbs that are used with the reflexive pronoun **se** and an indirect object pronoun to express unplanned/accidental events. Fill in the meanings in the table below.

VERBO (NORMAL)	SIGNIFICADO	EJEMPLO	VERBO PRONOMINAL	SIGNIFICADO	EJEMPLO
acabar	to end, to complete, to finish	Antes de **acabar** con la obra del hotel, tuvieron que consultar con los pueblos indígenas que querían proteger el monumento.	**acabarse**	to run out of	A Inés y Leoncio **se les acabó** la plata.
caer	to fall	**Cayeron** las piedras cuando tumbaron el edificio.	**caerse**	_____	A Inés, **se le cayeron** tres papas del saco.
ocurrir	to happen, to occur	Varios sucesos desafortunados **ocurrieron** esa semana. Por eso, ellos se sentían tristes y frustrados.	**ocurrirse**	_____ _____ _____	A Leoncio, **se le ocurrió** mirar los anuncios de trabajo.
quedar	to be located; to be left over; to remain	El templo no quedaba lejos de la plaza. Puesto que les **quedaron** solamente veinte minutos, las jóvenes decidieron ir corriendo para el templo.	**quedarse**	to get left behind	Cuando ella salió de la plaza, **se le quedaron** las propinas. Las dejó en el banco.

7. Finally, indirect object pronouns are used with impersonal or passive **se** constructions to stress who is affected by the verb's action. Fill in the blank with the correct indirect object pronoun.

En pocos colegios se ____ enseña el idioma quechua a los niños.

The Quechua language is taught to kids in very few schools.

Se____ vendieron varias artesanías quechuas a los turistas.

Several Quechua crafts were sold to tourists.

No se ___ ofrecen muchas oportunidades a la gente indígena.

Not many opportunities are offered to the indigenous people.

In summary, there are three different combinations of reflexive and object pronouns:

Reflexive + direct: **RD**

Reflexive + indirect: **RI**

Indirect + direct: **ID**

Read the following descriptions and decide which of the three combinations of pronouns is used in each sentence.

A Inés **se le** ocurrió hacer un vestido para Luci. **Se le** ocurrió porque a Leoncio **se le** perdió el trabajo y necesitaban la plata. ___

Maribel llevó un traje quechua en la plaza. **Se lo** puso porque cuando lo lleva los turistas le dan propinas. ____

Don Fidel les pagó a los empleados cincuenta soles por su trabajo. Pero, un día no **se los** pagó porque no había suficiente plata para pagarles. ___

Actividades prácticas

A. Citas y conversaciones

PASO 1. ¿Quién lo dijo? Lee las siguientes citas del cortometraje. Para cada una, indica el personaje / los personajes que la dijo. Luego, reescribe <u>la parte subrayada</u>, usando un pronombre de complemento directo. Sigue el modelo.

Maribel

las otras jóvenes que trabajan

Inés

la madre de Carmencita

don Fidel

> **MODELO:** Cuando te agarran, te jalan, te pellizcan... <u>te jalan el cabello</u>. (*They pull your hair*.)
>
> ¿Quiénes lo dijeron?
>
> Las otras jóvenes que trabajan en la ciudad lo dijeron: <u>Te lo jalan</u>. (*They pull it*.)

1. Con unas cinco piedritas que están amontonadas ahí, <u>no nos van a joder el hotel.</u>

   ¿Quién lo dijo? _____ : _____

2. —¿Capital Berna?

   —¡Tú lo sabes!

   —<u>Sí, en el colegio nos enseñan.</u>

   ¿Quién lo dijo? _____ : _____

3. Debiste ir a la posta cuando las señoritas <u>te dijeron vasectomía para el control de natalidad.</u>

   ¿Quiénes lo dijeron? _____ : _____

4. <u>Nos iban a quitar</u> la montera (*type of Peruvian hat*). Nos la quitan o si no, matan a los carneritos.

   ¿Quiénes lo dijeron? _____ : _____

5. Justo estaba yendo a tu casa. <u>Mira te he traído la ropa.</u> ¿Vienes del mercado?

   ¿Quién lo dijo? _____ : _____

PASO 2. Completa las conversaciones posibles entre los personajes, usando pronombres de complemento directo e indirecto. Luego, inventa un comentario o una respuesta final para cada conversación, usando pronombres de complemento directo e indirecto en tus comentarios también.

1. Inés y Leoncio

   INÉS: Maribel nos ayuda, pues, con los animales y gana plata en la plaza. Nos _____ da para ayudar a la familia nomás.

   LEONCIO: Ya pues. No quiero ver a mis hijas en la plaza, desfilando[a] en ese traje. Un aumento de sueldo es lo que necesito y el don Fidel va a dár_____.

   INÉS: ¿Te prometió el señor Fidel el aumento?

   LEONCIO: _____

2. Marbel y Carmencita

MARIBEL: La turista de Suiza era muy amable. Nos pagó veinte soles.

CARMENCITA: Sí, nos ___ pagaron nomás porque tú sabías la capital de Suiza.

MARIBEL: ¿Nos enseñaron todas las capitales de Europa?

CARMENCITA: _____

3. Don Fidel y Leoncio

DON FIDEL: Mira, Leoncio, no te prometimos un aumento. No hay suficiente plata.

LEONCIO: Don Fidel, sea consciente. Sí, Ud. ___ ___ prometió, pues.

DON FIDEL: No es cierto. No te prometí nada. Se nos acabó la plata. Ya ___ lo dije.

LEONCIO: Disculpe, don Fidel, pero no sé si Ud. entiende mi situación. Tengo tres hijas.

DON FIDEL: _____

4. Inés y la madre de Carmencita

INÉS: Las niñas me preocupan. Esta semana Leoncio nos trajo diez soles nomás.

LA MADRE DE CARMENCITA: No te preocupes, Inés. ¿No ___ dijo que iba a buscar otro trabajo?

INÉS: Me contó que encontró unos trabajos posibles en unos anuncios puestos cerca de la plaza. Anotó los anuncios para puestos prometedores y _____ mostró anoche. Le interesa un trabajo de vigilante.

LA MADRE DE CARMENCITA: ¿De verdad? Nomás necesita esa chamba. Yo los ayudo con la ropa para Luci. ¿Cuándo les puedo traer el traje?

INÉS: _____

_____
ªparading

B. La trama: ¿Qué sucedió?

PASO 1. Completa la oración debajo de cada imagen con el pronombre de complemento INDIRECTO apropiado. Luego, escucha el audio que repite las oraciones, pero nota que en el audio se sustituye un pronombre por el complemento DIRECTO. Por último, indica qué imagen se describe. ¡OJO! Presta mucha atención a los verbos, porque estos te ayudan a determinar qué imagen se describe.

a. Les dio leche a las ovejitas.

b. Le dieron la ovejita al turista.

MODELO: *Si oyes*: Se la dio.   *Escribes*: Imagen ___

Si oyes: Se la dieron.   *Escribes*: Imagen ___

a. ___ pidieron una propina a la turista.

b. ___ pidió un aumento de sueldo a sus jefes.

c. ___ pidió ayuda a su amiga.

d. ___ explicó a Inés que «hubo una reducción de personal» en su trabajo.

e. ___ explicó las reglas a las jóvenes.

f. ___ explicaron a Carmencita y Maribel que la policía las trató mal.

g. Tenía que dar ___ la seguridad a sus hijas.

h. ___ tenía que dar una blusa nueva a Luci.

i. Tenía que dar ___ las oportunidades económicas a su familia.

1. ___   4. ___   7. ___

2. ___   5. ___   8. ___

3. ___   6. ___   9. ___

PASO 2. Reescribe las siguientes oraciones que describen los sucesos clave del cortometraje, sustituyendo un pronombre por el complemento directo. Luego, para cada grupo de oraciones, ponlas en orden según la trama del cortometraje. Escribe **1** para indicar el primer suceso, **2** para el segundo y **3** para el último.

MODELO: _2_ . Una turista les preguntó el precio de la foto.

Una turista **se lo** preguntó.

_1_ . Carmencita y Maribel se pusieron los trajes quechuas.

Carmencita y Maribel **se los** pusieron.

_3_ . Le entregaron la ovejita para la foto.

Se la entregaron.

Trabajando en la plaza

__. Algunos turistas les pagaron propinas.

_____

__. Volvieron a casa y se quitaron la ropa quechua.

_____

__. Un policía les advirtió que era prohibido trabajar en la plaza.

_____

Conversando sobre la plata

__. Leoncio e Inés discutieron sobre la plata y él le dijo que iba a abandonarla.

_____

__. Leoncio les pidió compasión por su familia a sus jefes.

_____

__. Inés le preguntó si quería tener más hijos para mandar a la calle.

_____

C. Las tres *pachas* de los incas y la Pachamama

PASO 1. Lee sobre las tres pachas de los incas y luego contesta las preguntas.

Las tres pachas de los incas y la Pachamama

En quechua, la palabra **pacha** significa *mundo,* pero además puede referirse a un momento específico en un espacio. Según la mitología inca, hay tres **pachas**, o mundos, y múltiples dioses.

- **Hanan Pacha** es el mundo del cielo, las estrellas, la luna, las constelaciones y los planetas. Tres dioses habitaban en Hanan Pacha: el dios del sol, la diosa de la luna y el dios de los rayos. Era un lugar parecido al paraíso de la tradición cristiana, un lugar adonde ascenderán los que habían vivido bien después de su muerte.

- **Kay Pacha** se refería al mundo de la tierra, donde vivían los seres humanos, los animales y las plantas. Era el mundo visible, en contraste con las otras pachas. Los incas creían que era posible pasar de un mundo al otro a través de elementos naturales como las cuevas o un arco iris.[a] Se creía que después de la muerte, algunos seres humanos todavía habitaban Kay Pacha y que la lucha entre Hanan Pacha y Ukhu Pacha (las dos otras pachas) se manifestaba en este mundo.

- **Ukhu Pacha** era el reino asociado con la muerte, un lugar que se asemejaba al infierno de la cosmología cristiana, pero no tan malo porque también se asociaba con la diosa de la fertilidad, Pachamama, y con la cosecha. En este reino, también vive un ser llamado el Supay. Es un tipo de demonio y dios del inframundo, pero es una figura ambivalente. Por ejemplo, tradicionalmente, la gente le obsequia ofrendas al Supay porque le tenía miedo y para que este no le hiciera daño.[b]

La diosa **Pachamama** era la esposa del creador del mundo y sus hijos son los dioses del sol y de la luna. Ella transciende las tres pachas y encarna todo el conjunto de la naturaleza y se asocia con la fertilidad. Los dioses en general no necesariamente se limitan a estar en una sola pacha. Se pueden mover entre ellas e incluso pueden aparecer disfrazados.[c] Pachamama es una de las figuras mitológicas más importantes porque protege y provee lo que necesitan los seres humanos. La gente indígena de los Andes la veneraba y le brindaba ofrecimientos.

La imagen de ella, como otros dioses y figuras indígenas, iba transformándose después de la llegada de los españoles y la fusión de las ideas y creencias cristianas con las indígenas. Hoy día, ella sigue siendo una figura importante y en algunos lugares se cree que algunos problemas suceden porque los seres humanos toman demasiado de la naturaleza, quitándole demasiado de Pachamama. Además, se cree que a menudo ella tiene hambre, por lo que hay que dejarle ofrendas o ella puede causar enfermedades.

---

[a]arco... *rainbow*   [b]para... *so that he wouldn't hurt them*   [c]*disguised*

Comprensión

1. ¿Qué elementos forman parte de la pacha Hanan Pacha? _____
   _____

2. ¿Qué pacha se asocia con el mundo visible? _____

3. ¿Quién es el Supay y dónde vive? _____
   _____

4. ¿Cómo se puede pasar de una pacha a otra, según la mitología inca?
   _____

5. ¿Quién es Pachamama? _____
   _____

6. ¿Dónde viven los dioses y qué pueden hacer? _____
   _____

7. ¿Qué creencias existen hoy día sobre la influencia de Pachamama? _____
   _____
   _____
   _____

PASO 2. Contesta las preguntas, usando en cada respuesta un pronombre de complemento directo y un pronombre de complemento indirecto.

1. El sol, es decir la luz, es imprescindible para los cultivos. ¿Quién les daba la luz a los seres humanos, según la mitología indígena? _____

2. ¿Por qué se consideraban importantes los elementos naturales como las cuevas y el arco iris? _____
   _____

3. ¿Por qué les obsequian ofrendas al Supay? _____

4. ¿Quién les daba la fertilidad a los seres humanos? _____

PASO 3. En parejas, conversen sobre los significados posibles del título del cortometraje, «Kay Pacha». ¿Qué relación puede haber entre las creencias de la mitología incaica y lo que sucede en el cortometraje?

D. El pueblo indígena

Mira la tira cómica sobre el pueblo indígena. Usa pronombres para describir lo que observas y explicar lo que la caricatura critica.

© Victor Hugo Catalàn

MODELO: *Descripción*: Un conquistador europeo le muestra su espada a un hombre indígena mientras le explica que vinieron para traerle «cultura, educación, progreso». El hombre indígena le pregunta por qué es necesario tener la espada.

Explicación de la crítica: La caricatura demuestra la contradicción entre las cosas buenas que el conquistador les promete y el uso de la espada. Cuando se la muestra al hombre indígena, enfatiza la historia de violencia y opresión que los pueblos indígenas experimentaron y experimentan.

© Diario Nuestro Pais

4.2 «Tres... dos... uno... ¡Sonrían!»

Actividades analíticas

Los mandatos formales y los mandatos **nosotros/nosotras**

¡A analizar!

Unos turistas están de visita en Cusco. Mientras planean su día, encuentran a una familia indígena en ropa tradicional que les ofrece la oportunidad de sacar fotos a cambio de propinas. La familia también les ofrece consejos en cuanto a las atracciones turísticas. Identifica quién(es) habría(n) dicho (*would have said*) lo siguiente y a quién(es) se dirigiría(n). Luego, identifica el infinitivo de los verbos **en negrilla.**

© LMR Group/Alamy RF

1. «**Permítame** pagarle una propina por una foto. Por favor, **no diga** que no.»

- ¿Quién habla? _____
  a. un(a) turista
  b. un miembro de la familia indígena
- ¿A quién(es) le(s) habla? _____
  a. un(a) turista
  b. un miembro de la familia indígena
- ¿Cuál es el infinitivo de los verbos? _____

2. «¡Qué preciosos trajes indígenas! **Tomemos** una foto. **Pidámosles** a ellos una foto con las llamas también.»

- ¿Quién habla? _____
  a. un(a) turista
  b. un miembro de la familia indígena
- ¿A quién(es) le(s) habla? _____
  a. los turistas
  b. la familia indígena
- ¿Cuál es el infinitivo de los verbos? _____

3. «Para llegar a la Plaza de Armas, **sigan** derecho en la calle Herajes hasta la Catedral del Cusco y **doblen** a la izquierda. **No pierdan** el monumento Inca Pachacutec en la Plaza de Armas.»

- ¿Quién habla? _____
  a. un(a) turista
  b. un miembro de la familia indígena
- ¿A quién(es) le(s) habla? _____
  a. unos turistas
  b. la familia indígena
- ¿Cuáles son los infinitivos de los verbos?

  _____

4. «Esa agencia allí está cerrada ahora, pero ofrece un tour muy bueno de los sitios históricos al norte de Cusco, incluyendo Puka Pukara y Tambomachay. **Visítenla** mañana y **lleguen** temprano porque siempre se llenan los tours. ¡**No se olviden!**»

- ¿Quién habla? _____
  a. un(a) turista
  b. un miembro de la familia indígena
- ¿A quién(es) le(s) habla? _____
  a. unos turistas
  b. la familia indígena
- ¿Cuál es el infinitivo de los verbos? _____

5. «¿Señora, quiere una foto con las llamas y mis hijos? Por favor, **póngase** al lado suyo, **páseme** su cámara y yo se la tomo.»

- ¿Quién habla? _____
  a. un(a) turista
  b. la madre de la familia indígena
- ¿A quién(es) le(s) habla? _____
  a. un(a) turista
  b. uno de los indígenas
- ¿Cuál es el infinitivo de los verbos? _____

6. «Si desean cenar en un buen restaurante que sirva comida auténtica peruana, El Restaurante Tabuco es excelente. **Hagan** una reservación y **coman** allí para una cena inolvidable. **Denle** al mesero una propina de diez por ciento más o menos.»

- ¿Quién habla? _____
  a. un(a) turista
  b. un miembro de la familia indígena
- ¿A quién(es) le(s) habla? _____
  a. los turistas
  b. la familia indígena
- ¿Cuál es el infinitivo de los verbos? _____

7. «Si le interesa probar la comida peruana tradicional, **busque** los restaurantes que tengan muchos clientes a la hora del almuerzo, entre el mediodía y la una. O, **almuerce** en uno de los restaurantes en las calles Calle Plateros, San Agustín o la Calle Suecia. Para llegar a esa zona, **no cruce** la calle aquí. **Siga** un poco más adelante donde hay menos tráfico.»

- ¿Quién habla? _____
  a. un(a) turista
  b. un miembro de la familia indígena
- ¿A quién(es) le(s) habla? _____
  a. los turistas
  b. la familia indígena
- ¿Cuál es el infinitivo de los verbos?

  _____

8. «Me siento un poco mareada (*dizzy*), pero **no nos durmamos** temprano y **no volvamos** al hotel. En vez de eso, **bebamos** un mate de coca para quitarnos el soroche (*altitude sickness*). ¡Hay tanto que ver aquí! ¡No **nos perdamos** nada!»

- ¿Quién habla? _____
  a. un(a) turista
  b. un miembro de la familia indígena
- ¿A quién(es) le(s) habla? _____
  a. los turistas
  b. la familia indígena
- ¿Cuál es el infinitivo de los verbos?

  _____

1. Commands are used to tell someone to do something. The word *command* suggests a direct order, but not all commands are that bold or assertive. Many are more subtle. In English, most verbs in command mood do not look different from present tense verbs. Look at the examples below. The sentences in the first column present the verb in a descriptive present tense sentence. The sentences in the second column are commands.

They go to the plaza. Maribel's father goes to the construction site.	*Go to the plaza.*
The girls tell their mothers about their experiences. Maribel also tells her sister.	*Tell me about your experiences.*

   In Spanish, a separate verb mood is used for commands. The verb as a command always looks different from its present tense indicative form. There are two main types of commands. Formal commands are used to address **Ud.** and _____, and informal commands are used for _____ and **vosotros/vosotras**. These commands are all directed at a *you*.*

   _____
   *Remember that **tú, vosotros/vosotras, Ud.** and **Uds.** all mean you, but in different contexts, depending on how many people are being addressed and the level of formality. Individuals are addressed with **tú** (informal) or **Ud.** (formal), while groups are addressed with **vosotros/vosotras** (informal) or **Uds.** (formal). Additionally, with regard to **vosotros/vosotras** versus **Uds.**, the region in which you are speaking makes a difference. Outside of Spain, most speakers disregard **vosotros/vosotras,** instead using **Uds.** when addressing more than one person, even when speaking with a group of close friends.

2. The boldfaced words in the **¡A analizar!** sentences are formal commands. Use the sentences to help you fill in the chart with the formal (**Ud.** and **Uds.**) commands and their infinitives.

Los mandatos formales		
	Ud.	**Uds.**
Verbos -ar		
doblar	doble	_____
olvidar	olvide	olviden
pasar	_____	pasen
Verbos -er e -ir		
_____	coma	_____
_____	_____	permitan
Verbos con un yo irregular		
_____	conozca	conozcan
decir	_____	digan
hacer	haga	_____
poner	_____	pongan
Verbos de cambio de raíz		
pensar (ie)	piense	piensen
seguir (i)	siga	_____
volver (ue)	vuelva	vuelvan

What do you notice about the endings on these -**ar** verb formal commands? When the command is formed, the letter ___ in their endings changes to the letter ___.

What do you notice about the endings on these -**er** and -**ir** verb formal commands? When the command is formed, the letter ___ in their endings changes to the letter ___.

To form a formal command:

1. To form **Ud.** and **Uds.** commands, always start with the _____ conjugation of the verb in the present tense. Doing so preserves irregular **yo** conjugations (like -**go** in **digo**, and -**zco** in **conozco**) as well as stem changes.

   trabajar: _____   incluir: _____   querer: quiero
   hacer: hago   volver: vuelvo   conducir: conduzco

2. Remove the **o**.

   trabaj-   incluy-   _____
   _____   vuelv-   conduzc-

3. Add the opposite vowel for **Ud.** commands. Add the opposite vowel plus the letter ___ for **Uds.** commands.

   _____, trabajen   incluya, incluyan   quiera, quieran
   haga, hagan   vuelva, _____   _____, _____

4. If there is a direct object pronoun (*Do it! Don't do it!*), indirect object pronoun (*Tell me! Don't tell me!*), or reflexive pronoun (*Sit [yourself] down! Don't sit [yourself] down!*), remember the rule: "affirmative attach" and "negative no attach" (AA/NN).* Use the pattern to complete the chart below.

Los mandatos con pronombres		
	Positivo = conectado, después (*Affirmative attach!*)	Negativo = No conectado, antes (*Negative No attach!*)
pasarme – Ud.	_____	no me pase
permitirme – Ud.	_____	no me permita
ponerse – Ud.	_____	no se ponga
darle – Uds.	_____	no le den
olvidarse – Uds.	olvídense	_____
visitar (la agencia) – Uds.	_____	no la visiten

Based on the examples in **¡A analizar!,** what conclusions can you draw regarding how pronouns are placed in relation to commands? Pronouns _____ negative commands. They follow and are _____ to affirmative (positive) commands.

Sometimes, it is necessary to use multiple pronouns with commands (*Give it to me*). In these cases, the same rules you learned regarding pronouns in **Gramática 4.1** apply.†

Note that it will sometimes be necessary to add an accent mark to commands that have associated pronouns. Based on the examples below, what conclusions can you draw regarding when accent marks are and are not necessary? Be sure to remember the two Spanish stress rules while noticing the number of syllables in the verbs. This will help you.

Dímela.	No me la digas.
Háganmelo ahora.	No me lo hagan ahora.
Lávate la cara.	No te laves la cara.
Lávatela.	No te la laves.

- Accent marks are NOT added to _____ commands since the pronouns are not attached and their presence does not change the syllabification of the verb.
- Accent marks are added to single-syllable _____ commands when more than one pronoun is added.
- Accent marks are added to ____-syllable (two-or-more-syllable) _____ _____ commands when any pronoun is added.

---

*This rule will also apply for informal commands, which we will study momentarily.

†**RID**: reflexive/indirect/direct Reflexive pronouns precede indirect and direct object pronouns. Indirect object pronouns precede direct object pronouns. When a third person indirect object pronoun (**le/les**) precedes a third person direct object pronoun (**lo/la/los/las**), the indirect object pronoun becomes **se.**

3. Certain command forms change spelling in order to preserve the pronunciation of the infinitive. These types of spelling changes are seen in verbs that end in -**car**, -**gar**, and -**zar**. Use the verbs in **¡A analizar!** and follow the pattern to complete the charts.

Los mandatos formales: Los verbos que terminan en -*car*		
	Ud.	**Uds.**
buscar	_____	busquen
destacar	destaque	destaquen
sacar	saque	_____

You will recall that the letter **c** can be pronounced as an *s* (as in **cena**) or as a *k* (as in **carro**). The pronunciation is based on the vowel that follows: **ce** and **ci** produce *s* sounds, while **ca**, **co**, and **cu** produce *k* sounds. Therefore, verbs ending in -**car** will require a change in spelling, since the *k* sound of the infinitive would otherwise be lost due to the "opposite" vowel in the formal command conjugations.

Based on the sample commands, what spelling change do you see? The letter ___ of -**car** verbs will change to the letters ___ to preserve the hard *k* sound of the infinitive.

Los mandatos formales: Los verbos que terminan en -*gar*		
	Ud.	**Uds.**
llegar	llegue	_____
pagar	_____	paguen
rogar	ruegue	rueguen

Likewise, the letter **g** can be pronounced as an *h* (as in **gimnasio**) or as a *g* (as in **gol**). Just like the letter **c**, the pronunciation is based on the vowel that follows: **ge** and **gi** produce *h* sounds, while **ga, go,** and **gu** produce *g* sounds. Therefore, verbs ending in -**gar** will require a change in spelling, since the **g** sound of the infinitive would otherwise be lost due to the "opposite" vowel in the formal command conjugations.

Based on the sample commands, what spelling change do you see? The letter ___ of -**gar** verbs will be followed by a ___ to preserve the hard *g* sound of the infinitive.

Los mandatos formales: Los verbos que terminan en -*zar*		
	Ud.	**Uds.**
almorzar	_____	almuercen
cruzar	_____	crucen
empezar	empiece	empiecen

Finally, although the pronunciation difference is not as noticeable as in the previous categories, the letter ___ of -**zar** verbs changes to the letter ___ before the **e** in the command form endings. Do you remember that this same spelling change occurred in the plural of **lápiz** (**lápices**)?

4. Verbs whose present tense indicative first person singular (**yo**) forms do not end in -**o** also have irregular command forms. This might be expected, since the formal command forms are based on dropping the -**o** from the **yo**-form conjugation in the present tense. Since these verbs can't follow the same pattern as the other commands, the forms must simply be memorized.

> **Vayan** Uds. a otra calle. No pueden estar aquí.
>
> Don Fidel, **sea** consciente.
>
> No **esté** enojado, don Fidel.
>
> Chicas, no le **den** la ovejita a la policía.
>
> **Sepa** Ud. que estoy muy ocupado como jefe de este proyecto. Por favor, no me **dé** más problemas.

Complete the following table of irregular commands.

Los mandatos formales irregulares		
	Ud.	**Uds.**
dar	___	___
estar	___	estén
ir	vaya	___
saber	___	sepan
ser	___	sean

The **Ud.** command of **dar** is the only verb with an accent mark. Why might it have an accent? Hint: Think of word pairs you know like **tú** and **tu** that are spelled the same and yet have different meanings, with one word accented and the other not. _____.

5. Another type of command, the **nosotros/nosotras** command, addresses a *we* audience that includes the speaker. In English, to give a *we* command, *let's* + (*verb*) is used.

> Tengo hambre. **Compremos** unos picarones.
> *I'm hungry. <u>Let's buy</u> some* **picarones**.

There are two ways to express *let's* + (*verb*) in Spanish:

- **Vamos** + *infinitive*:

> **Vamos a preparar** la leche para los animales.
> *<u>Let's prepare</u> the milk for the animals. (<u>We're going to prepare</u> the milk for the animals.)*

- The **nosotros/nosotras** command form:

> **Preparemos** la leche para los animales.
> *Let's prepare the milk for the animals.*

6. Nosotros/nosotras commands share the formal command ending pattern.

What is the infinitive form of the command **tomemos**? _____

What is the infinitive form of the command **bebamos**? _____

Following the formal command pattern of switching the vowels in the verb ending, what should be the ending for the -ar verb **nosotros/nosotras** commands? _____ And the ending for -er and -ir verbs? _____

Based on the pattern, complete the chart with the missing commands.

Los mandatos formales y los mandatos *nosotros/nosotras*			
	Mandato *Ud.*	**Mandato *Uds.***	**Mandato *nosotros/ nosotras***
aumentar	aumente	aumenten	aumentemos
tomar	tome	tomen	_____
beber	beba	beban	_____
creer	crea	crean	creamos
tener	tenga	tengan	tengamos
decir	diga	digan	_____
dirigir	dirija	_____	dirijamos
discutir	discuta	discutan	_____
influir	influya	influyan	_____
oír	_____	oigan	oigamos

The **nosotros/nosotras** commands follow the same rules as the other commands with regard to attaching or not attaching pronouns. The only difference is that the final **s** of the command is omitted if the attached pronoun is **se** or **nos**.

> **Digámosle la verdad. = *Digámosela.***

> ***Sentémonos.*** (sentarse)

> ***Vámonos.*** (irse)

7. Most vowel stem changes (i.e., **almuerzo, quiero**) do NOT carry over into the **nosotros/nosotras** command form; however, one group of stem-changing verbs DOES experience a change. Look at the command forms of the following stem-changing verbs: **dormir** and **mentir**.

> **Duerma** Ud. más.

> ***Durmamos*** más porque trabajamos mucho.

> **No mientan** Uds.

> **No *mintamos*** nunca.

What do **dormir** and **mentir** have in common? They are both stem-changing verbs that end in ___.

What type of change do you see in the **nosotros/nosotras** command forms? The letter **o** in **dormir** changes to the letter ___, and the letter **e** in **mentir** changes to the letter ___.

Meanwhile, -**ar** and -**er** verbs do not carry the vowel stem change over in the **nosotros/nosotras** command form.

Follow the pattern to complete the chart.

Los mandatos formales y los mandatos nosotros/nosotras: Los verbos con cambio de raíz			
	Mandato *Ud.*	Mandato *Uds.*	Mandato *nosotros/ nosotras*
Verbos de cambio de raíz (-ar)			
cerrar	cierre	cierren	cerremos
recordar	recuerde	recuerden	recordemos
Verbos de cambio de raíz (-er)			
querer	quiera	quieran	queramos
volver	vuelva	vuelvan	volvamos
Verbos de cambio de raíz (-ir)			
dormir	_____	duerman	durmamos
mentir	mienta	_____	mintamos
morir	muera	mueran	_____
pedir	pida	pidan	pidamos
preferir	_____	prefieran	prefiramos
servir	sirva	_____	sirvamos
vestir	vista	vistan	vistamos

8. The verb **ir** has a unique alternate affirmative **nosotros/nosotras** command form. While the *negative* **nosotros/nosotras** command form follows the pattern of the irregular **Ud.** and **Uds.** command forms, the *affirmative* **nosotros/nosotras** command is the regular present indicative conjugation of the verb **ir**.

> **Vamos** al monumento. *Let's go to the monument.*
> **No vayamos** a la plaza. *Let's not go to the plaza.*

Los mandatos informales

¡A analizar!

Read the following problems various characters have, and match them with a suggested solution, given in the form of an informal **tú** command.

____ 1. Marisol dice, «Algunas de las papas están podridas.»

____ 2. Leoncio dice, «Don Fidel, los otros obreros y yo deseamos un aumento de sueldo.»

____ 3. Leoncio dice, «Don Fidel no nos escucha.»

____ 4. Carmencita dice, «La policía dice que no debemos trabajar en la plaza.»

____ 5. Inés dice, «Necesitamos dinero para la familia. ¿Qué podemos vender?»

____ 6. Carmencita dice, «Tengo hambre porque trabajamos mucho hoy.»

____ 7. Inés dice, «Tenemos muchas deudas. Habla con don Fidel.»

____ 8. Carmencita dice, «No hay muchos turistas en la plaza hoy. No hemos ganado mucho. ¿Vamos a casa?»

____ 9. Inés dice, «Leoncio perdió su trabajo. Me pregunto si Luci va a tener que salir a la calle con Maribel y Carmencita.»

____ 10. Una chica que trabaja en la plaza dice, «Tengo miedo a la policía.»

a. **¡Corre**, Carmencita! Viene ahora a quitarte la ovejita.

b. **No te preocupes. Ven** a mi casa esta tarde. **No le digas** nada a Leoncio. Yo te ayudo con la vestimenta de Luci.

c. **No** me **hagas** la vida más difícil, Inés. Voy a conseguir otro trabajo.

d. **Ten** paciencia. **Ponte** la montera. Vamos a la catedral. Allí siempre hay turistas.

e. **No discutas** tanto con tu jefe. Necesitas ese trabajo.

f. **No vayas** por esta calle. La policía siempre vigila por allí.

g. **No seas** pesado y no **te quejes** tanto.

h. **No comas** en la calle. **Regresa** a casa y tu mamá te prepara algo.

i. **Tíralas** en este saco. **No las pongas** en ese saco que es para las buenas.

j. No sé, pero **no vendas** mis ovejitas, por favor. Las necesito para las fotos.

9. Informal commands follow two different formation patterns depending on whether the command is negative or affirmative.

Identify the infinitives of the following commands from the **¡A analizar!** sentences. Then indicate whether you see an "opposite vowel" in the command form ending or not.

MANDATO	INFINITIVO	¿POSITIVO O NEGATIVO?	CONJUGACIÓN -A → -E; -E → -A ¿SÍ O NO?
corre	_____	positivo	____
pon	_____	_____	no
_____	regresar	_____	no
____	tener	positivo	no
tira	_____	positivo	____
ven	_____	_____	no
no _____	comer	negativo	____
no digas	_____	_____	sí
no discutas	_____	_____	____
no _____	hacer	_____	sí
no pongas	poner	negativo	sí
no seas	ser	negativo	____
no vayas	ir	negativo	sí
no vendas	_____	negativo	____

Read what a Spanish tourist said to Maribel and Carmecita and take note of the **vosotros/vosotras** commands she gives.

«Qué guapas estáis las dos. Tus trajes están lindos. Por favor, **mirad** este mapa. ¿Me podéis indicar dónde están las ruinas de Sacsayhuamán? Gracias. Otra cosa, **permitidme** sacar una foto de vosotras. No **os preocupéis**. Os pago una propina. Gracias por vuestro tiempo.»

Write the infinitives of the boldfaced verbs:

mirad _____

permitidme _____

no os preocupéis _____

Based on the examples above, which forms have an opposite vowel, negative or affirmative commands? _____

Use the pattern you identified above to complete the chart with informal commands. The **vosotros/vosotras** commands have been filled in for you.*

	MANDATO INFORMAL SINGULAR: TÚ	MANDATO INFORMAL PLURAL: VOSOTROS/ VOSOTRAS
aumentar	aumenta	aumentad
	no aumentes	no aumentéis
dar	da	dad
	no _____	no deis
creer	cree	creed
	no creas	no creáis
discutir	_____	discutid
	no discutas	no discutáis
querer	quiere	quered
	no quieras	no queráis
impedir	impide	impedid
	no _____	no impidáis
conocer	_____	conoced
	no conozcas	no conozcáis
oír	_____	oíd
	no oigas	no oigáis
dirigir	dirige	dirigid
	no _____	no dirijáis
influir	influye	influid
	no influyas	no influyáis
estar	está	estad
	no estés	no estéis

10. Use the **¡A analizar!** sentences to help you complete the chart of irregular **tú** commands.

Los mandatos informales (tú): Los verbos irregulares		
	Positivo	**Negativo**
decir	di	_____
hacer	haz	_____
ir	ve	_____
poner	_____	no pongas
salir	sal	no salgas
ser	sé	_____
tener	_____	no tengas
venir	_____	no vengas

---

*The **vosotros/vosotras** forms are provided for reference, however these forms are not explicitly practiced in this program.

Actividades prácticas

A. ¿Qué deben hacer? ¿Qué debemos hacer?

PASO 1. Primero, completa cada mandato formal y escribe la letra del fotograma que le corresponde. Luego, indica con una **X** a quién se le expresaría (*would express*). Sigue el modelo.

© Alvaro Sarmiento
a.

© Alvaro Sarmiento
b.

© Alvaro Sarmiento
c.

© Alvaro Sarmiento
d.

© Alvaro Sarmiento
e.

© Alvaro Sarmiento
f.

MODELO: ___d___ Inés: No <u>miren</u> (mirar) tanta televisión.

_____ A Leoncio

_____ A Carmencita

_____ A Carmencita, Maribel y Luci

____ 1. Leoncio: _____ (*Ud.:* Respetar) nuestros derechos.
_____ A Inés _____ Al jefe _____ A Maribel y Carmencita

____ 2. Maribel y Carmencita: Por favor, no _____ (matar) a la ovejita.
_____ A Inés y Leoncio _____ Al jefe _____ Al policía

____ 3. Leoncio: _____ (*Nosotros:* Pagar) esta dueda, y nuestras hijas no tienen que trabajar.
_____ A Inés _____ Al jefe _____ A Maribel y Carmencita

____ 4. Maribel y Carmencita: _____ (Sacar) una foto de nosotras, señores.
_____ A Inés y Leoncio _____ A los turistas _____ Al policía

____ 5. Inés: No _____ (*nosotros:* tener) más hijos.
_____ A Leoncio _____ A Maribel _____ A sus hijas

PASO 2. A continuación vas a leer una conversación anterior entre Leoncio y don Fidel, antes de la despedida de Leoncio. Completa esta conversación, usando mandatos formales: **Ud., Uds., nosotros/nosotras**. Para cada mandato, indica quién probablemente lo dice: Leoncio, don Fidel o ninguno de los dos.

	LEONCIO	DON FIDEL	NINGUNO DE LOS DOS
1. No _____ (olvidarse) que Ud. nos prometió un aumento de sueldo.	_____	_____	_____
2. _____ (Ir) nosotros al restaurante al mediodía y _____ (tomar) un café juntos.	_____	_____	_____
3. No me _____ (hablar) Ud. ¡ _____ (Hacer) su trabajo!	_____	_____	_____
4. _____ (Llegar) Ud. temprano mañana porque nos van a traer unos sacos de cemento por la mañana. Y, _____ (traer) su almuerzo porque no van a tener descanso de trabajo durante todo el día.	_____	_____	_____
5. Por favor, _____ (ser) Ud. consciente. Tenemos que mantener a nuestras familias. Por favor, _____ (respetar) a sus empleados.	_____	_____	_____
6. _____ (Tener) nosotros una reunión con todos los obreros y Uds. pueden hacer sus peticiones y ofrecer soluciones.	_____	_____	_____

B. No se dejen pisotear.

PASO 1. Lee sobre el famoso político y líder campesino peruano, Hugo Blanco Galdós, y luego contesta las preguntas orales sobre su vida.

Hugo Blanco Galdós*

Hugo Blanco Galdós es un líder político y activista por los campesinos e indígenas peruanos. Además, es el director del periódico, *Lucha indígena*. Habla quechua y español y es el líder de la Confederación Campesina del Perú. Es conocido porque organizó y dirigió varios levantamientos[a] de campesinos contra hacendados.[b]

Enfurecido por el tratamiento inhumano de los pueblos indígenas, se dedicó a luchar contra los dueños de las tierras que maltrataban a los indígenas, obligándoles a trabajar gratuitamente.[c] Por lo tanto, abogó por la reforma agraria. Trabajó con varios sindicatos de trabajadores, y organizó a los niños vendedores callejeros de diarios.[d] Además, participó en varios sindicatos campesinos organizados para exigir su derecho de ser dueños de su propia tierra.

© Fotogramma/Splash News/Newscom

_____
*Source: Cuneo, Martín, "Las diez vidas de Hugo Blanco," *Viento Sur*, #117, July, 2011. www.vientosur.info

Su vida refleja una odisea de experiencias y luchas increíbles. A pesar de haber enfrentado numerosos obstáculos insuperables, Hugo Blanco Galdós no dejó de luchar. Durante su larga vida ha sido encarcelado, exiliado, amenazado, torturado y atacado con la violencia. Además se sometió a catorce huelgas de hambre.

Al reflexionar sobre lo que le motivó, menciona un recuerdo de su niñez: Un hacendado llamado Bartolomé Paz marcó con un hierro candente[e] a un campesino con sus iniciales, BP. Blanco Galdós dijo con respecto al dicho incidente, «Naturalmente el señor Paz no fue detenido, eso no se podía hacer con una persona de respeto. Probablemente ese hecho marcó el sentido de mi vida.»

---

[a]uprisings   [b]land owners   [c]for free, without pay   [d]newspapers   [e]hierro... red-hot iron

Comprensión

1. _____
2. _____
3. _____
4. _____
5. _____
6. _____

PASO 2. Imagina que varios obreros informales se reúnen con un líder / una lideresa como Hugo Blanco Galdós. ¿Qué mandatos les da este líder / esta lideresa? Cambia las recomendaciones por mandatos.

> **MODELO:** Deben defender sus derechos.
>
> Defiendan sus derechos.

1. Es importante organizarse. _____
2. No deben trabajar si el dueño o el jefe no les paga. _____
3. No es necesario sacrificar sus derechos por el trabajo. _____
4. Tienen que rechazar las medidas violentas. _____
5. Es importante ir a todas las reuniones sindicales. _____
6. No deben perder la esperanza. No deben desanimarse. _____
   _____

PASO 3. Usa los siguientes verbos para escribir mandatos que un líder / una lideresa sindical les daría (*would give*) a los trabajadores indígenas en Cusco. Escribe tres mandatos afirmativos y tres mandatos negativos.

ayudar	hablar	olvidarse	recurrir a
buscar	ir, irse	pedir	ser
consultar	largarse	pensar	trabajar
defenderse	mantener un registro	preguntar	tratar de
exigir	meterse	quejarse	usar

1. _____   4. _____
2. _____   5. _____
3. _____   6. _____

C. Hazlo, por favor: Mandatos informales (tú)

PASO 1. Completa los siguientes mandatos informales que uno de los personajes puede decir e indica a quién le da este mandato. Luego, elige el fotograma que más se asocia con el mandato posible.

> **MODELO:** _c_ Inés dice: <u>Habla (Hablar)</u> con tu jefe.
>
> ¿A quién se lo dice? <u>Inés se lo dice a Leoncio.</u>
>
> _e_ Inés dice: No <u>tires (tirar)</u> esa papa. Está buena.
>
> ¿A quién se lo dice? <u>Inés se lo dice a Maribel.</u>

© Alvaro Sarmiento

a.

b.

© Alvaro Sarmiento

c.

© Alvaro Sarmiento

d.

© Alvaro Sarmiento

e.

© Alvaro Sarmiento

f.

_____ 1. Don Fidel dice, «No _____ (repetir) tus quejas. _____ (Largarse) de aquí y no _____ (volver) mañana.
¿A quién se lo dice? _____

_____ 2. La mamá de Carmencita dice, «_____ (Mirar), esta tela es perfecta para Luci. Ella puede probarse este traje y mañana acompañar a su hermana y Carmencita.»
¿A quién se lo dice? _____

_____ 3. El policía dice, «No _____ (pedir) propinas. No les gusta a los turistas.»
¿A quién se lo dice? _____

_____ 4. Leoncio dice, «Por favor, _____ (tratar) de comprender la situación. No _____ (ser) así.»
¿A quién se lo dice? _____

_____ 5. Inés dice, «_____ (Ayudarme) con las papas. No _____ (olvidarse) buscar las podridas.»
¿A quién se lo dice? _____

_____ 6. Leoncio dice, «_____ (Callarse) y no me _____ (hablar) más de la vasectomía.»
¿A quién se lo dice? _____

PASO 2. Escucha los comentarios y elige a la persona que probablemente dijo cada uno. Luego, escribe el mandato que oyes y escribe a quién se lo dijo.

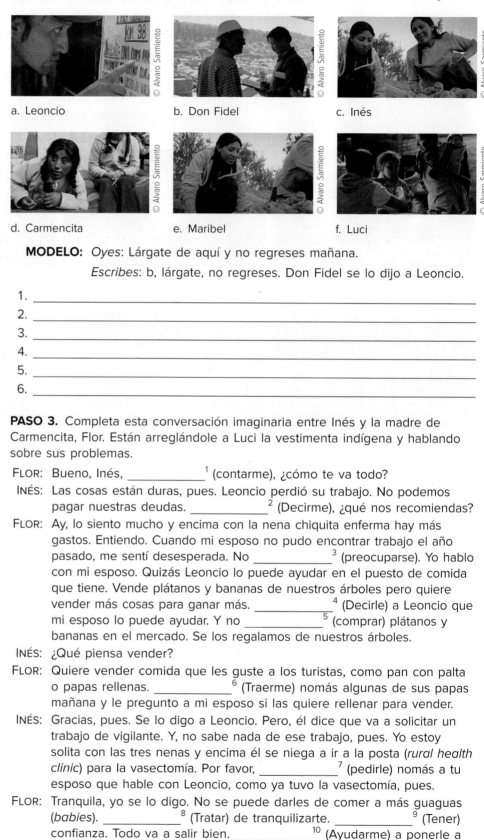

a. Leoncio

b. Don Fidel

c. Inés

d. Carmencita

e. Maribel

f. Luci

MODELO: *Oyes:* Lárgate de aquí y no regreses mañana.

Escribes: b, lárgate, no regreses. Don Fidel se lo dijo a Leoncio.

1. _____

2. _____

3. _____

4. _____

5. _____

6. _____

PASO 3. Completa esta conversación imaginaria entre Inés y la madre de Carmencita, Flor. Están arreglándole a Luci la vestimenta indígena y hablando sobre sus problemas.

FLOR: Bueno, Inés, _____[1] (contarme), ¿cómo te va todo?

INÉS: Las cosas están duras, pues. Leoncio perdió su trabajo. No podemos pagar nuestras deudas. _____[2] (Decirme), ¿qué nos recomiendas?

FLOR: Ay, lo siento mucho y encima con la nena chiquita enferma hay más gastos. Entiendo. Cuando mi esposo no pudo encontrar trabajo el año pasado, me sentí desesperada. No _____[3] (preocuparse). Yo hablo con mi esposo. Quizás Leoncio lo puede ayudar en el puesto de comida que tiene. Vende plátanos y bananas de nuestros árboles pero quiere vender más cosas para ganar más. _____[4] (Decirle) a Leoncio que mi esposo lo puede ayudar. Y no _____[5] (comprar) plátanos y bananas en el mercado. Se los regalamos de nuestros árboles.

INÉS: ¿Qué piensa vender?

FLOR: Quiere vender comida que les guste a los turistas, como pan con palta o papas rellenas. _____[6] (Traerme) nomás algunas de sus papas mañana y le pregunto a mi esposo si las quiere rellenar para vender.

INÉS: Gracias, pues. Se lo digo a Leoncio. Pero, él dice que va a solicitar un trabajo de vigilante. Y, no sabe nada de ese trabajo, pues. Yo estoy solita con las tres nenas y encima él se niega a ir a la posta (*rural health clinic*) para la vasectomía. Por favor, _____[7] (pedirle) nomás a tu esposo que hable con Leoncio, como ya tuvo la vasectomía, pues.

FLOR: Tranquila, yo se lo digo. No se puede darles de comer a más guaguas (*babies*). _____[8] (Tratar) de tranquilizarte. _____[9] (Tener) confianza. Todo va a salir bien. _____[10] (Ayudarme) a ponerle a Luci esta falda.

PASO 4. Escribe un diálogo entre Maribel y su hermanita, Luci, en el que Maribel le da consejos a Luci sobre lo que debe y no debe hacer cuando trabaje en la plaza. Incluye un mínimo de cinco mandatos informales (tú).

© Lew Robertson/Getty Images RF

Puede ser difícil exagerar la importancia de las coca en las culturas andinas. Desde las épocas precolombinas, esta planta autóctona (*native*) de Sudamérica ha tenido un papel fundamental en todas las etapas de la vida: para celebrar un nacimiento —y aliviar el dolor durante el parto (*birth*)— y para pedirle la mano de la novia; para lamentar la muerte de un querido; para tratar las enfermedades y para efectuar una variedad de ceremonias religiosas. A diferencia de la droga hecha de este arbusto humilde, la hoja de coca no perjudica la salud, ni produce efectos de intoxicación; masticar (*chewing*) las hojas mitiga la fatiga, dándole al consumidor una sensación ligera de energía, parecida al efecto del café. Existen muchas leyendas incas y aymaras sobre el origen divino de la coca. En 2013, la Convención Antidroga de la ONU le concedió a Bolivia una enmienda (*amendment*) en cuanto a la masticación de la hoja de coca, aunque la exportación de la coca sigue siendo ilegal.

D. Evo Morales y MAS

PASO 1. Lee sobre Evo Morales, el presidente de Bolivia, y luego indica si las oraciones que siguen son ciertas o falsas. Corrige las oraciones falsas.

Evo Morales y MAS[*]

En 2005, Evo Morales, un indígena aymara,[a] se hizo el primer presidente moderno en Latinoamérica que se describe como indígena, cuando ascendió a la presidencia de Bolivia, un país de mayor población indígena. Un cultivador de coca de origen muy humilde, Evo Morales fue líder de un sindicato[b] de cocaleros.[c] En los años 80 y 90, luchó contra los esfuerzos gubernamentales que intentaban reducir la cultivación de coca, una empresa tradicionalmente llevada a cabo por las poblaciones indígenas que, como en la mayoría del continente, correspondían con los más pobres del país.

© Spencer Platt/Getty Images

En 1999, fue elegido presidente del partido político MAS: Movimiento al Socialismo, y bajo su liderazgo[d] los masistas[e] se convirtieron en una fuerza política. En 2005, ganó las elecciones presidenciales por un amplio margen. Morales fue reelegido en 2009, y una vez más en 2014. En 2015, dijo que estaba dispuesto a presentarse como candidato otra vez en 2019, si la gente boliviana lo quería, pero en 2016 perdió un referendo constitucional que le habría permitido otra postulación (*nomination*).

Desde el principio, su política ha sido izquierdista.[f] Entre sus iniciativas se destaca[g] una «revolución agraria», en la que buscaba la redistribución de tierra inutilizada (propiedad estatal y privada), dedicándola al uso de comunidades

---

*Source: Vierecke, Linda and Christoph Peters, "Escaping Need," *Development and Cooperation,* November 26, 2014. www.dandc.eu

indígenas. Con una nueva constitución, intentaba democratizar la política boliviana y aumentar la participación de las clases pobres. Tuvo bastante éxito en reducir el nivel de pobreza extrema del país, que disminuyó desde aproximadamente 40% en 2005 hasta 21% en 2014.

Pero los métodos que utilizó para alcanzar sus metas también causaron reacciones negativas de compañías privadas y el gobierno de los Estados Unidos. Re-nacionalizó algunas industrias (o sea, el gobierno boliviano tomó control de algunas industrias que antes habían sido controladas por compañías privadas internacionales), asegurando que un mínimo de 50% de los ingresos de hidrocarbón y minería regresaban a Bolivia. Aumentó los impuestos en las empresas privadas, e inició un aumento de sueldo para todos los trabajadores. También criticaba fuertemente el gobierno de los Estados Unidos, especialmente por sus intentos de disminuir el cultivo de coca en su país.

Aunque sus esfuerzos de ser defensor de la población indígena le hacía criticar al gobierno estadounidense —declarando en 2015 que «Aquí no mandan los gringos. Aquí mandan los indios.»— anunció en el mismo año que quería restablecer las relaciones políticas con el gobierno de los Estados Unidos. Las relaciones se rompieron en 2008, y desde entonces no hay embajada[h] boliviana en los Estados Unidos, ni embajada estadounidense en Bolivia.

---

[a]Los aymara son indígenas del Altiplano y los Andes. La mayoría vive en Bolivia.   [b]*labor union*
[c]*Growers of the coca plant. It is strongly associated with some indigenous populations; there exists archaeological evidence of its consumption as early as 6000 BC.*   [d]*leadership*   [e]*voters in the MAS political party*   [f]*leftist*   [g]*se... stands out*   [h]*embassy*

	CIERTO	FALSO
1. Evo Morales ha luchado fuertemente contra la cultivación de coca.	_____	_____
2. A diferencia de la mayoría de Latinoamérica, la población indígena boliviana no corresponde con la población pobre.	_____	_____
3. El gobierno de Morales ha logrado disminuir la tasa de pobreza en su país.	_____	_____
4. El gobierno de los Estados Unidos ha elogiado las reformas económicas que impuso el gobierno de Morales.	_____	_____

 PASO 2. Según la lectura del **Paso 1**, ¿qué mandatos harían (*would make*) estos grupos con respecto a cada tema? Incluye por lo menos un mandato afirmativo y uno negativo, usando pronombres cuando sea posible. Compara tus respuestas con las de tu pareja.

> **MODELO:** Tema: Aumentar los impuestos en las empresas privadas.
> Grupos:
> a) los seguidores de Morales (los masistas): ¡Auméntelos!
> b) los opositores de Morales: ¡No los aumente!

1. Tema: Ser candidato para las elecciones de 2019 / cambiar la constitución

   Grupos:

   a) los seguidores de Morales (los masistas): _____

   b) los opositores de Morales:_____

2. Tema: Legalizar completamente la cultivación y exportación de la coca

   Grupos:

   a) los seguidores de Morales (los masistas): _____

   b) los opositores de Morales: _____

3. Tema: Requerir que acceda Chile parte de su costa a Bolivia

   Grupos:

   a) los seguidores de Morales (los masistas): _____

   b) los opositores de Morales: _____

E. Una visita a Cusco

En parejas, imaginen que están en Cusco, Perú. Están en «lugar X» y quieren llegar a los otros lugares en las siguientes listas de sitios importantes. Estudiante 1 debe consultar con el **Mapa A** (que está en la siguiente página) y Estudiante 2 debe consultar con el **Mapa B** (que está al final del capítulo). **¡OJO!** No mires el mapa de tu pareja. Uds. deben compartir información solamente conversando.

> **MODELO:** E1: Perdona, ¿dónde está la _____?
>
> E2: Sigue recto dos cuadras más..., dobla a la derecha en la esquina de...
>
> E1: Muchas gracias.

ESTUDIANTE 1 (le pregunta a Estudiante 2)

Pregúntale a tu pareja cómo llegar a los siguientes lugares que no están en tu mapa. Tu pareja te va a dar mandatos informales para guiarte. Indica en el mapa dónde está cada lugar.

1. la Catedral de Cusco
2. la Iglesia de San Blas
3. el Templo de San Blas
4. el Convento de Santo Domingo

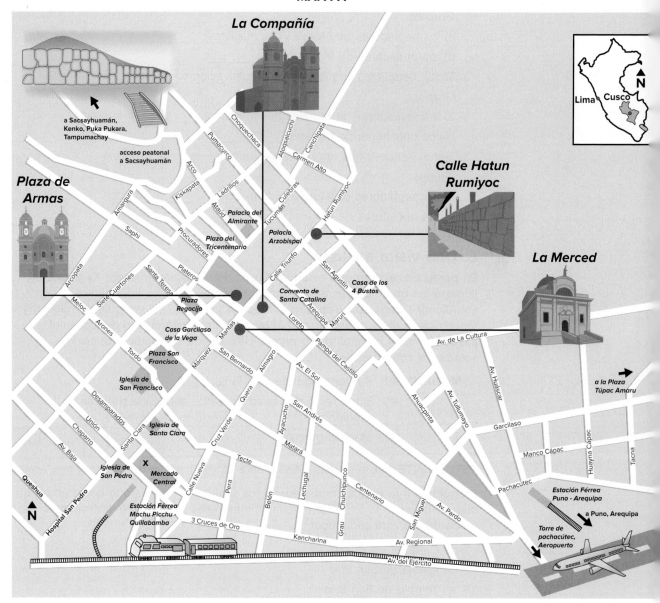

¿RECUERDAS?: Las palabras y frases negativas

Sentences can be made negative by placing the word **no** before the verb and any object pronouns that precede it. Unlike English, no auxiliary verbs (*do, does, did*) are used in negating.

Dijeron la verdad.	*They told the truth.*
No dijeron la verdad.	*They did not tell the truth.*
Lo hicieron.	*They did it.*
No lo hicieron.	*They did not do it.*

4.3 «Si quieres, te quedas; o si no, te vas. En ningún sitio hay trabajo.»

Actividades analíticas
Las frases negativas e indefinidas

¡A analizar!

Usando la letra **F** (don Fidel), **L** (Leoncio), **M** (Maribel), **T** (turista) o **I** (Inés), indica quién probablemente piensa lo siguiente.

| don Fidel | Leoncio | Maribel | una turista | Inés |

_____ 1. Necesito trabajo, pero **no** encuentro **nada**.

_____ 2. **Nadie** te va a contratar. **No** hay trabajo en **ningún** sitio.

_____ 3. **Nunca** imaginé que tendría que criar a tres hijas sin ayuda.

_____ 4. La policía **no** nos permite trabajar **ni** aquí en la Plaza de Armas, **ni** en el barrio San Blas.

_____ 5. Sé que **alguien** va a querer tomarse una foto con nosotras hoy.

_____ 6. Vamos a visitar la fortaleza. ¡Hay **tanta** historia aquí!

_____ 7. No hay plata, pues, no hay. **O** te quedas, **o** te vas, me da igual.

_____ 8. Todos los días te metes en mis cosas. **Siempre** te quejas. Ya te dije. Voy a conseguir otro trabajo.

1. Negative words and phrases, such as *none*, *nobody*, or *never*, convey some type of absence. Put simply, the thing, person, or characteristic being expressed is not evident, or lacking.

Indefinite words and phrases, on the other hand, convey the existence of the thing, person or characteristic being expressed, though typically in unknown or unstated quantities. They are often considered as the opposite of negative words, although the concept of "opposite" is not absolute here; for example, the opposite of *nothing* could be *something*, or it could be *everything*. You have already had plenty of practice with a specialized type of indefinite adjective: the indefinite articles **un(a), unos/as.** Inasmuch as *indefinite* means *not precise*, indefinite words provide vague information, rather than referring to specific times, places, or people.

What do the words in bold in **¡A analizar!** sentences 1–4 have in common? _____

What do the words in bold in **¡A analizar!** sentences 5–8 have in common?

_____

2. Negative and indefinite words can be pronouns (subject or object), adjectives, adverbs, or conjunctions.

Use the **¡A analizar!** sentences to help you complete the charts of negative and indefinite words.

Note that while the indefinite **alguno/a** can be made plural, its negative counterpart **ninguno/a** does not change. It can only be singular, because if there is none—not even one—of something, then there cannot be a plural.

Los pronombres negativos e indefinidos			
Pronombre negativo		**Pronombre indefinido**	
_____	nothing	**algo**	something
nadie	no one / nobody	_____	someone
ninguno/a	none / (not one)	**alguno/a/os/as**	some
		todo/a/os/as	all

When different pronoun endings are possible, as with **ninguno/a, alguno/a/os/as,** and **todo/a/os/as,** remember that the ending must match the subject or object that the pronoun is replacing. The pronouns **nada, algo, nadie,** and **alguien,** however, do not vary.

Muchos **programas** de televisión son bastante malos, pero **algunos** son excelentes.

Many television programs are pretty bad, but some are excellent.

Todas las **canciones** de este grupo son buenas, pero **ninguna** es verdaderamente excelente.

All of this group's songs are good, but none / not one are/is truly excellent.

Other indefinite pronouns include: **bastante, demás, demasiado/a/os/as, mucho/a/os/as, otro/a/os/as, poco/a/os/as, tanto/a/os/as, varios/as.**

Los adjetivos negativos e indefinidos			
Adjetivo negativo		**Adjetivo indefinido**	
ninguno/a	not one (not any) / no	**alguno/a/os/as**	some

The adjective **ninguno/a** should be used with singular nouns, even when the noun would normally be expressed as a plural in English; it conveys the idea of *no (not one) + noun.* Notice the variety of ways the first Spanish sentence below might be translated into English. However, unlike its negative counterpart, **alguno/a** is often plural.

No tiene **ninguna** amiga.

She does not have any friends. / She has no friends (not one friend).

Algunos días, no sé qué decir.

Some days, I don't know what to say.

Remember that **uno** drops its **o** before a masculine singular noun: **un libro.** Similarly, **ninguno** and **alguno** both drop their **o** and become **ningún** and **algún** before a masculine singular noun.

Adjectives of quantity usually precede the noun, but occasionally, the adjective can follow the noun, to provide extra emphasis.

No hay **ningún** problema.

There's no problem.

No hay problema **ninguno**.

There is no problem at all.

Other indefinite pronouns include: **ambos/a, bastante, cada, cierto/a/os/as, demás, demasiado/a/os/as, mismo/a/os/as, mucho/a/os/as, otro/a/os/as, poco/a/os/as, propio/a/os/as, tal(es), varios/as.**

Los adverbios negativos e indefinidos				
Adverbio negativo		**Adverbio indefinido**		
nada	at all	**algo**	somewhat, slightly	
nunca	never	_____	always	
jamás	never (*strong emphasis*)			
tampoco	neither	**también**	____	
ya (no)	anymore / no longer	**ya**	already	

Remember that adverbs can modify verbs or adjectives. Their English meanings can change depending on what they modify.

Habla **poco**.	He speaks _little_.
Es **poco** interesante.	It's _not very_ interesting.

While pronouns and adjectives (with the exception of **cada** and **demás**) must change to match the number and gender of the noun to which they refer, adverbs do not change at all.

Ella está **algo** ocupada, mientras él está **algo** aburrido.	She's _somewhat_ busy, while he's _somewhat_ bored.

Note that adverb placement in a sentence can vary.

También habló conmigo.	He _also_ spoke with me.
Habló conmigo **también**.	He spoke with me _also_.

The adverb **ya** does not always translate to English. It's often used for emphasis, so it slightly changes the meaning of the sentence.

Quiero hacerlo.	I want to do it.
Ya quiero hacerlo.	I want to do it _right now_.

Other indefinite adverbs include: **apenas, bastante, casi, demasiado, mucho, muy, poco, tan, tanto**

Las conjunciones negativas e indefinidas				
Conjunción negativa		**Conjunción indefinida**		
ni... ni...	neither. . . nor. . .	**o... o...**	either. . . or. . .	

Conjunctions connect words, phrases or sentences, as in _It's one thing or another_, or _It's neither here nor there_.

3. Unlike English, double negatives are correct in Spanish. If a negative word follows the verb, the word **no** should precede the verb.

No hay **nadie** aquí.	There _isn't_ _anybody_ here. / There's _nobody_ here.
No tengo **ninguna** plata.	I have _no_ money. / I _don't_ have _any_ money.

However, as you may have noticed, Spanish sentences may often be phrased so that negative words precede the verb, in which case **no** is not required.

Nadie vino a la fiesta. / **No** vino **nadie** a la fiesta.

Nobody came to the party.

Nunca me llamas. / **No** me llamas **nunca**.

You never call me.

Nada sucedió. / **No** sucedió **nada**.

Nothing happened.

Ningún hombre miente. / **No** miente **ningún** hombre.

No men lie. (Not one man lies.)

Actividades prácticas

A. El Perú: Una mezcla de antigüedad y modernidad

Elige la palabra entre paréntesis más apropiada para cada contexto y llena los espacios en blanco con la forma correcta.

Una concha de Spondylus

1. _____ (Alguno/Ninguno) tradiciones de la civilización inca continúan hoy en día, como la joyería hecha de conchas del caracol marino (conchas... *sea snail shells*).

2. _____ (Alguno/Ninguno) montaña del Perú es más alta que el Huascarán.

El Huascarán

Lima

3. ¿Sabías que viven más personas en Lima que en Nueva York? Es _____ (muy/poco) impresionante.

4. El catolicismo es la religión de
_____(mucho/poco) gente, pero
hay tradiciones en que se mezclan
costumbres incas y cristianas, como la
celebración del Señor de Qoyllur Rit'i,
en que los peregrinos ascienden los
glaciares de una montaña.

La festividad de Qoyllur Rit'i

5. Antes de 1911, casi _____ (nadie/
todo) fuera del Perú sabía que existían
las famosas ruinas de Machu Picchu.

Machu Picchu

B. No estoy de acuerdo.

PASO 1. En parejas, túrnense para compartir opiniones sobre algunos temas y situaciones en el cortometraje, usando el tipo de pronombre/adjetivo/adverbio indefinido o negativo indicado entre paréntesis. Tu pareja debe declarar la opinión opuesta, usando una forma CONTRARIA del pronombre/adjetivo/adverbio. Sigue el modelo.

MODELO: Leoncio y la vasectomía (pronombre indefinido)

E1 (pronombre indefinido): Debe hacerlo. Es la responsabilidad de **todos** cuidar a los niños y la familia no tiene suficiente dinero para más hijos.

E2 (forma contraria = pronombre negativo): No estoy de acuerdo. **Nadie** debe tener que hacer eso solamente por razones económicas. La situación es injusta.

1. don Fidel y el trabajo de Leoncio (pronombre indefinido)
2. el policía y las zonas turísticas (adjetivo negativo)
3. Maribel, Luci y los turistas (adverbio indefinido)
4. el desarrollo económico y la protección de los sitios históricos (pronombre y adverbio negativo)

PASO 2. Identifica por lo menos dos situaciones/temas del cortometraje no mencionados en el **Paso 1**, y dile tu opinión a tu pareja, usando un pronombre/ adjetivo/adverbio indefinido o negativo. Tu pareja debe declarar la opinión opuesta, usando una forma CONTRARIA del pronombre/adjetivo/adverbio. Sigue el modelo del **Paso 1**.

C. ¿Qué opinan los demás?

PASO 1. Las personas entrevistadas responden a las siguientes preguntas. Escribe por lo menos cinco palabras del vocabulario de este capítulo que probablemente van a incluir en sus respuestas.

- Describe la diversidad étnica y cultural de su país o comunidad. ¿Cómo son las culturas de los pueblos indígenas en su país? ¿Qué idiomas hablan? ¿Sufren discriminación estos pueblos indígenas?

- ¿Hay mucho turismo en su país o comunidad? ¿Cuáles son los sitios turísticos más visitados? ¿Cómo son? ¿Se venden experiencias o artefactos relacionados a la cultura o la gente de su país?

- ¿Qué ideas comunica el cortometraje sobre los pueblos indígenas? ¿Cómo reaccionó Ud. cuando al final del cortometraje Inés y su amiga le dan el traje indígena a Luci, la hija menor? ¿Por qué?

1. _____ 2. _____ 3. _____ 4. _____ 5. _____

PASO 2. Completa las ideas que los entrevistados van a expresar con una de las siguientes opciones.

_____ 1. Martín e Irma _____ han visto una persona indígena trabajando en restaurantes u hoteles.

_____ 2. En México hay _____ sitios turísticos.

_____ 3. En Puerto Rico hay _____ diversidad étnica.

_____ 4. Vienen turistas de _____ partes del mundo a Puerto Rico.

_____ 5. _____, la gente trata mal a los indígenas, desafortunadamente.

_____ 6. _____ de las artesanías que se venden en México son sombreros de paja y joyería.

_____ 7. _____ triste en el cortometraje «Kay Pacha» es ver a los niños trabajando.

a. algo
b. mucha
c. muchos
d. con frecuencia
e. nunca
f. todas
g. algunas

Palabras útiles

el alebrije
sculptures of brightly colored mythical creatures sold in Oaxaca, Mexico

la chaquira
bead

el rango
status

taíno
indigenous groups who lived in the Caribbean

PASO 3. Primero, lee las oraciones sobre las entrevistas. Luego, mira las entrevistas. Por último, empareja las causas y los efectos según los comentarios de los entrevistados.

Martín e Irma

© McGraw-Hill Education/Klic Video Productions

Steve

© McGraw-Hill Education/Klic Video Productions

Michelle

© McGraw-Hill Education/Klic Video Productions

CAUSAS

_____ 1. Los estadounidenses no necesitan un pasaporte para viajar a Puerto Rico.

_____ 2. El sol y las playas en Cancún y Cabo San Lucas en México son increíbles.

_____ 3. Hay mucha discriminación en contra los indígenas.

_____ 4. Los indígenas se ven como una leyenda y el taíno es la base de lo que es puertorriqueño.

_____ 5. La gente en Perú que no es de la cultura indígena no la entiende.

_____ 6. La mezcla cultural se originó de los africanos, españoles y taínos.

EFECTOS

a. Por lo tanto, muchos turistas las visitan.

b. Por esta razón, la diversidad étnica y cultural es amplia.

c. Por lo tanto, la gente los trata mal como si fueran ignorantes y no tienen trabajos en lugares como restaurantes, hoteles u otros negocios.

d. Como consecuencia, la gente indígena como Leoncio, Inés y sus hijas tienen que trabajar muy duro para salir adelante.

e. Por eso, la gente los honra.

f. Así que muchos lo visitan como turistas.

PASO 4. Responde a las preguntas sobre las entrevistas.

1. ¿En cuáles de los tres países hay una gran diversidad de culturas y etnias? _____

2. ¿Cuáles son algunos de los sitios turísticos más visitados en México? _____

3. Martín dice que la gente trata muy bien a los turistas. ¿Qué dicho común menciona él para describir el tratamiento agradable? _____

4. Según Steve, ¿de qué manera es Puerto Rico como Los Ángeles y Nueva York? _____ _____

5. ¿Qué etnias predominan en Puerto Rico? _____

6. ¿Qué grupo de personas que habla creole se ha mudado (y sigue mudándose) a la República Dominicana? _____

7. Según Michelle, ¿dónde se venden cuadros y otros tipos de artesanías en la República Dominicana? _____

8. ¿Qué dijo Michelle sobre el final del cortometraje, «Kay Pacha»? _____ _____ _____

 PASO 5. En parejas, conversen sobre sus propias ideas respecto a las preguntas del **Paso 1**.

Comprueba tu progreso

Let's put into practice what you have learned about the combination of pronouns, commands, and indefinite and negative words. In this conversation between Mila, Ricardo, and Reina, the three students discuss their upcoming exam on the indigenous cultures of South America. Complete their conversation with the imperative form of the verb in parentheses. If a choice of pronouns or negative and indefinite words is given, select the correct option to complete each statement. Check your answers when you're finished!

MILA: Ricardo, no _____¹ (decirme) que has empezado a estudiar para el examen en la clase de antropología.

RICARDO: ¡Claro que he empezado! ¿Te das cuenta de que el profesor nos puede preguntar _____² (nada / jamás / algo) sobre todas las culturas indígenas de las Américas?

REINA: Bueno, no todas las culturas indígenas... Estoy segura de que no va a haber _____³ (alguna / ninguna / nada) pregunta sobre los emberá de Panamá o los mixtecos de México, por ejemplo.

MILA: Es verdad. ¡_____⁴ (Se le / Me lo / Se me) olvidó de que en este examen solo entran las culturas indígenas del cono sur! Y _____⁵ (*Uds.:* recordar) que Pepe nos va a dar sus apuntes para estudiar.

REINA: ¡Genial! Pepe es el que más sabe sobre los pueblos indígenas de la región. Pasó un verano en una comunidad mapuche en el sur de Chile.

RICARDO: Seguro que tiene muy buenos apuntes de clase. ¿Sabes cuándo _____⁶ (te lo / nos los / se te) va a dar? Solo tenemos dos días para estudiar.

REINA: Hombre, ¡_____⁷ (tranquilizarse)! Tú _____⁸ (también / todo / tampoco) tienes tus propios apuntes, ¿no? ¿O es que _____⁹ (te los / me la / se te) han perdido otra vez?

RICARDO: Reina, no _____¹⁰ (ser) cruel. Estoy muy preocupado por mi nota en esta clase. ¿_____¹¹ (Algunos / Alguien / Algo) tiene el número de teléfono de Pepe?

MILA: Yo lo puedo llamar esta tarde.

RICARDO: Bueno, pues, _____¹² (*nosotros:* estudiar) esta noche en la biblioteca.

Respuestas

1. me digas; 2. algo; 3. ninguna; 4. Se me; 5. recuerden; 6. nos los; 7. tranquilízate; 8. también; 9. se te; 10. seas; 11. Alguien; 12. estudiemos

IV. AMBIENTES SOCIALES

A. Los papeles de los géneros

La idea de género, tanto un concepto social como un fenómeno biológico, se comenta y se estudia en muchas facetas de la vida humana. Sin duda es un concepto complejo pero poderoso. Las ideas y suposiciones que se asocian con la masculinidad y la feminidad reflejan y forman fuerzas socioculturales que afectan el sentido de identidad de los individuos, además de su lugar en la cultura, la economía y la política.

Mira las tiras cómicas y contesta las preguntas.

© Andres Fara Lalanne

CartoonStock.com

1. ¿Qué papeles se asocian con la feminidad y la masculinidad según estas tiras cómicas?
2. ¿Qué cualidades tienen los hombres / las mujeres según estas imágenes?
3. ¿Qué trabajos/profesiones asocias primariamente con los hombres o las mujeres?
4. ¿Qué cualidades típicas tienen las mujeres / los hombres?
5. Las imágenes implican una crítica de los papeles tradicionales de las mujeres, además de las actitudes tradicionales masculinas. ¿Cómo afectan a los hombres los papeles masculinos tradicionales? ¿Cómo se refleja esto en el cortometraje «Kay Pacha»?

B. ¿Aún existen los papeles tradicionales?

PASO 1. Primero, identifica las responsabilidades de cada persona, según los estereotipos TRADICIONALES (de los principios del siglo XX). Luego, en parejas, comparen sus respuestas; si hay diferencias, intenten explicarlas.

¿Quién lo hacía tradicionalmente?			
	el hombre	**la mujer**	**los dos**	**ninguno de los dos**
1. Trabajar fuera de casa.	_____	_____	_____	_____
2. Cuidar a los niños.	_____	_____	_____	_____
3. Lavar y planchar la ropa.	_____	_____	_____	_____
4. Cocinar.	_____	_____	_____	_____
5. Ganar suficiente dinero para la familia.	_____	_____	_____	_____
6. Imponer la disciplina a los niños.	_____	_____	_____	_____
7. Arreglar el coche y los electrodomésticos.	_____	_____	_____	_____

PASO 2. En parejas, vuelvan a mirar las responsabilidades del **Paso 1**, pero esta vez decidan de quién es cada una según las normas MODERNAS. ¿Hay diferencias entre los papeles tradicionales y los papeles más modernos? ¿O siguen iguales? ¿Creen Uds. que aún existen los papeles de género? ¿Por qué?

Antes de leer

C. Actitudes y valores

La lectura que vas a leer trata de un matrimonio entre un hombre mayor y una mujer más joven y los chismes (*gossip*) de los vecinos con respecto a su relación. Tiene lugar alrededor del año 1940.

Antes de leer, túrnense con tu pareja para leer estas oraciones en voz alta. Comenta la idea que se expresa en cada una. Por ejemplo, indica si estás de acuerdo o si alguien que conoces piensa así. Explica por qué.

MODELO: Hoy en día, la gente joven prefiere rechazar los papeles tradicionales de género.

En mi opinión, esto es cierto. En mi familia, mi abuelo sentía mucha presión por mantener a la familia pero ambos de mis padres trabajan y mi madre también se preocupa por las finanzas de la casa. Mis amigos y mis amigas tienen las mismas metas en la vida pero hay personas que conozco que todavía aspiran a tener una familia tradicional. Por ejemplo...

1. Hoy en día, muchos hombres prefieren que las mujeres no trabajen fuera de la casa.
2. Los hombres sufren a causa de las expectativas de género relacionadas a la masculinidad.
3. La violencia de género es un problema que es menos frecuente hoy que en el pasado.
4. La familia y el matrimonio funcionan mejor cuando los hombres y las mujeres siguen papeles tradicionales o por lo menos papeles fijos.
5. La infidelidad es muy común hoy.
6. El matrimonio es una institución que oprimía a la mujer en el pasado.

¡A leer!

La autora de este cuento, Dirma Pardo Carugati, nació en Buenos Aires, Argentina, en 1934. Más tarde, se trasladó a Asunción, Paraguay, donde trabajó

Courtesy of Dirma Pardo Carugati

como maestra y periodista por más de treinta años. Fue elegida miembro de la prestigiosa Academia Paraguaya de la Lengua Española. Una adaptación cinematográfica de su cuento «El secreto de la señora» estrenó en 1989. Más recientemente en 2008, publicó *Simplemente mujeres*, una colección de relatos que exploran las cuestiones y contradicciones de la vida femenina.

Este cuento es de su primer libro, *La víspera y el día*, una colección de cuentos breves que se publicó en 1992. Según la autora, se basa en un incidente trágico que ocurrió en los años cuarenta.

«LA INFIEL»

– Dirma Pardo Carugati

Hacía poco se habían mudado a la nueva urbanización. Ocupaban una casa de esquina, con un jardincito detrás de una verja de hierro.[a]

Los vecinos sabían poco de ellos; de él, nada más que era militar y salía temprano por las mañanas. De ella, que era muchos años más joven, bonita, rubia y orgullosa. Esto último por lo menos lo creían las mujeres del vecindario, porque Elvira no intimaba[b] con ellas ni metía las narices en casa ajena.[c]

—Fíjese doña Filomena, allá va ésa, por la vereda[d] de enfrente, siempre mirando adelante para no tener que saludarnos.

—Para mí que es miope.[e]

—¿Adónde irá[f] otra vez? Porque canasto[g] para el mercado no lleva...

—¡Jesús! Qué va a ir al mercado con esa pinta,[h] con vestido de seda y sandalias de taco alto...

—¿Y se fijó en el pelo? Me parece que es teñido.[i]

—No me extrañaría[j] en una mujer como ésa.

—¡Quién sabe en qué anda[k] mientras su marido sale de maniobras![l]

—Yo no sé por qué es tan engreída.[m] La señora de al lado me dijo que está casi segura que es la segunda esposa del coronel.

—Pues a mí la señora del farmacéutico me comentó que una cliente les aseguró que ni siquiera están casados.

—¡Con razón que no va a misa!

—¡Qué escándalo! ¡Y qué tupé[n] venir a vivir en un barrio decente como este!

Ajena a los comentarios que a su alrededor se entretejían,[ñ] Elvira pasaba sus días en apacible aburrimiento. Como no tenía niños, no le quedaba mucho por hacer después de dirigir las tareas de la casa y dar algunas indicaciones[o] al soldadito que cuidaba el jardín.

La gente sabía que visitaba a su madre que vivía en Sajonia y que con frecuencia iba a casa de una modista[p] en Luque, pero nadie había logrado todavía descubrir dónde pasaba el resto del tiempo.

En ese sentido —Elvira lo admitía— su marido era muy condescendiente;[q] la dejaba salir, siempre y cuando estuviera de regreso temprano.

A él le gustaba encontrarla en la casa cuando volvía del cuartel.[r] Satisfacía su ego que ella personalmente le sacara las botas, pese a que tenía un ordenanza.[s] Lo hacía sentirse el amo que ella le cebara[t] el mate y le relatara las mil trivialidades del día, aunque él no le prestara mayor atención. Y siempre que ella le pedía que le contara algo de sus actividades, él le respondía «esas son cosas de hombres».

Pero no sólo las chismosas[u] del barrio se ocupaban de Elvira. Los hombres no quedaban impasibles a sus encantos, por más que lo disimulaban delante de sus esposas. Por ejemplo, el farmacéutico, solícito al punto del servilismo, se ofreció a conseguirle unas pastillas para la jaqueca,[v] que no tenía en su botica[w] y él mismo se las llevó hasta su casa. Pero lo hizo en plena siesta, cuando el coronel no estaba, por supuesto. El abogado de la otra cuadra, que tenía un auto deportivo descapotable, la invitó una vez que ella pasaba, a llevarla hasta donde fuera. Pero dio un largo rodeo innecesario, pasando por calles concurridas primero, para lucirse,[x] y por parajes[y] arbolados y solitarios después, para propasarse.[z]

Esa fue la primera y última vez que Elvira aceptó gentilezas[aa] semejantes y comprendió que ser joven, bonita y rubia, tiene sus inconvenientes cuando se quiere ser una mujer honesta.

En aquella época en que la televisión aún no había llegado para llenar los ocios pueblerinos, la vida del prójimo era el principal entretenimiento. El chismorreo era «la terapia de grupo» donde cada uno aportaba sus propios complejos y con ellos habían conformado un código de vida.

Como era de esperar, las murmuraciones de la supuesta vida oculta de Elvira, llegaron a oídos del esposo. No faltó un compañero de armas —buen amigo y servicial— quien preocupado por la reputación de su camarada, le contó sobre los rumores. Como dato concreto le dio la dirección de un sitio donde la infiel tenía una de sus citas amorosas en ese mismo momento.

El coronel, rojo de ira, pidió a su leal informante que lo acompañara como testigo.[bb] Revisó su arma reglamentaria y aunque secretamente rogaba que todo fuera una patraña,[cc] por su honor expuesto, no podía actuar de otra manera.

Llegaron frente al punto indicado. En verdad era una conocida «casa de tolerancia»[dd] disimulada con la apariencia de una pensión familiar.

Dentro de su coche, el coronel esperaba. Alentaba aún la esperanza de que su esposa no estuviera allí. Mientras, su solidario acompañante no hacía más que repetir: «¡Qué perras son las mujeres!»

De pronto, ambos vieron a Elvira. Salía de la casa de al lado de la pensión y miraba inquieta su reloj.

Rápido descendió el coronel, le cerró el paso y apuntándola con el arma le gritó.

—¿Creés que me engañás saliendo por otra puerta?

Y le descerrajó tres tiros.[ee]

Elvira cayó al suelo, con un grito largo y lastimero. Su vestido floreado empezó a mancharse[ff] de sangre, su hermoso cabello rubio, piadosamente[gg] le cubrió la cara y allí quedó hasta que llegó el forense.

Tras los disparos a quemarropa,[hh] el coronel entró a la casa con el revólver en alto.

—¡Salga miserable! —gritaba buscando al traidor.

Pero en la casa no había otro hombre; sólo estaba, muy sorprendida y asustada, la mujer que poco antes de que sonaran los disparos, había empezado a limpiar los recipientes de la tintura.[ii]

---

[a]una verja... *wrought-iron gate* [b]no... *she didn't become friends* [c]ni... *didn't pry into other people's business* [d]*sidewalk* [e]*nearsighted* [f]Adónde... *Where might she be going* [g]*basket* [h]*look* [i]*dyed* [j]No... *It would not surprise me* [k]en... *what she is up to* [l]*military maneuvers* [m]*vain, conceited* [n]qué... *what nerve/cheek* [ñ]se... *were being woven* [o]*instructions* [p]*dressmaker* [q]*agreeable* [r]*barracks* [s]*orderly, assistant* [t]*brew* [u]*gossipy women* [v]*headache* [w]*drugstore* [x]*to show off* [y]*locations* [z]*to make a pass at her* [aa]*courtesies* [bb]*witness* [cc]*tall tale* [dd]casa... *brothel* [ee]descerrajó... *he fired off three gunshots* [ff]*become stained* [gg]*mercifully* [hh]a... *at point-blank range* [ii]recipientes... *hair dye bottles*

Después de leer

D. ¿Qué ocurrió y por qué?

PASO 1. Lee las oraciones sobre el cuento. Indica si son ciertas o falsas. Si es una oración falsa, corrígela.

	CIERTO	FALSO
1. Elvira, la esposa del militar era una persona orgullosa, según las vecinas.	___	___
2. Las mujeres que vivían en el vecindario ayudaban a Elvira con sus deberes domésticos.	___	___
3. Las vecinas se fijaban mucho en la apariencia física de Elvira.	___	___
4. Elvira se aburría en la casa mientras su esposo no estaba.	___	___
5. El coronel le contaba a Elvira sobre sus actividades laborales y cómo se sentía.	___	___
6. El coronel sospechaba que su esposa era infiel porque uno de sus compañeros de trabajo le contó sobre los rumores del vecindario.	___	___
7. El coronel esperaba no ver a Elvira en el sitio dónde tenía una de sus supuestas citas amorosas porque no quería matarla.	___	___
8. El amante de Elvira salió de la casa al final de la historia cuando el coronel le grita, «¡Salga miserable!»	___	___

PASO 2. Lee las siguientes citas del cuento y escribe una explicación de su importancia. Usa uno de estos verbos cuando posible: **demostrar (ue), enfatizar, explicar, implicar, indicar, mostrar (ue), representar, servir (i) para, subrayar, sugerir (ie)**.

> **MODELO:** «Dentro de su coche, el coronel esperaba. Alentaba aún más la esperanza de que su esposa no estuviera allí. Mientras, su solidario acompañante no hacía más que repetir: ¡Qué perras son las mujeres!»
>
> *Tú escribes*: Esta cita es importante porque ocurre justo antes del punto culminante del cuento. El comentario del acompañante **sirve para subrayar** una actitud muy negativa y una de desconfianza hacia las mujeres. **Demuestra** el poder social de estas actitudes porque el acompañante primero es el que le cuenta los rumores al coronel y ahora está en el coche con él. El compañero **representa** los ideales masculinos de la sociedad que dictan una reacción violenta aún a rumores de infidelidad. Además, **indica** que el marido no quiere «tener que» matarla aunque las normas sociales requieren que lo haga.

1. «Los vecinos sabían poco de ellos; de él, nada más que era militar y salía temprano por las mañanas. De ella, que era muchos años más joven, bonita, rubia y orgullosa. Esto último por lo menos lo creían las mujeres del vecindario, porque Elvira no intimaba con ellas ni metía las narices en casa ajena.»

_____

_____

2. —¿Quién sabe en qué anda mientras su marido sale de maniobras!?

—Yo no sé por qué es tan engreída. La señora de al lado me dijo que está casi segura que es la segunda esposa del coronel.

—Pues a mí la señora del farmacéutico me comentó que un cliente les aseguró que ni siquiera están casados.

—¡Con razón que no va a misa!

_____

_____

3. «A él le gustaba encontrarla en la casa cuando volvía del cuartel. Satisfacía su ego que ella personalmente le sacara las botas, pese a que tenía un ordenanza. Lo hacía sentirse amo que ella le cebara el mate y le relatara las mil trivialidades del día, aunque él no le prestara mayor atención. Y siempre que ella le pedía que le contara algo de sus actividades, él le respondía "esas son cosas de hombres"».

_____

_____

4. «Llegaron frente al punto indicado. En verdad era una conocida "casa de tolerancia" disimulada con apariencia de una pensión familiar.»

_____

_____

PASO 3. En parejas, conversen sobre los siguientes temas del cuento. Contesten las preguntas, incluyan otras observaciones pertinentes y anoten sus ideas. Luego, comparen sus ideas con sus compañeros de clase.

1. **La profesión del marido**: ¿Cuál es el trabajo del marido? ¿Qué ideas, valores y actitudes asocias con esta profesión? ¿Qué relevancia tiene en el cuento? ¿Sería distinto el cuento si el marido tuviera otra profesión? ¿Por qué?

_____

2. **Los chismes**: ¿Qué importancia tienen los chismes en este cuento? ¿De qué temas se chismean? ¿Quiénes chismean? Analiza la importancia de esta cita: «En aquella época en que la televisión aún no había llegado para llenar los ocios pueblerinos, la vida del prójimo era el principal entretenimiento. El chismorreo era la terapia del grupo donde cada uno aportaba sus propios complejos y con ellos habían conformado un código de vida.»

_____

3. **La verdad y la mentira**: El narrador utiliza la palabra, «supuesta», en esta frase: «La supuesta vida oculta de Elvira». Busca otros ejemplos de palabras o situaciones que introduzcan la duda sobre lo que es verdad o quién es o no es honesto en esta historia.

_____

4. **El honor**: ¿Cómo se define el honor en este cuento? ¿Cómo se vincula el honor con el género? Explica la relevancia de esta cita: «El coronel, rojo de ira, ...secretamente rogaba que todo fuera una patraña, por su honor expuesto, no podía actuar de otra manera.»

_____

5. **La infidelidad y la lealtad**: ¿Por qué se titula el cuento, «La infiel»? ¿Por qué cree el coronel que su esposa es infiel? ¿Por qué se sentía obligado el coronel a matar a Elvira?

_____

6. **Las reglas de comportamiento**: ¿Qué normas y valores se rigen (*hold sway*) en la sociedad retratada en el cuento? ¿Qué infieres sobre las reglas implícitas del comportamiento de cada género?

_____

_____

E. ¿Qué opinan los demás?

PASO 1. Las personas entrevistadas contestan las siguientes preguntas. Escribe por lo menos cinco palabras del vocabulario de este capítulo que probablemente van a incluir en sus respuestas.

- ¿Qué responsabilidades asocia Ud. con los hombres y las mujeres? ¿Están cambiando o han cambiado las actitudes sobre los papeles tradicionales en su país o su comunidad? ¿De qué manera están o no están cambiando? En su opinión, ¿se deben cambiar? ¿Por qué?

- ¿Qué dificultades se enfrentan los hombres o las mujeres en su comunidad o país? ¿Es Ud. o conoce Ud. a una madre soltera o un padre soltero? ¿Conoce Ud. a mujeres que trabajen fuera de la casa o a hombres que sean amos de casa? ¿Es más común en su país o comunidad hoy en día que antes?

- En el cortometraje, la pareja discute sobre el control de natalidad y la posibilidad de tener más hijos. ¿Qué actitudes existen en su país o comunidad sobre el control de natalidad? En su opinión, ¿cuál es el número ideal de hijos en una familia?

1. _____ 2. _____ 3. _____ 4. _____ 5. _____

PASO 2. Primero, lee algunas de las ideas expresadas por los entrevistados. Luego, en parejas, túrnense para explicar si la idea es/era común/aceptada o no es/era común/aceptada en tu familia, comunidad y/o país.

MODELO: *La idea*: Para algunos hombres es difícil aceptar que una mujer trabaje y gane tanto como el hombre.

E1: Esta idea es bastante común entre algunos de mis parientes mayores. Pero, en mi opinión, entre las generaciones más jóvenes, los hombres aceptan la igualdad de las mujeres.

E2: Estoy de acuerdo y creo que en mi comunidad, la mayoría de los hombres todavía gana más que las mujeres.

1. Los papeles de los géneros han cambiado mucho en las últimas décadas.
2. La mujer todavía tiene muchas dificultades en la vida.
3. Algunas familias no les permiten a sus hijas ir a la escuela o trabajar.
4. Algunos hombres están en contra de usar anticonceptivos.
5. Cuando las niñas ven que su madre trabaja, ellas también van a querer tener un trabajo en el futuro.
6. Los hombres enfrentan los problemas de las pandillas (*gangs*).

Palabras útiles

el amo de casa
house husband, stay-at-home father

anivelado/a
balanced, evened out

mientras más... mejor
the more . . . the better

el/la nena
baby, child

ni siquiera
not even

el preservativo
condom

superarse
to better/ improve oneself

PASO 3. Primero, lee las siguientes oraciones. Luego, mira las entrevistas. Por último, indica si cada oración es cierta o falsa según los comentarios de los entrevistados. Si la oración es falsa, corrígela.

Martín e Irma

Steve

Michelle

	CIERTO	FALSO
1. Según Steve, el control de natalidad no es un problema inmenso en Puerto Rico.	___	___
2. Martín opina que la mujer tiene muchas dificultades en salir adelante en la vida, pero Irma no está de acuerdo.	___	___
3. Según Irma, es raro que un hombre se quede en casa como amo de casa.	___	___
4. Hay menos mujeres trabajando hoy en día que en el pasado en México.	___	___
5. Ha habido cambios en los papeles de género en México y la República Dominicana, pero no en Puerto Rico.	___	___
6. Para Steve, el número ideal de hijos es tres.	___	___
7. En el pasado en la República Dominicana, mientras más hijos en una familia, mejor.	___	___

 PASO 4. En parejas, túrnense para leer en voz alta las siguientes citas de las entrevistas. Cuando te toque escuchar (trata de no leer el texto), ofrece unas explicaciones posibles por la idea o la situación que la persona describe o di si estás de acuerdo con la idea o no.

> **MODELO:** *Tu pareja lee*: Steve dijo: «Cuando estaba creciendo se veían mucho los roles tradicionales, en donde el hombre era el que trabajaba y proveía para la familia y la mujer es la persona que está en la casa cuidando a los niños... He visto que ha habido un nuevo cambio en que todo es posible. En donde tú puedes ser ambos papá y mamá.»
>
> *Tú dices*: La razón que creo que el hombre trabajaba y la mujer tenía que estar en la casa y cuidar a los niños en el pasado era porque...

1. Irma dijo: «Tomamos más decisiones, trabajamos. Antes la mujer se quedaba en casa, y ahora la responsabilidad es para los dos. ¿Quieres sacar tu familia adelante? ¿Quieres darles más? Los dos tienen que trabajar. Sí, han cambiado bastante las obligaciones.»

2. Irma dijo: «La mujer, yo pienso que tiene muchas dificultades. Para superarse es muy difícil porque tiene menos oportunidades para poder salir adelante en la vida. Las costumbres en las familias como ciertos padres, no les permiten ni siquiera ir al escuela, a las mujeres. Pues, se hace un poquito más difícil superar.» Martín dijo: «Menos trabajar... Sí, la mujer tiene muchas dificultades en ese aspecto.»

3. Steve dijo: «Hasta ahora estoy pensando más adoptar que en tener mis propios hijos. Pero, sí, tres para mí, un número bastante bueno. Si puedo escoger, dos nenes y una nena.»

4. Michelle dijo: «Es muy común hoy en día en República Dominicana que las mujeres sean médicos, que sean abogadas, empresarias, es algo que ha cambiado.»

 PASO 5. En parejas, conversen sobre sus propias ideas respecto a las preguntas del **Paso 1**.

F. El trasfondo geográfico/cultural: La tasa de natalidad y el uso de métodos anticonceptivos modernos en el mundo hispanohablante*

PASO 1. El número de hijos afecta la vida familiar de muchas maneras. En grupos pequeños, miren la tabla que muestra la tasa de natalidad (número de hijos por mujer) y el porcentaje de mujeres que usa métodos anticonceptivos modernos o cuyas parejas los usan, por país. Luego, conversen sobre las preguntas.

Este anuncio de interés público está dirigido a mujeres embarazadas para animarlas a acudir al centro de salud.

PAÍS	EL PROMEDIO DEL NÚMERO DE HIJOS POR MUJER	PORCENTAJE DE PERSONAS QUE USAN ANTICONCEPTIVOS MODERNOS
Argentina	2,3	69,9
Bolivia	3	33,7[a]
Canadá	1,6	72
Chile	1,8	57,9
Colombia	1,9	72,7[b]
Costa Rica	1,8	74,7[c]
Cuba	1,6	73,2
Ecuador	2,5	58,7[d]
El Salvador	1,9	66,1[e]
España	1,3	62,3[f]
Estados Unidos	1,9	70,4[g]
Guatemala	3,2	44[h]
Guinea Ecuatorial	4,8	8,4
Honduras	2,4	63,8[i]
México	2,2	66,5[j]
Nicaragua	2,3	76,5[k]
Panamá	2,4	48,8[l]
Paraguay	2,5	70,1[m]
Perú	2,5	51,8[n]
Puerto Rico	1,5	72,2[ñ]
República Dominicana	2,5	71,1[o]
Uruguay	2,0	74,8
Venezuela	2,4	61,7[p]

[a]En 1983, era 9,9%. [b]En 1969, era 8,9%. [c]En 1976, era 53,5%. [d]En 1979, era 25,8%. [e]En 1975, era 20%. [f]En 1977, era 18,6%. [g]En 1965, era 49,1%. [h]En 1977, era 15,2%. [i]En 1981, era 23,6%. [j]En 1976, era 23,3%. [k]En 1981, era 22,8%. [l]En 1975, era 45,9%. [m]En 1977, era 23,3%. [n]En 1969, era 10%. [ñ]En 1968, era 50,8%. [o]En 1975, era 26%. [p]En 1977, era 46,1%.

*Source: "Tasa de fertilidad, total (nacimientos por cada mujer) 1960–2014," *Banco Mundial,* undated. www.datos.bancomundial.org; "World Contraceptive Use 2014," *United Nations Population Division,* 2014. www.un.org; "La creciente participación de las mujeres en el mercado laboral es una de las transformaciones más notables de los últimos cincuenta años en América Latina," *Centro de Estudios Distributivos, Laborales y Sociales,* undated. www.labor-al.org; "Quinta parte de familias en México son monoparentales: Inegi," *La Jornada,* March 2, 2014. www.diario.mx; Huarcaya, Gloria, "La familia peruana en el contexto global," *Mercurio Peruano: revista de humanidades,* #524, 13–21. 2011. www.pirhua.udep.edu.pe

1. ¿Qué país hispanohablante tiene la tasa de natalidad más alta? _____ _____ ¿Qué país hispanohablante tiene la tasa más baja? _____

2. En general, ¿en qué regiones o países del mundo hispanohablante suelen tener las mujeres más hijos? _____ _____

3. En tu opinión, ¿cuáles son las ventajas y las desventajas de tener muchos hijos? _____

4. Describe las actitudes de tu familia, tus amigos o tu comunidad sobre el número de hijos adecuado. ¿Cuántos hijos se consideran ideales? _____

5. ¿En qué países hay un porcentaje alto de personas que utilizan anticonceptivos? _____ _____ ¿En qué países hay un porcentaje bajo? _____

6. ¿Cómo se puede explicar las diferencias entre los países con los porcentajes altos y bajos de personas que usan anticonceptivos? _____

7. ¿Qué cambios se notan a través de las últimas décadas en el uso de anticonceptivos? ¿En qué países hay cambios bastante dramáticos en el porcentaje de personas que utilizan anticonceptivos? ¿Cómo se pueden explicar estos cambios? _____

8. ¿Qué factores creen que pueden contribuir al uso más alto de anticonceptivos hoy en día? _____

9. ¿Te sorprenden los datos de los Estados Unidos y el Canadá? ¿Por qué? _____

10. ¿Cómo influyen/afectan los papeles de los géneros el número de hijos por mujer y el uso de los anticonceptivos? _____

 PASO 2. Escucha las oraciones y decide si son ciertas o falsas según la información que leíste en el **Paso 1**. Corrige las oraciones falsas.

	CIERTO	FALSO
1.	_____	_____
2.	_____	_____
3.	_____	_____
4.	_____	_____
5.	_____	_____
6.	_____	_____

 PASO 3. Para investigar más: Investiga la relación entre el género y la educación. ¿Qué límites u oportunidades educativas se asocian con el género? Considera factores que puedan llevar a una familia a sacar a sus hijos de la escuela. ¿Qué circunstancias contribuyen a la salida temprano de los niños del sistema educativo? ¿Y de las niñas?

COMPROMISO CON LA COMUNIDAD:
LA ECONOMÍA INFORMAL

Busca información sobre los micropréstamos que se les dan a personas que no tienen acceso a servicios bancarios tradicionales, para que emprendan alguna actividad comercial. ¿Qué tipos de servicios necesitan? ¿Te interesa contribuir a una de sus campañas? ¿Hay una manera en que pudieras usar tus talentos para ayudar un negocio pequeño?

V. AMBIENTES EXPRESIVOS

 A. Escritura: Recomendaciones para ti mismo/misma o para un(a) estudiante más joven

Al final de esta actividad vas a escribirte a ti mismo/a cuando eras más joven o vas a escribirle una carta a un(a) estudiante que va a estar en su primer año en tu escuela secundaria. Ahora eres más sabio/a y entiendes mejor muchos aspectos de la vida. Vas a escribir recomendaciones y utilizar los mandatos informales cuando posible. Tus recomendaciones deben ser sobre tres temas:

a. las relaciones interpersonales

b. la universidad / el ámbito académico

c. los papeles y las expectativas de las personas según su género

Vas a explicar lo que debes y no debes hacer y lo que debes saber con respecto a tu vida en la escuela secundaria y tu vida después. Además, vas a hablar de lo que aprendiste de los papeles de género y piensa en lo que te habría gustado haber sabido (te... *you would have liked to have known*) cuando eras más joven. La carta debe tener por lo menos diez oraciones. Recuerda que la carta no debe ser una lista simple. Escríbete a ti mismo/a como si fueras (como... *as if you were*) otra persona. Sigue los pasos para ayudarte a escribir.

Antes de escribir: Estrategias para hacer una lluvia de ideas

Primero, identifica el propósito de lo que escribes y los lectores ideales. Escribe verbos que puedan describir tu propósito o meta: para explicar, para mostrar, para divertir, para describir, para analizar, para persuadir, para comparar, para enseñar, para expresar, etcétera. Ahora elige una o más de las siguientes estrategias.

Escribir sin parar: Escribe todo lo que puedas sobre el tema, en la forma del flujo de conciencia. No pares para buscar palabras en el diccionario. Trata de escribir todo lo que puedas con el vocabulario y el conocimiento que ya tienes. No te preocupes por la organización de ideas en este momento.

Hacer listas: Haz una lista de palabras y frases importantes. No te preocupes por escribir oraciones completas. Después, organízalas y ponlas en categorías como las siguientes: vocabulario clave, causas, efectos, sucesos, información de trasfondo, puntos generales, evidencia, preguntas, conclusiones, descripciones, valores, características, metas, obstáculos, detalles, etcétera. Por supuesto, puedes crear otras categorías según el enfoque de lo que escribes. Fíjate en la repetición de cierta palabra o frase y apúntala para luego buscar sinónimos u otras maneras de variar la presentación de la información.

Hacer preguntas: Imagina a los lectores de lo que escribes. ¿Qué preguntas van a tener ellos sobre tu tema? Escribe sus preguntas con las palabras interrogativas: ¿Cómo?, ¿Cuándo?, ¿Quíen?, ¿Por qué?, ¿Cuál, ¿Qué?, ¿Dónde?

¡A escribir!

Después de utilizar una o más de las estrategias de hacer una lluvia de ideas, puedes crear un bosquejo (*outline*) que organiza los elementos de tu trabajo. O si prefieres, puedes empezar por escribir trozos (*chunks*) de la versión final y decidir luego cómo se van a organizar. Luego, escribe el primer borrador de tu carta.

> **Estrategia: Una lluvia de ideas**
>
> Brainstorming shapes and improves our thinking. Although it might seem paradoxical, if you are not sure what you want to write or how to present your ideas, simply beginning to write in an unstructured way can help. During this initial phase, do not worry about writing complete sentences or providing details, which can be added later. The goal is to write as much as possible and produce a "storm" of words, phrases and ideas, some of which you will eventually discard.

Después del primer borrador

En parejas, intercambien borradores. Lee el borrador de tu pareja y escribe por lo menos cinco preguntas para descubrir más sobre los detalles de las recomendaciones y los sucesos. Inventa respuestas a las preguntas que tu pareja te haga y agrega esta información a la versión final de tu carta.

B. Nosotros, los actores / las actrices: ¡Encontré trabajo!

PASO 1. En parejas, imaginen la conversación entre los personajes y escriban un guion para una de las siguientes situaciones:

a. Inés le cuenta a Leoncio que ella encontró trabajo. Leoncio le responde con mandatos informales y le explica lo que opina de esto. Menciona los papeles de género también.

b. Leoncio encontró trabajo en el sector informal y se lo cuenta a Inés. Ella le responde con mandatos informales y le explica lo que opina de esto. Menciona los papeles de género también.

c. Maribel les explica a sus padres por qué ya no quiere trabajar en la plaza por propinas de los turistas. Sus padres le responden con mandatos informales y le explican lo que opinan de esta decisión. Mencionan los papeles de género también.

PASO 2. Ensayen su guion y luego interprétenlo para la clase. Presten atención a la pronunciación, el lenguaje corporal, los gestos y el tono de la voz.

C. Entrevista: Momentos clave de buscar, encontrar, renunciar o ser despedido de un trabajo

Entrevista a una persona hispanohablante sobre sus experiencias laborales. Escribe preguntas con por lo menos cinco palabras interrogativas para entrevistarlo/la. Por ejemplo, hazle preguntas sobre cómo consiguió un trabajo, el proceso de buscarlo, su experiencia con el jefe / la jefa y cómo y por qué dejó de trabajar allí. Saca apuntes y está listo/a a presentar sus respuestas a la clase. Pregúntale sobre sus expectativas con respecto a su género y el mundo laboral. ¿Se sentía limitado/a por las normas sociales en cuanto al género y lo que podía y no podía hacer?

OPCIONAL: Pregúntale al entrevistado si está bien si filmas un video de la entrevista para mostrar a la clase.

D. ¡Entrevista por videoconferencia!

Conversa con un(a) hispanohablante por videoconferencia y hazle seis a ocho preguntas sobre uno de los siguientes temas:

a. un trabajo que tuvo en que trabajaba por propinas

b. un trabajo que no era oficial o que no formaba parte de la economía formal

c. una experiencia que tuvo, o que otra persona tuvo, cuando no se podía hacer algo a causa de ciertas expectativas sobre el género y los papeles asociados con este género

d. las ideas sobre los papeles masculinos y femeninos en su comunidad o país y si o cómo han cambiado

Saca apuntes mientras conversan y prepárate a presentar la información a la clase.

E. Investigación: El concepto de género

Busca información sobre uno de los siguientes temas en tu país y otro país del mundo hispanohablante. Resume la información que encuentres e incluye datos interesantes. Preséntale la información a tu clase y compara y contrasta las semejanzas y diferencias entre los dos países.

- los tipos de trabajos asociados con las mujeres y los hombres, anuncios de trabajo para un solo género
- comparar y contrastar las características ideales masculinas y femeninas según la generación joven y la generación mayor
- la imagen de la mujer ideal según la tradición católica
- los papeles de los hombres y las mujeres en una comunidad indígena
- los papeles y las expectativas de los hombres y las mujeres en el hogar
- las personas transexual en ciertos países
- la historia de leyes relacionadas al género
- la violencia de género y el activismo en contra de ella
- las tendencias con respecto a la formación académica para hombres y mujeres

Tabla B

Gramática

 E. Una visita a Cusco

MAPA B

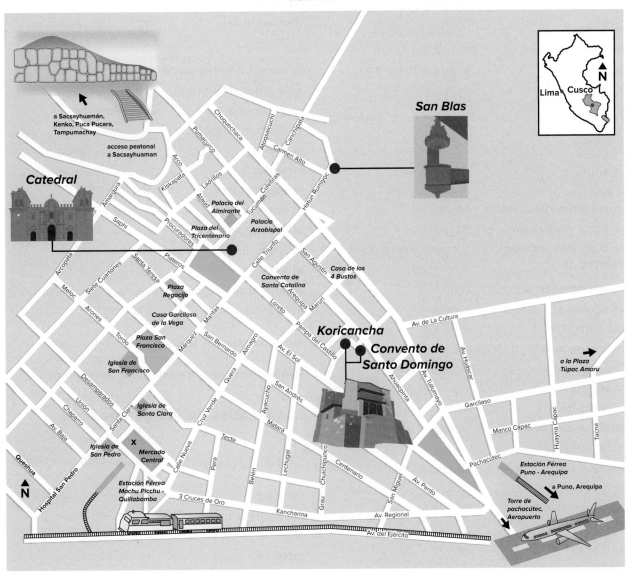

ESTUDIANTE 2 (le pregunta a Estudiante 1)

Pregúntale a tu pareja cómo llegar a los siguientes lugares que no están en tu mapa. Tu pareja te va a dar mandatos informales para guiarte. Indica en el mapa dónde está cada lugar.

1. la Plaza de Armas
2. la Calle Hatan Rumiyoc
3. la Compañía de Jesús
4. el Templo del Koricancha

VOCABULARIO DEL CAPÍTULO 4

El sector informal de la economía

cobrar	to charge
costar (ue)	to cost
cumplir con	to comply with
despedir (i), (i)	to fire from a job
encontrar (ue)	to find
largarse	to leave, to go away
realizar (c)	to carry out
recurrir a	to resort to; to appeal to
renunciar	to quit
el anuncio	advertisement, announcement
el aumento de sueldo	pay raise
la bolsa de trabajo	job board
la economía informal/ sumergida	informal/underground economy
el/la empleador(a)	employer
la empresa	company
las ganancias	earnings
el impuesto	tax
los ingresos	income
la ley	law
el maltrato	mistreatment
la mano de obra	workforce
el/la obrero/a	worker
la plata	el dinero
la propina	tip (as in money left for a service)
el reclamo	demand
el sueldo	salary
el/la vendedor(a) ambulante	street vendor
en efectivo	in cash

Repaso: solicitar, la artesanía, el derecho, el gobierno

Los pueblos indígenas

conquistar	to conquer
desarrollar	to develop
descubrir	to discover
menospreciar	to look down on; to undervalue
el ancestro/antepasado	ancestor
el/la conquistador(a)	conquerer
el desarrollo	development
el descubrimiento	discovery
la época	era, time period
la etnia	ethnic group, ethnicity
la explotación	exploitation
el imperio	empire
el/la invasor(a)	invader
las ruinas	ruins
el siglo	century
el sitio arqueológico	archaeological site
la vestimenta	clothing
antes/después de Cristo	before/after Christ

Repaso: explotar, la costumbre, el/la indígena

Los papeles de los géneros

criar	to raise (children)
engendrar	to give birth to, to have (procreate)
fastidiar	to disgust; to bother
mantener a una familia	to support a family financially
meterse	to meddle; to get involved
quejarse (de)	to complain (about)
el/la cabeza de familia	head of family/ household
el control de natalidad	birth control
la feminidad/masculinidad	femininity/masculinity
el feminismo/machismo	feminism/machismo
femenino/a / masculino/a	feminine/masculine

Repaso: respetar, la (des)igualdad

CAPÍTULO 5

La desigualdad social

Braceros del artista chicano Domingo Ulloa, 1960

Las metas: ¿Qué debo saber y poder hacer al final de este capítulo?

Communicative Goals
Use the subjunctive mood to express unrealized, hypothetical or non-existent actions and conditions. Be able to talk about the experiences of migrant workers, concepts related to race/ethnicity, and the effects of borders/boundaries in the Spanish-speaking world.

Chapter Theme Goals
Summarize and reflect upon the plot of the short film «**Hispaniola**». Identify and interpret cultural conflicts and perspectives in the film and in interviews with native speakers.

Analyze and compare cultural perspectives and ideas regarding three key intercultural topics:
Migrant workers
Race and ethnicity
Borders and boundaries

Geographical and Cultural Knowledge Goals
Identify the geographic location of Hispaniola and the land within the United States that once belonged to Mexico. Describe cultural concepts related to migrant workers, race and ethnicity, and social inequality in the Spanish-speaking world.

Knowledge of Reading Goals
Summarize and analyze the poem «No se raje, chicanita» and recognize and analyze the cultural attitudes about borders and boundaries that shape history as well as one's identity.

En 1993, la Asamblea Estatal de California declaró a Domingo Ulloa «El padre del arte chicano». El artista luchó en el ejército de los Estados Unidos en la Segunda Guerra Mundial. Cuando volvió de la guerra, formó un grupo de justicia social que procuraba llamar la atención al público sobre las condiciones de los obreros migrantes que trabajaban en California. El activista, César Chávez, reconoció su contribución artística a las luchas de los obreros.

Describe a los hombres de este cuadro. ¿Cómo son? ¿Cómo están? ¿Dónde están en este momento? ¿Por qué están detrás de una cerca de alambre de púa (*barbed wire fence*)? ¿Cómo es su vida probablemente? ¿Qué puede significar el título, *Braceros*?

¿Hay trabajadores migrantes cerca de tu comunidad? ¿Qué hacen? ¿Cómo es su vida? ¿Sufren discriminación? ¿Por qué?

I. ANTICIPACIÓN

A. El póster del cortometraje «Hispaniola»

«Hispaniola» trata de la amistad de dos niños de familias distintas en la República Dominicana. Un niño es de Haití, el país que comparte la isla La Española (*Hispaniola*) con la República Dominicana. Ellos se llevan bien hasta que el padre de uno de los niños decide que no le gusta la amistad.

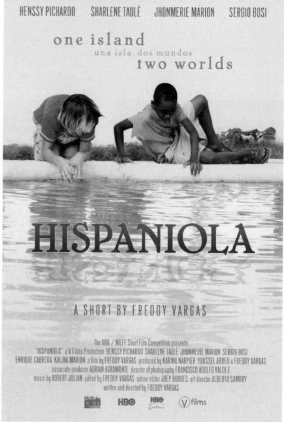

© Freddy Vargas

PASO 1. Mira el póster del cortometraje y contesta las preguntas.

1. ¿Qué relación hay entre los dos niños? ¿Cómo se conocieron probablemente? ¿Se ven todos los días?

2. ¿Qué están haciendo en este momento? ¿Qué han hecho hoy probablemente? ¿Qué nunca han hecho?

3. ¿Cómo se sienten en este momento?

PASO 2. En parejas, conversen sobre las siguientes preguntas.

1. ¿Has tenido que mudarte a otro pueblo, ciudad, estado o país por razones de trabajo? Explica. ¿Por qué se mudan algunas personas que conoces?

2. Cuando eras niño/niña, ¿jugabas con niños que vivían cerca de ti? ¿Jugabas con niños de otros países, otras razas u otros grupos étnicos? ¿Vivían los niños de diferentes grupos separadamente en tu comunidad? ¿Ha cambiado tu comunidad en ese aspecto? ¿Qué ideas escuchabas sobre personas de diferentes grupos sociales o raciales?

3. ¿Cuáles son las actividades que asocias con diferentes clases sociales? ¿Existen diferentes clases sociales donde vives? ¿Cuáles son actividades que hacen juntas las personas de todas las clases sociales? ¿Qué actividades nunca hacen juntas?

B. ¡Conozcamos a los personajes!

PASO 1. Mira las imágenes de cuatro de los personajes del cortometraje «Hispaniola» y escribe cómo son y cómo están. Incluye todos los detalles que puedas.

Adjetivos útiles

aburrido/a

amable

cómico/a

confundido/a

conservador/a

contento/a

débil

desagradable

egoísta

enojado/a

frustrado/a

fuerte

impulsivo/a

introvertido/a

moderno/a

molesto/a

nervioso/a

preocupado/a

respetuoso/a

sensible

serio/a

tradicional

tranquilo/a

viejo/a

© Freddy Vargas

1. **Antonio, un niño dominicano**
   ¿Cómo es Antonio? ¿Dónde está él en este momento? ¿Por qué levanta la mano?
   Otras observaciones:

© Freddy Vargas

2. **los padres de Antonio**
   ¿Cómo es el padre? ¿Cómo es la madre? ¿Qué están haciendo en este momento? ¿De qué hablan los padres de Antonio mientras desayunan?
   Otras observaciones:

© Freddy Vargas

3. **la empleada doméstica**
   ¿Cómo es ella? ¿Por qué lleva uniforme? ¿Por qué está contenta? ¿Está jugando con alguien?
   Otras observaciones:

© Freddy Vargas

4. **Pierre, un niño haitiano que vive en la República Dominicana**
   ¿Cómo es Pierre? ¿Cuántos años tiene? ¿Tiene algo en la mano? ¿Qué? ¿Qué le gusta hacer?
   Otras observaciones:

PASO 2. Ahora infiere lo que puedas de los fotogramas y contesta las preguntas. Usa las pistas que ves, la lógica y tu imaginación.

1. ¿Qué probablemente hizo Antonio hoy? ¿Cómo es su vida? ¿Qué hace siempre? ¿Qué nunca hace?

2. ¿De qué hablan los padres de Antonio mientras desayunan? ¿Qué hace el padre todos los días? ¿Qué hace la madre? ¿Qué no hacen ellos nunca? ¿Qué probablemente va a hacer la familia hoy?

3. ¿Qué papel desempeña la empleada doméstica en esta familia? ¿Qué tiene que hacer hoy? ¿Qué mandatos le da la familia? ¿Qué mandatos le da ella a Antonio?

4. ¿Qué hace Pierre de vez en cuando? ¿Cómo conoce Pierre a Antonio?

C. Lugares importantes en «Hispaniola»

PASO 1. Los siguientes fotogramas muestran cuatro lugares del cortometraje. Apunta características de los lugares en general. (Por ejemplo: ¿Cómo es el lugar? ¿Para qué sirve? ¿Quiénes típicamente están en el lugar? ¿Cómo están las personas cuando están allí?)

1. la clase de una escuela primaria

2. la ciudad grande

3. la calle urbana

4. la piscina en el jardín de una casa

PASO 2. En parejas, digan qué hacen Uds. típicamente en los lugares del **Paso 1** y con qué frecuencia. ¿Con quiénes están en estos lugares? ¿Cuáles son dos mandatos que se oyen con frecuencia en cada lugar?

D. La isla La Española

PASO 1. Lee sobre la historia de La Española (*Hispaniola*). Luego, escucha las preguntas y elige la respuesta más lógica.

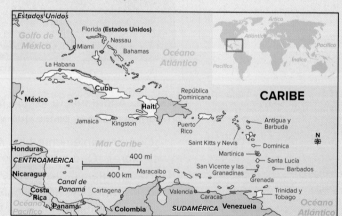

La isla La Española

En la isla caribeña La Española hay dos países: Haití y la República Dominicana.

La nación de Haití ocupa un tercio del territorio en el oeste de la isla. La República Dominicana está en el lado este y ocupa dos tercios de la tierra de la isla. En Haití, los dos idiomas oficiales son el francés y el criollo haitiano, un idioma basado en francés pero con influencias de idiomas africanos y el español. En la República Dominicana, se habla español.

Hay una larga historia de migración, colonización, conflicto y guerra en la isla. Cuando Cristóbal Colón tomó posesión de la isla en el siglo XV, los arahuacos y los taínos, pueblos indígenas, habitaban la isla. Pronto llegaron olas de piratas y colonizadores europeos, y estos trajeron a esclavos africanos. Los españoles, los holandeses, los ingleses y los franceses se pelearon por siglos por control de la isla y sus recursos económicos.

En el siglo XVII, España le cedió el lado occidental de la isla a Francia. Esta división entre el lado español y el lado francés desencadenó divisiones culturales y lingüísticas entre Haití y la República Dominicana. Durante la colonización francesa, los colonizadores trajeron a esclavos africanos para trabajar en plantaciones de azúcar. El tratamiento cruel llevó a una rebelión de los esclavos en 1791. Poco después, se abolió la esclavitud en Haití. Sin embargo, los africanos seguían siendo víctimas de la opresión.

A pesar de que la isla abarca dos naciones, la historia y el destino de los dos están entrelazados.

Comprensión

____ 1.	a. divisiones culturales y lingüísticas
____ 2.	b. varios grupos indígenas
____ 3.	c. la opresión
____ 4.	d. dos tercios
____ 5.	e. el oeste
____ 6.	f. el francés y el criollo haitiano
____ 7.	g. los holandeses, los ingleses y los franceses
____ 8.	h. el español

PASO 2. Contesta las preguntas con oraciones completas. Cuando sea posible, usa pronombres directos e indirectos.

1. Cristóbal Colón tomó posesión de la isla en el siglo XV en nombre de la corona española. ¿A quiénes se la quitó? _____

2. La isla tenía y tiene muchos recursos naturales. ¿Quiénes se pelearon y trataron de controlarlos? _____
_____

3. ¿A qué país le cedió España el lado occidental de la isla en el siglo XVII?
_____

4. ¿Por qué trajeron los franceses a esclavos africanos a la isla? _____
_____

5. ¿Cuándo abolieron la esclavitud en la isla? _____
_____

E. Situación de suspenso: Nos están invadiendo.

PASO 1. Mira el videoclip y contesta las preguntas.

© Freddy Vargas

1. ¿Por qué se puso contento Antonio en la clase? ¿De qué hablaba la maestra?
2. ¿De qué hablaron Antonio y su madre en el carro? ¿Está de acuerdo la madre de Antonio con lo que él aprendió en su clase de historia? ¿Qué le explica ella?
3. Cuando llegan a casa, ¿a quiénes miran Antonio y su madre desde el carro?
4. ¿Qué infieres sobre el padre de Antonio?
5. En tu opinión, ¿qué va a suceder después? ¿Qué NO va a suceder?

PARA TU INFORMACIÓN:

JUAN PABLO DUARTE

© Gardel Bertrand/Hemis/Alamy

Juan Pablo Duarte es considerado uno de los padres fundadores de la República Dominicana. Luchó en contra de la ocupación haitiana y por la independencia de la República Dominicana en 1844.

Estrategia: Las ideas clave

Even at the intermediate level, it is easy to get lost in the details when reading in a second language, so rather than just reading from beginning to end, try to identify the main point first. First, scan the reading briefly, paying attention to the title, English cognates, and any subtitles or pictures. Next, try reading just the first and last paragraphs, since this is where the main point is likely to be introduced and summarized. Finally, as you progress through a beginning-to-end reading, keep this main point in mind, and it will be clearer how the rest of the sentences/paragraphs support, provide examples, or clarify the topic.

PASO 2. Lee la siguiente información sobre las dos naciones de la isla La Española, Haití y la República Dominicana. Elige la mejor palabra entre paréntesis para llenar los espacios en la lectura con un verbo que toma una preposición. Luego, decide si las oraciones sobre la lectura que siguen son ciertas o falsas. Si la oración es falsa, corrígela.

Haití y la República Dominicana: Una larga historia de opresión y fronteras borrosas

En la República Dominicana, los haitianos son el grupo más grande de inmigrantes. Los inmigrantes indocumentados haitianos constituyen el 12% de la población en la República Dominicana. Trabajan en obras de construcción, plantaciones, hoteles y como empleados domésticos.

Los trabajadores de Haití han inmigrado a la

© Hector Retamal/AFP/Getty Images

República Dominicana más o menos continuamente durante los siglos XX y XXI. Por muchos años han sido migrantes y las grandes empresas y los varios gobiernos haitianos y dominicanos se han _____[1] (aprovechado / luchado) de ellos. Los dueños de las plantaciones grandes de azúcar en La Española favorecían el trabajo más barato de los haitianos, lo cual _____[2] (condujo / llevó) a la emigración de los haitianos al lado dominicano.

A pesar de la frontera porosa entre los dos países, los haitianos han sufrido mucho por un fenómeno llamado «el antihaitianismo», una idea que implica que los haitianos amenazan la identidad nacional de los dominicanos. Además, esta noción valora los antepasados españoles e indígenas de los dominicanos, mientras que rechaza la influencia africana en la isla. El término se remonta al liderazgo dictatorial del dominicano Rafael Trujillo en los años treinta, cuarenta y cincuenta del siglo XX, aunque el prejuicio en contra de los haitianos _____[3] (empezó / dejó) a manifestarse mucho antes.

Los hijos de los inmigrantes haitianos que nacen en la República Dominicana _____[4] (se enfrentan / empiezan) a un problema particular. En 2013, el gobierno dominicano declaró que personas nacidas en la República Dominicana, pero con padres indocumentados que habían nacido en Haití, no eran ciudadanos. Esta decisión fue retroactiva hasta 1929. El resultado fue que el gobierno ha _____[5] (intimidado / amenazado) con deportar a miles de personas que nunca han vivido en Haití. Ha habido un clamor de la comunidad internacional en contra de la deportación de estas personas que se encuentran en una situación imposible.

	CIERTO	FALSO
1. Más del 10% de la población de la República Dominicana es de Haití.	_____	_____
2. Los inmigrantes haitianos acaban de llegar a la República Dominicana durante los últimos veinte años.	_____	_____
3. Los dueños de las plantaciones de azúcar en la República Dominicana preferían emplear a los migrantes haitianos porque trabajaban por menos dinero.	_____	_____
4. El antihaitianismo es una actitud que menosprecia la herencia africana de la isla.	_____	_____
5. En 2013, el gobierno de la República Dominicana promulgó una ley que les quitó la ciudadanía a los haitianos que habían nacido allí, pero cuyos padres inmigraron sin documentación.	_____	_____
6. En 2013, la República Dominicana decidió deportar solamente a los haitianos que habían llegado en los últimos cinco años.	_____	_____

PASO 3. Vuelve a leer la lectura e identifica tres ideas clave. Una idea principal puede ser explícita o implícita. Comparte tus ideas con tu pareja y compara y contrástalas. ¿Son distintas sus ideas?

F. A inferir y predecir

En parejas, miren los fotogramas y contesten las preguntas.

© Freddy Vargas

© Freddy Vargas

1. En el primer fotograma, Antonio está con Pierre. ¿Cuántos años tienen? ¿Cuánto tiempo hace que se conocen? ¿Qué tienen en común?

2. ¿Se llevan bien los niños? ¿Con qué objeto juegan? ¿De quién es el objeto? ¿Se lo prestó Pierre a Antonio?

3. ¿Dónde están las personas en el segundo fotograma? ¿Quién es la persona más alta? ¿Qué sucede?

4. ¿Qué va a ocurrir en el futuro?

G. Sin sonido: Las pistas visuales

PASO 1. Mira el cortometraje entero sin sonido. Presta atención a las acciones y las emociones expresadas en la cara de los personajes. Basándote en las pistas visuales, escribe por lo menos cinco oraciones resumiendo lo que crees que ocurre en «Hispaniola». Explica el argumento y el desenlace lo mejor que puedas. **¡OJO!** No te preocupes si no estás seguro/a. Observa y adivina. ¡Vas a mirar el cortometraje con sonido pronto!

© Freddy Vargas

PASO 2. Compara tu resumen del argumento (del **Paso 1**) con el de una pareja. ¿Son parecidas sus interpretaciones de las pistas visuales? ¿Cómo son diferentes?

PASO 3. Ahora, escribe cinco preguntas sobre el cortometraje. Utiliza cinco palabras interrogativas diferentes. Pueden ser preguntas sobre lo que sucede o de opinión. Hazle tus preguntas a tu pareja y apunta sus respuestas.

II. VOCABULARIO

A. Los trabajadores migrantes

PASO 1. En el cortometraje, «Hispaniola», un niño de una familia rica y poderosa en la República Dominicana se hace amigo de un niño de una familia pobre de Haití que ha venido a la República Dominicana para trabajar como obreros inmigrantes. Lee las oraciones sobre las siguientes escenas, infiere el significado de las palabras **en negrilla** y contesta las preguntas.

© Freddy Vargas

© Freddy Vargas

Estos **trabajadores migrantes** haitianos **migraron** a la República Dominicana con sus familias para trabajar. En camino a la casa, Antonio le pregunta a su madre si estos obreros están «invadiendo» su país. Ella le dice que no, que al contrario <u>se están muriendo de hambre</u>. Sin embargo, algunas personas menosprecian a **los trabajadores migrantes**.

Cuando el obrero le explica al jefe que están trabajando día y noche, el jefe le responde con **desprecio** diciéndole que tienen que trabajar aún más <u>duro</u>. Le dice, «Ojalá los <u>deporten</u>.»

© Freddy Vargas

© Freddy Vargas

En esta escena, el padre de Antonio acaba de sacar a Pierre de la piscina. Parece **amenazar** al padre de Pierre y le dice con **desprecio**, «Y Uds. deben de saber su sitio (*know your place*).»

Al final, los oficiales de inmigración **capturan** y <u>deportan</u> a los inmigrantes haitianos. <u>Se llevan</u> a los padres de Pierre y algunas personas del **Servicio Social** <u>se llevan</u> a Pierre. Antonio y la doméstica miran la escena **horrorizados**.

Más vocabulario sobre los trabajadores migrantes*	
amenazar	to threaten
cosechar	to harvest
emigrar	to emigrate
inmigrar	to immigrate
no quedarle más remedio	to not have any other options
el desprecio	disdain, contempt, scorn

Repaso: duro/a

Preguntas

1. ¿Hay trabajadores migrantes en tu comunidad o ciudad? ¿De qué países vienen? ¿Qué trabajos ocupan? ¿Qué actitudes hacia ellos has observado?

2. Algunos trabajadores migrantes realizan trabajos estacionales (*seasonal*), y por eso tienen que trasladarse (*relocate*) frecuentemente. ¿Cuáles son algunas dificultades o preocupaciones que probablemente tienen los trabajadores migrantes?

3. ¿Por qué piensas que muchos trabajadores migrantes son «invisibles» en los lugares donde trabajan? ¿Qué punto de vista probablemente tienen los trabajadores migrantes de la sociedad en la que trabajan?

B. La migración interna

PASO 1. Lee sobre el tipo de migración más común, la migración interna, y escribe dos causas, dos consecuencias y dos datos importantes sobre ella.

La migración interna: De las zonas rurales a las urbanas[†]

El tipo de migración más común desde el siglo XIX ha sido la migración interna, el movimiento de personas de las zonas rurales a los centros urbanos.

En Latinoamérica y España, la tendencia general de **emigrar** de las zonas rurales a las ciudades no muestra signos de cambiar. Por ejemplo, en Colombia, al final de los años 30, el 70% de la población vivía en áreas rurales. Para el final del siglo XX, aproximadamente el 70% vivía en áreas urbanas. Por todas partes del mundo hispanohablante, el porcentaje de la población que vive en una zona rural bajó entre 1960 y 2015. En México, en 1960, el 49% vivía en áreas rurales pero solamente el 21% en 2015. Cifras parecidas se ven

---

*Vocabulary words underlined and differently colored are featured in the dialogue of the short film.

[†]Source: Parangua, Paulo, "Latin America Struggles to Cope with Record Urban Growth," *The Guardian,* September 11, 2012. https://www.theguardian.com; Sanz, Elena, "España está en venta: aldeas y pueblos abandonados desde 60.000 euros," *El Confidencial,* September 18, 2013. http://www.elconfidencial.com; Rueda Plata, José Quinto, "El campo y la ciudad: Colombia de país rural a país urbano," Biblioteca Luis Ángel Arango. Museos y colecciones del Banco de la República, November 1999. http://www.banrepcultural.org; Valero, Miriam, "Latinoamérica, la región más urbanizada del planeta," *The Prisma,* September 16, 2012. http://theprisma.co.uk/es; Cave, Damien, "Migrants New Paths Reshaping Latin America," *The New York Times,* January 5, 2012. http://www.nytimes.com; "Población rural (% de la población total)," Banco Mundial, 2016. http://datos.bancomundial.org; Parangua, Paulo, "Latin America Struggles to Cope with Record Urban Growth"

en otros países: en Puerto Rico, el 55% en 1960 y el 6% en 2015; en Bolivia, el 63% en 1960 y el 31% en 2015; en Costa Rica, el 66% en 1960 y el 23% en 2015. En España, un gran **éxodo** rural sucedió entre 1951 y 1980, y las poblaciones de Madrid y Barcelona se doblaron durante ese período.

Los cambios climáticos que resultan en una sequía o en inundaciones, como se ve en esta foto del Ecuador, pueden llevar a la migración forzada.

A pesar de la importancia económica de la minería y la agricultura, el 80% de los latinoamericanos ahora vive en pueblos o ciudades, y se estima que, para el año 2050, el 90% de la población va a vivir en esos centros urbanos. Las personas **se desplazan** o abandonan sus residencias por varias razones. Un desastre natural, como una inundación o un terremoto, frecuentemente **desarraiga** a grupos de personas. La degradación ambiental, causada por una sequía o porque los seres humanos han talado[a] demasiados árboles, lleva a condiciones inhóspitas.

En general, **la pobreza,** causada por la falta de **oportunidades** laborales, empuja a muchos ciudadanos a **dirigirse** a las ciudades. La llegada tan rápida a las ciudades, especialmente en Latinoamérica, ha ocasionado problemas. Las ciudades no han tenido ni el tiempo ni la voluntad política para ampliar y desarrollar infraestructuras adecuadas. Por lo tanto, **la pobreza** continúa para muchos migrantes. Casi el 20% de latinoamericanos vive en **asentamientos** pobres en las afueras de las ciudades. En estos barrios de miseria, los recién llegados se enfrentan con **la inseguridad**. Las viviendas son improvisadas y vulnerables a las fuerzas naturales. La delincuencia y la violencia también contribuyen a las condiciones difíciles. Aún dentro del mismo país, los migrantes rurales no **se acostumbran** fácilmente a la vida urbana porque algunas costumbres y prácticas culturales son distintas. Además, muchos campesinos son menospreciados y **discriminados**.

[a]han... *have cut down*

Más vocabulario sobre la migración

aprovechar	to take advantage (*of an opportunity*)
sobrevivir	to survive
la aldea	village
la inseguridad	insecurity

Repaso: la discriminación, la pobreza

Dos causas: _____

Dos consecuencias: _____

Dos datos: _____

PASO 2. Escribe cinco preguntas sobre la lectura del **Paso 1** para tu pareja. Utiliza cinco de estas palabras/frases en las preguntas. Luego, túrnense para contestar las preguntas que Uds. inventaron.

acostumbrase a	desplazarse	la aldea	la pobreza
aprovechar	dirigirse	la discriminación	discriminado/a
desarraigar	emigrar	la inseguridad	menospreciado/a

_____
_____
_____
_____
_____

PASO 3. Ahora escucha las preguntas sobre la lectura del **Paso 1** y escribe las respuestas.

1. _____
2. _____
3. _____
4. _____
5. _____

C. Los trabajadores huéspedes en los Estados Unidos: El programa bracero

PASO 1. Lee sobre el programa bracero y el movimiento por los derechos civiles de los trabajadores campesinos en los Estados Unidos y contesta las preguntas.

El programa bracero*

En 1943 muchos trabajadores temporales **emigraron** de México para trabajar en el sector agrícola en los Estados Unidos como parte del programa bracero. El programa de **trabajador huésped** existió entre 1942 y 1964 e inicialmente se estableció durante la Segunda Guerra Mundial, cuando los Estados Unidos carecía de[a] suficientes trabajadores en la mano de obra.

© 1976 George Ballis/Take Stock/The Image Works

Durante este período, entre 4 y 5 millones de trabajadores mexicanos **cruzaban la frontera** y regresaban en un ciclo migratorio que llevó a significantes cambios políticos. El programa se formó a partir de un acuerdo entre los dos países para responder a las necesidades de la agricultura y, por otra parte, a la pobreza de los campesinos mexicanos. Los braceros **cosechaban** durante **las temporadas** de ciertos productos agrícolas, como las frutas o el algodón.

---

*Source: "Bracero History Archive", Centro para la Historia y Nuevos Medios, la Universidad de George Mason, el Museo Nacional de Historia Americana Smithsonian, la Universidad Brown, y el Insituto de Historia Oral de la Universidad de Texas en El Paso, 2016 http://braceroarchive.org; "United Farm Workers History," United Farm Workers Office Web Page, 2016. http://www.ufw.org; "What Was the Bracero Program?," First Year 2017, Miller Center, University of Virginia, June 28, 2016. http://firstyear2017.org; Ortega, Óscar, "Programa bracero: La lucha por los derechos de los trabajadores del campo," *El Nuevo Sol,* May 12, 2011. http://elnuevosol.net

Los activistas César Chávez y Dolores Huerta, que **lucharon por** los derechos de los trabajadores, crearon una organización poderosa para **abogar por** ellos: La Unión de Trabajadores Campesinos. En el apogeo[b] del movimiento de los años setenta, la Unión pudo negociar contratos sindicalistas[c] que protegían a 50.000 trabajadores. Chávez organizó **huelgas** y boicots que les forzaron a las grandes empresas a mejorar **las condiciones laborales**.

[a]*lacked*   [b]*apogee, height*   [c]*trade union*

Más vocabulario sobre la migración y las fronteras

la huelga	strike (*protest*)
la temporada	season (*as in harvest or growing season*)
el/la trabajador(a) huésped	guest worker

Comprensión

1. ¿Por qué emigraron muchos trabajadores de México a los Estados Unidos durante la Segunda Guerra Mundial? _____

   _____

2. ¿En qué sector económico trabajaron estos trabajadores?

   _____

3. ¿Cómo se llamaba este programa y qué palabra se usó para describir a este tipo de trabajador? _____

4. ¿Por qué cruzaban y regresaban cíclicamente los trabajadores?

   _____

5. Mientras luchaban por los derechos de los trabajadores, ¿qué organización crearon César Chávez y Dolores Huerta? ¿De qué forma contribuyó esta organización a la protección de los derechos? _____

   _____

   _____

 PASO 2. Escribe tres oraciones —una cierta y dos falsas— sobre la información en la lectura del **Paso 1** y léelas a tu pareja. Él/Ella debe indicar cuál es cierta y cuáles son falsas y corregir las falsas.

D. Cruzar fronteras

PASO 1. Lee sobre los siguientes ejemplos de cruzar fronteras en el mundo hispanohablante, infiere el significado de las palabras **en negrilla** y contesta las preguntas.

© David McNew/Getty Images

© Karl Gehring/The Denver Post via Getty Images

La frontera entre México y los Estados Unidos se extiende casi dos mil millas desde California hasta Tejas. Mucha gente que vive cerca de **la frontera** la **cruza** legalmente por carro o al pie todos los días por **oportunidades** como un trabajo, por la familia o por un curso académico. Deben esperar horas a menudo para pasar por **el control fronterizo**.

Estas zonas **fronterizas** constituyen regiones únicas en las que **la frontera** atraviesa una zona binacional, multicultural y multiétnica. Por ejemplo, la región **fronteriza** entre El Paso en Tejas y Ciudad Juárez en México es una región de 2,5 millones de habitantes.

Por otra parte, millones de personas de México, Centroamérica y hasta Cuba **arriesgan la vida** cuando intentan **cruzar la frontera** sin **la documentación** o permiso que se quiere en los puntos **fronterizos** oficiales.

La región **fronteriza** tiene una larga historia de conflicto político. Se han construido **cercos** en **la frontera**, pero algunas personas **abogan por** más control de **la frontera** y dicen que se debe construir **una muralla**. En cambio, otros sostienen que se les debe dar permiso a los inmigrantes a trabajar legalmente en los Estados Unidos.

Cruzar es **peligroso** por varias razones. **La frontera** traspasa desiertos y otras zonas inhóspitas. Además, los inmigrantes dependen de **coyotes** para llegar a **la frontera** y **cruzarla**. Algunos de **los coyotes** les cobran mucho dinero y los maltratan.

Más vocabulario sobre cruzar fronteras

el asilo	asylum
el/la ciudadano/a	citizen
el coyote	smuggler who helps people cross a border illegally
la maquiladora	assembly plant
el obstáculo	obstacle
indocumentado/a	undocumented

Repaso: el peligro

Preguntas

1. ¿Cuáles son algunas razones por las que cruzan las fronteras tantas personas? _____

2. ¿Qué soluciones proponen algunas personas para controlar el número de inmigrantes que cruzan la frontera? _____
_____

3. Identifica algunas actitudes contradictorias en cuanto a la inmigración y el control de las fronteras. _____

_____

4. ¿Por qué puede ser peligroso cruzar una frontera ilegalmente? _____

_____

 PASO 2. En grupos de tres o cuatro, conversen sobre la inmigración y el control de las fronteras. ¿Debe haber más control de la frontera, o menos? ¿Por qué?

E. La raza y la etnia

PASO 1. Mira las tiras cómicas y contesta las preguntas.

Esta mujer representa a las personas musulmanes que **inmigran** a Europa. Muestra que los inmigrantes enfrentan el dilema de **adapatarse** a la nueva cultura y destaca el problema de **la identidad étnica**.

En esta tira cómica, es irónico que la gente indígena **juzgue** a los conquistadores españoles. El comentario de la persona indígena revela **la discriminación** que los indígenas han enfrentado.

juzgar	to judge
el/la chicano/a	**mexicano estadounidense**
la herencia	inheritance, legacy
el linaje	lineage, descent
el/la mestizo/a	person of mixed race (*typically European and indigenous*)
el orgullo	pride
la piel	skin
el rasgo	characteristic, feature, physical trait
étnico/a	ethnic
hereditario/a	hereditary, inherited

Repaso: discriminar

1. ¿De dónde probablemente **emigra** la mujer en la primera tira cómica? ¿Adónde quiere inmigrar? _____

_____

2. ¿Por qué no es fácil adaptarse a una nueva cultura? _____

_____

_____

3. En la segunda tira cómica, ¿quiénes son las personas en el barco? ¿Qué crítica de la conquista subraya la segunda imagen? _____

_____

_____

4. ¿Qué diferencias importantes destaca la tira cómica entre la llegada de los europeos y la migración de muchas personas hoy en día? _____

_____

_____

PASO 2. En parejas, conversen sobre las preguntas.

1. ¿De qué parte del mundo vinieron tus antepasados? ¿Sabes mucho de ellos? ¿Por qué motivos emigraron de su país de origen?

2. ¿Qué importancia tiene la identidad étnica en tu vida o en tu comunidad? ¿Es común tener múltiples identidades étnicas? ¿Tiene tu identidad étnica ciertos valores compartidos? ¿Practicas costumbres asociadas que reflejen la comunidad étnica?

3. ¿Qué perspectivas e ideas existen en tu país sobre la raza y la etnicidad?

 F. ¿Qué opinan los demás?

PASO 1. Las personas entrevistadas responden a las siguientes preguntas. Escribe por lo menos cinco palabras del vocabulario de este capítulo que probablemente van a incluir en sus respuestas.

- ¿Tuvo Ud. que trabajar en otro país en su vida? ¿Tuvo Ud. que desplazarse de su casa para buscar trabajo en otro pueblo o ciudad o conoce a alguien que sí? ¿Qué experiencias tuvo?

- ¿Qué trabajos realizan los trabajadores migrantes en su país o comunidad? ¿Qué leyes y derechos hay en su país o comunidad para proteger los derechos de los inmigrantes? ¿Qué derechos no tienen los trabajadores migrantes?
- ¿Qué retos (*challenges*) enfrentan los inmigrantes que llegan a su país?

1. _____ 2. _____ 3. _____ 4. _____ 5. _____

PASO 2. Lee las siguientes ideas que se expresan en las entrevistas e indica el tema que tratan.

____ 1. Se dedican a la construcción, la jardinería, trabajos pesados, trabajos que los españoles no quieren hacer.

____ 2. Yo vine para estudiar pero yo tuve que trabajar para mantenerme. Estudiar un curso súper intensivo y a la vez trabajar, lo encontré bastante difícil.

____ 3. En Costa Rica tenemos una ley que protege a los inmigrantes bajo la discriminación y creo que eso es muy importante.

____ 4. Los inmigrantes en Venezuela, no hay leyes sociales que los protejan.

____ 5. Cuando te vas a otro país te das cuenta de que la gente tiene cosas diferentes, y ese es un gran cambio de mentalidad, tienes que tener una mentalidad abierta para poder sentirte bien en un país diferente.

____ 6. Los trabajos que realizan son mucho de trabajo de servicio. Entonces es la servidumbre a nivel del hogar, cuidando a los niños, la construcción.

a. el trabajo en el extranjero
b. el trabajo migrante
c. los derechos laborales
d. los retos de los immigrantes

PASO 3. Mira las entrevistas. Luego, completa las descripciones de sus comentarios con el nombre de la persona que hizo el comentario (Ainhoa, Nadja o May) y una de las palabras de vocabulario.

Ainhoa

Nadja

May

Palabras útiles

a nivel de
speaking of
averiguar
to figure out; to discover
cotizar
to value
la servidumbre
servants, serving staff
sobre todo
above all, especially
velar por
to look after

| desplazarse | inseguridad | sobrevivir |
| inmigró | queda más remedio | trabajadores |

_____ 1. Esta persona_____ a los Estados Unidos cuando tenía veinte años.

_____ 2. Según esta persona, muchos inmigrantes en Venezuela llegan con bajos recursos y por lo tanto, llevan vidas de mucha _____.

_____ 3. Esta persona tuvo que _____ a un país vecino. Fue a Italia cuando tenía dieciocho años.

_____ 4. Esta persona explica que a muchos inmigrantes no les _____ que separarse de su familia para inmigrar a otro país y, según ella, es uno de los retos más difíciles que enfrentan.

_____ 5. Esta persona indica que los _____ migrantes se dedican a trabajos como construcción o amas de casa, trabajos que no son muy valorados por el resto del país.

_____ 6. Esta persona dice que los inmigrantes en Costa Rica que tienen trabajos de servicio son los que luchan más para _____.

PASO 4. En parejas, túrnense para leer las siguientes citas en voz alta. Después de leer la cita, explica si tú te identificas con lo que dice la persona entrevistada o si crees que refleja una realidad en tu país o comunidad.

MODELO: _Tu pareja lee:_ Ainhoa dijo: «Tuve que desplazarme al país vecino que es Italia, cuando tenía 18 años. Estaba buscando nuevas experiencias, sobre todo mejor nivel de vida. Mi experiencia en general fue buena, fue positiva porque encontré gente que siempre me ayudó.»

Tú explicas: Yo nunca tuve que desplazarme a otro país. Viajé una vez a otro país y me acuerdo que la gente también fue muy amable y me ayudó mucho. Aquí donde yo vivo, yo creo que la gente que llega de otros países a veces no encuentra la ayuda que necesita. Depende de otras personas de su país.

1. Ainhoa dijo: «En cada país tenemos diferentes formas de hacer las cosas. ...Y ese es un gran cambio de mentalidad, tienes que tener una mentalidad abierta para poder sentirte bien en un país diferente.»

2. Nadja dijo: «No he tenido que trabajar de forma ilegal, tal vez de buscar, tratar de acomodarme. Pero conozco a muchísima gente que eso implica retos grandísimos, desde adaptarse a un lenguaje nuevo, adaptarse a costumbres completamente diferentes, por supuesto el factor económico, ...Y creo que es algo que nos rodea hoy en día, en todo lado, tanto en el Costa Rica como en Estados Unidos, o a nivel del mundo, la inmigración.»

3. May dijo: «Los inmigrantes en Venezuela yo creo que no hay derechos de inmigrantes. O sea, no hay leyes sociales que los protejan. Pero sí es un lugar libre de llegar, ¿no? Yo creo que esa es la diferencia, que hay una facilidad. Pero algunos de los peligros que hay, es que sí, que muchos de los inmigrantes vienen con bajos recursos, ¿no? Entonces no hay obras sociales que los ayuden a poder encontrar una base en el país, sino que ellos se las tienen que averiguar.»

PASO 5. En parejas, conversen sobre sus propias ideas respecto a las preguntas del **Paso 1**. Vuelve a ver los videos cuantas veces que te sea necesario.

III. GRAMÁTICA

Palabras útiles

la ascendencia
  ancestry
los antepasados
  ancestors
estar sin papel
  to be
  undocumented
el obrero
  laborer
el poder
  power
poner en peligro
  to put in danger
el secuestro
  kidnapping
la tasa de
desempleo
  unemployment
  rate
tenerle compasión
  to have
  sympathy for
  someone
el vago
  slacker, lazy
  person

5.1 «¿Quieres que ponga a mi familia en peligro?»

El presente de subjuntivo

¿Comprendiste?

Vas a mirar el cortometraje entero sin los subtítulos. **¡OJO!** No te preocupes si no entiendes todo. Puedes mirarlo varias veces y usar el contexto (por ejemplo, los gestos, las acciones, el sonido y el escenario) para ayudarte a entender el argumento. Enfócate en las palabras que sabes.

PASO 1. Antes de mirar el cortometraje, lee las siguientes preguntas. Mientras lo miras, contesta las preguntas, identificando uno de los siguientes personajes: Antonio, el padre de Antonio, el padre de Pierre, la madre de Pierre, el supervisor.

1. ¿Quién quiere que la maestra le haga una pregunta? _____
2. ¿Quién quiere que los obreros trabajen más rápidamente? _____
3. ¿Quién dice, «¿Quieres que ponga a mi familia en peligro?» _____
4. ¿Quién quiere que Pierre le tire la pelota? _____
5. ¿Quién quiere que la doméstica mande a Pierre a casa más tarde? _____
_____
6. ¿Quién no quiere que regrese Pierre? _____

PASO 2. Empareja las preguntas del **Paso 1** con las siguientes imágenes.

© Freddy Vargas

a. _____

© Freddy Vargas

b. _____

© Freddy Vargas

c. _____

© Freddy Vargas

d. _____

© Freddy Vargas

e. _____

f. _____

Actividades analíticas

Los verbos regulares e irregulares y los verbos con cambios ortográficos comunes en el subjuntivo

¡A analizar!

Identifica el infinitivo del verbo indicado en las oraciones debajo de las imágenes. Luego empareja lo que dice o lo que piensa cada personaje con la imagen más lógica.

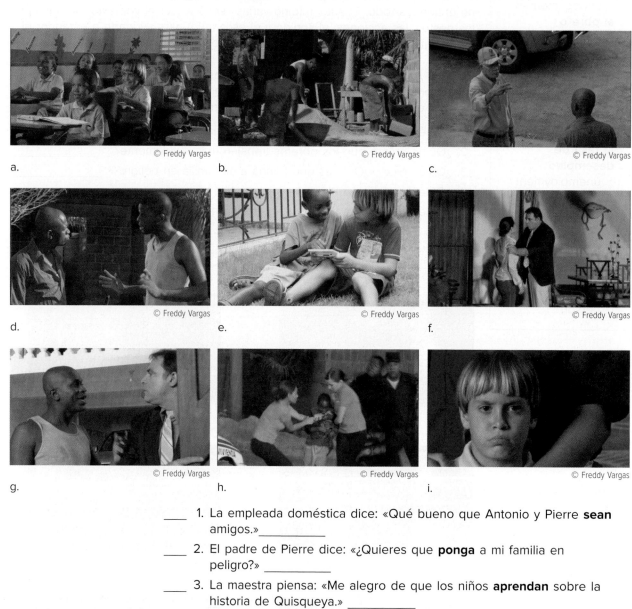

a.   © Freddy Vargas   b.   © Freddy Vargas   c.   © Freddy Vargas

d.   © Freddy Vargas   e.   © Freddy Vargas   f.   © Freddy Vargas

g.   © Freddy Vargas   h.   © Freddy Vargas   i.   © Freddy Vargas

_____ 1. La empleada doméstica dice: «Qué bueno que Antonio y Pierre **sean** amigos.» _____

_____ 2. El padre de Pierre dice: «¿Quieres que **ponga** a mi familia en peligro?» _____

_____ 3. La maestra piensa: «Me alegro de que los niños **aprendan** sobre la historia de Quisqueya.» _____

_____ 4. El padre de Pierre piensa: «Qué pena que no nos **abracemos** como hermanos.» _____

_____ 5. El padre de Antonio dice: «Esta vaina es culpa tuya. Insisto en que no **discutas** conmigo.» _____

_____ 6. El supervisor dice: «Le quedan dos semanas. Dos semanas. Ojalá los **deporten**, buena partida de vagos. ¡Tienen que trabajar duro! Si no, se van para el carajo». _____

_____ 7. La madre de Antonio piensa: «Trabajan tan duro, y es probable que no les **paguen** bien. Es muy triste que las leyes laborales no los **protejan**.» _____ and _____

_____ 8. Antonio piensa: «Dudo que Pierre **vaya** a venir a mi casa otra vez.» _____

_____ 9. La madre de Antonio piensa: «Es terrible que **saquen** a Pierre y su familia de esa forma.»_____

The verbs in bold above are in the present tense subjunctive. Before studying the meaning and various uses of the subjunctive, we will first learn how it is formed.

1. Present tense subjunctive conjugations are similar to present tense indicative conjugations except that the typical -**ar**, -**er**, and -**ir** endings change to the opposite vowel.

   Based on the verbs in bold in **¡A analizar!**, you can infer that -**ar** verbs change to the opposite vowel of ___.

   Which four verbs from **¡A analizar!** fit into this category? _____, _____, _____, and _____

   Verbs that end in -**er** or -**ir** change to the opposite vowel of ___.

   Which three verbs from **¡A analizar!** fit into this category? _____, _____, and _____

2. In the present subjunctive, verbs that end in -**car**, -**gar**, and -**zar** require spelling changes when the opposite vowel ending is added. Identify one example of each type of verb above.

   -**car** _____   -**gar** _____   -**zar** _____

   Complete the following rules based on the sentences above.

   • Verbs that end in -**car** change the **c** to _____ before the opposite vowel, and then the **e** ending is added. This is done to preserve the hard _____ sound.

   • Verbs that end in -**gar** insert a _____ before the opposite vowel, and then the **e** ending is added. This is done to preserve the hard _____ sound. (In English, the letter _g_ before an -_a_, -_o_, or -_u_ has this hard sound.)

   • Verbs that end in -**zar** change the **z** to a _____ before the opposite vowel, and then the **e** ending is added. This is done because of the rule that a **z** before an _____ changes to a **c** in Spanish.

3. To conjugate a verb in the present subjunctive . . .

   Step 1: Start with the present indicative of the **yo** conjugation (just as you would to form formal commands or negative **tú** commands).

   Step 2: Remove the letter ___.

   Step 3: Add an ___ for -**ar** verbs. Add an ___ for -**er** and -**ir** verbs.

   Some verbs have irregular forms in the **yo** conjugation of the present indicative. Therefore, those irregular changes will be reflected in the present subjunctive as well.

   Which verb in **¡A analizar!** has an irregular **yo** conjugation in the present indicative and ends in -**go**? Write the infinitive and the present indicative **yo** form. _____

   Since the **yo** form is the starting point for forming the present subjunctive, that -**g** in the **yo** form ending is maintained in the subjunctive forms.

   Verbs that end in -**ger** or -**gir** change the **g** to a _____ before the **o** in the **yo** conjugation of the present indicative. It is necessary to change it to preserve the original sound of the **g** before an **e** or an **i**. For that reason, the change is reflected in all of the subjunctive forms since the **yo** form of the present indicative is the starting point for forming the subjunctive.

Complete the charts based on the patterns and the verbs in **¡A analizar!**.

El presente de subjuntivo: Los verbos regulares					
	deportar	**aprender**	**discutir**	**poner**	**proteger**
yo	_____	aprenda	discuta	_____	proteja
tú	deportes	aprendas	_____	pongas	_____
Ud., él/ella	deporte	_____	_____	_____	proteja
nosotros/nosotras	_____	aprendamos	discutamos	pongamos	_____
vosotros/vosotras	deportéis	aprendáis	discutáis	pongáis	protejáis
Uds., ellos/ellas	_____	_____	discutan	pongan	protejan

El presente de subjuntivo: Los verbos con cambios ortográficos			
	sacar	**pagar**	**abrazar**
yo	_____	pague	abrace
tú	saques	_____	abraces
Ud., él/ella	saque	pague	abrace
nosotros/nosotras	_____	paguemos	_____
vosotros/vosotras	saquéis	paguéis	abracéis
Uds., ellos/ellas	_____	_____	abracen

4. Some verbs are irregular in the present subjunctive because they do not end in **-o** in the **yo** conjugation of the present indicative. For that reason, the typical steps to form the subjunctive cannot be followed. The forms for these verbs are irregular and must be memorized.

Which two verbs from **¡A analizar!** do not end in an **-o** ending in the **yo** form of the present indicative? Write the infinitive and the irregular **yo** form. _____ and _____

Complete the chart based on the patterns and the verbs in **¡A analizar!**.

El presente de subjuntivo: Los verbos irregulares						
	dar	**estar**	**haber**	**ir**	**saber**	**ser**
yo	dé*	esté	_____	vaya	_____	sea
tú	_____	estés	hayas	_____	sepas	seas
Ud., él/ella	dé	_____	haya	_____	sepa	_____
nosotros/nosotras	demos	estemos	_____	vayamos	sepamos	seamos
vosotros/vosotras	deis	estéis	hayáis	vayáis	sepáis	seáis
Uds., ellos/ellas	_____	estén	hayan	_____	sepan	_____

*Note the accent mark on the first and third person forms of **dar**, differentiating them from the preposition **de**.

Notice that the **Ud., Uds., nosotros/nosotras** and the negative **tú** commands are the _____ as the subjunctive conjugations for **Ud., Uds., nosotros/nosotras**, and **tú**, respectively.

Los verbos con cambio de raíz en el presente de subjuntivo

¡A analizar!

Identifica el infinitivo y el sujeto de los verbos **en negrilla.**

La mamá de Antonio le dice: «Es importante que **pensemos** en las dificultades de nuestros vecinos. No quiero que **pienses** que los haitianos son diferentes de nosotros.»
Infinitivo: _____
Sujeto: _____

La mamá de Antonio le dice a su esposo: «¿Ya te vas? ¿Quieres que te **sirva** algo primero?»
Infinitivo: _____
Sujeto: _____

El otro obrero le dice al padre de Pierre: «Sin este trabajo es posible que nuestras familias **mueran** de hambre. Al supervisor no le importa que **muramos** de hambre.»
Infinitivo: _____
Sujeto: _____

Antonio le dice a Pierre: «Ojalá que **puedas** venir a mi casa mañana. Espero que **podamos** nadar en mi piscina.»
Infinitivo: _____
Sujeto: _____

5. Stem-changing verbs can end in **-ar, -er,** or **-ir.** You'll remember there are three types of changes that occur to the stem (the part before the ending) of the verb. Look at the four verbs used in **¡A analizar!** and identify the three types.

   pensar: e to _____

   servir: e to _____

   poder, morir: o to _____

   For a list of similar stem-changing verbs, see **Gramática 1.3**.

6. As in the present indicative mood, in forming present subjunctive verbs that end in -**ar** or -**er** also do NOT show a stem-change in the **nosotros/ nosotras** or the **vosotros/vosotras** forms.

   Which verbs from **¡A analizar!** have NO stem-change in the **nosotros/ nosotras** form? _____ and _____

Follow the pattern and complete the chart.

	entender (e-ie)	pensar (e-ie)	poder (o-ue)	probar (o-ue)	volver (o-ue)
nosotros/nosotras	entendamos	_____	_____	probemos	_____
vosotros/vosotras	entendáis	penséis	podáis	probéis	volváis
ellos/ellas, Uds.	_____	piensen	puedan	prueben	_____

7. Unlike -**ar** and -**er** verbs, -**ir** stem-changing verbs DO have a stem-change in present subjunctive in the **nosotros/nosotras** and **vosotros/vosotras** forms. That change is sometimes the same as the original stem-change and sometimes different.

Identify the -**ir** stem-changing verb in **¡A analizar!** and write its **nosotros/nosotras** conjugation and infinitive. _____

Based on this example, complete the following rule.

In the **nosotros/nosotras** and **vosotros/vosotras** subjunctive forms, stem-changing -**ir** verbs with an **o** in the stem, such as **morir**, will change to have the letter _____ in the stem. In the other conjugations the **o** changes to _____.

Give the **nosotros/nosotras** forms of these verbs:

dormir _____   morir _____

Stem-changing -**ir** verbs with an **e** in the stem, such as **pedir** and **servir**, and **mentir**, **preferir**, and **sentir** will have the letter **i** in the stem for **nosotros/nosotras** and **vosotros/vosotras** conjugations.

Give the **nosotros/nosotras** forms of these verbs.

pedir _____   servir _____

mentir _____   preferir _____   sentir _____

Note that **pedir** and **servir** are **e-i** stem-changing verbs, so the letter **i** is in the stem of ALL subjunctive conjugations.

On the other hand, **mentir**, **preferir**, and **sentir** are **e-ie** stem-changing verbs. Therefore, all of the conjugations show a stem change of **e-ie** except for **nosotros/nosotras** and **vosotros/vosotras**, which instead show only an **i** in the stem.

Complete the chart based on the patterns for stem-changing verbs.

El presente de subjuntivo: Los verbos con cambios de raíz				
	pensar (e-ie)	poder (o-ue)	morir (o-ue)	sentir (e-i)
yo	piense	_____	muera	_____
tú	_____	puedas	mueras	sientas
Ud., él/ella	_____	pueda	muera	sienta
nosotros/nosotras	pensemos	_____	_____	_____
vosotros/vosotras	penséis	podéis	muráis	sintáis
Uds., ellos/ellas	_____	puedan	mueran	_____

Actividades prácticas

A. ¿Es posible que...?

Escucha las oraciones sobre el cortometraje. Vas a oír un verbo en el subjuntivo. Escribe la forma del subjuntivo que oyes y luego da el infinitivo del verbo.

MODELO: *Oyes*: No es cierto que los haitianos asistan a las mismas escuelas que los dominicanos.

Escribes: asistan, asistir

VERBO EN EL SUBJUNTIVO QUE OYES	EL INFINITIVO DEL VERBO
1. _____	_____
2. _____	_____
3. _____	_____
4. _____	_____
5. _____	_____
6. _____	_____

B. ¿Qué (no) quiere?

PASO 1. Usa el subjuntivo del verbo más lógico entre paréntesis para completar la primera parte de las siguientes oraciones. Luego, termina las oraciones de una forma lógica, según los sucesos del cortometraje.

© Freddy Vargas

MODELO: La maestra quiere que los estudiantes **sepan** (hablar / saber / construir) la respuesta porque... tienen que aprender la historia dominicana / deben saber quiénes son las figuras históricas de su país.

© Freddy Vargas

© Freddy Vargas

1. La madre de Antonio quiere que Antonio les _____ (tirar / tener / poder) compasión a los haitianos porque... _____ _____ _____

2. Antes de irse para su trabajo, el padre de Antonio dice que no quiere que el niño _____ (nadar / comer / salir) porque últimamente... _____ _____ _____

3. El supervisor no quiere que los obreros _____ (descansar / trabajar / sufrir) porque... _____
_____
_____

4. La madre de Pierre no quiere que él les _____ (hacer / construir / molestar) a Antonio y su empleada doméstica porque...
_____
_____

5. El padre de Antonio no quiere que él _____ (almorzar / saber / jugar) en la piscina con Pierre porque... _____
_____
_____

6. La empleada doméstica no quiere que los papás de Antonio los _____ (ver / conocer / decir) en este momento porque... _____
_____
_____

 PASO 2. Según sus padres, es importante o es necesario que Pierre y Antonio hagan y no hagan ciertas cosas. Utiliza una de las siguientes frases impersonales para describir lo que es necesario que haga / no haga cada niño según el punto de vista de sus padres. Escribe tres oraciones para Pierre y tres para Antonio y usa el subjuntivo después de la frase. Utiliza seis verbos diferentes. Compara tus oraciones con las de tu pareja.

Frases útiles

conviene que	es mejor que
es aconsejable que	es necesario que
es importante que	es preferible que

MODELOS: Para la mamá de Antonio, es importante que comprenda las dificultades de los haitianos.

Para el papá de Pierre, es mejor que se quede en su casa.

C. El mestizaje y la historia socioeconómica de las razas en Latinoamérica

PASO 1. Primero, lee la lectura y las oraciones que siguen. Luego, indica si las oraciones son ciertas o falsas. Por último, corrige las oraciones falsas.

Las clasificaciones raciales de la época colonial*

The Class System, 18th century Mexican, Anonymous/ Pinacoteca Virreinal de San Diego, Mexico City/Index/ © Bridgeman Images

Al lograr la conquista del Nuevo Mundo, España impuso un sistema de gobierno en sus colonias en el que la herencia y los papeles sociales se ligaban[a] estrechamente. La conquista de las civilizaciones indígenas dio a luz a una «nueva raza»: el mestizo o persona de sangre europea e indígena. Hoy en día, los mestizos constituyen la mayoría de la población latinoamericana. En el sistema de castas sociales, los españoles no distinguían entre las diversas culturas indígenas; a diferencia de los europeos, todos eran simplemente «indios», y los hijos resultantes de la unión de españoles e indígenas se consideraban simplemente «mestizos». Se puede decir que eran los españoles que crearon la idea de la «raza indígena», porque es una definición basada en la exclusión. Lo único que tenían en común algunas de esas poblaciones era su falta de herencia europea.

Para mantener el control del imperio, La Corona designaba a otros «peninsulares» (españoles que nacieron en España) para supervisar sus territorios. Desde el principio, entonces, no era cuestión de simple pureza de sangre, sino también de lazos políticos y personales; hasta los «criollos», personas que nacieron en el Nuevo Mundo de padres españoles, no gozaban del mismo poder político que los peninsulares. Los mestizos eran de menos importancia, por su sangre indígena.

A estos elementos se añadió otro: el africano. Debido a la brutalidad de la conquista y el trabajo forzado, además de las enfermedades, la población indígena se disminuyó hasta el punto en que las colonias empezaron a importar esclavos desde África. Como los indígenas, eran forzados a trabajar por los colonizadores y frecuentemente eran tratados más como animales que seres humanos. Otra vez, los hijos resultados de la unión de españoles y africanos recibieron su propio título racial, «mulato». Eventualmente, se creó un sistema de castas sociales que reflejaba la gran variedad de herencias posibles, y en general la importancia otorgada[b] a la pureza de sangre se tradujo en la correspondencia entre los altos puestos oficiales y sociales y la piel blanca.

*Source: "Las Castas: Spanish Racial Classifications," *Native Heritage Project,* June 15, 2013. https:// nativeheritageproject.com; Navarro García, Luis (1989). El sistema de castas. *Historia general de España y América: los primeros Borbones.* Ediciones Rialp. Madrid, 252–4; "Clases sociales y castas en la Nueva España," *Historiademexicobreve.com,* Accessed October 10, 2016. http://www .historiademexicobreve.com; Scully, Lynne, "The Racial Caste System in Colonial Spanish Mexico," *Pathway to Freedom in the Americas*, October 26, 2012, http://mlktaskforcemi.org; Hoyt Palfrey, Dale, "Religion and Society in New Spain: Mexico's Colonial Era," *mexconnect.com*, November 1, 1998. http://www.mexconnect.com

Obviamente, este sistema no existe en la época moderna. Han ocurrido grandes esfuerzos hacia la igualdad racial, y la diversidad de los países hispanohablantes es una característica definitiva. La mayoría de Latinoamérica logró abolir el sistema de esclavitud antes de su abolición en los Estados Unidos, y las elecciones de presidentes indígenas en Bolivia y el Perú demuestran los cambios dramáticos. Sí existe el prejuicio racial en Latinoamérica, pero es de forma distinta al de los Estados Unidos y se enfoca principalmente en las poblaciones indígenas. Se puede considerar la poca representación de pueblos indígenas en los gobiernos de algunos países evidencia de la continuación de los antiguos conceptos de raza y etnicidad. En 2014, solo el 12% de los diputados del Congreso de la República de Guatemala se identificaba como indígena, mientras que la gente indígena representa el 40% de la población general. El caso de Guatemala no es único; en el mismo período en el Congreso de los Estados Unidos, los afroamericanos (12% de la población general) constituían el 9% de los congresistas y los hispanos (17% de la población general) constituían solo 6% de los congresistas.

---

[a]se... *were tied*   [b]*awarded, assigned*

	CIERTO	FALSO
1. Un mestizo tiene herencia indígena y europea.	___	___
2. Los criollos tenían el mismo poder político que los peninsulares.	___	___
3. Los africanos vinieron al Nuevo Mundo buscando trabajo.	___	___
4. La herencia era de alta importancia en la sociedad colonial.	___	___
5. No existe el racismo en Latinoamérica hoy en día.	___	___

 PASO 2. En parejas, túrnense para expresar sus reacciones y opiniones sobre los siguientes temas de la lectura. Usa las frases de la columna **A** para empezar cada oración, convirtiendo el indicativo de las oraciones en la columna **B** en subjuntivo.

> **MODELO:** (columna **A**) Me sorprende que (columna **B**) el tema de «las razas» **sea** tan complicado en Latinoamérica.

A	B
Me sorprende que...	Algunos gobiernos modernos no **reflejan** la demografía de sus poblaciones.
Es bueno que...	**Existen** muchas palabras para describir la raza y etnicidad.
Es terrible que...	Los mestizos **constituyen** la mayoría de la población indígena.
Es increíble que...	Estos conceptos antiguos **tienen** resultados perceptibles hoy.
Espero que...	El tema de «las razas» **es** muy complicado en Latinoamérica.
Es interesante que...	**Hay** dos presidentes indígenas en Sudamérica.

D. ¿Qué opinan los demás?

PASO 1. Las personas entrevistadas responden a las siguientes preguntas. Escribe por lo menos cinco palabras del vocabulario de este capítulo que probablemente van a incluir en sus respuestas.

- ¿Le sorprende que el padre de Antonio reaccione como reacciona cuando encuentra a Pierre en su piscina?
- ¿Existe el concepto de «raza» en su país? ¿Cómo se distingue una raza de otra? ¿Hay conflictos raciales o étnicos en su país?
- ¿Por qué cree que la familia de Pierre es deportada al final?
- ¿Piensa que es importante que el personaje principal del cortometraje sea niño? ¿Qué ideas se comunican a través de los personajes más jóvenes e inocentes?

1. _____ 2. _____ 3. _____ 4. _____ 5. _____

Frases útiles

Es cierto, evidente, obvio, seguro que

Es bueno, malo, sorprendente, terrible que

Es importante, lógico, mejor, necesario que

Es posible, probable, imposible, improbable que

Creo que, No creo que, Dudo que

Me sorprende que, Me parece triste/extraño/ importante/ bueno/malo que

---

PASO 2. En parejas, túrnense para leer las siguientes ideas expresadas por Ainhoa, Nadja y May. Expliquen si están de acuerdo o si las ideas describen su país o comunidad. Usen una de las siguientes frases para expresar su opinión. **¡OJO!** Recuerden que algunas de las expresiones requieren el uso del subjuntivo en la siguiente cláusula y otras no.

MODELO: *Tú lees:* Creo que es negativo que los niños tengan influencias racistas desde sus padres.

Tu pareja dice: Estoy de acuerdo. Es cierto que los padres tienen una influencia en las actitudes de sus hijos. Es malo que algunos padres les enseñen ideas racistas a sus hijos pero también es posible que los hijos formen sus propias ideas.

Tú dices: Estoy de acuerdo contigo. Creo que el racismo aún existe en nuestra sociedad a causa de esto. No nacemos con estas ideas racistas. Son ideas que se aprenden de los mayores. Es importante que eduquemos a los jóvenes a dejar estos prejuicios.

1. En mi país tenemos una diversidad muy grande de razas.
2. Cuando los inmigrantes no tienen documentos, la gente muy fácilmente puede amenazarlos y abusar de ellos.
3. En el cortometraje, es probable que alguien con poder (*power*) les haya informado a las autoridades de inmigración.
4. El deseo de conectar con todo tipo de persona es el estado natural del ser humano.

Palabras útiles

el cierre
the closing, the ending

conmover (ue)
to move (emotionally)

mezclado
mixed

relucir
to surface, to come to light

el sentido
sense

sumamente
extremely

PASO 3. Primero, lee las oraciones para anticipar las ideas que vas a escuchar. Luego, mira las entrevistas y completa las oraciones con la forma correcta del subjuntivo del verbo entre paréntesis. Por último, indica quién expresó cada idea: Ainhoa, Nadja o May. Es posible que la idea se asocie con más de una de las personas entrevistadas.

Ainhoa
© McGraw-Hill Education/ Klic Video Productions

Nadja
© McGraw-Hill Education/ Klic Video Productions

May
© McGraw-Hill Education/ Klic Video Productions

_____ 1. Es bueno que ellos _____ (usar) a niños en el cortometraje porque los niños son la esperanza del futuro.

_____ 2. Es desafortunado que el racismo _____ (ser) algo no muy hablado en Latinoamérica.

_____ 3. No es negativo que los niños _____ (ver) los problemas pero es negativo que los niños _____ (tener) influencias racistas desde los padres.

_____ 4. Puesto que el padre de Antonio tiene un mal concepto de los inmigrantes, tiene miedo de que le _____ (poder) pasar algo malo a su hijo.

_____ 5. Es lamentable que la gente _____ (aprovecharse) de los inmigrantes sin documentación.

_____ 6. La influencia de la madre de Antonio y de su niñera hace que él _____ (pensar) en la posibilidad de poder jugar con un niño que no tiene su mismo color de piel.

PASO 4. En parejas, túrnense para contestar las preguntas.

1. Según Ainhoa, ¿en qué se basa el concepto de la raza en España? _____
   _____

2. Según Ainhoa, ¿por qué es deportada la familia de Pierre? _____
   _____

3. Según Nadja, ¿qué etnias/razas constituyen la mayoría en Costa Rica? _____
   _____

4. ¿Por qué cree Nadja que el final (el cierre) del cortometraje es apropiado?
   _____

5. En cuanto al concepto de raza, ¿qué dice May sobre los venezolanos?
   _____

6. ¿Quiénes enfatizan la idea de que los niños no nacen racistas, de que el racismo es algo aprendido? _____

PASO 5. En parejas, conversen sobre sus propias ideas respecto a las preguntas del **Paso 1**. Vuelve a ver los videos cuantas veces que te sea necesario.

5.2 «¿Qué quieres tú que yo haga?»

Actividades analíticas

Los usos del presente de subjuntivo: Cláusulas nominales

© Freddy Vargas

¡A analizar!

Mira las dos secuencias de escenas cronológicas del cortometraje. Lee las oraciones bajo las imágenes y completa los espacios en blanco con la forma correcta del subjuntivo de los verbos entre paréntesis.

SECUENCIA 1

© Freddy Vargas

© Freddy Vargas

a. Los obreros haitianos trabajan duro. Aquí descansan por un rato y almuerzan.

b. Al supervisor no le gusta que los obreros _____ (descansar) ni que _____ (almorzar).

© Freddy Vargas

© Freddy Vargas

c. El supervisor quiere que los obreros _____ (trabajar) duro y les exige que _____ (terminar) en dos semanas. Pero no hay duda de que el padre de Pierre y los otros obreros trabajan muy duro.

d. El padre de Pierre duda que el supervisor les _____ (tener) compasión a los obreros. De hecho, el supervisor cree que son una partida de vagos (*a bunch of slackers*).

a. Pierre y Antonio se conocen y se hacen amigos. Se tiran la pelota. Nadan en la piscina. Juegan mucho juntos. Se divierten.

b. El padre de Antonio prohíbe que Pierre _____ (nadar) en su piscina y que _____ (venir) a su casa. ¡Pobre Pierre! Es seguro que se siente mal.

c. La empleada doméstica se preocupa de que los padres de Antonio los _____ (ver). Le da lástima que los niños no _____ (poder) jugar juntos.

d. Es probable que los padres de Pierre _____ (estar) muy sorprendidos al ver a Antonio esa noche en su casa.

1. In **Capítulos 1–4** we studied the indicative mood, the mood that is used to describe actions or conditions that are real (meaning they are considered to be objective reality): things that have happened, are happening, or will happen. Like the indicative mood, the Spanish subjunctive mood has multiple tenses.

   But unlike the indicative mood, the subjunctive mood is used to describe actions or conditions that are NOT part of objective reality, for example, actions or conditions that are unrealized (i.e., haven't occurred), unknown, hypothetical, doubtful, false, subjective, or emotional.

   In which mood are all the verbs in the two still frames labeled "a," indicative or subjunctive? _____

2. The subjunctive is only used in DEPENDENT clauses. Dependent clauses are phrases that contain a conjugated verb, but that can't stand alone as independent, complete sentences. Alone, they would be considered grammatically incorrect fragments. In Spanish, dependent clauses are often introduced with the relative pronoun **que** (that, which, who).

   In contrast, an *independent* clause (also called a *main* clause), can stand on its own. It has a subject and a verb and communicates a complete thought.

   Identify which clauses from the **¡A analizar!** sentences are independent and which are dependent.

El padre de Pierre duda	*Pierre's father doubts*	_____
que los obreros trabajen duro	*that the workers work hard*	_____
La empleada doméstica se preocupa	*The domestic worker worries.*	_____
que Pierre nade en su piscina	*that Pierre swim in his pool*	_____
que los padres de Antonio los vean	*that Antonio's parents see them*	_____
Juegan mucho juntos	*They play a lot together*	_____

When you put a dependent clause with an independent clause, together they form grammatically correct, complex sentences:

El padre de Pierre duda... que el supervisor les tenga compasión.

Pierre's father doubts. . . that the supervisor has compassion for them.

What Spanish word comes at the beginning of the dependent clause in this example? _____

3. The type of situation expressed in the *independent* clause triggers, or causes, the use of the subjunctive in the *dependent* clause. You might think of a switch being flipped that triggers the subjunctive in the dependent clause, after the word **que**.

There are three broad categories of situations in the *independent* clause that trigger the subjunctive in the *dependent* clause: a. will and wish, b. doubt and denial, and c. emotions and reactions. Each category has verbs and phrases associated with it.

In the two **¡A analizar!** sequences, which still frames have examples of the following categories of the subjunctive? Which verbs or expressions in their independent clauses show this? The first example of each has been done for you.

- Will, wish, volition, influencing behavior, recommendations, pieces of advice, desires, prohibitions, demands, something that you want to be true, something you want someone else to do

  Secuencia 1: c, querer que Secuencia 2: _____

  Secuencia 1: _____

- Doubt, disbelief, uncertainty, possibility, denial that something is possible or true

  Secuencia 1: d, dudar que Secuencia 2: _____

- Emotions, subjective judgments, and reactions

  Secuencia 1: b, gustarle que Secuencia 2: _____

  Secuencia 2: _____

The following chart lists verbs and impersonal expressions associated with each category.

CATEGORÍA	VERBOS	FRASES
will, wish, volition, hopes, recommendations	aconsejar que, dejar que, decir que,* esperar que, exigir que, insistir (en) que, permitir que, pedir que, prohibir que, querer que, recomendar que, sugerir que	conviene que, es importante que,† es mejor que, es necesario que, Ojalá (que)
disbelief, uncertainty, denial	no creer que, dudar que, no estar seguro/a, negar que	es dudoso que, (no) es imposible que, (no) es posible que, (no) es probable que, (no) es improbable que, no es cierto que, no es verdad que
emotions, judgment, reactions	alegrarse de que, encantarle, extrañarle, gustarle que, molestarle, ponerle triste/enojado/frustrado/etcétera, preocuparse de que, sentirse contento/frustrado/enojado/preocupado/triste sorprenderle de que	es bueno que, es extraño que, es increíble que, es una lástima que, es malo que, es raro que, es sorprendente que, es terrible que, qué lástima que, qué pena que

Notice that under both **a.** still frames in **¡A analizar!,** the sentences describe a reality, therefore there is no reason to use the subjunctive.

Los obreros descansan, trabajan, almuerzan.	*The workers rest, work, eat lunch.*
Pierre y Antonio se conocen y se hacen amigos. Se tiran la pelota. Nadan en la piscina. Juegan mucho juntos. Se divierten.	*Pierre and Antonio meet each other and become friends. They throw the ball to each other. They swim in the pool. They play a lot together. The have fun.*

Do either of the examples from the still frames **a.** in **¡A analizar!** have a dependent clause? _____

In contrast, beneath still frames **b., c.,** and **d.,** there are complex sentences with an independent and a dependent clause. The subjunctive is required in the dependent clause because it is triggered by something in the independent clause. The basic structure you're looking for with the subjunctive is [*independent clause*] + **que** + [*dependent clause*].

---

*Note that **decir que** has two possible meanings. It can simply be a way of reporting something: **El supervisor les dice a los obreros que trabajan duro**. *The supervisor tells the workers that they work hard.* When information is just being shared, use the indicative. Or **decir que** can be a command where one subject is telling another to do something: **El supervisor les dice a los obreros que trabajen duro**. *The supervisor tells the workers to work hard.* In this case, the subjunctive must be used.

†Remember that impersonal expressions that begin with the verb **ser** have a subject that is embedded in the verb itself. In Spanish, there is no equivalent for the English subject pronoun *it*. Therefore, expressions such as **es importante que** imply the subject *it*: *it is important.*

4. To use the subjunctive after expressions of volition / influencing behavior, there must be a change in subject between the main clause and the dependent noun clause.

The idea of imposing your will or trying to influence someone's behavior assumes two subjects: one subject wants another to do something. If just one subject wants something, there is no implied imposition of will.

When there is no change of subject, the infinitive is used instead, and therefore there is no dependent clause.

Impersonal expressions such as **es necesario, es mejor, es importante**, and so on, should be followed by the infinitive when there is no change of subject (i.e., when there is no **que**).

Which of the following sentences has a change of subject?

_____ La madre de Antonio quiere que él **entienda** la situación de los haitianos.

_____ La madre de Antonio quiere **entender** la situación de los haitianos.

_____ Es mejor **quedarse** en la casa.

_____ Es mejor que Antonio **se quede** en la casa.

5. Independent clauses that do not fit into one of the categories above or that declare that something is certain, real or true (thus countering the type of trigger that involves uncertainty or doubt), do not trigger the subjunctive. Instead, the indicative mood is used.

No hay duda de que el padre de Pierre y los otros obreros **trabajan** duro.	*There is no doubt that Pierre's father and the other workers <u>work</u> hard.*

Phrases associated with certainty and lack of doubt include: **creer, es cierto, es evidente, es obvio, es seguro, es verdad, estar seguro/a, no es dudoso, no hay duda de**

However, remember that when the opposite idea is conveyed, often with the use of **no** (**no creer, no es cierto, no es evidente, hay duda de,** etcetera), the subjunctive must be used.

¡OJO! EL EQUIVALENTE EN INGLÉS DE LOS VERBOS EN EL SUBJUNTIVO

Direct translations of Spanish uses of the subjunctive into English are often quite awkward, as there is no single translation pattern to follow. It varies depending on the type of independent clause that comes before the dependent clause. The word **que** may be expressed as *that, who,* or *which,* but may have a different equivalent, as in the following examples from **¡A analizar!**

El padre de Antonio prohíbe que Pierre **nade** en su piscina y que **venga** a su casa.	*Antonio's father prohibits Pierre <u>from swimming</u> in his pool and <u>from coming</u> to his house.*

English speakers might say *from swimming, from coming* rather than *prohibits that he swim, prohibits that he come.*

Likewise, the verb **trabajen** in this sentence from **¡A analizar!** would be expressed as an infinitive, *to work* in English.

El supervisor quiere que los obreros **trabajen** duro.	*The supervisor wants the workers <u>to work</u> hard.*

Although an English speaker would understand a sentence such as *The supervisor wants **that** the workers work hard.*, most English speakers would find it awkward and would instead use the infinitive *to work.*

Note, however, that this difference in the way the verb is expressed in each language tends to make it hard for English speakers to realize that the subjunctive must be used in Spanish.

Since the English verb equivalents will vary, pay attention to the structure of the sentence and the type of situation it describes.

Actividades prácticas

A. ¿Quiere o quiere que...?

PASO 1. Todos los siguientes personajes quieren algo durante el cortometraje. Completa las siguientes oraciones en la columna izquierda con el infinitivo o el presente de subjuntivo, según la oración. Luego, indica el nombre del personaje que quiere esto. Por último, indica si hay un cambio de sujeto, es decir, si el personaje quiere que OTRA PERSONA lo haga.

Antonio

Pierre

el supervisor

la empleada doméstica

el padre de Antonio

el padre y la madre de Pierre

MODELO: Quiere que Antonio <u>aprenda</u> (aprender) a tirar la pelota como José Reyes.

¿Quién lo quiere? <u>la empleada doméstica</u>

¿Quiere que alguien haga algo? <u>Sí</u>

	¿QUIÉN LO QUIERE?	¿HAY UN CAMBIO DE SUJETO? (¿QUIERE QUE *OTRA PERSONA* LO HAGA?) ¿SÍ O NO?
1. Quiere _____ (jugar) al béisbol.	_____	_____
2. Quiere _____ (cuidar) a Antonio y ayudar a la familia.	_____	_____
3. Quiere que el supervisor _____ (saber) que han estado trabajando mucho.	_____	_____
4. Quiere que los obreros _____ (trabajar) más.	_____	_____
5. Quieren _____ (proteger) a su hijo de la discriminación.	_____	_____
6. Quiere que su amigo _____ (venir) a su casa y que _____ (jugar) con él en su piscina.	_____	_____

 PASO 2. Escribe cinco oraciones originales para describir lo que quiere, prefiere, desea o espera uno de los personajes del cortometraje. Tu pareja debe adivinar a quién describes. Escribe por lo menos dos oraciones con un infinitivo y por lo menos dos oraciones que requieren el subjuntivo.

B. La identidad racial en la República Dominicana

PASO 1. Lee sobre la identidad racial en la República Dominicana. Luego, escucha las oraciones. Escribe una oración con una de las frases a continuación para explicar si la oración que oyes es cierta, falsa, posible o imposible. Por último, corrige las oraciones falsas. **¡OJO!** Algunas de las expresiones NO requieren el subjuntivo en la cláusula dependiente.

La identidad racial en la República Dominicana*

Esta cédula de identidad de la República Dominicana incluye el «color de la piel» de la persona. La letra «I» indica «indio».

La isla de la Española fue el primer lugar en las Américas al que los colonizadores europeos trajeron esclavos africanos. Sin embargo, hoy en día hay evidencia de que muchos dominicanos no se identifican como «africano». Aunque muchos son de linajes africanos, los dominicanos han utilizado términos como «indio», «mulato» o «mixto» para negar su ascendencia africana. La palabra «negro» se evita.

Hasta el año 2014, la Cédula de Identidad y Electoral incluía la raza de una persona que vivía en la República Dominicana, además de otros datos básicos, como el nombre, los apellidos, la fecha de nacimiento, la dirección, etcétera.

Antes de 2011, las categorías eran: negro, blanco, mulato, indio y amarillo (asiático). Pero en 2011 se redujeron las categorías a tres: negro, blanco y mulato. Hoy en día, el color de la piel no está incluido en la cédula. A causa de las actitudes hacia las jerarquías raciales, muchos dominicanos prefirieron identificarse como indios, en lugar de negros.

Las cuestiones de la raza y la etnia son asuntos delicados en muchas partes del mundo. Las categorías no se definen claramente y hay diferencias entre cómo alguien se identifica y cómo otros lo/la identifican.

Se ha estimado que en la República Dominicana, aproximadamente el 73% de las personas es de ascendencia mixta (de linaje africano y europeo), el 16% europeo y el 11% africano.

MODELO: *Oyes*: La mayoría de la gente en la República Dominicana es de ascendencia europea.

Escribes: No es cierto que la mayoría de la gente en la República Dominicana **sea** de ascendencia europea.

Corriges la oración incorrecta: El 16% es de ascendencia europea.

---

*Source: Gates, Henry Louis, "Black in Latin America," *PBS*, June 14, 2014. http://www.pbs.org; Schorow, Stephanie, "Black in Latin America Examines Perceptions of Race," *Harvard Gazette*, January 28, 2011. http://news.harvard.edu; "Dominicanos dejarán de ser de color 'indio'; nuevas cédulas aparecerán de 'mulato', 'negro', o 'blanco'," *AlternativasNoticiosas*, November 18, 2011. http://www.alternativasnoticiosas.com; de León, Viviano, "RD será de negros, blancos, y mulatos," *Listín Diario*, November 11, 2011. http://www.listindiario.com; Medrano, Nestór, "La cédula vieja vence hoy; miles acuden a centros JCE," *Listín Diario*, January 10, 2015. http://www.listindiario. com; Torres-Saillant, Silvio, "The Tribulations of Blackness: Stages in Dominican Racial Identity," *Latin American Perspectives*, 25, 3, May, 1998, 126–46.

Frases útiles

No requieren el subjuntivo

es cierto, es evidente, es obvio, es seguro, no dudar que, no hay duda de que

Requieren el subjuntivo

es dudoso, (no) es imposible, (no) es improbable, (no) es posible, (no) es probable, puede ser que

no es cierto, no es evidente, no es seguro, no es verdad

---

1. _____
   _____

2. _____
   _____
   _____
   _____

3. _____

4. _____
   _____

5. _____
   _____

6. _____
   _____

▶ PASO 2. Vuelve a mirar la escena cuando el padre de Antonio saca a Pierre de su piscina. Luego, completa las oraciones usando el subjuntivo o el indicativo según el contexto.

© Freddy Vargas

1. ¿Qué quiere el padre de Antonio que haga Pierre? _____

   _____

2. ¿Por qué reacciona el padre de Antonio así cuando ve a Pierre nadando en su piscina? ¿Por qué no quiere que una familia haitiana viva cerca de él? _____

   _____

3. ¿Qué le importa a Antonio? ¿Le importa a la empleada doméstica que Pierre venga a la casa? _____

   _____

4. ¿Es posible que la madre de Antonio no sepa que Pierre está allí? _____

   _____

5. ¿Qué quiere el padre de Antonio que haga el padre de Pierre? _____

   _____

6. ¿Qué no le gusta a Antonio en esta escena? _____

   _____

¡OJO!

The present subjunctive is used to talk about actions in the present **and the future**. When the subjunctive refers to present events several translations are possible, including the infinitive form in English: *to go, to do, to play,* etcetera. Future events may be expressed as *will + (verb)* in English. Note the following examples.

Antonio quiere que Pierre **sea** su amigo.	*Antonio wants Pierre <u>to be</u> his friend.*
Antonio espera que Pierre **sea** su amigo.	*Antonio hopes that Pierre <u>is / will be</u> his friend.*
Es posible que Pierre lo **invite** a jugar al béisbol.	*It is possible that Pierre <u>invites / will invite</u> him to play baseball.*
La empleada doméstica se preocupa de que los padres de Antonio **sepan** que él ha salido de la casa.	*The domestic worker worries that Antonio's parents <u>know / will know</u> that he has left the house.*

 C. La fusión étnica y cultural en la República Dominicana

La cultura contemporánea de la República Dominicana demuestra una mezcla fascinante de elementos e influencias culturales de muchos grupos distintos, y ha tenido su propia influencia en otras culturas, por todo el mundo.

PASO 1. Mira las fotos y lee las siguientes descripciones. Empareja cada descripción con su foto.

© Gaertner/Alamy

a.

© Pedro Genaro Rodríguez/LatinContent/Getty Images

b.

© 615 collection/Alamy

c.

© ALEAIMAGE/Getty Images RF

d.

© Clara R. Gonzalez/Alamy

e.

© Dixie D. Vereen/For The Washington Post via Getty Images

f.

____ **Palo** – Es un tipo de música de origen africano y también un instrumento musical. Los palos son tambores (*drums*) de diferentes tamaños, y el palero principal canta, mientras los otros paleros tocan sus tambores y cantan el coro. Los ritmos difieren, dependiendo de la ocasión (los palos son muy populares en las festividades religiosas) y la región de la isla.

____ **Moro de guandules** – Este plato conocido en la República Dominicana como «moro de guandules» es popular en muchas partes del Caribe y es de origen mezclado. Los gandules/guandules son legumbres (*legumes; pod vegetables*) pequeños, una comida tradicional en partes de África, aunque se cultivó originalmente en la India. En Puerto Rico, este mismo plato se llama «arroz con gandules». En Cuba, «moro» se refiere a un plato de frijoles y arroz, el más famoso siendo «moros (frijoles negros) y cristianos (arroz blanco)».

____ **Mangú** – Es un plato tradicional, un puré de plátanos verdes. Hierven los plátanos primero, y después los muelen (*grind*) con sal y mantequilla, parecido al puré de papas. Se sirve con un poco de aceite y cebollas fritas. Es otra contribución cultural de los esclavos africanos durante la época colonial; en el África Occidental, se conoce come «fufú», y esta misma palabra todavía se usa en Cuba. En Puerto Rico, el mismo plato se llama «mofongo».

____ **Bachata** – Es un tipo de música romántica (y muchas veces moderna y urbana) que demuestra influencia del bolero (*a slow tempo dance/music*) cubano. Pero, el baile que la acompaña se considera hasta más importante, y por eso la palabra «bachata» se refiere al baile y a la música. Inventado en la República Dominicana en la década de los 60, el baile original destacaba a los bailadores casi abrazados, con música de ritmo lento. La bachata moderna toma elementos de otros bailes latinoamericanos, como el tango y la salsa, y hasta el hip hop. La bachata se ha convertido en un fenómeno global.

____ **Casabe** – Un plato de origen taíno (los habitantes originales de la isla). Es un tipo de pan sin levadura (*unleavened*), hecho de tapioca (*cassava, yucca*). Los conquistadores españoles lo adoptaron inmediatamente, porque era fácil de preparar, muy nutritivo, y no se estropeaba (*spoil*) como el pan europeo. Sigue siendo popular en la República Dominicana, y se come en cualquier parte del día: con el café para el desayuno, y con los guisos y otros platos para la cena.

____ **Merengue** – Es un tipo de música para bailar, inventado en la República Dominicana. Constituye un género famoso, y se considera el baile nacional. Como la bachata, tiene su propia música, con varias manifestaciones. El merengue «típico», también conocido como el merengue cibaeño (una referencia al nombre taíno de la isla, «Cibao»), demuestra influencia africana en el uso de güiras (*un instrumento de metal y de percusión*) y tambores. El uso del acordeón en otras formas del merengue se considera influencia europea.

PASO 2. Decide si son ciertas o falsas las siguientes oraciones, según la información del **Paso 1**. Luego, escríbelas de nuevo como oraciones complejas, empezando con «Es cierto que... » o «No es cierto que... ». Decide si es necesario cambiar el segundo verbo al subjuntivo. Por último, corrige las oraciones falsas.

MODELO: El palero principal de la música de palos toca los tambores. <u>No es cierto que el palero principal toque los tambores. El palero principal canta.</u>

1. La música de palos tiene origen indígena. _____

2. El plato «moro de guandules» se llama «arroz con gandules» en partes de África. _____

3. El plato mangú es parecido al puré de papas. _____

4. La bachata viene de Colombia. _____

5. Casabe tiene origen indígena. _____

6. El merengue típico también se conoce como el merengue taíno. _____

D. ¿Cómo reaccionan? La perspectiva sí importa.

PASO 1. Escribe dos oraciones debajo de cada imagen para describir cómo se siente el personaje en este momento. Para la primera oración, utiliza las frases debajo de cada imagen para expresar la emoción que la persona siente y la situación o el suceso que provoca esa reacción. Para la segunda oración, escribe cómo tú te sientes ante esta situación.

MODELO:

La empleada doméstica <u>está contenta de que Antonio **se divierta**</u>.

<u>Es bueno que Antonio **tenga** una empleada doméstica, pero es injusto que la familia de Pierre no **tenga** el mismo nivel de vida.</u>

La empleada doméstica / estar contenta / que Antonio divertirse.

1. El padre de Pierre / estar frustrado / de que el supervisor maltratarlos _____

_____

2. Antonio / estar agradecido / de que Pierre ayudarlo con la bicicleta. _____

_____

© Freddy Vargas

© Freddy Vargas

3. La empleada doméstica / temer / que los padres de Antonio enojarse / con ella. _____

_____

_____

4. Todos / estar horrorizado / de que los oficiales / deportar / a la familia de Pierre. _____

_____

_____

Emociones, reacciones

- alegrarse de que
- darle lástima que
- gustarle que
- sentirse contento/ enojado/ frustrado/ horrorizado/ preocupado/ triste de que
- sorprenderle que
- temer que

Situaciónes, sucesos

- los estudiantes (saber) la respuesta
- su amigo (tirarle) la pelota
- su amigo (invitarlo) a nadar
- Antonio (venir) a su casa por la noche
- un niño haitiano (ser) el amigo de su hijo
- los haitianos (morir) de hambre
- el supervisor (despedirlos)
- el supervisor (tratarlos) mal

PASO 2. Elige una de las tablas (A o B). (La **Tabla B** está al final de este capítulo.) Mira a los personajes en tu tabla y lee la situación que causa su reacción. De la lista de **Emociones,** elige una expresión para describir la emoción/reacción del personaje. Luego, en la lista de **Situaciones,** usa el subjuntivo para conjugar el verbo que describe la causa de la emoción. Por último, trabaja con tu pareja y hazle preguntas de tipo **sí** o **no** para llenar la información que falta de tu tabla. No todas las situaciones se usan. **¡OJO!** No mires la tabla de tu pareja. Uds. deben compartir información solo conversando.

MODELO: [*Primero, llenas todos los espacios en blanco en la tabla que puedas.*]

© Freddy Vargas

¿Quién es? la maestra

¿Cómo se siente? alegrarse de que

Situación o suceso que causa la reacción: los estudiantes (saber) la respuesta

Oración: La maestra se alegra de que los estudiantes sepan la respuesta.

[*Luego, tu pareja te hace preguntas para determinar qué fotograma tienes.*]

TU PAREJA: ¿Se siente enojado el personaje?

TÚ: No.

TU PAREJA: ¿Se siente mal el personaje?

TÚ: No.

TU PAREJA: ¿Se alegra de algo?

TÚ: Sí.

TU PAREJA: ¿Es este personaje un adulto?

TÚ: Sí.

TU PAREJA: ¿Es la maestra?

TÚ: Sí.

TU PAREJA: ¿Se alegra de que los estudiantes sepan las respuestas?

TÚ: ¡Sí!

TABLA A

1. ¿Quién es? _____

   ¿Cómo se siente? _____
   _____

   Situación o suceso que causa la
   reacción: ... los haitianos _____
   (morir) de hambre

   Oración: _____
   _____
   _____
   _____

   © Freddy Vargas

2. ¿Quiénes son? _____

   ¿Cómo se sienten? _____
   _____

   Situación o suceso que causa la
   reacción: _____

   Oración: _____
   _____
   _____
   _____

3. ¿Quién es? _____

   ¿Cómo se siente? _____
   _____

   Situación o suceso que causa la
   reacción: ... su amigo le ____ (tirar)
   la pelota

   Oración: _____
   _____
   _____

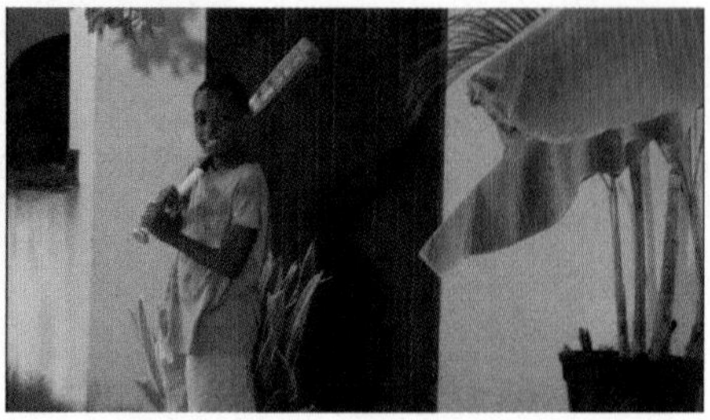

   © Freddy Vargas

4. ¿Quién es? _____

   ¿Cómo se siente? _____
   _____

   Situación o suceso que causa la
   reacción: _____
   _____
   _____

   Oración: _____
   _____
   _____
   _____
   _____

5. ¿Quién es (la persona a la derecha)? _____

   ¿Cómo se siente? _____

   _____

   Situación o suceso que causa la reacción: ... un niño haitiano ____ (ser) amigo de su hijo

   Oración: _____

   _____

   _____

   _____

© Freddy Vargas

6. ¿Quién es? _____

   ¿Cómo se siente? _____

   _____

   Situación o suceso que causa la reacción: _____

   _____

   Oración: _____

   _____

   _____

   _____

E. Subjuntivo, indicativo o infinitivo?

Lee los diálogos del cortometraje. Luego, termina las frases que siguen y escribe oraciones originales para comentar o describir lo que se dice en la cita.

© Freddy Vargas

MODELO: En la clase

LA MAESTRA: Los haitianos invadieron y permanecieron aquí por veintidós años. Y fue hasta el mil ochocientos cuarenta y cuatro que logramos expulsarlos, ¿gracias a quién? ¿Antonio?

ANTONIO: A Juan Pablo Duarte.

En el salón de clase, es necesario... levantar la mano.

Es significante que la maestra... use la palabra «invadir».

La maestra cree que... Juan Pablo Duarte es una figura histórica importante.

En el carro

© Freddy Vargas

LA MADRE: Cuéntame, mi amor, ¿qué aprendiste hoy?

ANTONIO: Sobre la independencia, y sobre los haitianos que nos están invadiendo.

LA MADRE: No, pero no es así. Mira mi amor, esa gente... vienen aquí. Aquí se están muriendo de hambre. ¿No entiendes?

1. La madre no cree que... _____

2. Antonio le cuenta a su madre que... _____

3. Para la madre, es importante que Antonio... _____

En la casa

EL PADRE: Bueno, mi amor, perdóname, pero me tengo que ir. El presidente está aprobando eso para mandarlo al Congreso inmediatamente.

LA MADRE: Bueno, pero, ¿te sirvo un cafecito, por lo menos?

EL PADRE: No, no, no, no, no. ¿No te acabo de decir que me tengo que ir? Oye, no me dejes salir al niño. Que andan muchos secuestros por aquí últimamente.

4. Es obvio que el padre de Antonio... _____
_____

5. El padre de Antonio exige que... _____

6. A la madre de Antonio le importa que... _____
_____

En el sitio de construcción

EL PADRE DE PIERRE: Estoy aquí sin papel. ¿Qué quieres tú que yo haga? ¿Quieres que ponga a mi familia en peligro?

EL OTRO OBRERO: Recuerda, la unión hace la fuerza. No te confíes (*Do not be overly confident*), tú sabes, no te confíes.

7. El padre de Pierre teme que su familia... _____
_____

8. El padre de Pierre necesita que el otro obrero... _____
_____

9. Según el otro obrero es importante... _____
_____

5.3 «Me gusta que ese chico haya invitado a Pierre a jugar.»

Actividades analíticas

El presente perfecto de subjuntivo

¡A analizar!

Mira los sucesos que se retratan en cada fotograma. ¿Cómo reaccionan los personajes a estas situaciones? Las oraciones que siguen describen reacciones de algunos personajes a los sucesos en los fotogramas.

Mira las palabras **en negrilla** en las **Reacciones.** El primer verbo es el infinitivo **haber** conjugado en el subjuntivo. Escribe el infinitivo del otro verbo e indica la letra del fotograma de la situación que causa la reacción.

Personajes/Acciones

a. Antonio respondió con la respuesta.

b. El supervisor amenazó a los obreros con la deportación.

c. Antonio invitó a Pierre a jugar.

d. Antonio y Pierre jugaron juntos.

e. El padre de Antonio no le permitió a Pierre en su casa.

f. La policía capturó y deportó a los haitianos.

Reacciones

____ 1. Al padre de Antonio no le gusta que Antonio y Pierre **hayan jugado** juntos. _____

____ 2. El padre de Pierre piensa, «No es justo que el padre de Antonio no le **haya permitido** a Pierre en su casa.» _____

____ 3. A los haitianos no les gusta que el supervisor **haya amenazado** a los obreros con la deportación porque duda que **hayan terminado** el trabajo. _____

____ 4. Todos están horrorizados de que la policía **haya capturado** y **deportado** a los trabajadores haitianos. _____

____ 5. A la madre de Pierre le preocupa que Antonio **haya invitado** a Pierre a jugar. _____

____ 6. La maestra está contenta de que Pierre **haya respondido** con la respuesta correcta. _____

1. In terms of situation, the present perfect subjunctive has the same main triggers outlined in **Gramática 5.2**: a situation of will or wish, doubt or denial, emotion or reaction must be present in the independent clause to trigger the subjunctive in the dependent clause.

   Like the present perfect indicative, the present perfect subjunctive means *has/have* (*done something*): *I have said; they have gone; we have been;* and so on. After a subjunctive trigger, use present perfect subjunctive when you want to express *has/have* (*done something*).

   The verbs in bold above are all in the present perfect subjunctive.

2. Like the present perfect indicative,* the present perfect subjunctive is formed by 1) conjugating the "helping" verb **haber** and 2) adding it to the past participle of a second verb.

   Use the **¡A analizar!** sentences to help you complete the chart.

El presente perfecto de subjuntivo: *haber*	
yo	haya
tú	hayas
Ud., él/ella	_____
nosotros/nosotras	hayamos
vosotros/vosotras	hayáis
Uds., ellos/ellas	_____

Review the **¡A analizar!** sentences to infer the rules for the formation of the past participle forms.

- Verbs that end in **-ar**, remove the ending and add _____

    jug**ado**, amenaz**ado**, termin**ado**, captur**ado**, invit**ado**

- Verbs that end in **-er**, or **-ir**, remove the ending and add ____

    permit**ido**, respond**ido**

Remember that there are a number of verbs that have irregular past participle forms, for example: **abrir (abierto), descubrir (descubierto), escribir (escrito), freír (frito), hacer (hecho), morir (muerto), poner (puesto), decir (dicho), romper (roto), ver (visto)**. Also remember that when the past participle forms (**-ado** and **-ido**) follow the verb **haber** to form the present perfect, they do not change to agree with the gender or number of the subject.

Use the pattern and the **¡A analizar!** sentences to help you complete the chart.

El presente perfecto de subjuntivo: Los verbos regulares	
amenazar (yo)	_____
jugar (tú)	hayas jugado
terminar (ella)	haya terminado
saber (nosotros/nosotras)	_____
permitir (vosotros/vosotras)	hayáis permitido
invitar (ellos)	_____

---

*To review the forms of **haber** in the present indicative, see Appendix.

3. Whereas the present subjunctive is used to talk about present or future actions, the present perfect subjunctive is used to react to or talk about actions that have already occurred.

The events described under the **¡A analizar!** film stills are in the preterite. However, if someone reacts to these now past events with a trigger phrase, the subjunctive "switch is flipped" and the verb **haber** must be in the subjunctive.

Alfonso respondió con la respuesta correcta.	*Alfonso responded with the correct answer.*
La maestra está contenta de que Antonio **haya respondido** con la respuesta correcta.	*The teacher is happy that Antonio (has) responded with the correct answer.*
El supervisor amenazó a los obreros con la deportación.	*The supervisor threatened the workers with deportation.*
A los haitianos no les gusta que el supervisor **haya amenazado** a los obreros con la deportación.	*The Haitians do not like it that the supervisor (has) threatened the workers with deportation.*

The present perfect subjunctive works just like the present subjunctive: it occurs in dependent noun clauses after a trigger phrase, most commonly after phrases of doubt and uncertainty or emotion and judgment. It is frequently used after reactions about events that have already occurred. Note that, like the present perfect indicative, present perfect subjunctive is often translated as the simple past tense.

Identify the trigger phrase and its category in each of these examples:

A los haitianos no les gusta que el supervisor **haya amenazado** a los obreros con la deportación porque duda que **hayan terminado** el trabajo. _____	*The Haitians do not like it that the supervisor (has) threatened the workers with deportation because he doubts that they have finished the job.*

_____

   The Haitians do not like an action that occurred earlier: the supervisor's threat of deportation. The supervisor has doubts now about something that was done earlier.

A la madre de Pierre le preocupa que Antonio **haya invitado** a Pierre a jugar. _____	*Pierre's mother is worried that Antonio (has) invited Pierre to play.*

The feeling that Pierre's mother has now, **le preocupa que,** is caused by an action that occurred before: Antonio inviting Pierre to play.

Actividades prácticas

A. ¡Es trágico que esto haya pasado!

PASO 1. La última escena es trágica. El primer fotograma muestra la deportación de Pierre y su familia. El segundo muestra las reacciones horrorizadas de tres de los personajes. Empareja sus reacciones posibles con una frase lógica de la columna derecha. Luego, llena los espacios en blanco con el presente perfecto de subjuntivo de los verbos entre paréntesis. Por último, lee en voz alta la oración completa.

REACCIÓN

____ 1. Antonio piensa: «No me gusta la policía. Estoy tan triste que esos policías...

____ 2. La empleada doméstica piensa: «Me da mucha lástima que Antonio...

____ 3. La madre de Antonio piensa: «No creo que mi esposo...

____ 4. Antonio piensa: «Me siento mal de que Pierre...

____ 5. La empleada doméstica y la madre de Antonio piensan; «Qué pena que Antonio...

SUCESO ANTERIOR

a. les _____ (informar) a los oficiales.»

b. _____ (secuestrar) a mi amigo, Pierre.»

c. _____ (perder) a su amigo.»

d. _____ (ver) todo esto.»

e. no _____ (poder) llevarse la pelota de béisbol.»

PASO 2. Escucha las siguientes reacciones que un(a) espectador(a) puede tener al ver ciertos sucesos en el cortometraje. Escribe los verbos que oyes en el presente perfecto de subjuntivo. Luego, en la segunda columna escribe su(s) infinitivo(s). Por último, elige la escena que se describe. **¡OJO!** Es posible que haya más de un ejemplo del subjuntivo en la descripción de una escena.

a.   b.   c.

© Freddy Vargas

d.

© Freddy Vargas

e.

© Freddy Vargas

f.

MODELO: *Oyes*: Le preocupa al padre de Pierre que Antonio haya venido a su casa por la noche.

Escribes: <u>haya venido; venir; e</u>

PRESENTE PERFECTO DE SUBJUNTIVO		INFINITIVO(S)	FOTOGRAMA
1. _____ _____		_____	____
2. _____		_____	____
3. _____		_____	____
4. _____ _____		_____	____
5. _____		_____	____
6. _____		_____	____

B. No creo que haya pasado eso

PASO 1. En parejas, túrnense para leer las siguientes oraciones. Tu pareja debe reaccionar a ellas. ¿Es cierto, falso, sorprendente, increíble, posible, malo, injusto, evidente, etcétera? ¿Lo dudas? ¿Lo crees? **¡OJO!** Recuerda que la reacción que elijas determina si necesitas usar el subjuntivo o no.

MODELOS: Pierre ha comprado una pelota de béisbol.

No es cierto que Pierre **haya comprado** una pelota de béisbol.

La familia de Pierre ha emigrado de Haiti para trabajar en la República Dominicana.

© Freddy Vargas

Es verdad que la familia de Pierre **ha emigrado** de Haití para trabajar en la República Dominicana.

No me sorprende / No es sorprendente que la familia de Pierre **haya emigrado** de Haití para trabajar en la República Dominicana.

1. Antonio y Pierre han asistido a la misma escuela. _____
_____

2. La madre de Antonio ha tratado de cambiar las ideas racistas de su esposo. _____
_____
_____

3. Antonio y Pierre se han divertido mucho jugando juntos. _____
_____

4. Los obreros han renunciado a su trabajo. _____

5. La empleada doméstica ha facilitado la amistad entre Antonio y Pierre.
_____

6. El padre de Antonio ha llamado a los oficiales del gobierno para denunciar a los haitianos. _____
_____

PASO 2. Ahora escribe seis oraciones de lo que has o no has hecho hoy hasta ahora. Las oraciones pueden ser ciertas o falsas. Tu pareja debe reaccionar a las oraciones.

MODELO: *Tú dices*: Hoy he hecho mi cama.

Tu pareja dice: No creo que hayas hecho tu cama hoy.

Tú respondes: Es cierto que no he hecho mi cama hoy. Nunca hago mi cama.

C. La masacre del perejil

PASO 1. Lee sobre un suceso histórico que expone las tensiones entre las dos naciones de la isla La Española. Luego, después de cada párrafo reacciona a uno de los incidentes históricos descritos, cambiando los verbos al presente perfecto de subjuntivo.

MODELO: Un suceso histórico: Muchos haitianos mueren en la masacre.

Reacción: <u>Es terrible que muchos haitianos hayan muerto.</u>

La masacre del perejil*

Este trágico suceso del año 1937 expone las actitudes arraigadas[a] del antihaitianismo. La masacre es conocida como «el Corte» y también como «La masacre del perejil».[b] Motivado por su antihaitianismo y la percepción de que los haitianos les quitaban trabajos en el sector agrícola a los dominicanos, el presidente de la República Dominicana, Rafael Trujillo, ordenó la exterminación de miles de haitianos que trabajaban en las plantaciones de azúcar en la frontera. Las estimaciones sobre el número de muertos varían mucho, entre menos de mil hasta 20.000.

© Hulton Archive/Getty Images

Reacción: _____

El nombre «perejil» se basa en alegaciones no comprobadas que los soldados dominicanos les obligaban a las víctimas posibles a pronunciar la palabra «perejil», una palabra española que para los hablantes del criollo haitiano es difícil de pronunciar. Supuestamente, esto se hizo para

Rafael Trujillo, presidente y generalísimo del ejército de la República Dominicana entre 1930 y 1938 y otra vez entre 1942 y 1952. Durante su liderazgo, las iglesias tuvieron que publicitar el siguiente lema, «Dios en el cielo, Trujillo en la tierra».

---

*Source: Memmott, Mark, "Remembering to Never Forget: Dominican Republic's 'Parsley Massacre'," *National Public Radio*, October 1, 2012. http://www.npr.org; "La masacre que marcó las relaciones de Haití y la República Dominicana," *BBC Mundo*, October 13, 2012. http://www.bbc.com; Nin Feliz, Roberta, "Anti-Haitianism in the Dominican Republic," *MCSM Ram Page: Online Newspaper for Manhattan Center for Science and Mathematics*, December 2014. http://mcsmrampage.com; Turits, Richard, "World Destroyed, A Nation Imposed: The 1937 Haitian Massacre in the Dominican Republic," *Hispanic American Historical Review*, 82, 3, 549, August 2002, 589–635; Paulino, Edward, "Dando Testimonio y una voz al genocidio callado y sus legados olvidados: 76 años despés de la masacre de Perejil," *Border of Lights*, September 2013, http://www.borderoflights.org; Phillip, Abby, "The Bloody Origins of Dominican Republic's Ethnic 'Cleansing' of Haitians, *Washington Post,* June 17, 2015. https://www.washingtonpost.com

saber quiénes eran haitianos y quiénes eran dominicanos. Se reporta que algunos dominicanos trataron de ayudar a los haitianos a huir de la violencia. Pero no se saben a ciencia cierta muchos de los detalles históricos como las identidades de las víctimas.

Reacción: _____

Se arrojaron a los cadáveres al Río Masacre, que se nombró por un conflicto histórico anterior entre los franceses y los españoles, no por la masacre más reciente.

Reacción: _____

En 1938, mientras el mundo estaba en vísperas de[c] la Segunda Guerra Mundial, el Presidente Franklin Roosevelt de los Estados Unidos les suplicó a las otras naciones del mundo que ayudaran a rescatar a los refugiados judíos europeos. Rafael Trujillo, en un vano y cínico intento de redimir su imagen mundial deslucida, era el único líder mundial que les ofreció visas a algunos de los refugiados judíos.

Reacción: _____

La matanza marcó un punto de inflexión en las relaciones entre los dominicanos y los haitianos. Después de la muerte de Trujillo en los años 60, los dos países firmaron acuerdos para permitir la importación de trabajadores migrantes haitianos a la República Dominicana. Además, hubo conmemoraciones de las víctimas de la matanza de 1937, setenta y cinco años después, en el año 2012. Una organización que se llama, «La frontera de luz» honra a las víctimas en ceremonias en la frontera entre los dos países y pide paz y solidaridad.

La frontera de luz conmemora el 76 aniversario de la mataza de los haitianos.

© Tony Savino/Corbis via Getty Images

Reacción: _____

---
[a]entrenched   [b]The Parsley Massacre   [c]en... on the eve of

PASO 2. Elige un suceso histórico y escribe cinco oraciones que reaccionen a lo que ha sucedido.

Comprueba tu progreso

Let's put into practice what you have learned about the use of the present and present perfect subjunctive. In this conversation, a journalist from Radio Latina interviews the head of the Migrant Worker Protection League, Mrs. Martínez, about the upcoming protest march in Washington, D.C. Complete their conversation with the present indicative, present subjunctive, or present perfect subjunctive of the verb in parentheses. Check your answers when you're finished!

PERIODISTA: Hola, señora Martínez. Gracias por hablar con nosotros esta mañana. Estoy seguro de que Ud. _____[1] (estar) muy ocupada con los preparativos para la manifestación[a] pero es muy importante que el público _____[2] (saber) por qué ha organizado Ud. esta protesta aquí en la capital.

Gramática   343

MARTÍNEZ: Gracias, José. Me alegro de que tú me _____ ³ (invitar) a hablar con tu audiencia. Es muy importante que todos los ciudadanos de este país _____ ⁴ (informarse) sobre la situación de los trabajadores migrantes.

PERIODISTA: Efectivamente. Pues, cuéntenos por qué ha decidido Ud. dedicar su vida a la protección de los derechos de los trabajadores migrantes.

MARTÍNEZ: Para mí, es un asunto muy personal. Mi padre vino a este país como obrero migratorio en los años ochenta y trabajó muy duro para poder darnos mejores oportunidades en la vida. Había mucha discriminación contra los obreros en esa época y le fue sumamente difícil. Es terrible que esta situación no _____ ⁵ (cambiar) en los últimos treinta años.

PERIODISTA: ¿Quiere decir que todavía existe mucha discriminación contra los obreros?

MARTÍNEZ: Realmente no ha cambiado nada. Me frustra que los políticos no _____ ⁶ (hacer) nada para protegerlos y me molesta que los trabajadores migrantes _____ ⁷ (seguir) siendo discriminados. Creo que ellos _____ ⁸ (merecer) tener las mismas protecciones bajo la ley que cualquier otro grupo de trabajadores. Es posible que mucha gente no _____ ⁹ (reconocer) sus contribuciones a la economía de este país, y por eso es muy importante que nosotros _____ ¹⁰ (organizarse) para cambiar la mentalidad de la gente e influir en los políticos.

PERIODISTA: Y, ¿qué quieres conseguir con esta manifestación?

MARTÍNEZ: Espero que los políticos _____ ¹¹ (darse) cuenta de que el sistema no funciona. No hay duda de que los trabajadores migrantes _____ ¹² (trabajar) muy duro y que _____ ¹³ (ser) esenciales para la economía de este país, pero pasan desapercibidos.ᵇ Ojalá yo _____ ¹⁴ (poder) hacer algo para ayudar a la gente que no tiene voz.

PERIODISTA: Muchas gracias por su tiempo esta mañana, señora Martínez. Ha sido un placer hablar con Ud.

MARTÍNEZ: Gracias, José. ¡Ojalá tú también _____ ¹⁵ (ir) a la manifestación esta tarde!

ᵃdemonstration, protest   ᵇunnoticed

Respuestas

1. está; 2. sepa; 3. hayas invitado / invites; 4. se informen; 5. haya cambiado; 6. hayan hecho / hagan; 7. sigan; 8. merecen; 9. reconozca; 10. nos organicemos; 11. se den; 12. trabajan; 13. son; 14. pueda; 15. vayas

IV. AMBIENTES SOCIALES

A. La vida fronteriza*

PASO 1. Las fronteras suelen ser regiones dinámicas afectadas por una variedad de fuerzas económicas, sociales y políticas. Primero, lee las preguntas al final de cada una de las tres secciones. Luego, lee sobre tres aspectos de la vida fronteriza —los conflictos, la confluencia y las culturas nuevas— ejemplificados por tres fronteras distintas. Por último, contesta las preguntas.

Las fronteras entre el Perú, Bolivia y Chile: Un sitio de conflicto

Un mapa del año 1878 que muestra el acceso que Bolivia tenía al mar

Un cuadro que retrata la batalla de Iquique en 1879, en la bahía, entonces peruana, de Iquique

La guerra del Pacífico / de Salitre entre Chile, Bolivia y el Perú duró cuatro años entre 1879 y 1883 y cambió las fronteras de estos tres países. Antes de la guerra, las fronteras de Bolivia incluían parte de la costa Pacífica. En 1878, Bolivia impuso un impuesto en una compañía minería chilena que extraía recursos del territorio boliviano. Esta área, llamada el corredor de Atacama, tenía muchos depósitos de nitratos, componentes del salitre. El salitre se utiliza para producir fertilizantes y explosivos. Además, el corredor de Atacama está junto al océano Pacífico, haciéndolo de mucha importancia económica. Chile sostuvo que los impuestos violaban un tratado[a] entre los dos países. Como resultado de la disputa, estalló[b] una guerra. Chile invadió Antofagasta, la ciudad portuaria de Bolivia, en 1879. En respuesta, Bolivia trató de invocar un tratado secreto de alianza que tenía con el Perú, pero Chile insistió en que el Perú fuera neutral.

Chile ganó la guerra, por lo que se cambiaron las fronteras y Bolivia perdió 380 kilómetros de acceso al mar y mucho territorio rico en cobre. Un tratado de 1904 afirmó estas fronteras nuevas y se le concedió permiso a[c] Bolivia de pasar por territorios chilenos y utilizar puertos chilenos para fines comerciales. Sin embargo, las fronteras determinadas a causa de este conflicto no se dan por hecho,[d] según Bolivia. En 2015, Bolivia pidió que la Corte Internacional de Justicia de las Naciones Unidas juzgara este caso. La disputa está lejos de ser resuelta e ilustra la importancia económica de una salida al mar.

---

[a]*treaty*   [b]*broke out*   [c]*se... permission was granted to*   [d]*no... are not a settled matter*

*Source: "Melilla registra un incremento de población," Datosmacro.com, Consulted October 11, 2016. http://www.datosmacro.com; Morales Lezcano, Víctor, "Ceuta y Melilla: Historia de dos ciudades y un litigio," *Público*, November 5, 2007. http://www.publico.es; Cembrero, Ignacio, "Dos lenguas autonómicas más," *El País*, July 4, 2010. http://elpais.com; Briones, Rafael, "Encuentros: Diversidad en Ceuta y en Melilla," Icaria editorial. Barcelona, 2013, 205; Ramos, Toñy, "El CETI de Melilla se desborda tras el salto de la valla de otros 200 inmigrantes," *El País*, February 28, 2014, http://politica. elpais.com

1. ¿Qué país ganó territorio en la guerra del Pacífico? _____

2. ¿Qué perdió Bolivia en la guerra del Pacífico? ¿Qué relevancia económica tuvo esta pérdida para Bolivia? _____
_____

3. ¿Por qué era importante la tierra sobre la cual pelearon los tres países en la guerra del Pacífico? _____

La frontera entre España y la África: Un sitio de confluencia y diversidad

Ceuta, en el lado africano del estrecho de Gibraltar, y Melilla al este, son dos ciudades autónomas españolas.

Familias musulmanas y cristianas en la calle Camoens en Ceuta, España

© Jordi Cami/Alamy

España tiene diecinueve comunidades y dos de ellas son Ceuta y Melilla, dos ciudades separadas de la península ibérica por el mar Mediterráneo. Estas ciudades son enclaves españoles que están en el norte de la África. Ceuta es una posesión española desde 1580 y Melilla desde 1497, pero tienen una larga historia de aportaciones[e] de múltiples civilizaciones.

Ceuta y Melilla cuentan con[f] poblaciones diversas de aproximadamente 85.000 habitantes en cada ciudad. En las comunidades conviven musulmanes, cristianos, judíos e hindúes. La mitad de ambas comunidades es musulmana de ascendencia marroquí. Muchos migrantes y refugiados de la África y del Medio Oriente tratan de llegar a uno de estos enclaves, porque esperan llegar al continente europeo. Ambas ciudades están protegidas por cercos altos y militarizados, pero no obstante en 2014, unas 4.000 personas intentaron saltar el cerco que separa Melilla de Marruecos y casi 600 pudieron llegar al otro lado. En 2016, en un salto simultáneo, más de cien inmigrantes lograron saltarlo.

La historia de estas dos ciudades autónomas es una del pluralismo religioso y cultural. En Melilla, la Ruta de los Templos, popular entre los turistas, es un paseo por los templos de las varias religiones. La gastronomía refleja este conjunto de diferentes influencias, también. Se pueden encontrar platos y alimentos de varios orígenes y tradiciones. Además del castellano, se hablan árabe y tamazig, la lengua de los bereberes del norte de la África. Incluso existe el españoltamazig, una forma de hablar que mezcla palabras de español y tamazig.

[e]*contributions*   [f]cuentan... *have, possess*

4. ¿Dónde se encuentran las ciudades de Ceuta y Melilla? _____
_____

5. ¿Cómo se manifiesta la diversidad de Ceuta y Melilla? _____
_____

La frontera entre México y los Estados Unidos:
Un sitio de una cultura nueva

© Brill/ullstein bild via Getty Images

© UIG Platinum/UIG via Getty Images

© Arlene Richie/Media Sources/The LIFE Images
Collection/Getty Images

Artista Selena, la «reina del tejano», el grupo musical Calexico y un plato *Tex-Mex*, chili con carne

La zona fronteriza entre México y el sur de los Estados Unidos, una región que era tierra mexicana hasta 1845, es un vibrante mosaico de constantes interacciones culturales. La fusión de costumbres, comida, arte y música ha ocasionado contrastes no discordantes, sino complementarios. El resultado no es una cultura de México ni de los Estados Unidos sino una nueva, su propia entidad que fusiona los mejores elementos de múltiples culturas.

La comida *Tex-Mex* es un ejemplo famoso; la mayoría de las comidas tradicionales de las varias regiones mexicanas, como el pozole[g] de Sinaloa y las carnitas[h] de Michoacán, se evidencia de alguna forma. Pero también se ven los ingredientes típicos estadounidenses, como los platos en que se destaca sobre todo la carne y los quesos fundidos[i] del *Midwest* americano. Los platos *Tex-Mex* son icónicos: Chile con carne, fajitas y nachos son tan populares en los Estados Unidos que la mayoría se olvida de sus orígenes fronterizos (y recientes).

La música norteña, con sus ritmos de polka, se combina con música *country and western*, llegando a ser la música tejana; mientras tanto, los sones jarochos[j] de Veracruz se mezclan con las cadencias de la música de *rock and roll*, y así se encuentra la gran variedad de grupos musicales con raíces en los dos lados de la frontera, por ejemplo Los Lobos, Texas Tornados y Santana. Estos grupos han influenciado generaciones de personas, y grupos más recientes como Calexico y Los Lonely Boys siguen esa tradición.

---

[g] *a soup or stew made with hominy, meat and vegetables*   [h] *a dish made with braised or simmered pork*   [i] *melted*   [j] *los... traditional musical style of Veracruz, representing a blend of indigenous, African and Peninsular elements*

7. ¿Cómo refleja la comida *Tex-Mex* la fusión de culturas mexicana y estadounidense? _____

_____

8. ¿Cuáles son algunos de los elementos variados de la música norteña?

_____

_____

PASO 2. Las zonas fronterizas entre países no son los únicos ejemplos de mezclas culturales. Los boricuas de Nueva York, los cubanos de Miami y los franceses/canadienses de Nueva Orleans han tenido tremendo impacto en las culturas modernas de sus ciudades. ¿Conoces otros ejemplos de fusión cultural en tu país, estado o ciudad? En parejas, túrnense para identificar y explicar los orígenes y resultados del encuentro de culturas en uno o dos lugares.

Antes de leer

B. Los chicanos de los Estados Unidos

PASO 1. Lee la lectura y contesta las preguntas.

Los chicanos de los Estados Unidos

El término **chicano** típicamente se refiere a los estadounidenses de ascendencia mexicana que viven en los Estados Unidos. No se sabe a ciencia cierta el origen de la palabra **chicano**, pero predominan dos teorías.

© Joseph S Giacalone/Alamy

Los pueblos indígenas precolombinos se llamaban Meshicas, un nombre que después se cambió a Meshicanos y también Shicanos, el que podría haber sido la raíz de la palabra **chicano**.

Otra teoría viene de la tendencia de los mexicanos y los mexicanoamericanos de quitar el primer consonante y sustituir las consonantes **ch** por el sonido **s/c** para crear términos cariñosos como Chelo (del nombre Anselmo), Chelo (del nombre Consuelo) y Chema (del nombre José María); así que la palabra «mexicano» se convirtió en «chicano».

El uso de la palabra para referirse a estadounidenses de ascendencia mexicana se remonta a principios del siglo XX. Inicialmente, se empleó de forma peyorativa; se asociaba con el desprecio experimentado por la gente de linaje mexicano en los Estados Unidos. Más tarde, durante los movimientos por los derechos civiles, los mexicanoamericanos adoptaron el término como signo de orgullo étnico y de solidaridad con otros de la misma identidad étnica.

Comprensión

1. ¿Quiénes son los chicanos? _____

2. ¿Cuáles son las dos teorías del origen de la palabra **chicano**? _____
   _____
   _____
   _____

3. ¿Qué connotación tuvo el término **chicano** inicialmente, a principios del siglo XX? _____

4. ¿Cómo se cambió la connotación del término más tarde durante el siglo XX? _____

PASO 2. En parejas, conversen sobre la siguiente idea: Adoptar y aceptar una etiqueta o nombre que alguien te dio, aun si la palabra se creó con intenciones despectivas, puede ser una acción de empoderamiento (*empowerment*) y resistencia.

C. La raza, la historia de la identidad mexicanoamericana

PASO 1. Primero, lee las oraciones. Luego, lee sobre la historia de la identidad mexicanoamericana. Por último, decide si las oraciones son ciertas o falsas y corrige las falsas.

La raza, la historia de la identidad mexicanoamericana

La identidad y el papel de los mexicanoamericanos hoy en día, encarnados (*embodied*) en el término **la raza**, tienen sus raíces en sucesos históricos, particularmente, la guerra de 1846–1848 entre México y los Estados Unidos. El Presidente Polk de los Estados Unidos, elegido en 1844, creía en la doctrina del destino manifiesto, una idea que afirmaba el destino de los Estados Unidos de extenderse hasta el océano Pacífico. Abogaba por ocupar la tierra que hoy en día pertenece a estados en el oeste y el suroeste como Tejas, California, Arizona, Nuevo México y Oregón. Al final de la guerra, México perdió más de la mitad de su territorio y se la cedió a los Estados Unidos. El tratado de Guadalupe Hidalgo puso fin a la guerra y algunos mexicanoamericanos hoy en día consideran este acuerdo el momento naciente de los chicanos.

El mapa de los Estados Unidos de México antes de la Guerra entre los Estados Unidos y México que empezó en 1846.

Algunos creen que desde este momento, los chicanos eran una nación colonizada dentro de las fronteras de los Estados Unidos.

En el siglo XX, especialmente después de la Segunda Guerra Mundial, en la cual se estima que sirvieron unos 350.000 mexicanoamericanos, nació una concientización con respecto a la identidad y orgullo chicanos. Y la oleada[a] de activismo político de los años 60 y 70 también incluyó la participación de los chicanos, quienes participaron en manifestaciones y huelgas por sus derechos. El enfoque de la lucha

© Joseph S Giacalone/Alamy

chicana fue la pérdida de su patria ancestral y una acogida de sus raíces indígenas. Un ejemplo de esto es que se referirían a su tierra perdida por su nombre original en nahuatl, **Aztlán**, enfatizando su herencia azteca. Además, la creación del partido político, «La raza unida», el que enfocaba en el nacionalismo chicano, reflejó una causa común de afirmar el orgullo de identidad y al mismo tiempo denunciar la discriminación que enfrentaba. La intersección histórica de la pérdida de territorio, primero causada por la colonización de España de las Américas y luego por los Estados Unidos, y los temas de identidad y discriminación en los siglos XX y XXI, revela la condición única de los mexicanoamericanos.

---
^a *wave*

	CIERTO	FALSO
1. La guerra entre México y los Estados Unidos tuvo lugar en el siglo XIX.	____	____
2. El Presidente Polk no estaba muy interesado en los territorios en el oeste y el suroeste de los Estados Unidos	____	____
3. A causa de perder la guerra, México perdió un tercio de su territorio.	____	____
4. Para algunos chicanos, el tratado de Guadalupe Hidalgo, que puso fin a la guerra, marcó el principio de los chicanos.	____	____
5. Aproximadamente 350.000 mexicano americanos sirvieron en las fuerzas armadas de los Estados Unidos durante la Segunda Guerra Mundial.	____	____
6. **Aztlán** es una palabra en español que se refiere a una área al sur del Río Grande, la frontera actual entre Tejas y México.	____	____
7. El activismo político que empezó en los años 60 se enfocó en el orgullo de la identidad chicana, la pérdida de su tierra ancestral y la lucha por sus derechos, y fue en contra de la discriminación.	____	____

 PASO 2. Primero, vuelve a leer la lectura. Luego, escribe tres o cuatro preguntas sobre la lectura para tu pareja. Usa palabras interrogativas en dos de las preguntas. Por último, hazle tus preguntas a tu pareja y responde a sus preguntas.

 PASO 3. En grupos, identifiquen semejanzas y diferencias entre las luchas de los mexicanoamericanos y otros grupos en los Estados Unidos o el Canadá que han luchado por sus derechos civiles.

© Annie Wells/Los Angeles Times via Getty Images

¡A leer!

Gloria Anzaldúa nació en Raymondville, Tejas, en 1942. Durante su niñez vivió en un rancho y en varios lugares en Tejas. Sus padres trabajaron por un año como trabajadores migrantes. Era una lectora entusiasta y se especializó en inglés en sus estudios universitarios. Era escritora, activista, crítica y profesora. Sus obras literarias enfocan en temas de género, raza, sexualidad, salud y espiritualidad. Su obra,

© Margaret Randall

Borderlands / La frontera: The New Mestiza, de 1987 explora las fronteras invisibles que dividen varios grupos. Cuestiona estas divisiones y critica la colonización y la anexión de tierras indígenas por los europeos. Murió en 2004. Recibió un doctorado póstumo de la Universidad de California, Santa Cruz. El siguiente poema, dedicado a su sobrina, aparece en su libro, *Borderlands / La frontera: The New Mestiza.*

«NO SE RAJE CHICANITA»
(para Missy Anzaldúa)
— GLORIA ANZALDÚA

No se raje[a] mi prietita,[b]
apriétese[c] la faja[d] aguántese.[e]
Su linaje es antigüísimo,
sus raíces como las de los mesquites,[f]
bien plantadas, horadando[g] bajo tierra
a esa corriente, el alma de tierra madre—
tu origen.

Sí m'ijita, su gente se creó en los ranchos
aquí en el Valle cerquita del río Grande
en la mera frontera.
en el tiempo antes de los gabachos[h]
cuando Tejas era México
De los primeros vaqueros descendiste
allá en los Vergeles,[i] en Jesús María—tierra Dávila
Mujeres fuertísimas te crearon:
tu mamá, mi hermana, mi madre y yo.

Y sí, nos han quitado las tierras.
Ya no nos queda ni el camposanto[j]
donde enterraron[k] a Don Urbano, tu vis-visabuelo.[l]
Tiempos duros como pastura los cargamos
derechitas[m] caminamos.

Pero nunca nos quitarán ese orgullo
de ser mexicana-Chicana-tejana

ni el espíritu indio.
Y cuando los gringos se acaban–
mira cómo se matan unos a los otros–
aquí vamos a parecer
con los horned toads y los lagartijos[n]
survivors del First Fire Age, el Quinto Sol.[ñ]

Quizá muriéndonos de hambre como siempre
pero una nueva especie
piel entre negra y bronce
segunda pestaña[o] bajo la primera
con el poder de mirar al sol ojos desnudos.[p]
Y vivas, m'ijita, retevivas.[q]

Sí, se me hace que[r] en unos cuantos años o siglos
la Raza se levantará, lengua intacta
cargando lo mejor de todas las culturas.
Esa víbora dormida, la rebeldía, saltará.
Como cuero[s] viejo caerá la esclavitud
de obedecer, de callar, de aceptar.
Como víbora relampagueando[t] nos moveremos, mujercita.
¡Ya verás!

[a]No... *Do not split yourself, do not give in* [b]*dark-skinned little girl* [c]*tighten* [d]*girdle* [e]*hang in there* [f]*tree native to the southwest in the USA and Mexico* [g]*piercing, perforating* [h]*foreigners* [i]*name of large ranch that had been in Mexico but is now part of the United States* [j]*cemetery* [k]*they buried* [l]*great great grandfather* [m]*straight ahead* [n]*lizards* [ñ]*First... First Fire Age and Quinto Sol are references to Aztec creation myths* [o]*eyelash* [p]*naked* [q]*really live* [r]*se... it seems to me that* [s]*leather* [t]*striking like lightning*

Después de leer

D. No se raje chicanita

PASO 1. Contesta las preguntas sobre el poema.

1. Según la poeta, ¿cómo es su linaje? ¿Con qué compara sus raíces?

   _____

2. ¿Dónde se creó su gente? ¿Cuándo se creó su gente? _____

   _____

3. ¿Quiénes crearon a la sobrina? _____

4. ¿Quiénes les quitaron las tierras? ¿Qué no les queda? ¿Qué no les quitarán?

   _____

5. ¿Qué van a hacerse los gringos? ¿Cómo va a ser la nueva especie? _____

   _____
   _____

6. ¿Cómo va a ser la Raza en el futuro? ¿Qué hará la víbora? _____

   _____

PASO 2. Busca palabras o frases en el poema que se asocian con las siguientes temáticas.

LA TEMÁTICA	PALABRAS, FRASES
1. sentimientos por su sobrina	mi prietita, _____
2. las mujeres	la faja, _____
3. la naturaleza, la tierra, los animales	los mezquites, _____
4. la identidad étnica	el espíritu indio, _____
5. los extranjeros	los gringos, _____
6. la historia, el pasado	_____
7. el dolor, el sufrimiento	tiempos duros, _____
8. dar ánimo	_____
9. los colores	_____
10. los lugares	_____

PASO 3. En parejas, busquen conexiones entre las palabras y frases que anotaron en el **Paso 2**. Luego, expliquen cómo las palabras del poema logran comentar las siguientes relaciones. Den ejemplos específicos. _____
_____

1. la relación entre la historia y la identidad de la Raza _____
_____

2. la relación entre la identidad étnica y los colores _____
_____

3. la relación entre los animales y los lugares _____
_____

4. la relación entre frases de ánimo y el sufrimiento _____
_____

5. la relación entre los lugares y los extranjeros _____
_____

6. la relación entre las mujeres y la tierra, la naturaleza _____
_____

PASO 4. En grupos pequeños, conversen sobre las siguientes preguntas analíticas.

1. Busca palabras y frases en inglés. ¿Por qué crees que se utilizan ambos idiomas? _____

2. ¿Qué imágenes de la tierra y la naturaleza se incluyen en el poema? ¿Qué aspectos de la tierra enfatiza la poeta? ¿Por qué crees que ella incluye estas imágenes? _____
_____
_____
_____

3. Analiza los colores que se usan en el poema. ¿Con qué se asocian ciertos colores? _____
_____

4. ¿Qué detalles se asocian con el origen de los antepasados de la poeta? _____
_____

5. ¿Cómo presenta el futuro en la última estrofa (*stanza*). ¿Presenta una visión optimista? _____

6. ¿Qué relación hay entre la naturaleza y la identidad de la poeta? ¿Qué detalles de la naturaleza son importantes? Elige un detalle y explica su papel en el poema. _____
_____

7. La poeta alterna entre el uso de tú y Ud. para hablarle a su sobrina. ¿Por qué utiliza ambas formas? _____
_____
_____
_____

 E. ¿Qué opinan los demás?

PASO 1. Las personas entrevistadas responden a las siguientes preguntas. Escribe por lo menos cinco palabras del vocabulario de este capítulo que probablemente van a incluir en sus respuestas.

- ¿Cómo llegó Ud. a este país? ¿Qué obstáculos geográficos, sociales o culturales tuvo que superar? Explique.

- ¿Qué tipo de vida tienen las dos familias en el cortometraje? ¿Hay divisiones de clase como esta en el país donde nació Ud.? ¿Cuáles son las diferencias entre la vida de la gente rica y la gente pobre de su país o comunidad? ¿Cómo se pueden superar?

- ¿Son discriminadas algunas personas en su comunidad o país? ¿Quiénes? ¿Por qué?

- ¿Qué fronteras geográficas, sociales y culturales hay en su país, comunidad o barrio? ¿Qué efectos tienen estas barreras?

1. _____ 2. _____ 3. _____ 4. _____ 5. _____

 PASO 2. Para cada idea a continuación, expliquen si describe o no una barrera que existe en su país o comunidad.

MODELO: *La idea*: Los deportes pueden superar (*overcome*) las barreras de clase social.

Tú dices: Yo creo que sí describe mi país en parte. En mi ciudad el fútbol americano es muy popular y cuando nuestro equipo juega, la gente de toda clase social está interesada y mira el partido.

Tu pareja dice: Sí, pero hoy en día, el precio de asistir al partido profesional es muy alto, el costo de las entradas, la comida en el estadio, el costo del estacionamiento de tu carro, etcétera, hace que una persona sin dinero ya no pueda ir a ver el partido. En ese sentido, el deporte refleja las divisiones de clase social.

1. Los inmigrantes no tienen acceso a las necesidades básicas como la educación y la sanidad.

2. El mayor problema al que los inmigrantes se enfrentan es el idioma nuevo.

3. Algunos inmigrantes son discriminados por su cultura y por su religión.

4. Las principales barreras para muchas personas son económicas.

5. La clase social se revela mediante tu apellido, tu carro y tu ropa.

6. La gente nace con su clase social. No se puede cambiar.

Palabras útiles

a nivel de
speaking of
en absoluto
not at all
el flechazo
arrow shot; love at first sight
los marroquíes
Moroccan people
por ende
therefore, as a result
el reto
challenge
la sanidad
health care
sobre todo
especially
superarse
to improve oneself
el trecho
distance

PASO 3. Primero, lee las oraciones. Luego, mira las entrevistas. Por último, indica si la oración es cierta o falsa según las entrevistas. Si es falsa, corrígela.

Ainhoa

© McGraw-Hill Education/ Klic Video Productions

Nadja

© McGraw-Hill Education/ Klic Video Productions

May

© McGraw-Hill Education/ Klic Video Productions

	CIERTO	FALSO
1. Ainhoa conoció a su marido en los Estados Unidos.	_____	_____
2. El concepto de la clase social en Venezuela dependía de dónde naciste, qué carro tenías, qué ropa llevabas, el apellido de tu familia, etcétera.	_____	_____
3. Costa Rica ha sido un país estable y la gente lo ha visitado mucho.	_____	_____
4. May dice que la situación actual de Venezuela es mucho mejor que antes.	_____	_____
5. Nadja dice que el fútbol tiene la capacidad de hacer más pequeña la diferencia entre las clases.	_____	_____
6. Ainhoa dice que los marroquíes en España no son discriminados.	_____	_____

PASO 4. En parejas, túrnense en leer los comentarios y explicarlos en sus propias palabras. Luego, digan si Uds. se identifican con alguno de ellos y expliquen por qué.

1. Nadja: «Bueno, llegué a los Estados Unidos hace once meses y ¿cómo llegué? Pues, llegué... bueno, tuve que hacer varias cosas: trabajar tres trabajos, conseguir ahorros para poder venirme y venirme con las herramientas que quería para que no fuera tan, tan, tan difícil... Entonces eso fue lo que hice —trabajar.»

2. Ainhoa: «Los mayores problemas a los que me enfrenté fueron el idioma, porque no hablaba inglés, en absoluto. Encontré muchos hispanos que me ayudaron, pero en general el círculo en el que se movía mi marido eran todos de habla inglesa. Así que tuve un poco de problemas para expresar quién, quién soy yo, ¿no?, en hacer ver quién soy yo.»

3. May: «Entonces esas ideas sociales que, bueno, que no existían en mi familia, porque en mi familia todos eran trabajadores y llegaron a tener lo que tenían porque se pusieron a trabajar, ¿no? Entonces sí hay movilización, pero desafortunadamente esas ideas de clase son... afectan todo el país, a toda Latinoamérica. Yo creo que eso fue dejado de la Colonia, ¿no? Entonces, si tú eras europeo entonces ese era cierto nivel. Si tú eras moreno, entonces tú estabas abajo o indígena.»

4. Nadja: «Bueno, siempre existe discriminación, en todo país, y Costa Rica no va a ser la excepción. Creo que en todos aspectos puede ser socioeconómico, pensar que también por raza puede darse. Para mí todo eso es tan absurdo. Costa Rica tiene una base muy bonita, que es el dicho "pura vida" y es llevar pura vida a todo el mundo. Entonces ... se ve mucho de el "pura vida" y la filosofía "pura vida." Pero sí hay mucho más que hacer.»

PASO 5. En parejas, conversen sobre sus propias ideas respecto a las preguntas del **Paso 1**. Vuelve a ver los videos cuantas veces que te sea necesario.

F. El trasfondo geográfico/cultural: El comercio en la frontera

PASO 1. Primero, lee sobre el comercio en varias fronteras del mundo hispanohablante. Luego, escucha las preguntas y elige la mejor respuesta.

El comercio en la frontera*

Poco después del final del Programa Bracero, el gobierno mexicano creó el Programa de la Industrialización de la Frontera en 1965. Esta iniciativa facilitó la empresa llamada «la maquiladora». La maquiladora es una fábrica[a] que importa materias primas[b] de los Estados Unidos y fabrica los productos en México. Luego, estos productos se exportan a los Estados Unidos. Es de notar que

© Joe Raedle/Newsmakers/Getty Images

este tipo de fábrica existe en otros países del mundo en los que las materias primas se importan, para luego exportarse al país que las envió. Las maquiladoras suelen contratar a mujeres y jóvenes porque son los empleados que se consideran más baratos. La Ciudad Juárez tiene más de 300 maquiladoras en las que trabajan 255.000 personas. Los trabajadores han reclamado[c] las malas condiciones laborales y los sueldos bajos, facilitados por arreglos entre las empresas internacionales y el gobierno de México.

La frontera entre Venezuela y Colombia ha sido porosa. El contrabando de bienes era y es común entre las dos naciones. Los alimentos subsidiados[d] por el gobierno venezolano se traficaban a Colombia donde se vendían y los venezolanos obtenían beneficio.[e] Pero más recientemente, a causa de la crisis de la escasez[f] de productos en Venezuela, el contrabando también va en el otro sentido. El presidente de Venezuela,

© Jack Chang/MCT via Getty Images

Nicolás Maduro, cerró cruces entre los dos países. Sin embargo, el tráfico de varios bienes sigue y el soborno[g] de los oficiales de la frontera es uno de los costos de este tipo de negocio.

*Source: Bacon, David, "The Maquiladora Workers of Juárez Find Their Voice," The Nation, November 20, 2015. https://www.thenation.com; "The Juárez Workers' Fight Crosses the Border in 2016," New Mexico State University: Frontera NorteSur, January 17, 2016. https://fnsnews.nmsu.edu; García-Navarro, Lulu, "The Colombia-Venezuela Border: Open to Smugglers, Closed to the Desperate," National Public Radio, July 12, 2016. http://www.npr.org; Kaplan, Ezra, "Inside the Booming Smuggling Trade Between Venezuela and Colombia," Time, March 31, 2016. http://time .com; Sierra, Gustavo, "La Argentina blanca: Los narcos se infiltran entre «los bagayeros» del norte argentino," Clarín, Accessed October 8, 2016. http://especiales.clarin.com; "Fronteras imaginarias de una región única en el mundo," Chaco Ra'anga, Accessed October 10, 2016, http://www .chacoraanga.org

La frontera entre Argentina y Bolivia es permeable. Por lo tanto, facilita el trabajo de los «bagayeros», personas que llevan el contrabando entre los dos países. Son bolivianos que cargan bolsas que pesan docenas de kilos al lado argentino. Ganan mucho más de lo que pueden ganar de sus cosechas y a veces llevan drogas ilegales dentro de las bolsas. Ha habido enfrentamientos entre los gendarmes argentinos y los bagayeros.

© Aizar Raldes/AFP/Getty Images

---
^a*factory*   ^b*materias... raw materials*   ^c*han... have complained about*   ^d*subsidized*   ^e*obtenían... made a profit*   ^f*scarcity*   ^g*bribe*

Comprensión

____ 1.   a. alimentos subsidiados en Venezuela

____ 2.   b. a los Estados Unidos

____ 3.   c. es una fábrica

____ 4.   d. mujeres jóvenes

____ 5.   e. de los Estados Unidos

____ 6.   f. bolsas muy pesadas

____ 7.   g. la frontera

____ 8.   h. pueden ganar más de lo que ganan de sus cosechas

____ 9.   i. es porosa

____ 10.   j. en México

PASO 2. Primero, en parejas, escriban dos o tres oraciones que describan el aspecto comercial y económico de las fronteras, según la lectura. Luego, identifiquen fronteras en su comunidad, estado, provincia o país y describan cómo facilitan o impiden la actividad comercial.

PASO 3. Para investigar más: Busca información adicional sobre las fronteras descritas en la lectura, o investiga otras fronteras en América Latina o España. ¿Cómo son? Comparte la información con tu clase.

 COMPROMISO CON LA COMUNIDAD:
AYUDAR A LOS INMIGRANTES

Para muchos inmigrantes, la transición a su hogar nuevo es difícil. Por lo tanto, en muchas ciudades hay servicios y lugares que se dedican a ayudar a los inmigrantes a completar formularios necesarios para sacar una licencia de manejar, para solicitar trabajos, para solicitar vivienda, para abrir cuentas, para comprender la cultura, para aprender a hablar inglés, etcétera. Investiga si tu comunidad ofrece estos servicios. A veces buscan voluntarios que hablen español para ayudar con estas tareas.

V. AMBIENTES EXPRESIVOS

A. Escritura: Crear un folleto para inmigrantes nuevos

Acostumbrarse a un país nuevo es complicado y estresante. Muchos aspectos de la cultura son invisibles; es decir, las ideas, las actitudes y los valores de una cultura son implícitas y compartidas por los que forman parte de la cultura. Para los recién llegados, comprender y adaptarse a estos elementos culturales puede ser difícil y confuso. Además, los sistemas, las instituciones y las leyes pueden ser muy diferentes.

Imagina que vas a crear un folleto (*brochure*) para ayudar a los inmigrantes hispanohablantes que acaban de llegar a tu comunidad o país. ¿Qué información esencial deben tener? En tu folleto, vas a escribir oraciones con recomendaciones para los inmigrantes y usar verbos y frases que requieren el subjuntivo y mandatos, cuando sea posible. Puedes incluir información sobre los siguientes temas:

a. La vida diaria: ¿Qué se necesita saber para la vida diaria? ¿Dónde se compra la comida? ¿Cómo funcionan el dinero, las compras, los pagos, las cuentas? ¿Cuáles son los lugares más importantes de tu comunidad? ¿Qué se hace en cada lugar?

b. Las leyes: ¿Cuáles son algunas de las leyes y reglas más importantes? ¿Qué recomiendas que hagan y que nunca hagan? ¿Qué leyes les pueden sorprender?

c. Las normas y los valores culturales: ¿Qué tipo de comportamiento se espera en tu comunidad o país? ¿Cómo son las interacciones entre personas que se conocen, que son amigos o que no se conocen? ¿Qué valores o ideas les motivan a los miembros de tu comunidad o país?

Antes de escribir: Estrategias para justificar y apoyar tus recomendaciones
Usa una o más de las siguientes estrategias para justificar tus recomendaciones después de que hagas una lluvia de ideas sobre las recomendaciones que incluirás en tu folleto.

- **Reconocer las ideas y la perspectiva de tus lectores**: Tus recomendaciones son más persuasivas si tus lectores creen que tú entiendes su punto de vista. Utiliza frases como «Es posible que esto le parezca extraño/confuso/cómico (etcétera)... » o «Es difícil comprender esto al principio, pero... ».

- **Incluir hechos y datos**: Las estadísticas, los números y los hechos hacen más concretas y justificables tus consejos.

- **Citar a expertos o personas importantes**: Citas de personas famosas, figuras históricas o individuos importantes de la actualidad de tu comunidad o país prestan credibilidad a tus consejos. Por ejemplo:

  Los estadounidenses valoran el optimismo, la sonrisa y la risa. El capitán de la industria de la animación cinemática, Walt Disney, dijo: «La risa es la mejor exportación de América.»

- **Dar ejemplos**: Los ejemplos específicos aclaran tus recomendaciones y las hacen más impactantes.

- **Incluir imágenes, dibujos o elementos visuales**: Una foto, una imagen o algo visual puede aclarar y hacer más convincentes tus ideas.

Estrategia: Justificar y dar razones

Recommendations and advice are better received when supported with strong evidence. To make a sound case for your argument, you can give examples, cite statistics, show cause and effect, cite experts and well-known people, use visual aids, and illustrate your ideas through engaging comparisons and metaphors.

¡A escribir!

Después de hacer una lista de tus ideas basadas en las estrategias para justificar y apoyar tus recomendaciones, escribe el primer borrador de tu folleto.

Después del primer borrador

En parejas, intercambien borradores. Lee el borrador de tu pareja y escribe al menos cinco preguntas para descubrir más sobre sus recomendaciones. Luego, inventa respuestas a las preguntas que tu pareja te haga y agrega esta información a la versión final de tu folleto.

B. Nosotros, los actores / las actrices: ¡Ojalá que no se deporten!

PASO 1. En parejas, imaginen la conversación entre los personajes y escriban un guion para una de las siguientes situaciones:

a. Después de que se deporta a la familia de Pierre, la empleada doméstica le confiesa a la madre de Antonio que ella ayudaba a Antonio a jugar con su amigo, Pierre, por las tardes. La madre de Antonio expresa compasión por los trabajadores migrantes pero explica cómo piensa su esposo sobre el tema.

b. Los padres de Pierre le hacen una confidencia (*confide in*) a la empleada doméstica. Tienen miedo del padre de Antonio y el supervisor del sitio de construcción. Dicen que temen que el gobierno los deporte. La empleada doméstica les ofrece consejos.

c. Una conversación entre el padre de Antonio y el padre de Pierre

PASO 2. Ensayen su guion y luego interprétenlo para la clase. Presten atención a la pronunciación, el lenguaje corporal, los gestos y el tono de la voz.

C. Entrevista: Cruzar fronteras

Entrevista a una persona hispanohablante sobre fronteras literales o figurativas que ha tenido que cruzar en su vida. Pueden ser fronteras entre dos comunidades, dos países, dos razas, dos etnias, dos clases sociales, dos culturas, dos generaciones, dos lugares o dos grupos de personas.

Escribe preguntas sobre su experiencia. Mientras él/ella habla, inventa preguntas de seguimiento (*follow-up questions*). Pregúntale cómo percibe estas fronteras. Por ejemplo, ¿qué oportunidades o dificultades hubo en su vida a causa de estas fronteras? ¿Qué ha aprendido de sus experiencias? Además, pídele que le dé recomendaciones a otra persona en la misma situación. Saca apuntes y está listo/a a presentar sus respuestas a la clase.

OPCIONAL: Pregúntale al entrevistado si está bien si filmas un video de la entrevista para mostrar a la clase.

D. ¡Entrevista por videoconferencia!

Conversa con un(a) hispanohablante por videoconferencia y pregúntale seis a ocho preguntas sobre uno de los siguientes temas:

a. el concepto de raza donde vive o en su país de origen

b. cómo describiría la vida de un obrero migrante

c. la definición de clase social en su país

Saca apuntes mientras conversan y prepárate para presentar la información a la clase.

E. Investigación: La inmigración, los migrantes, el racismo y las fronteras

Busca información sobre uno de los siguientes temas en tu país y otro país del mundo hispanohablante. Resume la información que encuentres e incluye datos interesantes. Preséntale la información a tu clase y compara y contrasta las semejanzas y diferencias entre los dos países.

- el racismo en un país o región
- la política de la inmigración en un país o región
- las actitudes hacia los inmigrantes en una comunidad o país
- el asilo político en los Estados Unidos o el Canadá
- los refugiados de Centroamérica en México o en los Estados Unidos
- la comunidad cubana en Florida
- la biografía de César Chávez
- la región fronteriza de los Estados Unidos y México
- la historia de la isla La Española
- el concepto de la identidad étnica o racial en una región o un país

Tabla B

Gramática

E. ¿Cómo reaccionan? La perspectiva sí importa.
TABLA B

Paso 2

1. ¿Quién es? _____

   ¿Cómo se siente? _____
   _____

   Situación o suceso que causa la reacción: _____

   Oración: _____
   _____
   _____
   _____

2. ¿Quiénes son? los obreros haitianos

   ¿Cómo se sienten? _____
   _____

   Situación o suceso que causa la reacción: ...el supervisor los _____ (despedir)

   Oración: _____
   _____
   _____
   _____

© Freddy Vargas

3. ¿Quién es? _____

   ¿Cómo se siente? _____
   _____

   Situación o suceso que causa la
   reacción: _____
   _____

   Oración: _____
   _____
   _____
   _____

© Freddy Vargas

4. ¿Quién es? _____

   ¿Cómo se siente? _____
   _____

   Situación o suceso que causa la
   reacción: ...los oficiales _____
   (deportar) a la familia de Pierre

   Oración: _____
   _____

5. ¿Quién es? _____

   ¿Cómo se siente? _____
   _____

   Situación o suceso que causa la
   reacción: _____
   _____

   Oración: _____
   _____
   _____
   _____

© Freddy Vargas

6. ¿Quién es? el padre de Pierre

   ¿Cómo se siente? _____
   _____

   Situación o suceso que causa la
   reacción: ...que Antonio _____
   (venir) a su casa por la noche

   Oración: _____
   _____
   _____

VOCABULARIO DEL CAPÍTULO 5

Los trabajos migrantes

acostumbrarse	to get used to
amenazar	to threaten
aprovechar	to take advantage (*of an opportunity*)
capturar	to capture
cosechar	to harvest
desarraigar	to uproot
desplazarse	to be displaced
dirigirse (a)	to set off; to head (for)
emigrar	to migrate (*away from*)
inmigrar	to migrate (*to*)
llevarse (a)	to carry off; to take away
migrar	to migrate
morirse (ue) (u) de hambre	to die of hunger
no quedarle más remedio	to have no other options
sobrevivir	to survive
la aldea	village
el asentamiento	settlement
el éxodo	exodus
la huelga	strike (*as in hunger or work*)
la inseguridad	insecurity
la temporada	season (*as in harvest or growing season*)
el/la trabajador(a) huésped	guest worker
el/la trabajador(a) migrante	migrant worker
horrorizado/a	appalled, horrified

Repaso: la pobreza, duro/a

La raza y la etnia

adaptarse	to adapt
juzgar	to judge
luchar por	to fight for
el/la chicano/a	mexicano estadounidense

el desprecio	disdain, contempt, scorn
la herencia	inheritance, legacy
la identidad	identity
el linaje	family blood line
el orgullo	pride
el rasgo	characteristic, feature, physical trait
discriminado/a	discriminated against
étnico/a	ethnic
hereditario/a	hereditary, inherited
mestizo/a	person of mixed race (*typically European and indigenous*)

Repaso: la discriminación, discriminar

Las fronteras y las barreras

abogar por	to advocate for
arriesgar la vida	to risk one's life
cruzar	to cross
deportar	to deport
revisar	to check
el asilo	asylum
el cerco	fence
el/la ciudadano/a	citizen
el control fronterizo	border control
el coyote	smuggler who helps people cross a border illegally
la documentación	documentation
la maquiladora	assembly plant
la muralla	wall
el obstáculo	obstacle
la oportunidad	opportunity
el servicio social	social services
indocumentado/a	undocumented

Repaso: las condiciones laborales, la frontera, el peligro, peligroso/a

CAPÍTULO 6

La violencia política y la guerrilla

Las metas: ¿Qué debo saber y poder hacer al final de este capítulo?

Communicative Goals

Talk about unrealized, hypothetical or non-existent actions and conditions pertaining to agrarian life, civil war, activism and resistance that happened or had happened in the past.

Chapter Theme Goals

Summarize and reflect upon the plot of the short film «**Kalashnikov**». Identify and interpret cultural conflicts and perspectives in the film and in interviews with native speakers.

Analyze and compare cultural perspectives and ideas regarding three key intercultural topics:
Rural/agrarian life
Civil wars
Activism and resistance

Geographical and Cultural Knowledge Goals

Identify the geographic location of Colombia and Nicaragua. Describe cultural concepts related to agrarian life, civil war, and activism/resistance in the Spanish-speaking world.

Knowledge of Reading Goals

Summarize and analyze the short story «**Josefa**», recognize and analyze the cultural attitudes about political violence, **guerrilleros** and other resistance groups, and the effects of both on individuals and the broader population.

© Ton Koene/Alamy

Un mural cerca del Parque Rubén Darío en Leon, Nicaragua, que retrata la masacre de estudiantes en contra del Presidente Somoza en 1959

Esta foto muestra parte de un mural que retrata una matanza que ocurrió en Nicaragua en 1959. Cuatro estudiantes universitarios fueron muertos por las fuerzas gubernamentales durante una manifestación contra la dictadura de Luis Somoza. Poco después, empezó una guerra civil que duró treinta años (1960–1990).

Describe el mural detrás de los cuatro jóvenes. ¿Qué sucede? ¿Cómo reacciona la gente en el mural? ¿Qué objetos se destacan? ¿Dónde tiene lugar? ¿Cuál es el tono predominante del cuadro? ¿De qué perspectiva se presentan los sucesos de este cuadro? ¿Cómo se define la libertad en este cuadro?

¿Qué símbolos asocias con la guerra? ¿Te conmueve esta representación de la violencia? ¿Cuáles son algunas representaciones artísticas de la guerra o la violencia en general que conoces? Piensa en unos ejemplos específicos. ¿Cuál es el objeto de este cuadro? ¿Qué metas tienen otras obras artísticas que tratan el tema de la guerra?

¿Qué asocias con las guerras civiles, en contraste con otros tipos de conflictos armados? ¿Qué conflictos actuales te preocupan más? ¿Qué efectos tienen las representaciones de violencia en tu opinión? ¿De qué manera sirven estas representaciones como protestas en contra de la violencia? ¿Crees que el arte puede efectuar el cambio positivo? ¿Por qué? ¿Qué otros ejemplos conoces del activismo social o político?

I. ANTICIPACIÓN

DATOS CINEMATOGRÁFICOS

Director: Juan Sebastián Mesa

Fecha: 2013

Personajes: Guillermo, Andrés, Doña Marina, Don Rafael y Arturo

Escenario: un pueblo

País: Colombia

A. El póster del cortometraje «Kalashnikov»

El cortometraje «Kalashnikov» trata de Guillermo, un padre soltero que vive con su hijo, Andrés. Un día algo inesperado se cae del cielo y aterriza (*lands*) en su patio.

PASO 1. Mira el póster del cortometraje y contesta las preguntas.

1. ¿Cómo es Guillermo, el personaje que aparece en el póster?
2. ¿Dónde estará Guillermo en este momento?
3. ¿Cómo está Guillermo?
4. ¿Qué efecto se produce al presentar la cara de Guillermo en primer plano? ¿En qué pensará?
5. ¿Qué asocias con la fuente (*typeface*) de las letras en el título en este póster? ¿Qué importancia tendrá aquí? ¿Qué implica la formación de la letra **N**?

© Kalashnikov - Monociclo Cine / Archivo lbv.co.

PASO 2. En parejas, conversen sobre las siguientes preguntas.

1. Guillermo es un padre soltero. ¿Qué dificultades enfrentan los padres y madres solteros? ¿Qué tienen que hacer, a veces, para proteger a sus hijos de estas dificultades? ¿Qué esperan muchos hijos que viven con solamente uno de sus padres?
2. ¿Has encontrado algún objeto o algo único o inesperado? ¿Qué?
3. ¿Qué harías si encontraras (si... *if you found*) algo peligroso?

Repaso gramatical:
I. El tiempo futuro
Repaso gramatical:
II. El condicional

B. ¡Conozcamos a los personajes!

PASO 1. Mira las imágenes de cuatro de los personajes del cortometraje «Kalashnikov» y escribe cómo son y cómo están. Incluye todos los detalles que puedas.

© Kalashnikov - Monociclo Cine / Archivo lbv.co.

1. **Guillermo, el padre de Andrés**
   ¿Cómo es Guillermo?
   ¿Cómo está en esta escena?
   Otras observaciones:

© Kalashnikov - Monociclo Cine / Archivo lbv.co.

2. **Andrés**
   ¿Cómo es Andrés?
   ¿Cómo está en este momento?
   Otras observaciones:

© Kalashnikov - Monociclo Cine / Archivo lbv.co.

3. **Don Rafael, el patrón**
   ¿Cómo es Don Rafael?
   ¿Qué está haciendo en este momento?
   Otras observaciones:

© Kalashnikov - Monociclo Cine / Archivo lbv.co.

4. **Doña Marina, la abuela de Andrés**
   ¿Cómo es la abuela de Andrés?
   ¿Cómo está en esta escena?
   Otras observaciones:

PASO 2. Ahora infiere lo que puedas de los fotogramas y contesta las preguntas. ¡Usa las pistas y sé creativo/a!

1. ¿En el primer fotograma, ¿qué quiere Guillermo que haga su hijo? ¿Qué día es? ¿Qué tienen que hacer?

2. En el primer fotograma, Guillermo lleva unos collares religiosos: un rosario y un collar escapulario devocional (*a scapular consists of two small rectangular pieces of cloth, wood, or paper on which religious texts or images are written*). ¿Qué nos indica el hecho de que Guillermo lleve estos tipos de collar? ¿Llevas tú algún tipo de amuleto (*good-luck charm*)? Explica.

3. ¿Con quién habla Andrés en el segundo fotograma? ¿Qué le pide a esta persona que ellos hagan?

4. ¿Por qué le paga don Rafael a Guillermo? ¿De qué es don Rafael el patrón? ¿Qué hará Guillermo con el dinero? ¿Qué preferiría Andrés?

5. ¿Qué tipo de relación existe entre la abuela y su nieto Andrés? ¿Qué hace doña Marina para su hijo y Andrés?

C. Lugares importantes en «Kalashnikov»

PASO 1. Los siguientes fotogramas muestran cuatro lugares del cortometraje. Apunta características de los lugares en general. Por ejemplo: ¿Cómo es el lugar? ¿Para qué sirve? ¿Quiénes típicamente están en el lugar? ¿Cómo están las personas cuando están allí?

1. la plantación de café

2. la casa rural

3. la iglesia

4. el bar

PASO 2. En parejas, digan si Uds. van a los lugares del **Paso 1** y con qué frecuencia. ¿Con quiénes van o con quiénes irían? ¿Qué hacen o qué harían Uds. allí?

PASO 3. Completa las oraciones de una forma lógica.

MODELOS: Los campesinos (*farmers*) en las plantaciones del café prefieren... <u>trabajar por la mañana.</u>

Los campesinos en las plantaciones del café prefieren que el patrón (*boss*)... <u>les pague todas las semanas.</u>

1. Los patrones de las plantaciones de café quieren... _____

2. Los patrones de las plantaciones de café quieren que... _____

3. Los campesinos del campo esperan... _____

4. Los campesinos del campo esperan que... _____

5. El cura de la iglesia cree que... _____

6. En el bar, es posible que algunos clientes... _____
_____

Repaso gramatical:
I. El tiempo futuro

Repaso gramatical:
III. El futuro perfecto y
el condicional perfecto

D. Situación de suspenso: ¿Qué es eso?

PASO 1. Mira el videoclip y contesta las preguntas.

1. ¿Qué hacen Guillermo y los otros campesinos en la plantación? ¿Cómo es su rutina diaria?

2. ¿Por qué no acepta Guillermo la invitación de Arturo? ¿Qué le preocupa?

3. ¿Cómo se siente Guillermo cuando el televisor no funciona? ¿Qué necesita que haga Andrés?

© Kalashnikov - Monociclo Cine / Archivo lbv.co.

4. ¿Qué habrías hecho tú al escuchar un ruido por la noche fuera de tu casa?

5. ¿Qué piensas que hay en el cajón (*crate, large box*) que ellos descubren?

6. ¿Qué sucederá después? ¿Cuál es una cosa que NO sucederá en la próxima escena?

PASO 2. Lee la lectura sobre la historia del fusil de asalto (*assault rifle*), Kalashnikov. Luego, completa la tabla que resume las causas y los efectos de varios sucesos en la historia de esta arma.

El fusil Kalashnikov: El arma de fuego que ha matado el mayor número de personas en el mundo*

Diseñado para el ejército soviético por Mikhail Kalashnikov en 1947, este rifle de asalto (también conocido por el nombre, AK-47) representa el 20% de todas las armas de fuego mundiales. Durante la Segunda Guerra Mundial, las armas de los soldados rusos[a] eran menos sofisticadas que las alemanas, lo cual les motivó a crear una mejor arma automática. Se dice que mientras el Sr. Kalashnikov estaba en el hospital con un hombre herido, decidió crear un fusil[b] mejor después de escuchar a los otros soldados soviéticos heridos[c] que se quejaron de la inferioridad de sus armas.

© Kalashnikov - Monociclo Cine / Archivo lbv.co.

Esta arma fue diseñada para ser fácil de utilizar y fabricar. Puede hacer rondas de unas 600 balas por minuto. Además, se diseñó para ser fiable[d] en condiciones climáticas adversas. En los años que siguieron, el fusil se convirtió

*Source: Blair, David, "AK-47 Kalashnikov: The Firearm which has Killed More People than any Other," *The Telegraph*, July 2, 2015. http://www.telegraph.co.uk; Keefe, Mark, "A History of the AK-47, the Gun that Made History," *The Washington Post*, October 29, 2010. http://www.washingtonpost.com; López, Karisa, "Venezuela reiniciará construcción de fábrica de Kalashnikov," *El Nuevo País Zeta,* March 30, 2016. http://enpaiszeta.com; "Kaláshnikov: 21 curiosidades acerca del fusil de asalto AK-47 y su creador," *RT en español*, December 24, 2013. https://actualidad.rt.com; Springer, Natalia, "¡Kalashnikov!," *El Tiempo*, August 20, 2006. http://www.eltiempo.com

en el arma del hombre común. Su presencia mundial es extensa. Se estima que hay más de 100 millones de estos rifles y que 250.000 personas mueren cada año matadas por las balas de los Kalashnikovs. Durante la guerra de Vietnam, muchos soldados estadounidenses murieron porque el ejército norvietnamita estaba armado con Kalashnikovs. Los soldados de los Estados Unidos pronto reconocieron la superioridad del fusil y así se los tomaron de los soldados vietnamitas muertos.

Durante la Guerra Fría, la Unión Soviética y los Estados Unidos eran las dos grandes superpotencias globales que querían imponer su sistema económico y político en otros países. Aunque no se pelearon directamente, se enfrentaron en guerras ajenas,[e] especialmente en Latinoamérica, por lo que les enviaron armas a varios países donde había guerras civiles. Las armas soviéticas, en particular el Kalashnikov, se mandaron a Centroamérica durante las guerras civiles de Guatemala (1960–96), El Salvador (1980–92) y Nicaragua (1972–91). Los Estados Unidos y la Unión Soviética les mandaron armas a estos países para apoyar uno de los lados del conflicto. Por la proximidad, algunas de las reservas de estas armas llegaron a Colombia.

El director y el guionista[f] de este cortometraje, Juan Sebastián Mesa, no pudo olvidarse de un incidente ocurrido en 1999 en el departamento de Guainia en Colombia. Diez mil fusiles Kalashnikov cayeron en paracaídas[g] destinados para uno de los grupos guerrilleros. Este suceso dio origen a una idea suya sobre un caso parecido hipotético que se explora en el cortometraje.

---

[a]*Russian*   [b]*rifle*   [c]*wounded*   [d]*reliable*   [e]*guerras... foreign wars*   [f]*scriptwriter*   [g]*parachute*

CAUSAS	EFECTOS
1. Las armas soviéticas eran inferiores a las alemanas. Los soldados heridos se quejaron de sus armas.	_____
2. El Kalashnikov puede hacer rondas de 600 balas por minuto.	_____
3. _____	_____
4. _____	Se convirtió en el arma del hombre común.
	Las dos superpotencias les enviaron armas para apoyar un lado de muchos conflictos armados.
5. Entre los 70 y los 90 hubo varias guerras civiles centroamericanas.	
6. _____	Como consecuencia, el director decidió escribir un guion que cuenta la historia de un incidente parecido. Escribió «Kalashnikov.»

PASO 3. Termina las oraciones con el presente perfecto de indicativo o el presente perfecto de subjuntivo según la información de la lectura. Puedes elegir una de las frases de la lista que sigue o inventar tu propia conclusión lógica.

Frases posibles

estas armas haber desaparecido de Centroamérica
pasar muchos años perfeccionando el diseño
ser una de las razones que llegar a muchas partes del mundo
las guerras civiles ser luchas indirectas entre la Unión Soviética y los
   Estados Unidos
tantas personas morir a causa de esta arma
no encontrar todas las armas enviadas a los conflictos mundiales

MODELOS: No hay duda de que... <u>la Segunda Guerra Mundial ha influido</u>
<u>mucho en la creación de esta arma de asalto.</u>

Es notable que... <u>las historias personales de los soldados</u>
<u>compatriotas le hayan inspirado al diseñador, Mikhail</u>
<u>Kalashnikov.</u>

1. Es probable que el inventor Mikhail Kalashnikov... _____
_____

2. Es obvio que la fiabilidad del fusil Kalashnikov... _____
_____

3. Es triste que... _____

4. Es evidente que... _____

5. Es dudoso que... _____

6. Es sorprendente que... _____
_____

Repaso gramatical:
II. El condicional

E. ¿Qué opinas tú?

En parejas, conversen sobre las preguntas.

1. ¿Qué opinas de las armas? ¿Cómo describirías las varias opiniones sobre
las armas en tu país o comunidad?

2. ¿Qué pasaría si nadie pudiera (*could*) poseer armas? ¿Crees que el mundo
sería mejor o peor? Explica.

3. ¿Debe haber restricciones sobre los tipos de armas legales? Explica.

4. Las guerras y los conflictos armados son una presencia constante en la
historia de la humanidad. Si tuvieras el poder (Si... *If you had the power*),
¿qué harías tú para reducir este tipo de violencia?

PARA TU INFORMACIÓN: LOS DIMINUTIVOS

Habrás notado que los diminutivos como **-ito/-ita** se emplean para referirse a algo pequeño, para expresar cariño y para agregar un tono amable a lo que se dice. Se usan con sustantivos, adjetivos o adverbios.

Hay varios tipos de diminutivos en el mundo hispanohablante. En Colombia, y en otros países, **-ico/-ica** se utilizan con palabras cuyo último consonante es la letra **t**. En el siguiente diálogo, el personaje usa la forma diminutiva de la palabra un rato (*a little bit, a while*): **ratico**. Otros ejemplos:

corto	**cortico**	short
gato	**gatico**	cat
momento	**momentico**	moment
pregunta	**preguntica**	question

A veces, **-ico/-ica** se añade al final de palabras que ya tienen el diminutivo, **-ito/-ita.**

ahora	**ahorita**	**ahoritica**	right now, right away
perro	**perrito**	**perritico**	puppy, little dog

Repaso gramatical:
III. El futuro perfecto y el condicional perfecto

F. ¿Qué habrían hecho los personajes?

PASO 1. Completa las oraciones sobre lo que los personajes **habrían hecho** en ciertas situaciones con la forma correcta del condicional perfecto de uno de los siguientes verbos. Cada verbo se usa solo una vez.

comprar	hacer	poder	tener	vender
estar	llegar	preparar	traer	ver

> **MODELO:** Si Arturo no le hubiera comprado el traje a Andrés, Guillermo <u>se habría sentido</u> muy decepcionado, porque la primera comunión de Andrés le importaba mucho.

1. Si Guillermo hubiera tenido más dinero, él le _____ una bicicleta a Andrés.
2. Si Andrés hubiera tenido una bicicleta, él _____ muy contento y él _____ traerle el almuerzo a su padre rápidamente.
3. Si Guillermo y Andrés hubieran vivido más cerca de los campos de café, ellos no _____ que caminar tanto y _____ a casa más rápidamente.
4. Si Guillermo y Andrés hubieran criado muchas gallinas, ellos _____ sus huevos para ganar más dinero.
5. Si hubieran tenido carro, ellos _____ viajes al pueblo para hacer las compras.
6. Si doña Marina hubiera vivido en la ciudad, ella no _____ los almuerzos de Guillermo y Andrés y no los _____ mucho.

PASO 2. Escribe por lo menos cuatro oraciones en el futuro para describir lo que Guillermo, Andrés, el patrón y la abuela harán mañana. **¡OJO!** Puedes referirte a los fotogramas de los personajes en la **Actividad B** si necesitas verlos de nuevo.

G. A inferir y predecir

En parejas, miren los fotogramas y contesten las preguntas.

© Kalashnikov - Monociclo Cine / Archivo lbv.co.

© Kalashnikov - Monociclo Cine / Archivo lbv.co.

1. ¿Qué se pone Andrés en el primer fotograma? ¿Por qué se lo pone? ¿Será para una ocasión especial? ¿Cómo se sentirá Andrés?

2. ¿Quiénes están en el segundo fotograma? ¿Cómo están vestidas las personas? ¿Qué sucede? ¿Adónde van?

3. En el segundo fotograma, ¿están en un pueblo, una ciudad o el campo? ¿Qué día será?

4. ¿Qué harán Guillermo y Andrés cuando lleguen al pueblo?

H. Sin sonido: Las pistas visuales

PASO 1. Mira el cortometraje entero sin sonido. Presta atención a las acciones y las emociones expresadas en la cara de los personajes. Basándote en las pistas visuales, escribe un párrafo de por lo menos cinco oraciones resumiendo lo que crees que ocurre en «Kalashnikov». Explica el argumento y el desenlace lo mejor que puedas. **¡OJO!** No te preocupes si no estás seguro/a. Observa y adivina. ¡Vas a mirar el cortometraje con sonido pronto!

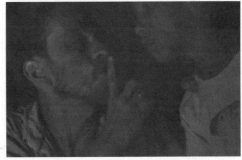

© Kalashnikov - Monociclo Cine / Archivo lbv.co.

PASO 2. Compara tu resumen del argumento (del **Paso 1**) con el de una pareja. ¿Son parecidas sus interpretaciones de las pistas visuales? ¿Cómo son diferentes?

PASO 3. Ahora, escribe cinco preguntas sobre el cortometraje. Usa cinco palabras interrogativas diferentes. Pueden ser preguntas sobre lo que sucede o de opinión. Hazle tus preguntas a tu pareja y apunta sus respuestas.

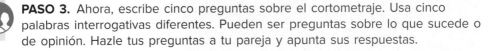

A. Los cultivos*

PASO 1. La diversidad geográfica permite el cultivo (*farming, cultivation*) de una gran variedad de alimentos en el mundo hispanohablante. En el cortometraje, Guillermo y Andrés llevan una vida agraria (*agrarian*). Lee las descripciones de la vida agraria e infiere el significado de las palabras **en negrilla.** Luego, lee las definiciones que siguen y escribe la palabra de vocabulario que se define.

© Kalashnikov - Monociclo Cine / Archivo lbv.co.

© Kalashnikov - Monociclo Cine / Archivo lbv.co.

El café **se cultiva** en muchos países latinoamericanos: Costa Rica, el Ecuador, El Salvador, Guatemala, Honduras, México, Nicaragua, Panamá, el Perú, la República Dominicana y Venezuela. Colombia es el cuarto productor mundial más grande de café y el mayor productor de café suave. Este tipo de café **se cultiva** a una altura mínima de 400 metros sobre el nivel del mar. Cuando **los granos** están maduros, se llaman cerezas (*cherries*) de café porque su color rojo se parece a la cereza.

Se requiere una mano de obra grande para **recoger** todas las cerezas de las plantas y a veces hay una escasez (*shortage*) de recolectores. Los sueldos que <u>los patrones</u> les pagan a **los campesinos** son bajos y la vida **agraria** puede ser dura. Los sueldos dependen de los precios del mercado, la calidad y la cantidad de la cosecha. Además del café, las flores, la caña de azúcar y el aceite de palma son otros productos **agrícolas** colombianos importantes.

© Kalashnikov - Monociclo Cine / Archivo lbv.co.

La agricultura da forma a la vida económica, social y diaria de muchas personas del mundo hispanohablante. Por ejemplo, el 80% de los centroamericanos depende de la agricultura. Desde Centroamérica se exportan productos como el azúcar, el banano y el café pero además, algunas hortalizas (*vegetables*) **se siembran** en **huertas** pequeñas destinadas a la venta local. También, algunos **campesinos** dependen de la agricultura de subsistencia para **alimentar** a su familia.

*Source: "Descripción de Café Arábica Suave Lavado," Países Productores de Café Arabica Suave Lavado. http://www.mildwashedcoffees.org; Sanabria, Hector, "La agricultura en Centroamérica," Interempresas.net, January 31, 2003.http://www.interempresas.net/Horticola/Articulos/70220-La-agricultura-en-Centroamerica.html; "Llegó la cosecha pero hay escasez de recolectores," Portafolio, April 8, 2015. http://www.portafolio.co; Workman, Daniel, "Coffee Exports by Country," World Top Exports, September 2, 2016. http://www.worldstopexports.com/coffee-exports-country/; "América Latina Exporta Más Café," *América Latina Business Review*, May 23, 2013. http://www .businessreviewamericalatina.com; "Venezuela incrementa la producción del café para abastecer la red de industria," Noticias24.com, April 24, 2014; "Ecuador con aroma de café," Instituto Ecuatoria de la Propiedad Intelectual, July 18, 2014. http://www.propiedadintelectual.gob

© Steven P. Lynch RF

gunos campesinos cultivan oductos ilícitos, como la arihuana, la hoja de coca la amapola (*poppy*), ltivos que prevalecen a esar de los esfuerzos para radicarlos, lo cual ha ovocado conflictos ciales en algunos países mo Colombia. Como parte e la guerra contra las ogas, los Estados Unidos, nto con el gobierno de olombia, ha promovido la istitución de cultivos ilícitos or productos como el café, banano o la piña. Pero stos productos son erecederos (*perishable*) y s campesinos ganan enos cultivándolos.

n la guerra civil olombiana, tanto los rupos paramilitares como s grupos guerrilleros se volucraron en el arcotráfico para financiar l conflicto armado. Los ampesinos que cultivan s productos enfocados en a guerra contra las drogas an estado entre la espada la pared (entre... *caught* n *the middle*) de un onflicto multifacético.

ras años de fumigaciones éreas, algunos grupos de as zonas rurales donde se cultivan la coca, la amapola la marihuana han pedido a legalización de estos roductos y han declarado u papel cultural en las omunidades campesinas.

Más vocabulario sobre los cultivos*

el cultivo	farming; cultivation
el/la terrateniente	landowner
agrícola	agricultural

Repaso: el árbol, el bosque, el campo

---

*Vocabulary words underlined and differently colored are featured in the dialogue of the short film.

Definiciones

1. El acto de poner las semillas de una planta en la tierra para cultivar esta planta: _____

2. Un área grande o pequeña creada para hortalizas: _____

3. Una persona que lleva una vida agraria. Su vida diaria gira en torno a (*revolves around*) los cultivos, la tierra y los animales: _____

4. En una plantación grande de café, los campesinos recogen los granos de café y esta persona les paga: _____

5. El acto de darle de comer para sustentar una persona o un animal: _____

6. Una persona o una familia que es el dueño / la dueña de la tierra. Históricamente, han controlado vastas áreas de tierras y los campesinos ganaban poco trabajándolas: _____

PASO 2. Responde a las preguntas.

1. ¿Cómo es la vida agraria en tu opinión? ¿Tranquila, aburrida, simple, dura? ¿Cuáles son las ventajas y las desventajas?

2. En tu opinión, ¿cómo deben alimentarse los seres humanos? ¿Debemos (no) depender de las huertas personales, los cultivos locales, las carnes, los granos, las grandes empresas agrícolas, etcétera?

3. ¿Qué productos agrícolas se cultivan en tu estado o en tu comunidad? ¿Los consumes tú? ¿Por qué?

4. ¿Tienes una huerta en tu casa? ¿Qué siembras o típicamente se siembran dónde vives? ¿Son populares las huertas urbanas? ¿Depende tu familia o dependían tus antepasados de la vida agrícola para sobrevivir?

5. ¿Tomas café? ¿Sabes de qué país viene el café que compras o que ves en los mercados? ¿Te importa la sostenibilidad ambiental? ¿Compras productos agrícolas sostenibles o de comercio justo? ¿Por qué?

---

†Source: "Constituyente nacional de campesinos colombianos cultivadores de coca, amapola, marihuana," Encod.org, June 6, 2015, http://www.encod.org; "Q & A: Colombia's Civil Conflict," BBC News, May 23, 2013. http://www.bbc.com; Hetzer, Hannah, "Colombia Ends Aerial Spraying of Illicit Crops," *Worldpost*, May 15, 2015, http://www.huffingtonpost.com; Cruz Olivera, Luis Felipe, "La sustitución de cultivos ilícitos es insuficiente," *Semana*, July 15, 2016. http://www.semana.com/; Aranda, Salvador, "Cultivos ilícitos, territorios y drogas en Latinoamérica: Perspectivas comparativas," *Dilemas: Revista de Estudios de conflicto e controle social*, October 4, 2012. http://revistadil. dominiotemporario.com

B. Los animales de la finca*

PASO 1. Primero, lee las oraciones sobre los animales de la finca e infiere el significado de las palabras **en negrilla**. Luego, en parejas, túrnense para responder a las preguntas. Por último, comparte las respuestas de tu pareja con la clase.

© Kalashnikov - Monociclo Cine / Archivo lbv.co.

© Christopher Pillitz/Getty Images

Guillermo y Andrés **crían gallinas** en el gallinero (*chicken coop*). **Las gallinas** les proporcionan **seguridad** alimentaria porque ponen huevos y se pueden comer. Algunos **campesinos** tienen **fincas** donde **crían** animales.

El Canadá, España, los Estados Unidos y México figuran en la lista de los diez mayores productores de carne del mundo. Entre los diez consumidores de carne más grandes del mundo se encuentran la Argentina, Australia, el Canadá, Chile, los Estados Unidos y el Uruguay. En Colombia, las carnes más consumidas por porcentaje son: la carne de pollo (el 47,5%), la carne de res (el 31,1%), la carne de **cerdo** (el 11,6%), y el pescado (el 9,8%).

En Colombia, aproximadamente tres cuartos de la tierra para la agricultura se dedica a **la ganadería**. En la Argentina, el Uruguay y otros países, **el ganado** bovino, o sea, los toros y <u>las vacas</u>, es un elemento económico esencial para la producción de leche y carne. La figura emblemática del «gaucho» de las llanuras de la Argentina y el Uruguay surge de la vida **agraria** moldeada por **la ganadería.**

© Cris Bouroncle/AFP/Getty Images

Los animales como la alpaca, la llama y la vicuña **se crían** en la cordillera de los Andes. **Los pastores** andinos los **crían** para las fibras que se fabrican del pelaje (*fur*) de los animales.

Más vocabulario sobre los animales de la finca

el cerdo	pig; pork
la (in)seguridad	(in)security

Repaso: el paisaje

---

*Source: "Ganadería," *Todo-Argentina.net*, 2016. http://www.todo-argentina.net; "Panorama del consumo de carnes en Colombia en la última década," *contextoganadero.com*, October 30, 2015. http://www.contextoganadero.com/; Myers, Joe, "These Countries Eat the Most Meat," *World Economic Forum*, July 29, 2015. https://www.weforum.org; Steiner, Roberto & Vallejo, Hernán, "Agriculture in Colombia: A Country Study," *Library of Congress Federal Research Division*, 2010. https://www.loc.gov

PARA TU INFORMACIÓN: EL ESPAÑOL DE COLOMBIA

Algunas expresiones comunes colombianas son:

listo
  Está bien.

apuntarse
  to accompany others; to do what others are doing

A la orden.
  You're welcome; At your service; I am here if you need anything.

chévere
  great, terrific

¿Cómo así?
  What do you mean?

dizque (dice que)
  they say that

¿Qué más?
  How are you?

¡Qué pena!
  I am sorry.

¿Quihubo?
  What's up?

Preguntas

1. ¿Comes carne o eres vegetariano/a? Si comes carne, ¿qué tipos de carne consumes? ¿Por qué?

2. ¿Qué animales se crían cerca de donde vives para la producción de carne? ¿En qué partes de tu país es importante la ganadería? ¿Se consume más carne de res, carne de pollo, carne de cerdo o pescado en tu comunidad?

3. Por varias razones, hay algunas personas que creen que debemos comer menos carne. ¿Cuáles son algunas de las razones? ¿Estás de acuerdo? ¿Por qué?

4. Además de la vaca, ¿qué animales asocias con la vida agraria? ¿Cuáles son las dificultades de criar estos animales? ¿Cuáles son las ventajas?

5. ¿Qué asocias con la vida de un(a) pastor(a)? ¿Qué animales asocias con esa vida? ¿Hay personas en tu comunidad que tengan llamas o alpacas?

PASO 2. Usa palabras de vocabulario (de las actividades anteriores) para completar la conversación imaginada entre Guillermo y su amigo Arturo, a quién le debe (*owes*) dinero.

GUILLERMO: ¿Qué más, Arturo? ¿Todo bien?

ARTURO: Hola, Guille. ¿Quihubo?

GUILLERMO: Pues, qué pena con Ud., Arturo, pero, ahoritica le pago la plata que le debo. Dizque la cosecha del café no es muy buena esta temporada. Vamos a ver. Pero, creo que hemos _____[1] muchos _____[2] de café cereza hoy. Ojalá que _____[3] nos pague pronto. ¿Listo?

ARTURO: Tranquilo. No se preocupe. Mi primo tiene _____[4] en el pasto[a] de su _____[5] y piensa vender algunos animales. Él va a compartir la platica que gane conmigo porque lo ayudé a _____[6] y cuidar a algunas de las _____[7] lecheras que tiene. Le presto a Ud. lo que le haga falta si Ud. quiere comprar algo más para la primera comunión de Andrés.

GUILLERMO: Se lo agradezco, Arturo. Las cosas están duras.

ARTURO: A la orden.

GUILLERMO: ¿Sabe qué? Creo que voy a hacer una _____[8] al lado del gallinero. Compro unas semillas y _____[9] zanahoria, cebolla, lechuga y tal vez yuca al lado de mi casa. Tenemos unas _____[10] que ponen unos huevos todos los días, pero con unas hortalizas comemos mejor.

ARTURO: Menos mal que[b] las semillas se pueden comprar por poca plata.

GUILLERMO: Disculpe, Arturo, Me tengo que ir. M'ijo me está esperando. Que le vaya bien, Arturo. Adiós.

ARTURO: Hasta mañana.

---

[a]*grass*   [b]Menos... *Luckily*

C. ¿Son del Nuevo Mundo?

En parejas, hablen sobre las plantas y los animales de Latinoamérica. Uno/a de Uds. va a usar **MAPA** y **TABLA A** y el otro / la otra va a usar **MAPA** y **TABLA B**. (**MAPA** y **TABLA B** están al final de este capítulo.) Hazle preguntas a tu pareja para obtener la información que no tienes en tu mapa y tabla. Una vez que Uds. hayan llenado las primeras cuatro columnas, colaboren para terminar las descripciones en la última columna. Den todos los detalles que puedan. **¡OJO!** No mires el mapa ni la tabla de tu pareja. Uds. deben compartir información solamente conversando.

MAPA A

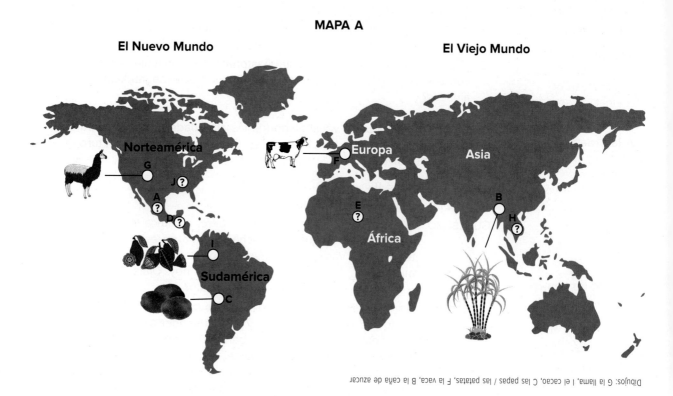

Dibujos: G la llama, I el cacao, C las papas / las patatas, F la vaca, B la caña de azúcar

TABLA A

Letra que corresponde a este animal o planta	Nombre	¿Animal o planta?	Origen	Descripción
1. __	la _____	_____	El nuevo mundo: _____	Es un tubérculo (*tuber*) y muchas veces se asocia con...
2. __	el _____	una planta	El nuevo mundo: Centroamérica	_____ _____ ____
3. __	la _____	_____	El nuevo mundo: _____	Migró a Sudamérica después de millones de años de vivir en otro continente. Hoy se usa para...

4. __	el _____	una planta	El nuevo mundo: Norteamérica y Sudamérica	_____ _____
5. __	el _____	_____	El nuevo mundo: _____	Se fermenta y se seca esta semilla para producir una variedad de alimentos, algunos muy dulces, otros amargos. También es...
6. __	el ____	una planta	El nuevo mundo: México	_____ _____
7. __	la _____	_____	El viejo mundo: ___ _____	Es un tipo de hierba que crece muy larga.
8. __	el ____	una planta	El viejo mundo: África	_____ _____ ____
9. __	la ____	_____	El viejo mundo: _____ ____	Es domesticada. De ella se usan la carne, la leche y la piel. Es...
10. __	la _____	una planta	El viejo mundo: el Sudeste asiático	_____ _____

PARA TU INFORMACIÓN: LAS TENDENCIAS POLÍTICAS EN LATINOAMÉRICA

El uso de las palabras izquierda (*left*) y derecha (*right*) para hablar de tendencias políticas se originó en la Revolución Francesa al final del siglo XVIII. Los miembros de la Asamblea Nacional que estaban de acuerdo con el rey se sentaban a la derecha del presidente de la asamblea y los que estaban a favor de la revolución se sentaban a su izquierda. Aunque estos términos simplifican la complejidad y la variabilidad de la política, su uso es común como un atajo (*shortcut*) para hablar de ciertas tendencias ideológicas.

En general, la política izquierda, o **liberal**, busca eliminar la desigualdad social y económica y por lo tanto desconfía de los intereses capitalistas que dejan a muchos atrás. Además, favorece un gobierno que intervenga en la economía, en diverso grado, y que establezca leyes que protejan los derechos de las minorías y ayuden a crear más igualdad.

Los partidarios de la política derecha, o **conservadora**, confía más en el poder del mercado libre para mejorar las vidas de la mayoría. No cree que el gobierno pueda remediar muchas de las desigualdades sociales y económicas.

D. La guerrilla en Latinoamérica

PASO 1. Lee sobre el término **la guerrilla** y su relevancia para muchos conflictos mundiales. Luego, escucha las preguntas sobre la información y emparéjalas con sus respuestas. **¡OJO!** Cada respuesta se usa solo una vez.

Dos de Mayo Uprising: defending the artillery barracks of Monteléon (detail). Oil. 19th centrury. Spanish School/Museo de Historia-Pinturas, Spain/© Album/Art Resource, NY

© Luis Acosta/AFP/Getty Images

La palabra **guerrilla** se usa tanto en español como en inglés y significa «guerra pequeña». El uso del término para describir a combatientes informales se remonta al siglo XIX durante la Guerra de Independencia en España cuando **los campesinos** españoles trataron de **echar** a los invasores franceses de su tierra. El pueblo español **se levantó contra** los soldados franceses. Durante el **levantamiento**, **los campesinos lucharon** en grupos pequeños no organizados contra los franceses usando métodos como emboscadas (*ambushes*). Eran más móviles que el ejército oficial y con sus tácticas al final lograron **echar** a los franceses.

En Latinoamérica, durante el siglo XX ha habido varias **luchas** armadas en las que los guerrilleros han desempeñado un papel importante. En general, en Latinoamérica, los movimientos guerrilleros se asociaban con las ideologías marxistas y su meta era emplear **medidas** violentas para acabar con los regímenes de su país. Había o hay grupos guerrilleros que apoyan varios tipos de ideologías **izquierdistas** en la Argentina, Bolivia, Colombia, Chile, Cuba, El Salvador, Guatemala, México y Nicaragua, entre otros lugares. En Cuba, Nicaragua, y Venezuela, estas **luchas** llevaron a gobiernos **izquierdistas**. En otros casos, las insurgencias fueron aplastadas (*crushed*).

En general, estos grupos guerrilleros **se oponen** y **se oponían** a las ideologías **derechistas**, ideas que favorecen el estatus quo. Según algunos grupos guerrilleros, las ideas derechistas **promueven** la desigualdad política y socio-económica. En cambio, los grupos guerrilleros, con sus acciones violentas, **exigen** cambios fundamentales a las estructuras y sistemas de una sociedad.

Más vocabulario sobre la guerrilla	
echar	to kick out
oponerse a	to oppose
promover (ue)	to promote
la medida	measure; means
Repaso: acabar con, la política	

Comprensión

1. ___   a. la política izquierdista
2. ___   b. el marxismo
3. ___   c. la política derechista
4. ___   d. La Guerra de Independencia
5. ___   e. Francia
6. ___   f. las medidas violentas, luchar en grupos pequeños, emboscadas

PASO 2. Completa las siguientes oraciones con una palabra del vocabulario.

1. Típicamente, los guerrilleros luchan contra _____ regular de un país.

2. En muchos conflictos políticos, la política izquierdista _____ la política derechista.

3. Los guerrilleros son más móviles, emplean tácticas distintas a las de un ejército regular, y están dispuestos a usar _____ violentas para lograr sus metas.

4. Durante la Guerra de Independencia, el pueblo español _____ los _____ franceses. Después de luchar seis años, lograron _____ al ejército francés.

PASO 3. Responde a las preguntas.

1. Los términos «izquierdista» y «derechista» se usan de forma general en muchos países del mundo. ¿Qué ideas generales promueve cada grupo político? ¿A qué ideas y metas se opone cada grupo?

2. Como se sabe, el mundo no es tan simple como para abarcar (*to cover*) la política en dos polos opuestos. ¿Cuáles son algunos ejemplos de tu país que demuestren la complejidad de la política?

3. ¿Qué levantamientos históricos conoces? ¿Se los puede considerar luchas guerrilleras? ¿Por qué?

E. Las raíces del conflicto armado colombiano*

PASO 1. Antes de leer toda la lectura sobre las raíces de la polarización política en Colombia y la guerra civil colombiana, lee solamente el PRIMER párrafo y escribe tres preguntas que tienes sobre el tema que esta lectura pueda contestar. Imagina que después de leer todo el texto, tendrás que explicarle el tema a otra persona.

Las raíces del conflicto armado colombiano

La guerra civil colombiana **ha involucrado** varios grupos, ha durado unos cincuenta años y ha dejado a unas 225.000 personas **muertas**. Además, el conflicto ha engendrado muchas más **víctimas** de la violencia, la desconfianza y **la inseguridad** de un país sacudido por una guerra civil. Algunos sostienen[a] que en realidad el conflicto ha durado unos cien años.

© Gerardo Gomez/AFP/Getty Images

---
[a]*maintain*

*Source: Durán, Paula, "Colombia rechaza el acuerdo de paz con las Farc y entra en un momento de incertidumbre", *The New York Times*, October 2, 2016; "Colombian conflict has killed 220,000 in 55 years, commission finds", *The Guardian*, July 25, 2013; "Movimiento Guerrillero FARC: La violencia que generó más violencia", www.colombia.com, 2002; Cragin, Kim and Bruce Hoffman, "Arms Trafficking and Colombia", RAND National Defense Institute, 2003.

Pregunta 1: _____

Pregunta 2: _____

Pregunta 3: _____

PASO 2. Ahora lee todo el texto. Escribe respuestas a las preguntas del **Paso 1**. Si el texto no contestó tu pregunta, indica la información que todavía te falta. Luego, escribe dos o tres preguntas que todavía tienes.

La continuación de «Las raíces del conflicto armado colombiano»

... El conflicto es complejo y tiene raíces políticas, económicas y sociales. La complejidad tiene que ver, en parte, con el hecho de que haya cuatro grupos que están en conflicto: el gobierno colombiano, grupos **guerrilleros**, grupos **paramilitares** y narcotraficantes.

Los conflictos que se manifiestan hoy en día se originan en la desigualdad que ha existido desde la época colonial entre los pocos ricos, generalmente de ascendencia europea y la mayoría de etnia mixta, indígena o africana.

Se puede rastrear[b] el origen del conflicto a principios del siglo XX cuando había una gran disparidad entre **los terratenientes** ricos del **cultivo** de café y **los campesinos** pobres que trabajaban en esos campos. El problema de la distribución desigual de la tierra llevó a muchos **campesinos** a identificarse y apoyar movimientos políticos **izquierdistas** y a veces comunistas. Como consecuencia, se formaron grupos **guerrilleros** que aseguraban **estar luchando** por los derechos de **los campesinos**.

Como respuesta a la amenaza percibida de las actividades comunistas en Colombia y otros países latinoamericanos, especialmente durante la Guerra Fría, los Estados Unidos también **se involucró** en el conflicto, muchas veces a través de operaciones encubiertas.[c]

Algunos de los liberales organizaron grupos **guerrilleros** que se inspiraron por ideas marxistas/comunistas. Al principio, **lucharon** contra el gobierno, pero luego **se involucraron** grupos adicionales.

El grupo **guerrillero** colombiano más grande, las Fuerzas Armadas Revolucionarias de Colombia, se formó en 1964 y declaró que su objetivo era crear un estado nuevo y «**acabar con** las desigualdades sociales, políticas y económicas, la intervención militar y de capitales estadounidenses en Colombia». En este contexto, la palabra «capital» se refiere a las inversiones extranjeras y los intereses económicos.

Pero, a través del tiempo, terminó empleando **medidas** violentas, como **asesinatos** y **secuestros**. En respuesta a las actividades **guerrilleras** en muchas zonas, algunos grupos **paramilitares** surgieron[d] para combatir los grupos como las FARC, y así creció y se inflamó el conflicto armado.

Los cuatro grupos involucrados en el conflicto acumularon **armas**, lo cual creó un ambiente de **inseguridad**, con mucha gente atrapada en medio. A pesar de que mucha gente quería evitar problemas y no aliarse con un lado u otro, muchos han sido **víctimas** de extorsiones y sobornos.[e]

Además, los intereses y los motivos de los varios participantes en el conflicto a veces coincidían. Algunos grupos **guerrilleros se involucraron en** el narcotráfico para ganar dinero y por tanto, protegieron a los cultivadores de la hoja coca, un producto **agrícola** que el gobierno quería erradicar. En general, había personas corruptas en todos los lados, aunque los partidarios[f] de un lado u otro hubieran justificado sus acciones porque los objetivos las requerían.

En 2016, el gobierno colombiano y las FARC acordaron un cese de fuego,[g] según el que las FARC tendrían que dejar **las armas**, las cuales les han dado **seguridad** y un estatus social alto. Pero en octubre del mismo año, los votantes colombianos rechazaron un acuerdo de paz con las FARC que habría acabado la guerra y les habría otorgado diez puestos en el Congreso a los representantes de las FARC. Este voto de muy estrecho margen (49,76% a favor, 50,23% en contra) demostró que, a pesar del alto de fuego, Colombia se quedaba fuertemente dividida.

^b*trace*   ^c*covert*   ^d*emerged*   ^e*bribes*   ^f*supporters*   ^g*cese... ceasefire*

Más vocabulario sobre la guerra

herir (ie)	to wound
matar	to kill
el asesinato	murder
el/la paramilitar	militia member
<u>el secuestro</u>	kidnapping
<u>el soldado</u> / **la mujer soldado**	soldier
contra la voluntad de alguien	against someone's will
seguro/a	sure; safe

Repaso: la violencia

Respuesta 1: _____

Respuesta 2: _____

Respuesta 3: _____

Información que me falta todavía:

_____

PASO 3. Determina si las oraciones son ciertas o falsas según la lectura. Corrige las oraciones falsas y llena los espacios en blanco con palabras de vocabulario.

	CIERTO	FALSO
1. El conflicto colombiano era bastante sencillo. Solamente había dos lados que _____	_____	_____
2. Los guerrilleros y los grupos paramilitares no se oponían. Es decir, _____ en el mismo lado.	_____	_____
3. La guerra civil duró por lo menos cincuenta años y _____ a unas 225.000 personas.	_____	_____
4. Los guerrilleros no emplearon _____ violentas como los secuestros y _____. Solamente el gobierno y los grupos paramilitares eran violentos.	_____	_____

5. Muchos colombianos son _____ de la violencia llevada a cabo por todos lados del conflicto.

6. En 2016, como parte de un cese de fuego, el gobierno acordó dejar sus _____, pero los grupos guerrilleros y los paramilitares no tenían que dejar las suyas.

PASO 4. En varias escenas del cortometraje, se alude al conflicto armado que sirve como telón de fondo (telón... *backdrop*). Lee los diálogos, escucha las definiciones de las palabras y escribe la palabra o frase que se describe. **¡OJO!** Cada palabra **en negrilla** en los diálogos se usa solo una vez en las respuestas.

© Kalashnikov - Monociclo Cine / Archivo lbv.co.

© Kalashnikov - Monociclo Cine / Archivo lbv.co.

ANDRÉS: ¡Ay, metralletas!ª
GUILLERMO: Chí, deje esa bulla,ᵇ m'ijo.
ANDRÉS: Pa', hay que decirles a **los soldados**.
GUILLERMO: Pero, ¿cómo? ¿Ud. se embobó,ᶜ hombre? No ve que después dicen que somos **guerrilleros**.
ANDRÉS: Ay, pa', me regala una para **matar** gallinazos.ᵈ

GUILLERMO: Ah, no, Don Rafael, además yo no sé nada de esas **armas**.
DON RAFAEL: Yo tengo una amistad en **el ejército** que nos va a ayudar. Además de eso, mire extorciones, vacunas,ᵉ cartas, **secuestros,** nos tienen locos, van a **acabar con** nosotros.

_____

ª*submachine gun* ᵇ*commotion* ᶜ*¿Ud... Did you become dumb?* ᵈ*vultures* ᵉ*payment required in an extorsion*

MODELO: *Escuchas:* una frase que significa terminar o matar
Escribes: acabar con

1. _____
2. _____
3. _____

4. _____
5. _____
6. _____

F. El activismo*

PASO 1. Lee los textos sobre el activismo e infiere el significado de las palabras **en negrilla**. Luego, completa la tabla según la información de las lecturas.

¿Qué es ser activista? Hay muchos tipos de activismo, pero en general los activistas intentan **mejorar** las condiciones, o cambiar las acciones o actitudes de otras personas. Se dedican a **un tema**, como los derechos de mujeres, minorías u otros grupos; buscan **hacer correr la voz** de su causa, a veces por **hacer campañas** políticas, o por **boicotear** una empresa. Una forma de protesta muy popular es la marcha, o **manifestación**. A continuación hay algunos ejemplos de **manifestaciones** populares.

© Sebastian Castañeda/Andolu Agency/Getty Images

© Markus Matzel/ullstein bild via Getty Images

El activismo ambiental

El activismo ambiental puede tener consecuencias peligrosas. En Latinoamérica, algunos de los defensores más vocales del medio ambiente han sido asesinados. El 40% de **los asesinatos** era de la gente indígena que vive en zonas rurales de muchos recursos naturales.

En 2015, miles de **manifestantes protestaron** un proyecto de minería de cobre en el sur del Perú, inquietados por la posibilidad de contaminación ambiental. Hubo choque entre **los manifestantes** y la policía y murieron tres personas.

El activismo político

Uno de los movimientos más famosos de Latinoamérica es Las Madres de la Plaza de Mayo. Marchan en la Plaza de Mayo en Buenos Aires cada semana para **protestar** la violencia estatal. La ubicación de la Plaza de Mayo es significativa porque se sitúa frente a la Casa Rosada, la sede oficial de la presidencia de la Argentina. En **las pancartas** que llevan hay fotos de sus hijos y nietos desaparecidos que **exigen** su aparición con vida (aparición... *safe return*) o información sobre lo que les pasó durante la guerra sucia, un período (1976–1983) en que el gobierno argentino **desapareció** y asesinó a miles de ciudadanos. El número oficial de personas desaparecidas es aproximadamente 10.000, pero algunas de las madres de hijos desaparecidos dicen que había más de 25.000.

*Source: Segovia, M., C. Urquieta and M. Jiménez, "El 21 de mayo en la calle: las manifestaciones que preocupan a La Moneda", *El Mostrador*, May 19, 2016; Cuiza, Paulo, "Discapacitados inician su octava semana de protestas con marchas en La Paz y Cochabamba", *La Razón Digital*, June 6, 2016; "El millonario proyecto minero mexicano que desata las protestas en Perú", *BBC Mundo*, May 15, 2015; Sánchez, Felipe, "El asesinato de ecologistas bate récords," *El País*, June 20, 2016. http://internacional.elpais.com

© Jorge Bernal/AFP/Getty Images

© Marcelo Benitez/LatinContent/Getty Images

El activismo por los derechos de los discapacitados
En 2016, un grupo de **manifestantes** discapacitados marcharon en La Paz, Bolivia, **protestando** las malas condiciones de vida. **Hicieron una campaña** para **exigir** un aumento de beneficios para los que no pueden trabajar debido a su discapacidad. En 2015, el sueldo mínimo para los trabajadores en Bolivia fue 1.800 bolivianos por mes, pero una persona discapacitada recibía solo 1.000 bolivianos (menos de 150 dólares) por año del gobierno. Los **manifestantes** discapacitados **exigieron** un bono mensual (bono... *monthly voucher*) de 500 bolivianos.

El activismo estudiantil
En 2015, cientos de estudiantes **protestaron** mediante una sentada (*sit-in*) en Valparaíso, **exigiendo** cambios al sistema de educación en Chile. **Condenaban** el sistema en que los individuos tienen que pagar la educación, diciendo que tal sistema agrava las diferencias socioeconómicas, por favorecer a la clase alta y negar las oportunidades a la clase baja. **Promueven** un sistema educativo gratis, proclamando que la educación debe ser derecho de todos.

Más vocabulario sobre el activismo ambiental, político y social

apuntarse a algo	to sign up for
desaparecer (a alguien)	to "disappear" someone (*abduct/murder*)
hacer correr la voz	to spread the word
oponerse a	to oppose
el golpe de estado	coup d'etat
el levantamiento	uprising
la posición / la postura	position (*ideological*)

Repaso: la elección, la organización sin fines de lucro

	PROBLEMA O SITUACIÓN QUE LES MOTIVÓ A LOS ACTIVISTAS	LO QUE QUIEREN LOGRAR	LAS MEDIDAS QUE TOMARON PARA LOGRAR SUS OBJETIVOS	UN EJEMPLO DE ESTE TIPO DE ACTIVISMO EN MI PAÍS
1. el activismo ambiental	_____ _____ ____	_____ _____ ___	_____ _____	_____
2. el activismo político	_____ _____ __	_____ _____ _____ _____	_____ _____ _____	_____
3. el activismo por los derechos de los discapacitados	_____ _____ ____	_____ _____	_____ _____ _____ _____	_____
4. el activismo estudiantil	_____ _____ _____ ____	_____ _____	_____ ___	_____

 PASO 2. En grupos pequeños, respondan a las preguntas.

1. De los cuatro tipos de activismo descritos en los textos, ¿qué tipo de activismo te parece más eficaz, más importante, más difícil de lograr?
2. ¿Has participado en algún tipo de protesta? ¿Has visto una manifestación? ¿Qué protestaban?
3. Identifica y explica algunos resultados posibles (positivos y/o negativos) de las manifestaciones u otros tipos de activismo.

G. ¿Qué opinan los demás?

PASO 1. Las personas entrevistadas contestan las siguientes preguntas. Lee las preguntas y escribe por lo menos cinco palabras del vocabulario de este capítulo que probablemente van a incluir en sus respuestas.

- ¿Cuáles son los centros agrícolas en su país de origen? ¿Qué cultivos y productos agrícolas son importantes en su país?
- ¿Hay alguna verdura o fruta de su país que no se pueda encontrar aquí? ¿Qué y cómo es?
- ¿Ha vivido/trabajado Ud. en una finca, criado animales para vender o comer, o cultivado algún alimento en un jardín? Si no lo ha hecho, ¿le gustaría hacerlo?

1. _____ 2. _____ 3. _____ 4. _____ 5. _____

PASO 2. Lee las siguientes descripciones de alimentos que van a mencionar los entrevistados. Empareja la descripción con la imagen que le corresponda.

____ 1. Esta fruta que se convierte en mermelada y se come con el queso manchego.

____ 2. En la Argentina, el mate es una infusión hecha de las hojas de un árbol, la yerba mate. Al mate se pueden agregar estas plantas para que tenga sabor.

_____ 3. Esta fruta se parece a una piña y es amarilla. También puede ser rosada. Por dentro es como el algodón.

_____ 4. Esta fruta verde es muy dulce, blanca por dentro y tiene semillas.

_____ 5. Esta fruta es amarilla y es como una naranja pequeña. Tiene chuzos (*spines*).

_____ 6. Esta fruta tiene la forma de una gota (*droplet*) o un corazón. Es de color café por fuera y anaranjado por dentro.

a. el madroño

b. el zapote

c. el membrillo

d. la chirimoya

e. las hierbas

f. la pitaya

Palabras y frases útiles

la avena
oats, oatmeal

los chucitos
little spines

la chufa
tiger nut / Florida almond

el cultivo de secano
dry farming (rain only, no irrigation)

la gota
droplet

el marrano
pig

el matadero
slaughterhouse

la soja
soy (soybeans)

triturar
crush, grind

PASO 3. Primero, lee las oraciones. Luego, mira las entrevistas. Por último, llena los espacios en blanco con una palabra de vocabulario e identifica quién hizo cada comentario.

Gastón   Andrés   Ainhoa

© McGraw-Hill Education/ Klic Video Productions

agrícola   creció   crié   cultivar   cultivos   finca   vacas

_____ 1. En Colombia, hay muchos _____ de vegetales y de fruta. La naranja en especial es un producto bastante colombiano.

_____ 2. He vivido en una _____. He cultivado alimentos. Sí, he cultivado animales para vender y para comer. Y no sé qué tan orgulloso me sienta de eso.

_____ 3. Quizá la zona del sur de España es la zona más _____. Es donde crecen la mayoría de nuestros cultivos.

_____ 4. Cuando era pequeño, me _____ entre la ciudad y el campo. Y en el campo teníamos _____, pollos, marranos y caballos.

_____ 5. En la Argentina, son importantes la soja (*soybeans*), que
últimamente _____ mucho, el comercio de soja, y también
todas las frutas que te puedas imaginar, y sobre todo la carne.

_____ 6. Me gustaría _____ mis propios cultivos en un jardín, sí. Porque
me parece que es importante que tomemos conciencia de que eso
es algo que siempre estuvo con nosotros, con la raza humana.

 PASO 4. En parejas, túrnense para leer los siguientes comentarios de los
entrevistados. Luego, explica si, a base de su comentario, tienes algo en
común con la persona entrevistada.

MODELO: Ainhoa dijo: Los principales productos de nuestro país son el
aceite, el aceite de oliva, muy famoso.

Tú dices: Me encanta el aceite de oliva y lo uso para cocinar.
Creo que también se produce en los Estados Unidos, en estados
como California que tienen el clima óptimo para el cultivo de
olivas.

Tu pareja dice: Sí, se produce en los Estados Unidos, pero los
aceites de España son famosos por una razón. Son excelentes.
He probado algunos. A mí me encanta usar el aceite de oliva
como una salsa para pan fresco. Añado un poco de sal y
pimienta al aceite y está riquísimo.

1. Andrés dijo: «Gran parte de mi familia es vegetariana. El hecho de que mi
familia fuera vegetariana sí tuvo una influencia grande en la decisión de
para de vender animales».

2. Gastón dijo: «No me gustaría trabajar en una finca y nunca trabajé
tampoco. Pero sí me gustaría... tener mi propio cultivo en un jardín... es
más saludable y más económico que lo tengamos en nuestro propio
jardín».

3. Andrés dijo: «En el campo teníamos vacas, pollos, marranos, y el pueblo al
cual pertenecíamos específicamente era vacuno. Se vendían muchas vacas.
Entonces era un negocio familiar, las ordeñábamos, las mandaban al
matadero, las mataban para carne».

4. Gastón dijo: «Nosotros tomamos una infusión que se llama mate, no sé si
lo escuchaste, que se le pone yerba mate adentro de un recipiente, con
una bombilla y hay que, y se le pone agua caliente».

 PASO 5. En parejas, conversen sobre sus propias ideas respecto a las
preguntas del **Paso 1**. Vuelve a ver los videos cuantas veces que te sea
necesario.

III. GRAMÁTICA

6.1 «Sí m'ijo, lo ideal sería que el niño estuviera con su mamá.»

El imperfecto y pluscuamperfecto de subjuntivo

 ¿Comprendiste?

Mira el cortometraje entero sin los subtítulos. **¡OJO!** No te preocupes si no entiendes todo el diálogo del cortometraje. Míralo varias veces y usa el contexto (por ejemplo, los gestos, las acciones, el sonido y el escenario) para ayudarte a entender el argumento. Enfócate en las palabras que sabes.

PASO 1. Mientras miras el cortometraje, fíjate en lo que los personajes quieren que otras personas hagan. Escribe cinco oraciones para describir lo que una persona quiere, prefiere, pide, recomienda, aconseja, etcétera, que otra persona haga, o que no haga. También puedes empezar tus oraciones con frases impersonales como «es importante/necesario/mejor que», «es triste/bueno/malo/sorprendente que», etcétera. Recuerda usar el presente de subjuntivo en la cláusula dependiente.

Palabras útiles
abogar
to champion; to
fight for
albergar
to house; to
shelter
caer del cielo
to fall from
the sky
el cajón
crate
el campo
the country,
rural area
comulgar
to take
communion
confesarse (ie)
to go to
confession
enterrar (ie)
to bury
los escuadrones de muerte
death squads

© Kalashnikov - Monociclo Cine / Archivo lbv.co.

MODELOS: Para Guillermo, es muy importante que Andrés no le **cuente** a nadie que tienen las armas.
Guillermo le exige que Andrés no **diga** nada sobre las armas.
Es muy sorprendente que **encuentren** armas en su tierra.

 PASO 2. En parejas, túrnense para poner las oraciones que siguen en orden cronológico. Escribe **1** para lo que sucedió primero, **2** para lo que sucedió después y así sucesivamente (y... *and so on*). Luego, decidan a qué fotograma corresponde cada una.

© Kalashnikov - Monociclo Cine / Archivo Ibv.co.

a.

© Kalashnikov - Monociclo Cine / Archivo Ibv.co.

b.

© Kalashnikov - Monociclo Cine / Archivo Ibv.co.

c.

© Kalashnikov - Monociclo Cine / Archivo Ibv.co.

d.

© Kalashnikov - Monociclo Cine / Archivo Ibv.co.

e.

© Kalashnikov - Monociclo Cine / Archivo Ibv.co.

f.

____ Guillermo quería que don Rafael, el patrón, comprara el Kalashnikov.
Fotograma: ____
____ Andrés le pidió a su padre que le comprara una bicicleta.
Fotograma: ____
____ A Guillermo y Andrés les sorprendió que un cajón de armas cayera del cielo.
Fotograma: ____
____ Era trágico que Guillermo y doña María sintieran un dolor insoportable.
Fotograma: ____
____ Guillermo estaba contento de que Andrés se confesara por primera vez.
Fotograma: ____
____ Andrés quedó muy contento de que su padre hablara con el vendedor de la bicicleta.
Fotograma: ____

Actividades analíticas

El imperfecto de subjuntivo

¡A analizar!

Mira los fotogramas que están en orden cronológico y lee las descripciones. Llena los espacios en blanco con el pretérito de los verbos entre paréntesis, usando la forma tercera persona plural. Luego, lee las oraciones numeradas (*numbered*) que expresan qué querían o cómo reaccionaron los personajes. Para cada oración, escribe la letra del fotograma que más lógicamente le corresponde.

© Kalashnikov - Monociclo Cine / Archivo lbv.co.

a. Andrés le trajo el almuerzo a su padre y luego _____ (almorzar) juntos.

© Kalashnikov - Monociclo Cine / Archivo lbv.co.

b. Para cruzar un río, _____ (caminar) encima de unos troncos de árboles. _____ (Usar) palos y _____ (tener) mucho cuidado al cruzar para no caerse en el agua.

© Kalashnikov - Monociclo Cine / Archivo lbv.co.

c. Guillermo y Andrés _____ (criar) gallinas. Las _____ (albergar) en un gallinero y les _____ (dar) granos para comer.

© Kalashnikov - Monociclo Cine / Archivo lbv.co.

d. Guillermo y Andrés _____ (ir) a la iglesia donde Andrés y los otros niños _____ (confesarse) con el cura.

© Kalashnikov - Monociclo Cine / Archivo lbv.co.

e. Estos chicos _____ (bajarse) de sus bicicletas y le _____ (tirar) piedras a un gato. ¿Por qué lo _____ (hacer)? ¿No _____ (sentir) compasión por el animal?

© Kalashnikov - Monociclo Cine / Archivo lbv.co.

f. Guillermo y Arturo _____ (estar) toda la noche en un bar. El día siguiente, doña Marina le gritó a Guillermo por ser irresponsable.

© Kalashnikov - Monociclo Cine / Archivo lbv.co. © Kalashnikov - Monociclo Cine / Archivo lbv.co.

g. Guillermo y doña Marina no _____ (poder) encontrar a Andrés. Trágicamente, poco después, _____ (saber) que estaba muerto.

h. Ellos _____ (enterrar) a Andrés en el cajón que se había caído del cielo y que contenía las armas. Lo _____ (vestir) en el traje que su padre había comprado para su Primera Comunión. El cajón y el traje _____ (ser) objetos inocentes y simples que simbolizaron la tragedia.

_____ 1. Para la gente religiosa del pueblo, era importante que los niños **fueran** a la iglesia y que **se confesaran** antes de comulgar por primera vez. Era esencial que **recibieran** la primera comunión y que **comprendieran** el significado de la Eucaristía.

_____ 2. Nos conmovió que **enterraran** a Andrés en el cajón que contenía las armas y que lo **vistieran** en el traje para la Primera Comunión. Ojalá que no **hubiera** una guerra civil y que Andrés no **fuera** su víctima.

_____ 3. Era horrible que no **pudieran** encontrar a Andrés. Por la expresión en su cara, es como si Guillermo ya **supiera** que algo terrible había pasado. Ojalá que Andrés **estuviera** vivo.

_____ 4. A Doña Marina le enojó que Guillermo y Arturo **estuvieran** toda la noche en el bar. A ella le preocupó que Andrés **estuviera** solito en la casa.

_____ 5. Todos los días era necesario que Guillermo y Andrés **caminaran** a casa al final del día. Al cruzar el río era importante que **usaran** palos y que **tuvieran** mucho cuidado.

_____ 6. Además de trabajar para ganarse la vida, era bueno que Guillermo y Andrés **criaran** gallinas y que las **albergaran** en un gallinero. Ese día, Guillermo le pidió a Andrés que les **diera** de comer.

_____ 7. A Andrés le molestaba mucho que estos chicos le **tiraran** piedras a un gato inocente. Él les dijo que no lo **hicieran**. Andrés dudaba que **sintieran** compasión por el animal.

_____ 8. Andrés dijo que era posible que en bicicleta él **pudiera** traerle el almuerzo más rápido a su padre. Pero Guillermo dijo que era imposible que ellos **compraran** la bicicleta, porque no tenían la plata.

1. The past subjunctive, also known as the imperfect subjunctive, is triggered by the same kinds of situations as the present subjunctive (expressions of volition, reactions, doubt, and so on). While the present subjunctive is used to talk about actions in the present or the future, the past subjunctive is necessary when the actions or events occurred in the past.

The following are categories of phrases and verbs that trigger the subjunctive. Look for additional examples of these categories in the numbered ¡A analizar! sentences. The verbs in bold are in the past subjunctive.

- Will, volition, influencing behavior: Ese día, Guillermo le pidió a Andrés que les **diera** de comer. _____

    _____
    _____
    _____

- Emotional reaction or judgment: A Andrés le molestaba mucho que estos chicos le **tiraran** piedras a un gato inocente. _____

    _____
    _____
    _____
    _____

- Doubt, denial that something is possible or true, uncertainty: Andrés dijo que era posible que en bicicleta él **pudiera** traerle el almuerzo más rápido a su padre. _____

    _____

2. What similarities do you note between the third person plural forms of the preterite (that you used to complete the descriptions of the still frames) and the past subjunctive? _____

    _____

There are no irregular verbs in the past subjunctive; however, there are a number of irregular forms in the preterite, which are reflected in the imperfect subjunctive forms. To form the imperfect subjunctive, follow these three steps.

Step 1: Write the 3rd person plural of the preterite form of the verb.
   estar - estuvieron
   promover - promovieron
   sentir - sintieron

Step 2: Remove **-ron**.
   estuvie-
   promovie-
   sintie-

Step 3: Add the appropriate -**ra** endings.

yo	-ra
tú	-ras
Ud., él/ella	-ra
nosotros/nosotras	-´ramos*
vosotros/vosotras	-rais
Uds., ellos/ellas	-ran

estuviera, estuvieras, estuviera, estuviéramos, estuvierais, estuvieran

promoviera, promovieras, promoviera, promoviéramos, promovierais, promovieran

sintiera, sintieras, sintiera, sintiéramos, sintierais, sintieran

Follow the patterns and fill out the following chart with the missing imperfect subjunctive conjugations. The **¡A analizar!** statements and questions will help you.

---

*The accent mark that precedes the letter **r** in this ending indicates that in this conjugation an accent mark is required on the vowel that precedes the **r**, be it an **a** or **e**.

El imperfecto de subjuntivo			
	caminar	**hacer**	**recibir**
3ʳᵃ persona plural pretérito	caminaron	_____	recibieron
yo	caminara	hiciera	_____
tú	caminaras	_____	recibieras
Ud., él/ella	_____	hiciera	recibiera
nosotros/nosotras	_____	hiciéramos	recibiéramos
vosotros/vosotras	caminarais	hicierais	recibierais
Uds., ellos/ellas	caminaran	hicieran	_____

PARA TU INFORMACIÓN: LAS OTRAS TERMINACIONES DEL IMPERFECTO DE SUBJUNTIVO: **-SE**

Hay otro grupo de terminaciones para formar el imperfecto de subjuntivo: **-se, -ses, -se, -́semos, -seis** y **-sen**

En general, las terminaciones **-ra** y **-se** se usan en las mismas situaciones pero las terminaciones con **-se** son más comunes en España y en el lenguaje escrito.

Guillermo quería que su hijo fuera/fuese a la iglesia.

Guillermo wanted his son to go to the church.

Andrés esperaba que su padre le comprara/comprase una bicicleta.

Andrés hoped his father would buy him a bicycle.

3. When a subjunctive trigger is present in an independent clause, its verb tense will help you determine whether the present or the imperfect subjunctive should be used in its dependent clause.

Notice how the tense of the subjunctive changes when two of the past tense examples from **¡A analizar!** are changed to the present.

- Para la gente religiosa del pueblo, <u>era imporante que</u> los niños **fueran** a la Iglesia y que **se confesaran** antes de comulgar (*take communion*) por primera vez.

- Para la gente religiosa del pueblo, <u>es importante que</u> los niños **vayan** a la Iglesia y que se **confiesen** antes de comulgar por primera vez.

- A Andrés <u>le molestaba mucho que</u> estos chicos le **tiraran** piedras a un gato inocente. Él les <u>dijo que</u> no lo **hicieran**. Andrés <u>dudaba que</u> **sintieran** compasión por el animal.

- A Andrés <u>le molesta mucho que</u> estos chicos le **tiren** piedras a un gato inocente. Él les <u>dice que</u> no lo **hagan**. Andrés <u>duda que</u> **sientan** compasión por el animal.

In the previous examples, in what tenses are the verbs in the independent clauses that are triggering the PAST subjunctive? the preterite and the _____

Are the verbs **vayan**, **confiesen**, **tiren**, **hagan**, and **sientan** in the present or past subjunctive? _____

Are the verbs in the independent clauses (**es**, **molesta**, **dice**, **duda**) that trigger the PRESENT subjunctive in the present or past tense? _____

Notice how the temporal shift in these sentences from past indicative to present indicative in the independent clause likewise changes the verb in the dependent clause from _____ subjunctive to _____ subjunctive.

Study the following variations of a sentence from **¡A analizar!** to infer the rules for when to use the past vs. the present subjunctive.

Past (preterite): Guillermo le <u>pidió</u> a Andrés <u>que</u>... *Guillermo asked Andrés . . .* **Past (imperfect):** Guillermo siempre le pedía a Andrés que... *Guillermo always asked Andrés . . .*	**Past subjunctive** ... les **diera** de comer a las gallinas. *. . . to feed the chickens.*
Present (indicative): Guillermo le <u>pide</u> a Andrés <u>que</u>... *Guillermo asks Andrés . . .* **Present perfect (indicative):** Guillermo le <u>ha pedido</u> a Andrés <u>que</u>... *Guillermo has asked Andrés . . .* **Future:** Guillermo le <u>pedirá</u> a Andrés <u>que</u>... *Guillermo will ask Andrés . . .* **Future perfect:** Guillermo le <u>habrá pedido</u> a Andrés <u>que</u>... *Guillermo will have asked Andrés . . .*	**Present subjunctive** ... les **dé** de comer a las gallinas. *. . . to feed the chickens.*

In what verb mood is the verb **dar** in all of the last four examples? _____

Which verb tenses appear in those independent clauses? _____

In the following sentence, the imperative (a command) also triggers the **present** subjunctive.

Andrés, no permitas que Golondrina les **quite** la comida a las otras gallinas.

Andrés, don't let Golondrina <u>take</u> the food <u>away</u> from the other chickens.

Therefore: If the verb in the independent clause is in the present indicative, the present perfect, the future, the future perfect, or the imperative, and a subjunctive trigger is present, the verb in the dependent clause will be in the _____

4. **Ojalá** and **Ojalá que** are always followed by the subjunctive, either present or past.

Normally, when you have a trigger phrase in the independent clause, the tense of the verb in the trigger phrase determines whether you use the present or the past subjunctive. But the word **Ojalá** is unique because it is not, strictly speaking, a verb. Nevertheless, **Ojalá** + the present subjunctive and **Ojalá** + the past subjunctive express two different meanings.

Look at the following sentence with two instances of **Ojalá** plus the **present** subjunctive. Contrast it with the three examples of **Ojalá** plus the **past** subjunctive in **¡A analizar!**

Andrés piensa: «Ojalá que mi mami **pueda** venir a verme comulgar y ojalá que le **guste** mi traje nuevo».

Which verb mood follows **Ojalá** in the sentence above? _____

In this sentence, Andrés is expressing a hope or wish that his mother might come to his first communion and that she will like his new suit. **Ojalá que** is followed by verbs in the present subjunctive because those actions have not happened and may not happen. Andrés is talking about a possible future action. The English equivalent is "*I hope that my mom can come.*"

On the other hand, the imperfect subjunctive after **Ojalá que** communicates a different idea. In this case, the verbs do **not** express a hope about the future. Instead, for example, the sentence **Ojalá que no hubiera una guerra civil** would be expressed in English as *I wish / Oh, if only there were not a civil war* (*happening*). The sentence using past subjunctive conveys a wish that things were different than they really are.

Ojalá que Andrés no **fuera** víctima.

I wish that Andrés <u>were not</u> a victim (but he is).

How would the other use of **Ojalá que** plus the past subjunctive in **¡A analizar!** be expressed in English?

Ojalá que Andrés estuviera vivo. _____

5. The phrase **como si** means *as if* and is always followed by the past subjunctive, never by the present subjunctive.

Which verb in the past subjunctive is preceded by **como si** en **¡A analizar!**? _____

Por la expresión en su cara, es **como si** Guillermo ya **supiera** que algo terrible había pasado.

From the expression on his face, it is <u>as if</u> Guillermo already <u>knew</u> that something terrible had happened.

PARA TU INFORMACIÓN: EL USO DEL IMPERFECTO DE SUBJUNTIVO DE LOS VERBOS **DEBER, PODER** Y **QUERER**

El imperfecto de subjuntivo de **deber, poder** y **querer**, tanto como el condicional, se usa para hacer recomendaciones, peticiones y deseos con cortesía.

El imperfecto de subjuntivo
Ud. no debiera decirle a nadie que encontré las armas.

You should not tell anyone I found the weapons.

¿Pudiera Ud. ayudarme a conseguir un traje para su primera comunión?

Could you help me get a suit for his first communion?

El condicional
Querría darle una bicicleta a Guillermo.

I'd like to give Guillermo a bike.

El pluscuamperfecto de subjuntivo

¡A analizar!

En cada par de sucesos, el fotograma a la izquierda representa algo que sucedió primero y el fotograma a la derecha muestra algo que sucedió después. Para cada uno, escribe la letra de la oración que resume cómo se sentían o qué pensaban los personajes sobre el suceso anterior.

© Kalashnikov - Monociclo Cine / Archivo lbv.co.

© Kalashnikov - Monociclo Cine / Archivo lbv.co.

____ 1. Andrés le dijo a Guillermo que el padre de uno de sus compañeros le había comprado una bicicleta. Y le pidió una bicicleta a Guillermo. ¿Cómo se sentía Guillermo después de que Andrés le pidió una bicicleta?

© Kalashnikov - Monociclo Cine / Archivo lbv.co.

© Kalashnikov - Monociclo Cine / Archivo lbv.co.

____ 2. Una noche, oyeron un ruido y encontraron un cajón en frente de la casa. La abrieron y encontraron armas. ¿Cómo se sentía Guillermo después de que encontraron las armas?

© Kalashnikov - Monociclo Cine / Archivo lbv.co.

© Kalashnikov - Monociclo Cine / Archivo lbv.co.

____ 3. Cuando Guillermo pensó en lo que había en el cajón, se sintió preocupado y asustado. ¿Cómo se sintió Guillermo después de venderle el arma a don Rafael?

© Kalashnikov - Monociclo Cine / Archivo lbv.co.

© Kalashnikov - Monociclo Cine / Archivo lbv.co.

____ 4. Los niños le tiraron piedras al gato negro. Andrés les suplicó que no lo hicieran. ¿Cómo se sentía o qué pensaba Andrés después?

© Kalashnikov - Monociclo Cine / Archivo lbv.co.

© Kalashnikov - Monociclo Cine / Archivo lbv.co.

____ 5. Guillermo pasó toda la noche tomando. Se durmió en la calle y cuando se despertó, los niños iban a la iglesia para la Primera Comunión. ¿Cómo se sentía o qué pensaba cuando regresó a casa?

a. Le puso triste que los niños **hubieran maltratado** al animal. ¡Ojalá que la gente no fuera cruel!

b. Se sintió frustrado de que Andrés le **hubiera pedido** una bicicleta porque no tenía la plata para regalársela. ¡Ojalá que pudiera comprar una bicicleta!

c. Le molestó que doña Marina le **hubiera gritado.** Pero, Guillermo no estaba seguro de todo lo que **hubiera sucedido** la noche anterior. ¡Ojalá que no **hubiera pasado** la noche en el bar y que Andrés no **hubiera** muerto!

d. Le sorprendió que las armas **hubieran caído** del cielo y que **hubieran aterrizado** en su tierra.

e. Guillermo se sintió aliviado de que don Rafael **hubiera comprado** el Kalashnikov. ¡Ojalá que nunca **hubiera abierto** ese cajón!

6. The pluperfect subjunctive is formed by combining the imperfect subjunctive form of the verb **haber** plus the past participle (**-ado, -ido**). Remember that the imperfect subjunctive forms are based on the 3rd person plural conjugation of the verb in the preterite tense. In this case, **hubieron**.

Based on the previous sentences, what are the forms of **haber** in the imperfect subjunctive?

yo: hubiera

tú: hubieras

Ud., él/ella: _____

nosotros/nosotras: hubiéramos

vosotros/vosotras: hubierais

Uds., ellos/ellas _____

The perfect forms in both the indicative and the subjunctive consist of the verb **haber** plus the past participle. The pluperfect subjunctive is also composed of the imperfect subjunctive form of **haber** plus the past participle. What are the infinitives of the past participles used above?

abierto _____	gritado _____	pasado _____
aterrizado _____	maltratado _____	pedido _____
caído _____	muerto _____	sucedido _____
comprado _____		

Remember, as with all perfect tenses—present perfect indicative, present perfect subjunctive, future perfect, conditional perfect, and so on, the past participle form (**-ado, -ido**) ending never changes. It always ends in an **-o**, regardless of the subject. The verb **haber** is conjugated according to the subject.

7. The pluperfect subjunctive is used when all three of the following conditions are met:

- First, the content of the independent clause triggers the subjunctive in the dependent clause.

- Second, the verb in the independent clause is in the past tense or the conditional.

- Last, the event in the dependent clause happened **before** the action in the independent clause.

Study this example from **¡A analizar!**

Le puso triste que los niños hubieran maltratado al animal.	*It made him sad that the children had mistreated the animal.*

What triggers the subjunctive in the independent clauses? _____

What is the tense of the verb in the independent clause? _____

Which event happened first? The action in the independent clause (Andrés felt sad) or the action in the dependent clause (the children mistreated the animal)? _____

Contrast these sentences. One uses the past subjunctive and the other the pluperfect subjunctive.

Guillermo quería que don Rafael **comprara** el Kalashnikov.	*Guillermo wanted don Rafael <u>to buy</u> the Kalashnikov.*
Guillermo se sintió aliviado de que don Rafael **hubiera comprado** el Kalashnikov.	*Guillermo felt relieved that don Rafael <u>(had) bought</u> the Kalashnikov.*

Both independent clauses express emotion about an action.

In the first sentence, Guillermo wants something to happen at that moment. In other words, the event he wants to happen—that don Rafael buy the Kalashnikov—has not yet happened, and may not.

In contrast, in the second, Guillermo feels relieved about an event that happened earlier, that don Rafael (had) bought the Kalashnikov.

8. When **Ojalá (que)** is followed by the pluperfect subjunctive, it expresses a wish that something had or had not happened in the past.

> Ojalá que Guillermo no **hubiera pasado** la noche en el bar y que Andrés **no hubiera muerto.**

> *I wish / If only Guillermo had not spent the night in the bar and Andrés had not died.*

The pluperfect subjunctive (**haber** + imperfect subjunctive) **no hubiera pasado, no hubiera muerto** refers to an event that happened before the final scene in the film.

Why is the subjunctive needed in the sample sentence above? _____
_____

Find another sentence from ¡**A analizar!** that includes the pluperfect subjunctive.

_____

Contrast the following sentences:

> Ojalá que Guillermo no hubiera pasado la noche en el bar.

> Ojalá que Andrés estuviera vivo.

Which sentence communicates regret about a past event? _____

Which sentence expresses a wish that something were different in the present? _____

Write the English equivalent of each of the two sentences above.

> Ojalá que Guillermo no hubiera pasado la noche en el bar. _____
> _____

> Ojalá que Andrés estuviera vivo. _____

Ojalá (que) plus the pluperfect subjunctive expresses regret about a past action, whereas **Ojalá (que)** plus the past subjunctive conveys regret about a present circumstance.

Actividades prácticas

A. La trama: ¿Qué sucedió?

PASO 1. ¿Qué sucedió primero, luego y al final? Lee las descripciones de lo que sucedió en el cortometraje. Completa las oraciones con el imperfecto de subjuntivo de los verbos entre paréntesis. Luego, empareja cada oración con el fotograma que le corresponde más lógicamente. Por último, ponlas en orden cronológico, entre el primer suceso y el sexto (primero, segundo, tercero, cuarto, quinto, sexto). El cuarto suceso ya ha sido indicado.

___cuarto___ 1. En camino a la casa de doña Marina, la abuela de Andrés, los paramilitares les exigieron a Guillermo y Andrés que <u>pararan</u> la mula.

Fotograma: ___

_____ 2. Guillermo le dijo a Andrés que era muy importante que él no le _____ (decir) a nadie que tenían las armas.

Fotograma: ___

_____ 3. Guillermo necesitaba que Andrés le_____ (ayudar) a mover la antena del televisor.

Fotograma: __

_____ 4. Era sumamente triste e irónico que Guillermo _____ (tener) que enterrar a Andrés en el cajón de los Kalashnikov.

Fotograma: __

_____5. Guillermo le recomendó a Andrés que le _____ (pedir) la bicicleta al niño Jesús.

Fotograma _

_____ 6. Don Rafael estuvo contento de que Guillermo le _____ (vender) el arma.

Fotograma: __

© Kalashnikov - Monociclo Cine / Archivo lbv.co.

a.

© Kalashnikov - Monociclo Cine / Archivo lbv.co.

b.

© Kalashnikov - Monociclo Cine / Archivo lbv.co.

c.

© Kalashnikov - Monociclo Cine / Archivo lbv.co.

d.

© Kalashnikov - Monociclo Cine / Archivo lbv.co.

e.

© Kalashnikov - Monociclo Cine / Archivo lbv.co.

f.

PASO 2. Elige dos de los siguientes fotogramas, y para cada uno, usa una de las frases útiles para describir lo que retrata la imagen. Escribe en el pasado y usa el imperfecto de subjuntivo. **¡OJO!** Puedes usar las oraciones del **Paso 1** como modelo.

Frases útiles para empezar una oración que requiere el subjuntivo

Necesitó / Necesitaron / Necesitaba(n) que...
Pidió / Pidieron / Pedía(n) que...
Quería(n) que...
Era importante/mejor/necesario que...

Dudó / Dudaron / Dudaba(n) que...
No era cierto/verdad que...
(No) Era imposible/improbable que...
(No) Era posible/probable que...

(No) Le gustó / disgustó / gustaba / disgustaba que...
(No) Le molestó / molestaba que...
Le pareció / parecía bueno/malo/terrible que...
(No) Le puso / ponía contento/triste/enojado...
Se alegró / alegraba de que...
Se preocupó / preocupaba de que...
Era bueno/extraño/increíble/malo/preocupante/terrible/trágico/triste que...

MODELO: A Andrés le pareció terrible que sus compañeros **maltrataran** al gato.

Les pidió que **dejaran** de tirarle piedras. Era posible que esta escena **fuera** un mal agüero (un... *bad omen*) de lo que iba a pasar.

© Kalashnikov - Monociclo Cine / Archivo lbv.co.

© Kalashnikov - Monociclo Cine / Archivo lbv.co.

a.

© Kalashnikov - Monociclo Cine / Archivo lbv.co.

b.

© Kalashnikov - Monociclo Cine / Archivo lbv.co.

c.

d.

PASO 3. Escribe un párrafo de por lo menos cuatro oraciones desde la perspectiva de uno de los personajes del cortometraje. Describe cómo se sentía, qué esperaba, quería, qué le pareció algo que sucedió, qué le molestaba, preocupaba, etcétera. Usa cuatro frases distintas del **Paso 2** para empezar tus oraciones. Luego, léeselas a tu pareja. Él/Ella debe adivinar quién eres.

B. Ojalá que no fuera así. Ojalá que no hubiera pasado.

PASO 1. El cortometraje presenta muchas situaciones lamentables. Elige frases de la caja para escribir oraciones sobre los sucesos desafortunados. Para los primeros tres fotogramas, usa el pasado de subjuntivo para describir las circunstancias que se presentan en ese momento. Para los últimos tres fotogramas, usa el pluscuamperfecto de subjuntivo para lamentar las acciones pasadas.

© Kalashnikov - Monociclo Cine / Archivo lbv.co.

Frases posibles

Andrés no extrañar a su madre tanto
Andrés haberle + decir a su padre lo que el cura le dijo
Guillermo no haber + sacar el Kalashnikov del cajón
Guillermo y doña Marina haber + encontrar a Andrés vivo
la madre de Andrés poder verlo en su traje
la madre de Andrés vivir en su casa
los amigos de Andrés no ser crueles
los amigos de Andrés no haber maltratar al gato

MODELO: Los amigos de Andrés no le tienen compasión al gato.
Ojalá que los amigos de Andrés no <u>fueran crueles</u>.
Los amigos de Andrés le tiraron piedras al gato.
Ojalá que no <u>hubieran maltratado al gato</u>.

© Kalashnikov - Monociclo Cine / Archivo lbv.co.

© Kalashnikov - Monociclo Cine / Archivo lbv.co.

© Kalashnikov - Monociclo Cine / Archivo lbv.co.

1. Guillermo y Andrés viven solos en esta casa.
   Ojalá que... _____
   _____

2. Guillermo es el único que ve a Andrés en su traje nuevo.
   Ojalá que... _____
   _____
   _____

3. Guillermo escucha a su padre y a su abuela hablando de su madre.
   Ojalá que... _____
   _____

4. Guillermo le vendió el Kalashnikov a don Rafael porque necesitaba la plata. Ojalá que... _____ _____ _____

5. El cura le dijo algo a Andrés y Guillermo le preguntó sobre lo que dijo. Ojalá que... _____ _____ _____

6. Guillermo y doña Marina buscaron desesperadamente a Andrés. Ojalá que... _____ _____ _____

PASO 2. Piensa en situaciones lamentables en el mundo hoy día y que ocurrieron en el pasado. Escribe tres oraciones para describir situaciones actuales, usando la palabra **ojalá** para decir que te gustaría que la situación fuera diferente. Luego, escribe tres oraciones sobre sucesos pasados/ históricos, usando la palabra **ojalá** para expresar que habría sido mejor que ese suceso no hubiera pasado. Puedes usar situaciones de la lista o pensar en otras.

Situaciones

Algunos activistas ambientales son asesinados.

La gente discapacitada todavía enfrenta obstáculos y discriminación.

Muchos campesinos no tienen acceso a su propia tierra.

Muchas personas no votan en las elecciones políticas.

La esclavitud existió por muchos siglos.

La guerra civil colombiana duró más de cincuenta años.

Las mujeres no tuvieron el derecho de votar hasta el siglo XX.

Los Estados Unidos y la Unión Soviética les enviaron armas a conflictos armados.

Mikhail Kalashnikov inventó el fusil Kalashnikov.

La Gran Depresión era una época de mucha inseguridad económica por todo el mundo.

La guerra civil española dividió el país y causó mucho sufrimiento y destrucción.

El holocausto sucedió durante la Segunda Guerra Mundial en Europa.

MODELOS: Muchas personas no votan en las elecciones políticas.

Ojalá que más personas **votaran** en las elecciones políticas.

Las mujeres no tuvieron el derecho de votar hasta el siglo XX.

Ojalá que las mujeres **hubieran tenido** el derecho de votar antes del siglo XX.

C. La guerra civil colombiana: Décadas de uno de los conflictos armados de más larga duración

PASO 1. La siguiente lectura trata de las raíces del conflicto armado en Colombia. Primero, lee el texto una vez para entender lo esencial (lo... *the gist*) de la lectura. No busques ninguna palabra en el diccionario. Luego, basándote en la información de la lectura, completa la actividad que sigue.

La guerra civil colombiana*

Durante la primera mitad del siglo XX en Colombia, la tensión entre los conservadores y los liberales culminó en una época de violencia extrema, acertadamente llamada «La Violencia», diez años de conflicto armado entre 1948 y 1958. La Violencia tuvo lugar en su mayoría en las zonas rurales y esta foto muestra lo que algunos consideran su catalizador:[a] el «Bogotazo», diez horas de disturbios en la capital después del asesinato de un candidato liberal a la presidencia, Jorge Eliécer Gaitán que tenía apoyo del pueblo colombiano.

© William J. Smith/AP Images

Durante las manifestaciones, la gente se armó de herramientas[b] que encontraron en ferreterías.[c] La policía mató a algunos de los manifestantes y otros policías se unieron a ellos. Además, se saquearon[d] unos edificios públicos, hubo incendios[e] y más de cien edificios en Bogotá se destruyeron. La violencia en Bogotá se extendió a otras ciudades colombianas.

Unos cinco mil personas se mataron a causa del Bogotazo, y unas trescientas mil personas, o quizás más, murieron debido a los diez años de guerra durante La Violencia. Es una época que pesa mucho en la mente colectiva colombiana. Los grandes escritores colombianos como Gabriel García Márquez, Hernando Téllez y Gustavo Álvarez Gardeazábal, entre otros, escribieron ficción sobre este momento sangriento, tanto catalizador como síntoma de tensiones e injusticias antiguas.

La guerra civil que devastaría el país a partir de los años sesenta por más de cinco décadas tiene su raíz, en parte, en La Violencia y la polarización política que se produjo entre los conservadores y los liberales. En general, la ideología conservadora quería mantener las jerarquías económicas y sociales. Abogaba por mantener las tradiciones y creía que los cambios de la estructura social llevarían al caos. Además, en Colombia y en otros países latinoamericanos, los conservadores apoyaron la clase alta, los grandes terratenientes y las empresas internacionales que aprovecharon los recursos naturales por motivos económicos.

---

[a]*catalyst* [b]*tools* [c]*hardware stores* [d]*se... were sacked, plundered* [e]*fires*

*Source: Vulliamy, Ed, "Colombia: Is the End in Sight to the World's Longest War?," *The Guardian*, March 15, 2015. https://www.theguardian.com; Hernández-Mora, Salud, "El Gobierno de Colombia y las FARC acuerdan el alto de fuego definitivo," *El Mundo*, June 22, 2016. http://www.elmundo.es; Marcos, Ana, "El Gobierno de Colombia y las FARC acuerdan el cese del fuego bilateral y definitivo," *El País*, June 23, 2016. http://internacional.elpais.com; Chientaroli, Natalia, "Colombia y las FARC, Una historia de más de medio siglo de sangre," *eldiario.es*, September 24, 2015. http://www.eldiario.es

Tres preguntas que tengo sobre la guerra civil colombiana:

1. _____
2. _____
3. _____

Algo que yo sé o que yo conozco que tenga que ver con este tema:

_____

Después de leer la lectura otra vez y con más cuidado, creo que voy a descubrir/entender mejor... _____

Escribe algo de la lectura que asocias con cada palabra interrogativa.

¿Qué? _____

¿Quién(es)? _____

¿Cuándo? _____

¿Dónde? _____

¿Por qué? _____

PASO 2. Lee la lectura de nuevo, esta vez lentamente y con más cuidado. Puedes consultar con un diccionario si te es necesario. Luego, completa las frases que siguen, según la información presentada en la lectura.

1. Era increíble que la tensión entre los liberales y los conservadores...
2. El «Bogotazo» ocurrió porque muchos se enojaron de que...
3. No es sorprendente que muchos escritores colombianos...
4. La ideología conservadora prefería que...

PASO 3. Identifica cinco palabras/frases de la lectura que crees que captan lo esencial de la lectura.

MODELO: las injusticias antiguas

PASO 4. En parejas, escriban dos ejemplos de información que el texto explícitamente dice. Luego, escriban dos ejemplos de información implícita, algo que tienen que inferir de la lectura.

MODELO: El texto explícitamente dice que «La Violencia» ocurrió entre 1948 y 1958.
Infiero que probablemente hubo incidentes violentos antes de esa década.

Información explícita: _____

_____

Información implícita (Nuestras inferencias): _____

_____

PASO 5. Imaginen que Uds. tienen que escribir dos preguntas de tipo ensayo para un examen sobre esta lectura. ¿Qué preguntas les harían a los estudiantes? _____

_____

▶️ D. ¿Qué opinan los demás?

PASO 1. Las personas entrevistadas responden a las siguientes preguntas. Escribe por lo menos cinco palabras del vocabulario de este capítulo que probablemente van a incluir en sus respuestas.

- ¿Habría tomado Ud. la misma decisión que Guillermo tomó de vender las armas?
- ¿Cómo se sintió Ud. al final del cortometraje? En su opinión, ¿quién es el responsable de la muerte del hijo de Guillermo? ¿Qué critica este cortometraje en su opinión?
- ¿Ha tenido su país una guerra civil o un conflicto armado? Explique.
- ¿Qué conflictos políticos se destacan actualmente en su país? ¿Cómo se resuelven? ¿Tiene Ud. confianza en el proceso político, en los políticos o en la política en general?

1. _____ 2. _____ 3. _____ 4. _____ 5. _____

PASO 2. Primero, escribe la letra de la frase que mejor completa cada una de las ideas expresadas en las entrevistas. Luego, llena los espacios en blanco con el imperfecto de subjuntivo de los verbos entre paréntesis.

Con respecto al cortometraje «Kalashnikov»:

____ 1. Sabiendo el contexto político de Colombia, no creo que yo...

____ 2. El padre no tuvo la culpa de la muerte de su hijo. El cortometraje implica que el conflicto armado...

____ 3. Me sentí completamente sumergido en la historia y me entristeció que Guillermo y los otros campesinos...

____ 4. Era comprensible que Guillermo hubiera tomado la decisión que tomó de vender el arma y que...

____ 5. Era muy probable que la gente conectada con la iglesia...

a. _____ (querer) comprarle una bicicleta a su hijo.

b. _____ (haber) vendido el arma. Es demasiado riesgoso.

c. _____ (tener) algo que ver con la muerte del hijo.

d. es el responsable de lo que le pasó a Andrés.

e. _____ (vivir) durante una época donde todo el tiempo mataban a personas.

Con respecto a los conflictos armados y los conflictos políticos:

____ 1. En la Argentina, durante la dictadura, el gobierno decidió que era necesario que muchos chicos de dieciocho años...

____ 2. Crecí con la presencia de la guerrilla y cuando viajábamos a nuestra finca en el campo, la guerrilla nos pedía que nosotros...

____ 3. Si nosotros no _____ (haber) pagado las «vacas», ellos...

____ 4. La guerra civil española causó que nosotros...

____ 5. La guerra civil española impidió que nosotros...

a. nos habrían matado o secuestrado.

b. _____ (desarrollarse) como país.

c. _____ (luchar) en una guerra en las Islas Malvinas.

d. _____ (pagar) una «vaca», es decir plata.

e. _____ (aislarse) del resto de Europa.

PASO 3. Primero, lee las siguientes citas de las entrevistas. Luego, mira las entrevistas y escribe quién hizo cada comentario: Gastón, Andrés o Ainhoa. Por último, comparte tu reacción al comentario con una pareja. Uds. deben considerar el cortometraje o sus propias experiencias, según el comentario.

Gastón   Andrés   Ainhoa

Palabras útiles

a diestra y siniestra
   left and right, all over the place

actualmente
   currently

ceder
   to give up, to relinquish

descuidar
   to neglect

despistar
   to distract; to throw off track

incapacitado/a
   unable, incapable

el poder
   power

salir a la luz
   to come to light

la tasa pública
   tax

la teoría del derrame
   trickle down theory (of economics)

1. _____ «Yo creo que el cura se lo dijo a un grupo de gente que posiblemente estaban buscando rebeldes.»

2. _____ «Bueno, cuando terminó el corto... no creo que haya sido culpa del padre... Porque te muestran cuando él está en el bar y que está tomando y uno tranquilamente lo puede juzgar. Puede juzgarlo de que descuidó a su hijo... Pero no creo que sea eso. Creo que cualquiera lo puede hacer, ¿cuánta gente toma?»

3. _____ «Colombia es un país que está en una situación que sube y baja. Los gobiernos tratan de hacer negociaciones con las guerrillas y las únicas negociaciones que hacen son darle más y más poder y campos. Entonces uno no sabe quién tiene el poder, quién está liderando, si el presidente, o el gobernador, o la guerrilla... La guerra civil es constante: todos los días hay robos, hay matanzas, para mí eso es una guerra civil.»

4. _____ «Los problemas que tenemos actualmente con nuestros políticos es que hemos perdido la fe en que ellos puedan resolver la crisis actual.»

PASO 4. En parejas, túrnense para contestar las preguntas.

1. ¿Quién dijo que no habría hecho lo que Guillermo hizo con el Kalashnikov? ¿Quién dijo que habría tomado la misma decisión? ¿Con quién estás más de acuerdo? _____

2. ¿Qué contó Andrés sobre sus experiencias de trabajar con los animales en la finca de su familia? ¿Cómo te habrías sentido tú en esa situación?
_____

3. ¿Qué dijeron Gastón y Ainhoa sobre las decisiones políticas actuales en la Argentina y España? ¿Es parecida o diferente a la situación en tu país?
_____
_____

4. Ainhoa describió una serie de épocas importantes en la historia de España del siglo XX. Nombra y explica tres de ellas. _____
_____
_____

PASO 5. En parejas, conversen sobre sus propias ideas respecto a las preguntas del **Paso 1**.

6.2 «Si la gente no utilizara las armas para resolver los conflictos, el mundo sería mejor.»

Actividades analíticas

Las oraciones condicionales

¡A analizar!

Con frecuencia pensamos en las consecuencias de una situación posible o una situación hipotética. Pensamos en lo que sucederá o lo que sucedería en ese caso.

© Kalashnikov - Monociclo Cine / Archivo lbv.co.

A continuación, hay dos tablas: la primera describe situaciones posibles mientras que la segunda presenta situaciones hipotéticas relacionadas al cortometraje. Lee las situaciones presentadas en la columna izquierda y empareja cada situación con las consecuencias más lógicas.

TABLA 1: Situaciones posibles

SITUACIÓN POSIBLE	LAS CONSECUENCIAS
___ 1. Si los granos de café están maduros...,	a Guillermo, Arturo y los otros campesinos ganarán más.
___ 2. Si tienen una buena cosecha el próximo año...,	b. debe llevar un traje para la ceremonia y confesarse primero con el cura.
___ 3. Si ellos le traen dos gallinas a doña Marina...,	c. se los pueden cosechar.
___ 4. Si un niño está listo para la Primera Comunión...,	d. ella tendrá suficiente carne para el sancocho.[a]
___ 5. Si no tenían suficiente plata para tomar el autobús al pueblo...,	e. ellos no podían mirar la televisión.
___ 6. Si la antena no estaba dando señal...,	f. hacían el viaje a caballo.

TABLA 2: Situaciones hipotéticas

SITUACIÓN HIPOTÉTICA	LO QUE SUCEDERÍA O HABRÍA SUCEDIDO
___ 1. Si Andrés tuviera una bicicleta...,	a. ella se lo diría a Guillermo.
___ 2. Si Guillermo no viviera en el campo...,	b. Guillermo habría estado en casa cuando alguien tocó la puerta y quizás Andrés no habría muerto.
___ 3. Si doña Marina supiera dónde estaba la madre de Andrés...,	c. no le habría vendido el fusil Kalashnikov a don Rafael.

---
[a]Una sopa tradicional del Caribe y Sudamérica; se puede preparar con una variedad de carnes, verduras, tubérculos, etcétera.

___ 4. Si Guillermo fuera guerrillero...

___ 5. Si no hubiera conflictos armados...,

___ 6. Si Andrés estuviera vivo...,

___ 7. Si Guillermo y Arturo no hubieran pasado la noche en el bar...,

___ 8. Si el cajón no hubiera caído en su patio trasero...,

d. Guillermo no se sentiría tan culpable y angustiado.

e. habría más paz en el mundo.

f. tendría experiencia con las armas y sabría usarlas.

g. estaría muy contento y podría traerle el almuerzo a su padre más rápido.

h. no cosecharía el café.

1. The word **si** (*if*) can be used to introduce *possible* or *contrary-to-fact* statements in Spanish.

   Possible statements introduced by the word **si** describe situations that do exist, could exist, or did exist.

   In contrast, *contrary-to-fact* statements (also called *hypothetical* or *counterfactual* statements) introduced by **si** describe situations that contradict reality. These types of statements are used to speculate what would happen if certain conditions were true. In English, they are *what-if* statements. These kinds of statements may introduce wildly impossible situations: *What if horses could talk?, If I were president . . ., What if there were no wars?* Or, they can be used to reflect on more mundane, everyday counterfactual ideas: *What if we lived in the city? If I earned more money . . ., If I knew how to cook . . .,* and so on.

   To understand the difference between possible and contrary-to-fact *if . . ., then* statements, contrast these four clauses that start sentences.

Si los granos de café **están** maduros...,	*If the coffee beans <u>are</u> ripe . . .,*
Si la antena **no estaba dando** señal...,	*If the antenna <u>wasn't getting</u> a signal . . .,*
Si Andrés **tuviera** una bicicleta...,	*If Andrés <u>had</u> a bicycle . . .*
Si el cajón **no hubiera caído** en su patio trasero...,	*If the crate <u>hadn't fallen</u> in their backyard . . .,*

   The word **si** introduces all four clauses, but only the first two are considered possible or true; the first uses the present tense, and the second uses the past tense, and both are in the indicative mood.

   In contrast, in the last two examples, the word **si** introduces contrary-to-fact situations (Andrés does NOT have a bicycle and the crate DID fall in their backyard), the first in the present and the second in the past. These kinds of hypothetical statements allow us to imagine implications or consequences if things were or had been different.

2. In Spanish, the word **si** introduces an *if* clause, and the verb tense and mood in the other (result) clause are determined by whether the *if* clause describes a possible or a contrary-to-fact situation.

   • **Possible situations**

   In **Tabla 1,** in what verb tenses and mood are the verbs that immediately follow the word **si**? _____

   Many students logically assume that a clause that begins with the word *if* should be followed by the subjunctive because the word *if* implies doubt and uncertainty. While this is a natural inference, are there any verbs in **Tabla 1** in the present subjunctive? __

It seems counterintuitive, but the word **si** is NOT followed by the present subjunctive.

In the **CONSECUENCIAS** column of **Tabla 1**, what verb tenses are used? _____

Complete the following formulas for *if* clauses that describe a possible situation. Notice that in both English and Spanish, the word *if* (**si**) can come at the beginning or in the middle of a sentence.

Si + _____, followed by <u>present indicative</u> or ____ in the result clause.

Si + _____, followed by <u>imperfect indicative</u> in the result clause.

OR, flipped to have the **si** clause in the second half:

<u>Present indicative</u> or ____ in the result clause followed by **si** + ____ _____.

<u>Imperfect indicative</u> in the result clause followed by **si** + _____.

Si no tienen suficiente plata para tomar el autobús al pueblo, harán el viaje a caballo.	*If they do not have enough money to take the bus to town, they will make the trip by horse.*
Harán el viaje a caballo **si** no tienen suficiente plata para tomar el autobús al pueblo.	*They will make the trip by horse if they do not have enough money to take the bus.*

- **Contrary-to-fact situations**

   Si clauses that introduce contrary-to-fact situations follow a different formula.

   Si + <u>imperfect subjunctive</u>, followed by <u>conditional</u> in the result clause.

   or, in the past tense:

   Si + <u>pluperfect subjunctive</u>, followed by <u>conditional perfect</u> in the result clause.

OR, (flipped to have the **si** clause in the second half of the sentence):

   <u>Conditional</u> in the result clause followed by **si** + imperfect subjunctive.

   or, in the past tense:

   <u>Conditional perfect</u> in the result clause followed by **si** + pluperfect subjunctive.

Notice that all of the verbs in the **si** clauses in **Tabla 2** are in the imperfect subjunctive or pluperfect subjunctive. Write the infinitive of each verb.

estuviera _____ tuviera _____ fuera _____ supiera _____ viviera _____ hubiera _____

hubieran pasado <u>pasar</u> hubiera caído _____

In the **si** clause **Si Andrés tuviera una bicicleta...** in **Tabla 2,** the imperfect subjunctive form **tuviera** means *had: If Andrés had a bicycle*. . . . In contrast, when the word *if* introduces a possible situation, the present tense, in this case *has*, is used.

*If Andrés **has** a bicycle . . ., he rides it with his friends / he will get home faster* (and so on).

Note that in English, verb forms also change to indicate whether the word *if* is followed by a possible or a contrary-to-fact situation.

Si Guillermo **no vive** en el campo...	*If Guillermo <u>doesn't live</u> in the countryside . . .*
Si Guillermo **no hubiera vivido** en el campo...	*If Guillermo <u>hadn't lived</u> in the countryside . . .*

Paying attention to the shift from present to past in English can help sensitize you to this distinction in Spanish.

Which verb tenses are used in the **LO QUE SUCEDERÍA** column in **Tabla 2**? _____

The verbs in this column on the right (the result clauses) all explain what *would* happen or what *would have* happened if the contrary-to-fact situation had been true. You can remember that in a contrary-to-fact **si** clause, the verb that corresponds to the word *would* (the verb in the result clause) will be in the conditional, while the verb in the **si** clause will be in the imperfect subjunctive.

Remember that the conditional tense expresses *would* + verb. Write the infinitives of these conditional verbs from **¡A analizar!**

cosecharía _____	habría _____	se sentiría _____
decir _____	podría _____	tendría _____
estaría _____	sabría _____	

Actividades prácticas

A. Si esto sucede...

PASO 1. Debajo de cada imagen, completa las oraciones de una forma lógica para describir lo que pasará o lo que pasa en ciertas situaciones del cortometraje.

MODELO: Si el televisor no funciona, <u>Andrés tiene que arreglar la antena</u>.

Andrés ayudará a su padre si <u>no puede mirar la televisión</u>.

© Kalashnikov - Monociclo Cine / Archivo lbv.co.

© Kalashnikov - Monociclo Cine / Archivo lbv.co.

a. Si Andrés no tiene su mochila...,
_____
_____

© Kalashnikov - Monociclo Cine / Archivo lbv.co.

b. No pueden cruzar el río en este tronco caído si... _____

c. Si el traje le queda bien a Andrés...,

_____

_____

d. Después de la llegada del cajón, Guillermo le explica a Andrés que tendrán problemas si... _____

_____

_____

e. Si Andrés puede escuchar lo que doña Marina y su padre están diciendo..., _____

_____

f. Guillermo comprará esta bicicleta si... _____

_____

 PASO 2. Primero, escribe cuatro cláusulas con **si** para hablar de situaciones posibles en la vida de una persona que vive durante un conflicto armado / una guerra civil. Luego pónganse en grupos pequeños. Cada persona debe leer una de sus cláusulas con **si** en voz alta. El resto del grupo debe escribir consecuencias lógicas.

> **MODELO:** *Escribes:* Si tiene opiniones políticas muy fuertes...,
>
> *Los otros miembros del grupo escriben consecuencias posibles:*
>
> Si tiene opiniones políticas muy fuertes..., <u>tendrá enemigos.</u>
>
> Si tiene opiniones políticas muy fuertes..., <u>debe tener cuidado.</u>

B. Si pudiera, si tuviera, si fuera...

PASO 1. Mira los fotogramas y las descripciones e imagina lo que los personajes **harían si pudieran** cambiar algo. Llena los espacios en blanco con el imperfecto de subjuntivo del verbo entre paréntesis. Luego, usa el condicional para completar las oraciones.

© Kalashnikov - Monociclo Cine / Archivo lbv.co.

> **MODELO:** Andrés y Guillermo crían gallinas en el gallinero.
>
> Pero, si ellos no <u>criaran</u> (criar) gallinas, <u>tendrían que criar otros animales o tendrían que comprar carne y huevos.</u>

© Kalashnikov - Monociclo Cine / Archivo lbv.co.

© Kalashnikov - Monociclo Cine / Archivo lbv.co.

1. Todos los días, Andrés le trae el almuerzo a su padre.

   Pero si Andrés no le _____ (traer) el almuerzo a su padre... _____

   _____

2. La abuela de Andrés vive cerca de Andrés y Guillermo.

   Pero si la abuela no _____ (vivir) cerca de ellos...

   _____

   _____

© Kalashnikov - Monociclo Cine / Archivo lbv.co.

© Kalashnikov - Monociclo Cine / Archivo lbv.co.

3. A causa de la Guerra Civil, unos soldados de grupos paramilitares los paran y les hacen preguntas.

   Pero, si no _____ (haber) una guerra civil... _____

   _____

   _____

4. No tienen coche. Por eso, viajan al pueblo a caballo.

   Pero, si _____ (tener) coche... ____

   _____

   _____

PASO 2. Mira los fotogramas y la descripción de la realidad que se presenta. Imagina que la situación fuera diferente. Completa la primera parte de la oración con la forma correcta del verbo entre paréntesis. Luego, para completar la oración, escribe la letra de la cláusula en la lista que sigue que le corresponde más lógicamente. Por último, conjuga el verbo de la segunda cláusula. ¡**OJO!** Presta atención a la palabra **si** y en qué cláusula aparece.

MODELO: La realidad: Doña Marina no sabe dónde está la madre de Andrés.

La situación hipotética:

Si ella supiera (saber) dónde estaba..., Guillermo trataría de buscarla.

Guillermo se sentiría (sentirse) mejor si... Doña Marina le diera información sobre la madre de Andrés.

© Kalashnikov - Monociclo Cine / Archivo lbv.co.

1. La realidad: Guillermo está preocupado por la llegada del cajón de armas.

   La situación hipotética: Si Guillermo no _____ (estar) preocupado..., ___

2. La realidad: Guillermo no está metido en el conflicto armado de su país.

   La situación hipotética: Guillermo _____ (saber) usar las armas si...___

3. La realidad: Arturo invita a Guillermo a tomar una copa en el bar.

   La situación hipotética: Si Arturo no _____ (haber) invitado a Guillermo a tomar una copa..., ___

4. La realidad: El final de la historia es muy triste.

   La situación hipotética: Andrés _____ (estar) muy contento con su bicicleta nueva y Guillermo _____ (pensar) que las armas le trajeron buena suerte si... ___

a. el cortometraje _____ (tener) un fin feliz.

b. Guillermo _____ (haber) regresado a casa y Andrés _____ (haber) recibido su Primera Comunión.

c. no le _____ (decir) a Andrés que guardara el secreto.

d. _____ (estar) metido en la Guerra Civil.

 PASO 3. Completa las oraciones de una forma lógica. Luego, escribe 5–6 otras frases y pídele a tu pareja que las complete.

1. Si yo fuera un campesino / una campesina en una plantación de café...

2. Me gustaría la vida agraria si...

3. Si yo fuera Guillermo...,

4. Trabajaría en una finca si...

5. Si yo tuviera el poder para mejorar el mundo...,

C. La guerra civil española

PASO 1. Lee la lectura sobre la guerra civil española por lo menos dos veces. Léela una vez solamente para entender lo esencial. No busques palabras que no conozcas. Espera hasta la segunda o la tercera lectura para buscarlas. Luego, responde a las preguntas que siguen sobre la lectura.

La guerra civil española*

En España a principios del siglo XX, había agitación social a causa de las condiciones laborales de muchos trabajadores. Los trabajadores insatisfechos se unieron a sindicatos que apoyaban ideas marxistas. Estos movimientos sociales se oponían a la política derechista y a las instituciones que tradicionalmente disfrutaban de poder y privilegio en España como la Iglesia católica, la clase alta y el ejército.

© Bettmann/Getty Images

En el año 1931, la política izquierdista ganó las elecciones españolas y se produjo un contragolpe[a] ante las reformas que quería implementar y ante sus acciones «anticlericalistas».[†] El nuevo gobierno, llamado la Segunda República, estaba a favor de la reforma agraria, la separación del estado y la religión, el voto femenino y cambios al sistema educativo. El ejército, dirigido por el general Francisco Franco, trató de tomar poder en un golpe de estado. La nación se dividió en dos bandos irreconciliables.

Por el lado izquierdista (llamado «los republicanos») lucharon miembros de los partidos comunistas, socialistas y anarquistas; los sindicalistas y las Brigadas Internacionales. Recibieron ayuda internacional de países como Rusia y México. Los artistas y los intelectuales también generalmente apoyaron a los republicanos.

Por el otro lado, «los nacionalistas» fueron apoyados por el ejército, la Iglesia Católica, las grandes terratenientes y los partidos políticos derechistas. Alemania e Italia, dos gobiernos fascistas aliados en la Segunda Guerra Mundial, también apoyaron el lado nacionalista.

La guerra civil española podría considerarse un ensayo[b] para la Segunda Guerra Mundial que tendría lugar solo pocos años después. En España se probaron armas mecanizadas y tácticas nuevas, por ejemplo, los bombardeos de zonas civiles donde se encontraban muchas personas, los cuales caracterizarían la Segunda Guerra Mundial. Además, las alianzas ideológicas de la guerra mundial (las Potencias del Eje, Alemania e Italia, en contra de los Aliados, de los cuales formaba parte Rusia) surgieron también en la guerra civil.

*Source: Operé, Fernando, *España y los españoles de hoy.* Upper Saddle Ridge, NJ: Pearson, 2008, 3–50; Muñoz, Pedro, España: *Ayer y hoy.* Upper Saddle Ridge, NJ: Pearson, 2005, 134–150; Ugarte, Francisco, *España y su civilización.* New York, NY: McGraw-Hill, 2009, 145–155; Atitar, Mokhtar, "Brigadistas internacionales reciben en Londres la nacionalidad española," *El País,* June 10, 2009. http://internacional.elpais.com

[†]«Anticlericalismo» se refiere a movimientos que critican el poder y los privilegios de las instituciones religiosas. Los anticlericalistas se oponen a que la iglesia se involucre en temas políticos o sociales de un país.

El ascenso del fascismo en España, lo cual les motivó a muchos soldados voluntarios internacionales a luchar al lado de los republicanos en España, presagió[c] el poder creciente de los grandes líderes fascistas en la Segunda Guerra Mundial. Aunque Rusia (la Unión Soviética) y los Estados Unidos serían enemigos en la Guerra Fría, Rusia y los Estados Unidos lucharon en el mismo lado durante la Segunda Guerra Mundial. La mayoría de los países de los Aliados —Francia, Inglaterra y los Estados Unidos— mantuvo una política de no intervención en la guerra civil española, lo cual les privó[d] a los republicanos de las armas y el apoyo que necesitaban.

Al final, los conflictos internos entre los republicanos y la falta de apoyo internacional contribuyeron a la victoria del lado nacionalista en la guerra civil española. Centenares de miles de personas murieron. La guerra oficialmente duró tres años (1936–39) pero las represalias[e] contra los perdedores (los republicanos) y el legado amargo[f] de este conflicto duraron muchos años más.

---

[a]backlash   [b]dress rehearsal   [c]foreshadowed   [d]deprived   [e]reprisals   [f]legado... bitter legacy

1. ¿Cuáles eran algunos catalizadores (causas) de las divisiones en la sociedad española antes de la Guerra Civil? _____
_____
_____
_____

2. ¿Quiénes / Qué grupos lucharon en los dos lados del conflicto? ¿Qué lado ganó? _____
_____
_____

3. ¿Por qué vinieron tantos soldados voluntarios a España desde otras naciones? _____
_____

4. ¿Qué aspectos de la Segunda Guerra Mundial presagiaron la guerra civil española? _____
_____
_____
_____

PASO 2. Los conflictos armados son complicados. Imagina que tienes que explicarle los elementos más importantes de la guerra civil española a un(a) estudiante de doce años. Lee la lectura de nuevo y completa la siguiente información. Usa tus propias palabras y comparte tus ideas con tu pareja. ¿Tienen Uds. diferentes tipos de información?

Una descripción del conflicto en una sola oración: _____
Dos causas del conflicto: _____
Dos resultados del conflicto: _____
Dos conexiones del conflicto a personas, lugares o sucesos fuera de España _____

PASO 3. En parejas, completen las oraciones. Según la información presentada sobre la guerra civil española, completen las oraciones para expresar lo que se puede concluir sobre unos conflictos sociales.

1. Si los obreros trabajan en malas condiciones..., _____
_____

2. Si una sociedad está dividida en dos bandos irreconciliables..., _____
_____
_____

3. Si hay conflictos armados ideológicos..., _____

_____

4. Si un dictador tiene poder en un país..., _____

_____

D. La guerra civil de El Salvador

PASO 1. Lee la lectura sobre la guerra civil de El Salvador. Después de cada párrafo, hay principios (*beginnings*) de oraciones que representan lecciones que se pueden inferir de la lectura. Completa las oraciones de una manera lógica. Presta atención a la posición de la palabra **si** y los tiempos verbales.

La guerra civil de El Salvador*

En El Salvador, las causas que dieron origen a los conflictos resultan de las mismas tensiones que se han visto en otros países: grandes diferencias entre los ricos y los pobres, la falta de libertades y derechos básicos para muchos ciudadanos y los intereses arraigados[a] de una élite oligárquica.[b]

© Robert Nickelsberg/Getty Images

_____

[a]*entrenched*   [b]*oligarchy: a government controlled by a small group of people*

1. Si hay mucha desigualdad entre los pobres y los ricos..., _____

_____

2. Si los pobres se sienten marginalizados..., _____

3. Si los ricos quisieran mejorar las condiciones de los pobres..., _____

_____

4. Una oligarquía que controla un país no renunciaría a su poder si... _____

_____

Las ideas marxistas de la igualdad de las clases sociales y la revolución de la clase baja atrajeron a muchos de los grupos marginalizados que se alinearon[c] con grupos guerrilleros.

_____

[c]*se... allied themselves*

5. Las ideas marxistas son populares si... _____

_____

_____

*Source: "EE.UU. participó en el conflicto salvadoreño para impedir el expansionismo comunista," RT en español, February 15, 2013. https://actualidad.rt.com; Hone, Matthew James, "El impacto táctica de la intervención de EE.UU. en la guerra de El Salvador," *Revista de Humanidades y Ciencias Sociales*, 5, julio-diciembre 2013, 115–150; Aguilar Valenzuela, Rubén, "El Salvador: 30 años de FMLN," *El Economista*, October 13, 2010. http://eleconomista.com.mx; De la locura a la esperanza: La guerra de 12 años en El Salvador: Informe de la Comisión de la Verdad para El Salvador, New York, NY: Naciones Unidas, 1992–1993, 1–39.

El grupo guerrillero, el FMLN (Frente Farabundo Martí para la Liberación Nacional) luchó durante más de diez años (1980–92) contra el gobierno militar derechista. En general, la política de la derecha se aliaba con la Iglesia católica, los ricos, los inversionistas[d] extranjeros y las grandes empresas. Los grupos derechistas no estaban a favor de perturbar la estratificación social que predominaba.

Durante la guerra civil salvadoreña, el gobierno estadounidense le envió armas al gobierno militar salvadoreño. Algunos miembros de estas fuerzas militares se entrenaron en los Estados Unidos. Mientras tanto, la Unión Soviética, Cuba y otras naciones marxistas apoyaban a los guerrilleros.

[d]*investors*

6. Los grupos que tradicionalmente han sido privilegiados responderán con fuerza si _____
_____

7. Los conflictos durarían menos tiempo si _____
_____

PASO 2. Trabajen en grupos de cuatro. Primero, en parejas, escriban cuatro cláusulas con **si** para presentar una situación hipotética basada en la lectura. Intercambien las cláusulas con la otra pareja de su grupo y terminen sus cláusulas hipotéticas de una forma lógica con el condicional o el condicional perfecto.

MODELOS: Si no hubiera habido tanta desigualdad entre las clases sociales…, los pobres no habrían sentido tanta frustración.

Si los gobiernos de la Unión Soviética y los Estados Unidos no hubieran enviado armas a los grupos opositores…, la violencia no habría sido tan intensa.

1. _____
2. _____
3. _____
4. _____

PASO 3. Piensa en un conflicto armado o una guerra civil en tu país. Escribe 3–5 oraciones para hablar de lo que (no) habría pasado si algo (no) hubiera pasado durante ese conflicto o guerra.

MODELOS: Si el presidente X hubiera sido más paciente…

Los soldados no habrían reaccionado con fuerza si…

Comprueba tu progreso

Let's put into practice what you have learned about the use of the imperfect and pluperfect subjunctive, as well as possible and contrary-to-fact situations. In this speech, an activist ignites the crowd with his condemnation of the war and the government's policies. Complete his speech with the imperfect subjunctive, pluperfect subjunctive, conditional, or conditional perfect of the verb in parentheses. Check your answers when you're finished!

Yo organicé esta manifestación con la intención de que el presidente y los miembros del Congreso_____[1] (escuchar) la voz de la gente. Si no fuera por nosotros, ellos no _____[2] (tener) tanto poder ahora. Creo que es nuestra responsabilidad hacer que representen el consenso popular.

Hace un año, cuando se declaró la guerra, me entristeció que no _____[3] (haber) una reacción más inmediata de parte de los ciudadanos de este país. Si hubiéramos salido a la calle para protestar en aquel entonces, miles de ciudadanos inocentes no _____[4] (morir). Además, nosotros _____[5] (ahorrar) millones de dólares. Realmente fue una tragedia que nosotros no _____[6] (hacer) nada en el momento oportuno.

Si todo esto _____[7] (ocurrir) hace treinta años, estoy seguro de que la reacción del público habría sido distinta. En mi juventud, era normal que la gente _____[8] (levantarse) contra el poder central. Pero todo eso cambió cuando el presidente prohibió que la gente _____[9] (organizarse) para protestar contra el gobierno sin autorización previa.

Ahora, si yo _____[10] (ser) tú, alzaría la voz y haría que esta situación cambiara. Yo, desde luego, no pienso callarme.

Respuestas

1. escucharan; 2. tendrían; 3. hubiera; 4. habrían muerto / hubieran muerto; 5. habríamos ahorrado / hubiéramos ahorrado; 6. hiciéramos / hubiéramos hecho; 7. hubiera ocurrido; 8. se levantara; 9. se organizara; 10. fuera

A. El activismo y la resistencia: Las estrategias de grupo para realizar cambios

PASO 1. En parejas, túrnense para leer en voz alta las citas de personas famosas sobre el conflicto y el activismo. Luego, expresen la idea principal de cada cita en sus propias palabras. Por último, contesten las preguntas.

- «Para el logro del triunfo siempre ha sido indispensable pasar por la senda (*path*) de los sacrificios.» —Simón Bolívar, político y militar sudmericano
- «Hay que evitar el combate en lugar de vencer en él. Hay triunfos que empobrecen (*impoverish*) al vencido, pero no enriquecen al vencedor (*winner*).» —Juan Zorrilla de San Martín, periodista, poeta y ensayista uruguayo
- «El fascismo se cura leyendo y el racismo se cura viajando.» —Miguel de Unamuno, escritor español
- «La paz no es solamente la ausencia de la guerra; mientras haya pobreza, racismo, discriminación y exclusión difícilmente podremos alcanzar un mundo de paz». — Rigoberta Menchú, activista indígena guatemalteca
- «Hablar es fácil... Es la forma en que nos organizamos y utilizamos nuestras vidas cotidianas que dice en lo que creemos». —César Chávez, activista estadounidense

---

Preguntas

1. ¿Qué aspectos de la condición humana tratan las citas?
2. ¿Qué recomendaciones para el cambio se expresan en las citas?
3. ¿Qué cita te gusta más? ¿Por qué?

PASO 2. Lee sobre tres expresiones artísticas que reprochan el abuso del poder político. Luego, lee las oraciones que siguen e indica con qué movimiento(s) de resistencia asocias cada una: **A** (las arpilleras), **H** (el hashtag #RenunciaYa) u **O** (la obra teatral, *El campo*). **¡OJO!** A veces más de una respuesta es posible.

El arte de la resistencia*

La arpillera

Las arpilleras son una forma de artesanía de colores brillantes que se hace en Chile y el Perú. Se fabrican de tela como yute[a] o estopa[b] sobre la que se presentan figuras bordadas.[c] Muchas arpilleras presentan escenas bucólicas[d] y costumbristas,[e] especialmente de la vida rural andina.

Pero esta forma artística surge como forma de protesta en Chile durante y después de la dictadura militar del general Augusto Pinochet de 1973–90. Durante esta época de represión política, muchas personas desaparecieron,

---

*Source: Gonzales, Guadalupe and Bertha Vallejo, "Las arpilleras: protesta femenina de América Latina", *Language Acquisition Resource Center, San Diego State University*, undated; "How a Peaceful Protest Changed a Violent Country", *BBC Trending*, May 27, 2015; "Videla y la historia más negra de Argentina," *Libertad Digital*, May 17, 2013. http://www.libertaddigital.com

fueron torturadas y asesinadas. Algunas mujeres, cuyos familiares eran las víctimas, adaptaron esta forma artística anteriormente neutra con respecto a los temas políticos para hacer denuncias políticas. En esta nueva forma de arpillera, en medio de los campos bucólicos tradicionales se incluyeron imágenes subversivas, por ejemplo, soldados, muertos y las familias desconsoladas de las víctimas de la violencia de la dictadura. Sirvieron para protestar la injusticia y expresar el sufrimiento y la ira

NO a la ley antirrerorista/NO to the antiterrorist law Chilean Chilean arpillera, Aurora Ortiz, 2011 Photo: Martin Melaugh, © Conflict Textiles http://cain. ulster.ac.uk/conflicttextiles/

que muchos sintieron. Las mujeres que hicieron las arpilleras corrieron un alto riesgo[f] de ser arrestadas y por eso tuvieron que crearlas anónimamente.

El hashtag #RenunciaYa

En Guatemala, la etiqueta,[g] #RenunciaYa[h] ejemplifica el poder de las redes sociales de generar indignación y luego entusiasmo por un movimiento. Una mujer guatemalteca, motivada por acusaciones de corrupción entre los altos niveles del gobierno, hizo un llamamiento[i] en una red social usando el hashtag #RenunciaYa

© Arthimedes.Shutterstock RF

para que sus amigos fueran a la Ciudad de Guatemala para exigir la renuncia de la vicepresidenta del país ante un escándalo de corrupción.

#RenunciaYa pudo desatar[j] entusiasmo y muchos ciudadanos tomaron la calle para manifestarse contra el sistema político del país. La mujer que creó este hashtag y sus compañeros pidieron que los manifestantes siguieran las leyes y que no exhibieran ninguna afiliación con un partido político. Unos días después, la vicepresidenta renunció.[k]

La obra teatral *El campo*

La obra teatral de la dramaturga argentina, Griselda Gambaro, *El campo*, emplea una alegoría para criticar las ideas fascistas. Cuenta la historia absurda de un hombre que cree que está empezando un trabajo nuevo en una empresa misteriosa. Su jefe se llama Franco, un nombre que evoca al dictador español, Francisco Franco. Poco a poco se revela que está en un campo de concentración y no en una empresa normal. Esta obra y otras obras de la escritora denuncian la violencia política de varios regímenes argentinos y anticipa el gobierno militar de Jorge Rafael Videla que «desapareció» a unas 30.000 personas durante la infame[l] guerra sucia.

---

[a]*jute*   [b]*burlap*   [c]*embroidered*   [d]*pastoral, bucolic*   [e]*an artistic style that focuses on the particular customs of a region or country*   [f]*corrieron... they ran a high risk*   [g]*hashtags*   [h]*Resign now*   [i]*appeal, call*   [j]*spark, unleash*   [k]*resigned*   [l]*awful, infamous*

Asociaciones

____ 1. Emplea el escenario de un campo de concentración.

____ 2. Las artistas corrieron el riesgo de ser arrestadas por sus obras artísticas.

____ 3. Inició un movimiento pacífico para denunciar la corrupción política y para exigir reformas.

____ 4. Critican los abusos de los derechos humanos por parte de las dictaduras.

____ 5. Dependió de las redes sociales para propagar su mensaje y generar entusiasmo.

PASO 3. En parejas, conversen sobre las preguntas.

1. ¿Cómo defines tú el activismo? ¿Qué ejemplos han ocurrido en tu vida?

2. ¿Qué tipos de situación llevan a la resistencia o al activismo?

3. Aunque un movimiento por algo o en contra de algo no tenga éxito, ¿tiene valor todavía? ¿Por qué?

4. ¿Crees que un solo / una sola activista individual puede realizar cambios? O, ¿es mejor trabajar en grupo? ¿Por qué?

5. ¿Qué tienen en común los tres ejemplos del activismo presentados?

PARA TU INFORMACIÓN: EL LEMA ¡NO PASARÁN!*

El eslogan **¡No pasarán!** (*They will not pass!*) se empleó por primera vez en Francia durante la Primera Guerra Mundial.

En 1936, durante la guerra civil española, la frase se convirtió en el lema (*motto, slogan*) de los republicanos, que estaban a favor de las ideas políticas izquierdistas. Se usó como un grito de batalla para alentar a los republicanos a seguir resistiendo durante el asedio (*siege*) de Madrid por las tropas nacionalistas. Pero al final de la guerra, cuando los nacionalistas por fin tomaron Madrid, el general del ejército nacionalista, Francisco Franco, declaró, «Hemos pasado».

© Universal History Archive/UIG via Getty Images

El eslogan apareció de nuevo durante la Revolución Sandinista en Nicaragua en 1979. Se considera el lema de los movimientos antifascistas.

---

*Source: "Frases célebres: «No pasarán»," *El rumbo de la Historia*, June 21, 2014. http://elrumbodelahistoria.blogspot.com; "1916: El año de las peores batallas en la Primera Guerra Mundial," *Diario Libre*, August 6, 2014, http://www.diariolibre.com

Antes de leer

B. El activismo político

PASO 1. Lee sobre la Revolución Sandinista en Nicaragua. Luego, escucha las siguientes oraciones sobre la lectura e indica si la información es cierta o falsa. Si la oración es falsa, corrígela.

La Revolución Sandinista*

Este conflicto nicaragüense se llama «la Revolución Sandinista» en memoria de Augusto César Sandino, líder guerrillero de la resistencia contra la ocupación estadounidense de Nicaragua (1912–1933).

En 1934, Sandino fue asesinado por Anastasio Somoza, el primer gran jefe de la Guardia Nacional, que luego tomó control del gobierno mediante el fraude electoral. La familia Somoza controlaría Nicaragua con poderes[a] dictatoriales por más de cuatro décadas. Sus dictaduras se caracterizaron por los abusos de los derechos humanos, incluyendo el uso de la tortura y la desigualdad intratable[b] entre los pocos ricos y la mayoría pobre.

© Richard Cummins/Getty Images

Un grupo guerrillero, el Frente Sandinista de Liberación Nacional (FSLN), fundado en 1961 y apoyado por un pueblo fatigado de la represión gubernamental, derrocó[c] a los Somoza e impuso un gobierno izquierdista en 1979. Inmediatamente, empezó «la Contrarrevolución», en contra del gobierno sandinista.

El país se convirtió en un campo de batalla por más de una década, (hubo más de 60.000 muertos) y un epicentro de la Guerra Fría entre la Unión Soviética y los Estados Unidos, con las dos superpotencias financiando la lucha.

A diferencia de las guerras en Guatemala y El Salvador, cuyos gobiernos los Estados Unidos apoyaba, en Nicaragua el gobierno estadounidense intentó darles fondos a los guerrilleros, los Contra, porque los Contra trataban de derrocar el gobierno socialista. Este hecho dio origen al escándalo Iran-Contra,[†] cuyos efectos,

© Sovfoto/UIG via Getty Images

---

*Source: "La Revolución Sandinista en Nicaragua", *www.avizora.com*, undated; Mariño, Enrique, "Guerrilleras sandinistas: cuando las mujeres hicieron la revolución", *www.publico.es*, October 17, 2014; Ferrero Blanco, María Dolores, "Violencia y represión en el ocaso de los Somoza: las condiciones carcelarias de los presos políticos", *Historia Crítica*, Universidad de los Andes, Sep–Dic, 2009.

†Durante la presidencia de Ronald Reagan, la Agencia Central de Inteligencia financió la Contra por vender armas en secreto al gobierno de Irán.

juntos con la Perestroika* de la Unión Soviética, culminaron en un cese de fuego[d] entre la Contrarrevolución (los Contra) y el gobierno sandinista en 1988.

Las reformas sandinistas han recibido reconocimiento de la UNESCO[e] por la alfabetización del país, reformas agrarias y una reducción de pobreza.

En 1990, se realizaron elecciones presidenciales y ganó Violeta Barrios de Chamorro, la candidata de un nuevo partido político, la Unión Nacional Opositora. La Contrarrevolución se desmanteló este mismo año. Daniel Ortega, un antiguo[f] líder del FSLN, se eligió presidente en 2006.

Ortega ganó un tercer período presencial con su esposa como vicepresidenta en 2016. El régimen de Ortega no ha estado libre de controversia. Hay oposición política y ha sido criticado por su política internacional y doméstica, su control de los medios de comunicación y por seguir los modelos autoritarios denunciados por el FSLN.

---

[a]*powers*   [b]*intractable*   [c]*overthrew*   [d]*un... ceasefire*   [e]*United Nations Educational, Scientific and Cultural Organization*   [f]*former*

CIERTO   FALSO

1. _____   _____
2. _____   _____
3. _____   _____
4. _____   _____
5. _____   _____
6. _____   _____
7. _____   _____
8. _____   _____

PASO 2. En parejas, escriban una definición breve de cada uno de los sigientes elementos de la lectura.

1. Augusto César Sandino: _____
_____
_____

2. la Familia Somoza: _____
_____

3. FSLN: _____
_____
_____
_____

4. los Contra: _____
_____

5. Daniel Ortega: _____

---

*Un sistema de reforma económica impuesto por Mijaíl Gorbachev.

PASO 3. En parejas, usen la información de la lectura del **Paso 1** para completar la tabla.

INFORMACIÓN PARA BUSCAR	RESPUESTA/INFORMACIÓN DE LA LECTURA
1. ¿Quiénes son dos o tres participantes importantes? ¿Qué querían? ¿Qué hicieron?	
2. Grupos políticos/militares	
3. ¿Cuáles son dos fechas/ períodos importantes?	
4. Causas: ¿Cuáles son dos raíces de la Revolución Sandinista?	
5. Efectos: ¿Cuáles son los efectos de la Revolución Sandinista?	

C. La Revolución Sandinista y los presos políticos

PASO 1. Lee más sobre las raíces de la Revolución Sandinista en Nicaragua. Luego, forma cinco preguntas sobre la lectura, usando palabras interrogativas cuando posible. Comparte tus preguntas con dos o tres compañeros de clase. ¿Han contestado correctamente tus preguntas? Y tú, ¿has contestado bien sus preguntas?

La Revolución Sandinista y los presos políticos*

Los Estados Unidos intervino militarmente en varios países centroamericanos y caribeños durante las primeras décadas del siglo XX. Ocupó Nicaragua hasta la década de los treinta en parte para asegurar que tuviera un papel importante en la construcción de un canal que pudiera conectar el océano Pacífico y el océano Atlántico.[†]

© H. Christoph/ullstein bild via Getty Images

*Source: "La Revolución Sandinista en Nicaragua", *www.avizora.com*, undated; Mariño, Enrique, "Guerrilleras sandinistas: cuando las mujeres hicieron la revolución", *www.publico.es*, October 17, 2014; Ferreo Blanco, María Dolores, "Violencia y represión en el ocaso de los Somoza: las condiciones carcelarias de los presos políticos", *Historia Crítica*, Universidad de los Andes, Sep–Dic, 2009.

[†]Desde lav colonización española de las Américas en el siglo XV, se buscaba una vía de navegación entre el océano Atlántico y el océano Pacífico. El canal de Panamá se construyó en 1914 en lugar de un canal en Nicaragua. Hoy en día sigue habiendo interés en construir un canal adicional en Nicaragua.

Durante estas ocupaciones, las fuerzas militares de los Estados Unidos ayudaron a establecer y entrenar una fuerza de seguridad en Nicaragua llamada la Guardia Nacional. La Guardia nicaragüense era una mezcla de un ejército y una fuerza policial. Augusto César Sandino, el líder guerrillero, se opuso a su creación. En respuesta a su oposición, en 1934 el primer gran jefe de la Guardia Nacional, Anastasio Somoza arrestó a Sandino y la Guardia lo asesinó.

En 1936 Somoza se presentó para la presidencia y renunció su posición de gran jefe. Cuando se eligió presidente por medio del fraude electoral en 1936, también volvió a tomar control de la Guardia Nacional, que llegaría a ser una de las medidas principales de control por parte de su dictadura y la de sus dos hijos.

Infame[a] por sus abusos de derechos humanos y por su búsqueda incansable de los guerrilleros marxistas/comunistas, la Guardia Nacional era temida[b] por los campesinos. Detuvo[c] y oprimió a todos los acusados de colaborar con los guerrilleros.

En 1961, un grupo de estudiantes universitarios fundó el FSLN (el Frente Sandinista de Liberación Nacional). El movimiento nació de varias actividades de activismo en los años 50 y 60, influidas por la revolución cubana y otros ideales de la política izquierdista. Reclamó[d] la intervención estadounidense y los poderes desenfrenados[e] de la familia Somoza. Exigió reformas económicas y políticas que permitieran una distribución más justa de la riqueza. Por lo tanto, los estudiantes universitarios eran también las víctimas de las represalias de la Guardia Nacional de Somoza.

Las mujeres, incluso muchas madres, tuvieron un papel importante en la Revolución Sandinista. Muchas se juntaron a la revolución y fueron víctimas de la represión de la Guardia Civil. Las mujeres terminaron presas[f] en las cárceles y se organizaron para tratar de informarle al público sobre los abusos de la dictadura. En los años setenta, las mujeres hicieron una huelga de hambre y escribieron cartas colectivas para denunciar las condiciones dentro de las cárceles.

Se estima que durante la dictadura de la familia Somoza unas 40.000 a 50.000 personas murieron en Nicaragua. Durante esta época, también se destacan los varios y fuertes esfuerzos de resistencia contra la dictadura y sus abusos del sistema de justicia.

---

[a]*Infamous*   [b]*feared*   [c]*It detained*   [d]*It complained about*   [e]*excessive, unstoppable*
[f]terminaron... *they ended up as prisoners*

MODELO: *Pregunta*: ¿Quién se opuso a la creación de la Guardia Nacional?

Respuesta: Augusto César Sandino se opuso a su creación.

 PASO 2. La narradora del cuento «Josefa» que vas a leer vivió en Nicaragua durante la época tumultuosa previa al cambio de gobierno que tuvo lugar en 1978–79. En parejas, repasen la lectura del **Paso 1** y busquen información que tenga que ver con los siguientes términos e ideas.

1. la Guardia Nacional de Nicaragua: _____
_____

2. la alta presencia de mujeres en el FSLN: _____
_____

3. la cárcel: _____
_____

PASO 3. ¡A sintetizar! En este capítulo has leído sobre diferentes conflictos armados y las raíces de estos enfrentamientos violentos. Imagina que tienes que explicarle brevemente a alguien que no sepa nada de estos conflictos algunas ideas y observaciones clave que esta persona debe saber para comprender estos conflictos y para comprender la condición humana, en general. ¿Qué tienen en común? ¿Qué se puede aprender de estos conflictos? ¿Qué se podría hacer para evitarlos en el futuro? Trabaja con tu pareja para preparar una presentación breve con tus observaciones y recomendaciones.

¡A leer!

Isolda Rodríguez y Rosales (n. 1947) es una escritora nicaragüense que ha publicado cuentos, poemas, ensayos y crítica literaria. Además, es catedrática universitaria (*university professor*). Ha escrito sobre una variedad de temas como la educación, la literatura y la historia de Nicaragua. En este relato, aborda un tema de profunda importancia para la historia de Nicaragua, la experiencia de una mujer en los tiempos antes de la Revolución

Courtesy of Isolda Rodríguez Rosales

Sandinista en Nicaragua. La historia se cuenta en la forma de una autobiografía. Se publicó por primera vez en el libro *Daguerrotipos y otros retratos de mujeres* en 1999.

«JOSEFA»

– Isolda Rodríguez Rosales

Cuando veo a mi nieta, me veo a mí misma cuando tenía quince años. Pizpireta[a] y coqueta,[b] alegre, despreocupada. Son años en que una piensa que el mundo le pertenece. Josefina es muy parecida a mí. Eso me llena de orgullo y a veces de preocupación, no sea que vaya a llevar la vida que yo he llevado.

Aunque ahora, al cabo de mis setenta años, no me arrepiento de los coqueteos, los amigos, los amores que tuve. Mucho me criticaron por tener tantos amigos. No sé por qué siempre me sentí más a gusto con ellos. Sus pláticas[c] eran más interesantes. Si no entendía lo que hablaban, me esforzaba por comprender: que el funcionamiento del motor de un auto, que las máquinas tales o cuales. De tanto interés, terminaba entendiendo.

Cuando era niña, mi madre se preocupaba mucho de que siempre vistiera pantalones, montara a caballo, saliera a tirar, revuelta[d] con mis hermanos, el montón de primos y sus amigos. Fui la única hembra[e] entre siete hijos. La número siete, débil y flacucha,[f] no prometía nada. Desde los diez años aprendí a tirar y tuve buena puntería. Gran nadadora, en medio del hombrerío[g] que me veían como un muchacho más,

Cuando empecé a estirarme, me di cuenta de que algo mío llamaba la atención de los hombres. No porque fuera bonita, tal vez era por mi modo. Total, yo había crecido entre hombres y nunca me intimidaron. Creo que con los años, yo los intimidaba, porque discutía con ellos y a veces los dejaba con la boca cerrada.

Mi madre siempre decía que esto estaba mal. Una muchacha educada[h] no debe discutir con nadie, menos con los hombres. Las niñas, decían las maestras de entonces, deben ser modositas,[i] dulces, sumisas,[j] calladas. Lo mejor era que aprendiera a tejer, a bordar, y yo cantaba para mis adentros:[k] «a coser, a planchar, a abrirle la puerta para ir a jugar...».

«Esa muchacha se va a volver hombruna»,[l] comentaban preocupadas mi madre y sus mejores amigas. Con lo bien que me sentía con los hombres, con lo fácil que era trepar a los árboles si llevaba pantalones, con lo que me encantaba subirme en todo lo que fuera alto, entre más alto, mejor.

Años después, la preocupación fue porque parecía que iba a tomar «mal camino». Les molestaba que tuviera tantos amigos. Yo tenía dieciocho años y no daba muestras de querer casarme. Siempre saliendo con los muchachos a corretear por el malecón,[m] a tocar los timbres de las casas y a subirnos en los columpios del parque. Todo era inocente, pero parecía peligroso.

Realmente no tomaba nada en serio, ¿y para qué? Hasta que conocí a Rafael y él comenzó a trabajar en el movimiento de estudiantes. Él me hablaba de las tiranías, de la forma en que vivían los pobres, en la explotación y toda esa historia. Al principio, no le ponía mucha atención, pero después me comenzó a conmover con su actitud de santo marxista. Se fue a la montaña, y yo, para escándalo de mi familia, me fui con él. Nunca lo llevé a casa de mis padres.

No quiero recordar los días de duros entrenamientos militares. Ahora solo deseo revivir los ratos cuando en la oscuridad de la noche nos amábamos como locos. Aún siento las manos tiernas sobre mi pelo y su voz dulce cantando en mi oído: «Tienen tus ojos un raro encanto, tus ojos tristes como de niño...»

Después de un encuentro con la guardia, Rafael, herido en el vientre, murió por falta de atención y medicinas. Cuántos muchachos como él murieron después. Todavía veo sus ojos negros, enormemente abiertos, con una expresión de asombro, como sorprendido de que la muerte lo llegara a buscar a sus veintitantos años.

Tiempo después, me declaré enferma y volví a la ciudad. Sin Rafael, no me hacía gracia la montaña. Claro, iba a tener otras tareas: dar refugio a los muchachos que andaban clandestinos. Un día llegó Luis, con unos libros en la mano y una mirada de niño inocente y perdido. Tenía que esconderlo por un tiempo. Me puso al tanto de los sucesos, de los planes para botar al tirano. Amanecía cuando aún seguíamos conversando.

Quizás fue ese candor de niño desvalido el que me atrajo desde los primeros días. Una noche lo oí llorar, parece que tenía una pesadilla. Fui hasta su cuarto y me deslicé[n] bajo sus sábanas, con la idea de consolarlo. Le acaricié la cabeza con ternura de madre, hermana y amante. Preferí el último rol. Los demás no me calzaban[ñ] bien. A él le encantaba que le hiciera mimos,[o] le llevara su café, dispusiera su ropa sobre la cama y hasta que le diera los bocados en la boca.

Años más tarde me di cuenta de que así son todos los hombres: siempre necesitan una madre a su lado. Cuando se casan, quieren que su esposa cocine como lo hacía su mamá, cosa que, lógicamente, nunca llegan a lograr.

Pues Luis no era la excepción de la regla, sino más bien el paradigma de los hijos necesitados permanentemente de su santa madrecita. Cansada de hacer de hermana de la caridad y madre sacrificada, mandé a Luis a «freír espárragos».[p] Años después, cuando supe que la guardia lo había capturado, me entró un ligero remordimiento de conciencia. Cuánto falta le haría ahora un mimo, una caricia. Fui a verlo a la cárcel. Con la barba crecida se veía cambiado.

El movimiento guerrillero se acrecentaba para entonces y las fuerzas del tirano se empeñaban en exterminar a todo sospechoso de «comunista». Por mis ideas libre-pensadoras, yo tenía fama de comunista, aunque en realidad nunca lo fui. Jamás pude digerir las densas obras del marxismo-leninismo. De los rusos, siempre preferí al viejo Tolstoi.[q]

Un día, una respetable matrona, prima de mi padre, me llamó en privado para preguntarme que si era cierto que pertenecía a la Unión de Jóvenes Comunistas. Habló largamente de la tradición familiar, de los valores, de todas esas cosas que ya había oído miles de veces. Por supuesto que yo le contesté que no sabía de qué hablaba.

Pronto mi nombre apareció en un periódico. Se hablaba de un movimiento de mujeres, publicaban una lista; al inicio se leía mi nombre, en letras mayúsculas: JOSEFA RIVAS. Por esos días habían capturado a mi amiga María. En los libros que le encontraron, había un papel con la famosa lista. Bueno, pensé, y no me queda otro camino que cumplir con ese rol. Ya me acusaron, ahora lo voy a hacer. Me dediqué día y noche a trabajar con las mujeres, primero en la universidad y después en el barrio.

A muchas mujeres les entusiasmó la idea de la organización y esta creció rápidamente. Hoy todavía existe, pero más para apoyar a las maltratadas, violadas y víctimas de diferentes abusos.

Josefina me saca de mi mundo de recuerdos para preguntarme llorosa que si creo que la falda está muy corta, que su papá no la quiere dejar salir con «esos trapos». Es cierto que la faldita le llega casi a la raíz de la pierna, pero no importa, si tiene piernas lindas que las luzca,[r] antes que se llenen de celulitis. Yo antes usaba pantalones cortos y todos me admiraban las pantorrillas bien torneadas, pero no lo hacía para que me dijeran que tenía buenas piernas, sino porque era muy cómodo vestir con «shorts». Siempre creí que una debe vestirse como se sienta cómoda.

Le seco las lágrimas a mi nieta y le digo al oído que se vista como quiera, que no esté atada a los prejuicios ni a las modas. Ella sonríe, me tira un beso con la punta de los dedos y sale dando saltitos.

Esta muchacha promete, no es como sus hermanas que se pasan el día viendo los programas de la televisión y se ahogan en lágrimas mirando interminables telenovelas. Es rebelde y diferente, por eso no se lleva con mi hija, que nunca tuvo la paciencia de hacer algo por comrenderla.

Mi hija nació después que fui a recibir un entrenamiento a Libia. Allí conocí a Mohamed. Siempre me habían atraído mucho los tipos árabes. Allá, en medio de aquel ambiente exótico, de palmeras y música melancólica, reviví el romanticismo de mi adolescencia. Pero todo terminó cuando llegó a despedirme al aeropuerto de Trípoli.

Tina heredó de él los ojos, la nariz aguileña,[s] la piel aceituna. De pequeña, la vestía como gitana, parecía una figura de Lorca. Quise educarla con libertad; a los diez años su padre la mandó a llevar para que conociera su tierra y a sus abuelos paternos. No me opuse. ¡Mejor que lo hubiera hecho! De allá volvió cambiadísima, con la idea de que la mujer nació para servir al hombre y cosas por el estilo. No pude hacer nada para persuadirla de su error.

Por eso ahora estoy pendiente de que no eduque así a la pobre Josefina. Quiero que ante todo sea como ella quiera ser. Sin que le impongan ideas o modelos.

En los grupos de mujeres se saben cosas como para ponerle de punta los pelos[t] al más indiferente. Es un trabajo difícil, pero poco a poco se comienza a ver la realidad sin antifaces.[u]

Cuando tuve a mi hija, me tocó muy duro. Nadie me ayudó, hasta la familia me volvió la espalda por haber traicionado sus principios. Por suerte siempre me ha gustado trabajar y con esfuerzos la crié lo mejor que pude. Era feliz con mi hija, pero me sentía sola. Entonces conocí a José Luis, un abogado que nos ayudaba con los asuntos legales.

Cuando oía mis comentarios acerca de la irresponsabilidad de la mayoría de los hombres, él insistía que no todos eran iguales, que había excepciones. Trabajábamos duro, visitábamos los juzgados, interponiendo apelaciones para sacar a los compañeros y compañeras de la cárcel. Su constancia me convenció y un buen día decidimos casarnos en una boda sencilla.

Yo vestía unos pantalones de mezclilla y una cotona blanca. Nunca tuvimos tiempo para la famosa luna de miel, porque siempre había tareas que cumplir. Vivimos años en una extraña placidez. Todo era tranquilo, sin grandes sobresaltos. No hubo ni siquiera discusiones serias que alteraran la rutina. El trabajo arduo de esos días no nos dejaba tiempo para nada. Cuando regresábamos a casa, por la noche, nos hundíamos en la hamaca y hacíamos un recuento del día y después nos sumergíamos en un delicioso silencio.

Pero las fuerzas oscuras ya habían notado el trabajo perserverante de mi abogado. Una noche, él me había avisado que se quedaría con unos reos[v] para apoyarlos. Cuando desperté y no lo vi a mi lado, no me sorprendí. Pero llegó la hora del almuerzo y después la de la cena y José Luis no aparecía. Con mis pantalones azulones, el pelo recogido en una coleta simple, salí a buscarlo. Nadie pudo darme pistas de su paradero.

Recurrí a los organismos de derechos humanos, escribí cartas a los embajadores, a los escritores, intelectuales de toda Latinoamérica. Los periódicos dedicaron grandes titulares a la noticia:

FAMOSO ABOGADO DESAPARECIDO. NO HAY PISTAS DEL DR. JOSÉ LUIS MARCOS. ¿FUE UN SECUESTRO? SE TEME POR LA VIDA DEL DR. MARCOS. ORGANISMOS INTERNACIONALES DEMANDAN RESPUESTA.

De eso hace ya treinta años. Me duele tanto la sangre derramada, tantos vida truncada, tantas madres que lloran a sus hijos, mujeres que buscan en el lecho a sus compañeros que nunca volverán.

Nunca supe qué pasó; todos los días me pregunto quién hizo desaparecer a José Luis; pero no encuentro respuesta. Sigo escribiendo a las cortes de justicia, a las comisiones de todo los derechos: del niño, de los ancianos, de las humanas. Sigo indagando[w] en las cárceles oscuras, en los juzgados,[x] en las iglesias y cementerios. Sé que algún día encontraré al culpable, pero ¿de qué me servirá? Nadie repondrá su vida ni la de tantos que murieron por el ideal de un mundo mejor.

Hoy solo quiero la paz, quedé harta de tanta violencia. Mientras tanto, dejo que Josefina disfrute, mientras pueda esa etapa dichosa de la vida y velo para que luche y no permita que nadie le arrebate lo que ama.

[a]*spirited, lively* [b]*flirtatious, charming* [c]*chats, conversations* [d]*disheveled* [e]*female* [f]*scrawny* [g]*bunch of men* [h]*well-mannered* [i]*demure* [j]*submissive* [k]*para... (silently) to myself* [l]*mannish* [m]*corretear... to run around the seafront* [n]*me... I slid* [ñ]*no... didn't fit* [o]*le... cuddled* [p]*freír... to take a hike* [q]*Leo Tolstoy was a Russian novelist* [r]*que... let her show them* [s]*long and thin, aquiline* [t]*ponerle... give goosebumps* [u]*masks* [v]*defendants* [w]*investigating* [x]*courts, tribunals*

Después de leer

D. Reflexiones autobiográficas

PASO 1. Cuando la narradora Josefa ve a su nieta, ella reflexiona sobre su propia vida. La narradora menciona a varias personas importantes en cada parte de su vida. Los nombres en la columna izquierda aparecen en el orden de su presentación en la historia. Emparéjalos con el detalle o la información que describa a esta persona en la columna derecha.

PERSONAS EN LA VIDA DE JOSEFA	DETALLE O INFORMACIÓN ASOCIADA CON ESTA PERSONA
____ 1. Josefina	a. Necesitaba que Josefa lo tratara como a un hijo.
____ 2. su madre	b. El padre de su hija, de Libia
____ 3. Rafael	c. La hija de Josefa que compartía las ideas de la familia de su padre
____ 4. Luis	d. Tiene quince años y es parecida a Josefa.
____ 5. la prima de su padre	e. Creía que las mujeres no debían discutir con nadie.
____ 6. Mohamed	f. Desapareció. Josefa se esforzó para encontrarlo pero nunca supo qué le había pasado.
____ 7. Tina	g. Le preguntó si pertenecía a la Unión de Jóvenes Comunistas.
____ 8. José Luis	h. Un amante que era guerrillero y que murió herido

PASO 2. Contesta las preguntas sobre «Josefa».

1. ¿Quiénes eran los compañeros de Josefa mientras era niña? _____
_____

2. ¿Aprobaron los padres de Josefa y sus mejores amigas de sus actividades
que ella hacía cuando era niña? ¿Por qué? _____
_____

3. ¿De qué temas le habló Rafael a Josefa? _____
_____

4. ¿Por qué murió Rafael? _____
_____

5. Josefa dice que se dio cuenta de que «así son todos los hombres»
después de conocer a Luis. ¿Qué quería decir? ¿Qué le pasó a Luis? _____
_____
_____

6. ¿Por qué apareció el nombre de Josefa en un periódico? ¿Qué decidió
hacer después de ver su nombre? _____
_____
_____

7. ¿Con qué idea volvió Tina después de haber estudiado en Libia? _____

8. ¿Qué actividades hizo Josefa con José Luis, el abogado? _____
_____

9. ¿Qué le pasó a José Luis? ¿Qué hizo Josefa después? ¿Qué nunca supo
Josefa? _____
_____
_____

PASO 3. En parejas, conversan sobre las preguntas.

1. Compara y contrasta los cuatro hombres importantes en la vida de Josefa:
Rafael, Luis, Mohamed y José Luis. ¿Qué tienen en común algunos de
ellos? ¿Como son distintos?

2. Explica la relevancia de los siguientes elementos de la historia:

el marxismo / el comunismo	la cárcel
el movimiento de estudiantes	el tirano
la montaña	las comisiones de derechos

3. ¿Qué relación hay entre las cualidades y el comportamiento de Josefa
cuando era más joven y lo que hace durante el resto de su vida?

4. ¿Con quién tuvo Josefa la mejor relación, en tu opinión? ¿De quién estuvo más enamorada? ¿Por qué crees que se casó solo una vez, con José Luis?

5. ¿Qué habrías hecho tú si fueras Josefa cuando su esposo desapareció?

PASO 4. Escribe tus ideas con respecto a las siguientes preguntas analíticas.

1. ¿Qué implica la semejanza entre el nombre Josefa y Josefina? ¿Qué ideas se asocian con su nieta?

2. ¿Cuáles son algunos de los papeles tradicionales de mujeres que Josefa rechaza?

3. ¿Qué importancia tiene el uso de una narradora de primera persona? ¿Cómo habría sido distinto el cuento con un narrador de tercera persona?

4. ¿Qué lecciones aprende Josefa durante su vida? ¿Cambia su manera de ser, su manera de pensar? Busca ejemplos específicos para apoyar tus ideas.

5. Las vidas de los hombres con quienes tuvo relaciones Josefa terminan mal. ¿Qué sugieren estos destinos desafortunados?

6. ¿Es activista Josefa? ¿Qué implica el cuento acerca del activismo político?

7. El cuento muestra el dilema entre participar en la política y evitar el peligro. ¿Qué ideas comunica el cuento con respecto a este dilema?

E. ¿Qué opinan los demás?

PASO 1. Las personas entrevistadas contestan las siguientes preguntas. Lee las preguntas y escribe por lo menos cinco palabras del vocabulario de este capítulo que probablemente van a incluir en sus respuestas.

- ¿Qué tipos de protestas o activismo existe en su país?
- ¿Cómo se expresan las opiniones políticas en su país? ¿Existe la libertad de expresión? ¿Siempre ha existido allí?
- ¿Hay corrupción en el gobierno de su país? ¿Qué causa la corrupción?
- ¿Confían los ciudadanos en el sistema de justicia en su país? ¿Por qué sí o no?
- ¿Qué cambios al gobierno o al sistema político le gustaría hacer si Ud. pudiera mejorar estos sistemas?

1. _____ 2. _____ 3. _____ 4. _____ 5. _____

PASO 2. Llena los espacios en blanco con la forma correcta de la palabra/frase de vocabulario para completar las ideas expresadas por los entrevistados.

1. En la Argentina, la gente _____ (promover / protestar) por una variedad de razones: un aumento al salario o los despidos injustos, por ejemplo.

2. En la Argentina, durante algunas protestas llamadas «piquetes», la gente cierra las calles, corta el paso para tratar de _____ (exigir / involucrarse en) que sus reclamos se escuchen.

3. Mi familia _____ (apuntarse al / oponerse al) maltrato de animales, y por lo tanto, _____ (echar / hacer campaña) en contra de la violencia a los animales.

4. En España, durante la dictadura de Franco, no era posible expresar libremente tu _____ (pancarta / posición) sobre un _____ (ganado / tema).

---

*Source: "Texto de la renuncia de Fernando Vallejo a su nacionalidad colombiana", El periódico de arquitrave.com, undated.

Palabras útiles

a calzón quitado
holding nothing back, no holds barred

arroz con mango
chaos, a mess *(idiomatic phrase commonly used in Cuba, Venezuela, and Colombia)*

cortar el paso
to block the way

en la lejanía
in the distance

hoy por hoy
nowadays, today

impune
unpunished

los piquetes
type of protests

prensa
press

los reclamos
complaints; demands

velar por
to look after

PASO 3. Primero, para prepararte, lee las siguientes ideas expresadas en las entrevistas. Luego, mira las entrevistas. Por último, indica quién expresa la idea: Gastón (Argentina), Andrés (Colombia), Ainhoa (España) o más de uno de ellos.

Gastón

Andrés

Ainhoa

© McGraw-Hill Education/Klic Video Productions

> **MODELO:** *La idea*: Las protestas y el activismo de los animales se están convirtiendo muy grande, por ejemplo, en contra de las corridas de toro, en contra de la matanza animal. <u>Andrés</u>

1. La corrupción es común. _____
2. Durante la dictadura era muy difícil que la gente se expresara libremente. _____
3. Algunas personas creen que los piquetes son un tipo de extorsión. _____
4. Los ciudadanos confían en el sistema de justicia solamente para los pequeños conflictos, como un accidente de coche o un divorcio. _____
5. El sistema de elegir a los jueces es muy viejo y hay una realeza (*royalty*) dentro de la justicia. _____
6. Un tío mío es un escritor muy famoso en Latinoamérica. El arte, la escritura y el cine son formas de expresión importantes. _____

PASO 4. En parejas, túrnense para contestar las preguntas sobre las entrevistas.

1. ¿Por qué cortan el paso en las calles algunos activistas en la Argentina? ¿Qué dicen las personas que critican esta táctica? _____
   _____
   _____

2. Según Gastón, ¿cuáles eran las consecuencias de revelar ciertas realidades bajo la dictadura en la Argentina? ¿Cómo es distinta la prensa hoy en día?
   _____

3. Según Andrés, ¿qué temas se protestan en Colombia? En cambio, ¿por qué optan muchas personas por no decir nada? _____
   _____
   _____

4. ¿Qué concluye Andrés sobre el sistema de justicia en Colombia? ¿Por qué?
   _____

5. Según Ainhoa, ¿cómo se sienten muchos españoles hoy en día sobre la política? ¿Por qué antes no era fácil que los españoles se expresaran libremente? _____
   _____

6. ¿Qué cambios recomendaría Ainhoa para mejorar el sistema político? _____
   _____
   _____

PASO 5. En parejas, conversen sobre sus propias ideas respecto a las preguntas del **Paso 1**.

F. El trasfondo geográfico/cultural: El activismo en el mundo hispanohablante*

PASO 1. Lee las descripciones y contesta las preguntas que siguen sobre el activismo en el mundo hispanohablante.

© Ali Burafi/AFP/Getty Images

Los «piqueteros» en la Argentina son activistas sociales que, motivados por la inseguridad económica, dependen de tácticas como el corte de ruta en las calles. Al bloquear la circulación libre de tráfico, productos y personas en las ciudades, llaman atención a sus reclamos.

Sus actividades muchas veces brotan de[a] organizaciones que proceden de preocupaciones de barrios o zonas locales. Algunos ciudadanos están en contra de estas medidas que pueden paralizar la ciudad y así la economía.

© Contacto/LatinContent/Getty Images

El movimiento español 15-M, también llamado «Los indignados», empezó el quince de mayo de 2011, cuando algunos manifestantes decidieron acampar en la icónica Puerta del Sol en Madrid para protestar pacíficamente lo que vieron como los fallos[b] del sistema democrático en España. Reclamaron medidas económicas y políticas que creían que paralizaban la democracia.

Estas protestas estimularon otros movimientos llamados «Los indignados» en México y Honduras.

© Raul Arboleda/AFP/Getty Images

En Colombia, algunos animalistas han protestado en contra de las corridas de toros (la tauromaquia). Han utilizado métodos que recuerdan el espectáculo de la corrida misma. Por ejemplo, una mujer se insertó miles de agujas en su espalda para llamarle la atención al público la crueldad de la corrida. Otros se pintaron el cuerpo de negro y rojo para crear la forma de un toro herido.

Unas protestas semejantes se han realizado en otros países como España, México y el Ecuador donde sigue la tradición de la corrida de toros.

---

[a]brotan... *emerge from*   [b]*failures*

---

*Source: "Colombia: mujer se inserta más de 2.000 agujas para protestar contra corridas de toros", *BBC Mundo*, January 3, 2015; "Almost 100 families evicted daily in Spain - statistics", www .rt.com, March 6, 2015; Fonseca Ripani, Ezequiel, "El movimiento piquetero y el estado (Argentina)", www.monografias.com, undated; Birss, Moira, "The Piquetero Movement: Organizing for Democracy and Social Change in Argentina's Informal Sector", *The Journal of the International Institute*, Vol. 12, Issue 2, Winter 2005.

1. Describe las estrategias de los activistas de los ejemplos anteriores. ¿Qué opinas de las estrategias? ¿Cuáles son sus ventajas y desventajas? ¿Tendrán éxito?

2. ¿Qué querían lograr los piqueteros, los indignados y los animalistas en la Argentina, España y Colombia?

3. ¿Con qué grupo te simpatizas más? ¿Por qué?

4. ¿Qué tipos de activismo o resistencia has observado en tu comunidad o país?

5. ¿Por qué son necesarias las estrategias activistas?

 PASO 2. Investiga un poco más uno de estos ejemplos de activismo y comparte la información que encuentres con tus compañeros de clase.

 COMPROMISO CON LA COMUNIDAD: IDENTIFICAR Y AYUDAR CAUSAS IMPORTANTES EN TU COMUNIDAD

¿Qué problemas te preocupan? ¿Qué problemas se necesitan resolver en tu comunidad? ¿Qué organizaciones existen para solucionar estos problemas? Investiga los esfuerzos de organizaciones o grupos que trabajen por una causa importante en tu comunidad, tu país o en el mundo. Busca información sobre los recursos en las redes sociales, en el Internet o en tu comunidad. ¿Hay alguna causa que puedas apoyar o promover? ¿Qué estrategias podrían ser útiles? ¿A quiénes debes comunicar tus reclamos?

V. AMBIENTES EXPRESIVOS

A. Escritura: ¿Qué habría pasado si...?

Imagina que eres un(a) analista político/a y te encanta especular sobre las decisiones políticas. Al final de esta actividad vas a escribir un artículo de opinión para un blog / página Web de noticias sobre uno de los siguientes temas. Tu artículo debe exponer una tesis sólida. Sigue los pasos para ayudarte a escribir.

a. Elige una elección reciente o histórica y plantea varias hipótesis sobre qué habría sucedido si esta persona no hubiera ganado y su oponente hubiera ganado.

b. Piensa en otros momentos o sucesos políticos y sus efectos en el país donde tuvieron lugar. Escribe unas hipótesis sobre cómo sería distinto el país si el suceso no hubiera ocurrido o si hubiera resultado de otra forma.

Antes de escribir: Incluir la hipótesis para apoyar tu argumento.

Determinar el punto de vista: Decide cuál es tu punto de vista sobre el suceso. ¿Qué es lo que quieres decir sobre una decisión o un suceso político?

Ejemplo: En mi opinión, la presidencia de XYZ fue desastrosa y sus políticas causaron mucho daño y sufrimiento innecesario.

Hacer una lluvia de ideas: Usa la estrategia de una «lluvia de ideas» para escribir tus observaciones e ideas. ¿Cómo es/era la situación como resultado de tu acontecimiento elegido? Da ejemplos específicos.

Ejemplo: no había la libertad de prensa, muchas personas fueron desaparecidas...,

Proponer hipótesis: Para cada descripción de cómo es/era la situación como resultado de tu acontecimiento elegido, escribe cómo habría sido diferente si otra cosa hubiera pasado. Escribe las consecuencias de la situación hipotética y organízalas según su importancia. Es posible que una situación hipotética se componga de otras circunstancias menores que hay que considerar. Por ejemplo, si imaginas que una guerra no hubiera sucedido, ¿también es necesario suponer que cierto líder político no hubiera tenido poder en ese momento histórico?

Ejemplo: Si era la libertad de prensa, los periodistas habrían escrito sobre las personas desaparecidas; habrían expuesto la realidad de lo que ocurría si el gobierno no hubiera controlado la información en la prensa.

Perfeccionar tesis: Vuelve a pensar y perfeccionar tu tesis después de haber apuntado ideas y escribe una oración de tesis preliminar. Sigue este modelo.

Sería mejor/peor/beneficio/peligroso si + esto (no) sucediera / (no) hubiera sucedido porque...

¡A escribir! Ahora escribe un artículo de un mínimo de cinco párrafos sobre uno de los temas.

Después del primer borrador

En parejas, intercambien párrafos. Lee el párrafo de tu pareja y escribe por lo menos cinco preguntas para descubrir más sobre los detalles de los sucesos. Inventa respuestas a las preguntas que tu pareja te haga y agrega esta información a la versión final de tu párrafo.

> ### Estrategia: Plantear una hipótesis
>
> Hypothetical examples are fictional scenarios that can make complex topics more concrete and tend to shed light on factors or nuances that might not be obvious. A hypothetical situation tends to underscore what is true or reveal the elements that characterize something. When you come up with hypothetical examples, you must ensure that you have carefully considered a variety of aspects of your chosen topic and have a good understanding of the events that have happened as a result of this main event.

B. Nosotros, los actores / las actrices: ¡Ojalá que esto no hubiera sucedido!

PASO 1. En parejas, imaginen la conversación entre los personajes y escriban un guion para una de las siguientes situaciones:

a. Guillermo habla con su amigo, Arturo, después de la muerte de Andrés.

b. Guillermo habla con su patrón, don Rafael, sobre el Kalashnikov que encontró y sobre la muerte de su hijo.

c. Dos personas de la región dónde vive Guillermo hablan del conflicto armado en Colombia.

d. Guillermo acepta la invitación de apuntarse a un grupo guerrillero.

PASO 2. Ensayen su guion y luego interprétenlo para la clase. Presten atención a la pronunciación, el lenguaje corporal, los gestos y el tono de la voz.

C. Entrevista: El activismo político y social

Entrevista a una persona hispanohablante sobre su opinión de la política en el país dónde vive u otro país. Pregúntale sobre sus observaciones de movimientos políticos y/o movimientos sociales. Desde su perspectiva, ¿han logrado estos movimientos lo que intentaron realizar? ¿Está de acuerdo con sus ideas? ¿Por qué? ¿Qué estrategias conoce él/ella para efectuar cambios? ¿Qué ideales o metas son importantes para el activismo?

OPCIONAL: Pregúntale al entrevistado si está bien si filmas un video de la entrevista para mostrar a la clase.

D. ¡Entrevista por videoconferencia!

Conversa con un(a) hispanohablante por videoconferencia y pregúntale seis a ocho preguntas sobre uno de los siguientes temas:

a. la vida agraria de su país, la agricultura importante de su país

b. los conflictos armados históricos o actuales en su país, por qué sucedieron, lo que él/ella opina de ellos

c. ejemplos de activismo o resistencia que admira o, al contrario, que le parezcan equivocados

Saca apuntes mientras conversan y prepárate a conversar con la clase.

E. Investigación: Los conflictos y las resoluciones

Busca información sobre uno de los siguientes temas en tu país y otro país del mundo hispanohablante. Resume la información que encuentres e incluye datos interesantes. Preséntale la información a tu clase y compara y contrasta las semejanzas y diferencias entre los dos países.

- las comisiones de verdad y reconciliación en la Argentina, Chile o Guatemala
- los movimientos ambientales en el mundo hispanohablante, por ejemplo, el movimiento ambiental contra la explotación petrolera del Parque Nacional Yasuní, el activismo de la activista hondureña asesinada, Berta Cáceres, o el activismo en Colombia contra la minería
- los movimientos estudiantiles en Colombia, Chile o México
- los movimientos por derechos de la gente indígena, de mujeres, de trabajadores domésticos, etcétera, lo que querían, lo que (no) lograron

Tabla B

Gramática

C. ¿Son del Nuevo Mundo?

MAPA B

Dibujos: A el maíz, J el tobaco, D el tomate, E el café, H la banana

TABLA B

Letra que corresponde a este animal o planta	Nombre	¿Animal o planta?	Origen	Descripción
1. ___	la _____	una planta	El nuevo mundo: Los Andes	_____ _____
2. ___	el _____	_____	El nuevo mundo: _____	Algunos piensan que es una verdura, pero no lo es. Es de color....
3. ___	la _____	un animal	El nuevo mundo: Norteamérica	_____ _____ _____
4. ___	el _____	_____	El mundo nuevo: _____ _____	De esta cosa se usan las hojas secas para producir...
5. ___	el _____	una planta	El nuevo mundo: Sudamérica	_____ _____ _____ _____

6. ___	el ___	_____	El nuevo mundo: _____	Es un tipo de cereal. En cuanto a su color, normalmente es...
7. ___	la _____	una planta	El viejo mundo: el Sudeste asiático	_____ _____
8. ___	el ___	_____	El viejo mundo: ____	De esto se usan los granos para preparar una bebida estimulante. Es...
9. ___	la ___	un animal	El viejo mundo: Europa e India	_____ _____
10. ___	la _____	_____	El viejo mundo: _____ _____	Es tropical y largo y cuando está maduro se pone de color...

VOCABULARIO DEL CAPÍTULO 6

La vida agrícola

alimentar	to feed
criar (crío)	to raise (*as in animals or children*)
cultivar	to grow (*crops, land*)
recoger	to pick (up); to collect; to gather
sembrar (ie)	to sow
el/la campesino/a	farmer
el cerdo	pig; pork
el cultivo	farming; cultivation
la finca	small farm
la gallina	chicken
la ganadería	livestock; raising cattle
el ganado	cattle
el grano de café	coffee bean
la huerta	vegetable garden
el/la pastor(a)	shepherd
el patrón / la patrona	boss; employer; owner
el/la terrateniente	land owner
la vaca	cow
agrario/a	agrarian
agrícola	agricultural

Repaso: el árbol, el bosque, el campo, el paisaje

La guerrra civil

desaparecer (a alguien)	to "disappear" someone (*abduct/murder*)
herir (ie)	to injure, to wound
matar	to kill
pelear	to fight
secuestrar	to kidnap
el arma, las armas	weapon, weapons
el asesinato	murder
el ejército	army
el golpe de estado	coup d'etat
la guerrilla	guerrilla group; guerrilla warfare
el/la guerrillero/a	guerrilla fighter
la (in)seguridad	(in)security

la lucha	fight; battle
la medida	measure; means
el/la paramilitar	militia member
el secuestro	kidnapping
el soldado / la mujer soldado	soldier
la víctima	victim
derechista	rightist (*political ideology*)
guerrillero/a	a way of fighting based on guerrilla tactics
izquierdista	leftist (*political ideology*)
muerto/a	dead
seguro/a	safe; sure
contra la voluntad (de alguien)	against someone's will

Repaso: acabar con, la política, la violencia

El activismo / La resistencia

apuntarse a algo	to sign up for something
boicotear	to boycott
condenar	to condemn
echar	to kick out
exigir	to demand
hacer campaña	to campaign
hacer correr la voz	to spread the word
involucrarse en	to get involved in; to involve onself
levantarse contra	to rise up against
marchar	to march
mejorar	to improve
oponerse a	to oppose
promover (ue)	to promote
protestar	to protest
el levantamiento	uprising
la manifestación	march, protest
el/la manifestante	protester
la pancarta	picket sign; banner
la posición / la postura	position (*ideological*)
el tema	theme; topic

Repaso: la elección, la organización sin fines de lucro

CAPÍTULO 1: Repaso gramatical

I. LA CONCORDANCIA DE GÉNERO Y NÚMERO

A. El género de los sustantivos

In Spanish, nouns (people, places, and things) are classified as masculine or feminine. You can often tell the grammatical gender of a noun by the article that modifies it. Singular masculine nouns usually use the articles **el** (*the*) and **un** (*a/an*), while feminine nouns usually use **la** (*the*) and **una** (*a/an*).

El género de los sustantivos			
Masculino		**Femenino**	
el abuelo	*the grandfather*	**la** familia	*the family*
un rasgo	*a trait, a feature*	**una** característica	*a characteristic*

Two primary clues can help you correctly identify the gender of most Spanish nouns: meaning and word ending.

PARA TU INFORMACIÓN: LAS FORMAS ABREVIADAS

These nouns are feminine, although their popular, shortened forms do not end in **-a.**

- la bicicleta → la bici
  bicycle
- la fotografía → la foto
  photograph
- la motocicleta → la moto
  motorcycle

1. Meaning
   - When a Spanish noun refers to a man, it is masculine; when the noun refers to a woman, it is feminine.

     el padre   *father*   **la** madre   *mother*

   - When a noun refers to a woman or a man, the corresponding article indicates gender. Sometimes the word will have a different form—often in the ending—for masculine and feminine.

     el prim**o** / **la** prim**a**   *cousin*   **el** estudiante / **la** estudiante   *student*

     el español / **la** español**a**   *Spaniard*   **el** cociner**o** / **la** cociner**a**   *cook*

   - The following nouns are exceptions. They may refer to either men or women, but their grammatical gender is fixed.

     el ángel   *angel*   **la** persona   *person*

     el individuo   *individual*   **la** víctima   *victim*

   - Many words refer to objects or places that do not have an obvious association with a gender, so their grammatical genders must be memorized. As we will discuss in the second point, look to the word ending for tendencies that can help you determine the gender.

     el hogar   *home*   **la** comunidad   *community*

     el lazo   *bond, tie*   **la** relación   *relationship*

441

2. Word ending
- Most nouns that end in **-l, -o, -n, -e, -r,** or singular nouns that end in **-s** (helpful acronym: "loners") are masculine.

el amor	*love*	**el** interés	*interest*
el café	*coffee*	**el** desayuno	*breakfast*
el camarón	*shrimp*	**el** pastel	*cake, pie*

Some common exceptions are:

la clase	*class*	**la** mano	*hand*
la gente	*people*	**la** parte	*part*
la imagen	*image*		

- Most nouns that end in **-a, -d, -ie, -ión, -is, -umbre,** or **-z** are feminine.

la cen**a**	*dinner*	**la** ser**ie**	*series*
la comid**a**	*food*	**la** uni**ón**	*union*
la cost**umbre**	*custom*	**la** veje**z**	*old age*
la juventu**d**	*youth*		

Some common exceptions are:

el ataú**d**	*coffin*	**el** p**ie**	*foot*
el dí**a**	*day*	**el** pe**z**	*fish*
el lápi**z**	*pencil*	**el** sof**á**	*sofa*

- Another group of exceptions contains words that originate from ancient Greek that end in **-ma, -pa,** and **-ta.**

el atle**ta**	*athlete*	**el** proble**ma**	*problem*
el dra**ma**	*play/drama*	**el** progra**ma**	*program*
el ma**pa**	map	**el** siste**ma**	*system*
el poe**ma**	*poem*	**el** te**ma**	*theme*

B. El plural de los sustantivos

In the same way that articles agree in gender (masculine and feminine) with the nouns that they modify, they also agree in number (singular or plural).

Singular	Plural
el esposo	**los** esposos
la novia	**las** novias
un hermano	**unos** hermanos
una hermana	**unas** hermanas

There are three basic patterns for forming plural nouns in Spanish.

1. Nouns that end in a vowel add **-s.**

el hombre	*the man*	los hombre**s**	*the men*
una cuchara	*a spoon*	unas cuchara**s**	*some spoons*

2. Nouns that end in a consonant add **-es.**

la mujer	*the woman*	las mujer**es**	*the women*
un refrigerador	*a refrigerator*	unos refrigerador**es**	*some / a few refrigerators*

For most nouns ending in a consonant that also have a written accent in the last syllable, the written accent is omitted in the plural.

el melón	*the melon*	los melones	*the melons*
la sartén	*the frying pan*	las sartenes	*the frying pans*

3. Nouns that end in unstressed **-es** or **-is** have identical singular and plural forms. Their article indicates number.

el lunes	*Monday*	los lunes	*Mondays*
la crisis	*the crisis*	las crisis	*the crises*

C. El género y número de los adjetivos

In Spanish, adjectives agree in gender and number with the nouns they modify, according to the following patterns.

- Adjectives that end in **-o** (for example, **guapo, alto, rubio, simpático**) have four different forms to indicate masculine, feminine, singular, and plural.

	Masculino	Femenino
Singular	el hermano guap**o**	la hermana guap**a**
Plural	los hermanos guap**os**	las hermanas guap**as**

- Most adjectives that end in any other vowel or in a consonant have the same form for masculine and feminine. Like nouns, they show plural agreement by adding **-s** to vowels and **-es** to consonants.

Singular	Plural
el tomate verde	los tomates verdes
una sopa caliente	unas sopas calientes
la cazuela azul	las cazuelas azules

- Adjectives of nationality that end in a consonant add **-a** to show feminine agreement.

el hombre francés	*the French man*
la mujer frances**a**	*the French woman*

- Adjectives that end in **-dor, -ón,** and **-án** also add **-a.**

un niño encantador	*a charming boy*
una niña encantador**a**	*a charming girl*
un perro juguetón	*a playful (male) dog*
una perra jugueton**a**	*a playful (female) dog*
un hombre catalán	*a Catalan man*
una mujer catalan**a**	*a Catalan woman*

PARA TU INFORMACIÓN:
LAS PALABRAS QUE COMIENZAN CON A-/HA-

Most feminine nouns beginning with a stressed **a-** or **ha-** use the masculine articles **el/un** in the singular, but **las/unas** in the plural.

un ama de casa
housewife

unas amas de casa
housewives

el hada madrina
fairy godmother

las hadas madrinas
fairy godmothers

- When an adjective modifies two nouns, one masculine and the other feminine, the adjective is masculine plural.

Mi madre y mi padre son baj**os**.   *My mother and my father are short.*

Pedro y sus hermanas están cansad**os**.   *Pedro and his sisters are tired.*

- As with nouns such as **lápiz,** adjectives ending in **-z** in the singular change the **z** to **c** in the plural.

un niño feli**z**   *a happy boy*

unos niños feli**ces**   *some happy boys*

- When the masculine singular form of an adjective has a written accent on the last syllable, the accent is omitted in the feminine and plural forms.

un hombre ingl**é**s   *an English man*

unos hombres ingl**e**ses   *some English men*

una mujer ingl**e**sa   *an English woman*

unas mujeres ingl**e**sas   *some English women*

PARA TU INFORMACIÓN: LA POSICIÓN DE ALGUNOS ADJETIVOS

Certain adjectives change their meaning when placed before the nouns they modify.

nuevo/a	Mi tía compró una **casa nueva.**	*My aunt bought a (brand) new house.*
	Mi tía vive en una **nueva casa** ahora.	*My aunt lives in a new/ different house now.*
viejo/a	Mi abuelo vive en una **casa vieja**.	*My grandfather lives in an old house.*
	El vecino de mi abuelo es un **viejo amigo.**	*My grandfather's neighbor is an old (long-standing) friend.*

The adjective **grande** becomes **gran** to mean *great* before both masculine and feminine singular nouns.

un **gran** cocinero   *a great cook*

una **gran** familia   *a great family*

- The following adjectives have a short form before masculine singular nouns, but follow the usual pattern in all other cases.

alguno: algún postre, algunos postres

bueno: un buen marisco, unos buenos mariscos

malo: un mal olor, unos malos olores

ninguno: ningún queso, ninguna bebida

primero: el primer helado, la primera torta

tercero: el tercer plato, la tercera mesa

- Most numbers are invariable in form and do not agree with the nouns they precede.

Piden cuatro raciones de calamares y ocho bebidas.   *They order four plates of calamari and eight drinks.*

- However, **uno** and larger numbers that end in **-uno** have special forms, depending upon the gender of the noun they precede.

un hombre	*a man / one man*
veinti**ún** hombres	*twenty-one men*
cincuenta y **un** hombres	*fifty-one men*
una mujer	*a woman / one woman*
veinti**una** mujeres	*twenty-one women*
cincuenta y **una** mujeres	*fifty-one women*

Actividades prácticas

A. Mi familia

Carlos and Juan are talking about their families. First, read each of Carlos' statements and indicate whether the noun in **bold** is masculine (**M**) or feminine (**F**). Then complete Juan's responses with the plural of that noun.

CARLOS:

1. Mi **prima** vive en Guadalajara. [M/F] ___
2. Hablo con mi **padre** todos los días. [M/F] ___
3. ¿Qué tipo de **relación** tienes con tus padres? [M/F] ___
4. Mi hermano no tiene **foto** de perfil (*profile*) en Facebook. [M/F] ___
5. Mis padres toman **café** después de cenar. [M/F] ___
6. Mis tíos llegan el **lunes**. [M/F] ___

JUAN:

Mis _____ viven en Jalisco.

Hablo con mis _____ una vez a la semana.

No tengo muy buenas _____ con mis padres.

Mi hermana tiene un montón (*a lot*) de _____ en Facebook.

Mis padres no toman más de dos _____ al día.

Mis tíos vienen a cenar todos los _____.

B. ¿Singular o plural?

Write the plural form of the words in parentheses to complete the following statements about family life.

1. Mi abuela tiene noventa años y _____ (un buen ángel) de la guarda la protegen.
2. Todo el mundo sabe que mis primos son _____ (un cocinero excelente).
3. Siempre comparto _____ (el mejor momento) de mi vida con mi familia.
4. Tus hermanos realmente son _____ (un chico encantador).
5. Desde la casa de tus padres se pueden ver _____ (el agua cristalina) del Caribe.
6. Tus padres me caen muy bien. ¡Qué bueno que tengan _____ (un hijo responsable)!

II. LOS PRONOMBRES DE SUJETO

In both Spanish and English, subject pronouns are often used when talking to or about people. However, subject pronouns are not used as frequently in Spanish as they are in English, particularly with **yo, tú,** and **nosotros/nosotras,** because Spanish verb endings indicate the subjects. For example, **cocino,** with its **-o** ending, can only mean *I cook,* so the subject pronoun is often eliminated. Spanish subject pronouns are used, however, for clarity, emphasis, change of subject, or contrast.

Él no come pescado, pero **ella** lo come tres veces a la semana.	*He doesn't eat fish, but **she** eats it three times a week.*

Los pronombres de sujeto	
Singular	**Plural**
yo	**nosotros/nosotras**
tú	**vosotros/vosotras**
Ud., él/ella	**Uds., ellos/ellas**

Tú is used with persons with whom you have an informal relationship: family members (in most Hispanic cultures), close friends, and children. **Usted** (abbreviated **Ud.**) is used in more formal relationships or to express respect. The plural form of both **tú** and **Ud.** is **ustedes** (abbreviated **Uds.**), except in Spain, where **vosotros/vosotras** is used in informal situations to express *you* (*plural*).

Actividades prácticas

A. ¿Cuál es el sujeto?

Select the subject pronoun that corresponds to the subject of the verb for each of the following sentences.

_____ 1. Mis hermanos ya no viven en casa.

    a. yo   b. Uds.   c. ellos

_____ 2. Tú y tu primo hablan todos los días.

    a. tú   b. Uds.   c. nosotros

_____ 3. Mis tías viven a cinco minutos de la casa de mis abuelos.

    a. ellas   b. ellos   c. Uds.

_____ 4. Tú y yo tenemos que hablar de nuestros padres.

    a. ellos   b. Uds.   c. nosotras

_____ 5. Elena y Pedro son primos pero no se conocen.

    a. Uds.   b. ellos   c. nosotros

_____ 6. Señor González, ¿conoce a mi abuela?

    a. yo   b. Ud.   c. ella

B. Una reunión familiar

Pedro has gone to his girlfriend Ana's family reunion. Select the appropriate answer to each of his questions based on the subject pronouns used in the responses.

_____ 1. ¿Quién es la mujer del vestido blanco?

a. Ud. es mi tía.

b. Ella es mi tía.

c. Tú eres mi tía.

_____ 2. ¿Dónde está tu primo José?

a. Él está en Madrid.

b. Ellos están en Madrid.

c. Yo estoy en Madrid.

_____ 3. ¿Quiénes son esas niñas?

a. Ellos son mis primos.

b. Ellas son mis primas.

c. Uds. son mis primas.

_____ 4. ¿Cuándo llegan tus padres?

a. Uds. llegan más tarde.

b. Ellos llegan más tarde.

c. Yo llego más tarde.

_____ 5. ¿Cuántos primos tienes?

a. Tú tienes ocho primos.

b. Ud. tiene ocho primos.

c. Yo tengo ocho primos.

_____ 6. ¿Tú y tu hermano van a brindar por algo?

a. Sí, nosotros vamos a brindar por estar juntos.

b. Sí, Ud. va a brindar por estar juntos.

c. Sí, Uds. van a brindar por estar juntos.

CAPÍTULO 2: Repaso gramatical

I. LOS USOS DE ARTÍCULOS DEFINIDOS E INDEFINIDOS

A. Las formas de los artículos definidos e indefinidos

There are two types of articles, definite and indefinite, that modify nouns (persons, places, things, or ideas).

In Spanish, both definite and indefinite articles must agree in gender (masculine or feminine) and number (singular or plural) with nouns they modify.

Los artículos definidos		
	Masculino	**Femenino**
Singular	**el** esposo	**la** esposa
Plural	**los** novios	**las** novias

Los artículos indefinidos		
	Masculino	**Femenino**
Singular	**un** novio	**una** novia
Plural	**unos** amigos	**unas** amigas

B. Los usos de artículos definidos e indefinidos

You will notice that in Spanish, as in English, both definite and indefinite articles immediately precede the noun that they modify. The definite articles (**el, la, los, las**) are all equivalent to *the* in English. They refer to a noun that is specific or known. The indefinite articles (**un, una, unos, unas**) are equivalent to *a, an,* and *some / a few* in English. They refer to a noun that is unspecific or unknown (someone or something in general).

Definite articles are used with:

- abstract nouns

  La soledad no es buena consejera. — *Loneliness is not a good guide.*

- parts of the body

  Me partió el corazón. — *It broke my heart.*

- days of the week

  Celebramos nuestro aniversario el sábado. — *We celebrated our anniversary on Saturday.*

- dates and times

  La boda es el 20 de junio a las dos de la tarde. — *The wedding is on June 20th at two o'clock in the afternoon.*

- names of languages (as the subject of a sentence)

  El español es el idioma que habla mi esposo. — *Spanish is the language my husband speaks.*

- names of some countries and cities

  Mi esposa ya no vive en los Estados Unidos. — *My wife no longer lives in the United States.*

- personal titles (when not addressing someone directly)

  El doctor Pérez viene a la boda. — *Dr. Pérez is coming to the wedding.*

Indefinite articles are used with:

- a countable noun to indicate approximate amounts

  Se casaron hace unos meses. — *They got married a few months ago.*

- a noun modified by an adjective

  No es una buena idea vivir juntos antes del matrimonio. — *It is not a good idea to live together before getting married.*

  Mi tía es una excelente psicóloga. — *My aunt is an excellent psychologist.*

Indefinite articles are omitted before:

- names of professions (when not modified by an adjective)

  Mi tío es cura. — *My uncle is a priest.*

- the numbers 100 and 1000

  Tengo mil preguntas para ti. — *I have a thousand questions for you.*

Actividades prácticas

A. El matrimonio

Complete the following statements with the appropriate definite or indefinite articles.

Hoy se celebra _____[1] (el / la / un / una) matrimonio de Felipe y Marta. _____[2] (Los / Las / Unos / Unas) novios se casan en _____[3] (el / la / un / una) Iglesia de Santa Teresa a _____[4] (los / las / unos / unas) cuatro de _____[5] (el / la / un / una) tarde. Normalmente _____[6] (el / la / un / una) boda es _____[7] (el / la / un / una) evento inolvidable, pero no hay ninguna boda perfecta. Frecuentemente, _____[8] (el / la / un / una) día de _____[9] (el / la / un / una) ceremonia surgen problemas inesperados, pero _____[10] (el / la / un / una) gente solo recuerda _____[11] (el / la / un / una) felicidad de la pareja.

B. Una boda

José is speaking with his friend María about her upcoming wedding. Complete their conversation with the appropriate definite or indefinite articles.

JOSÉ: Hola, María. ¿Viene toda _____[1] familia a la boda?

MARÍA: Pues, no estoy segura. No sé si puede venir mi prima que vive en Caracas, y también tengo _____[2] tíos que están en París, y...

JOSÉ: ¡Vaya! Parece que tienes _____[3] familia muy grande, ¿no?

MARÍA: Bueno, lo que pasa es que _____[4] madre de mi padre tuvo ocho hijos.

JOSÉ: Sí, entiendo y ¿tienes parientes aquí en _____[5] Estados Unidos?

MARÍA: Sí, pero como _____[6] boda es _____[7] cuatro de julio _____[8] billetes de avión son muy caros.

JOSÉ: Si puedo ayudar en algo, dime (*tell me*).

II. IR + A + INFINITIVO

To talk about actions that are going to take place in the future, Spanish speakers often use the construction **ir + a** + *infinitive*, equivalent to the English *to be going to* (*do something*).

A. La estructura **ir** + **a** + infinitivo

To express the future, **ir** is conjugated in the present tense, followed by **a** and the infinitive form of the main action verb.

voy	
vas	
va	+ *a* + infinitivo
vamos	
vais	
van	

Pedro **va a ser** fiel por siempre.	*Pedro is going to be faithful (will be faithful) forever.*
Van a casarse en abril.	*They are going to get married in April.*

B. Otras formas de expresar el futuro

In addition to the construction, **ir + a** + *infinitive*, there are two main ways to express future actions.

1. The simple present tense
   For actions that will occur in the immediate future, the simple present tense is often used. The use of the simple present instead of a future construction often implies a degree of certainty that the action will take place.

Juan y María **se casan** este fin de semana.	*Juan and María are getting married this weekend.*
Mañana, después de la fiesta, **rompo con** Luis.	*Tomorrow, after the party, I will break up with Luis.*

2. The simple future tense
   The simple future often implies a stronger commitment or sense of purpose on the part of the speaker than the **ir + a** + *infinitive* construction. Compare these examples. We will explore this structure in detail in **Capítulo 6: Repaso gramatical**.

¡No **engañaré** nunca a mi prometido!	*I shall never cheat on my fiancé!*
No **voy a engañar** nunca a mi prometido.	*I'm not ever going to cheat on my fiancé.*

Actividades prácticas

A. Planes

Gabriel and Jorge are planning their wedding and want to make sure that they have everything in order for the celebration. Select the appropriate form of **ir + a** + *infinitive* to complete their list.

1. Yo _____ (voy a hablar / vas a hablar) con el oficiante.

2. Tú y yo _____ (voy a firmar / vamos a firmar) los papeles.

3. Mis padres _____ (va a pedir / van a pedir) la comida.

4. Nuestro amigo José _____ (vas a comprar / va a comprar) unas bebidas extras.

5. Yo _____ (voy a decorar / van a decorar) la casa.

6. Tú _____ (va a quedarse / vas a quedarte) toda la noche.

B. Después de la ceremonia

Several friends have traveled to the Dominican Republic to celebrate the marriage of Paula and Claudio. After the civil ceremony they talk about their plans for the rest of the weekend. Complete the following statements using the appropriate form of **ir + a** + *infinitive*.

1. Juan y yo _____ (desayunar) con los novios mañana, y después_____ (conocer) la isla.

2. Yo _____ (buscar) pareja. ¡Ya no quiero ser soltero!

3. Mi novia _____ (visitar) el spa, pero yo _____ (pasar) el día en la playa.

4. Los padres de la novia _____ (salir) para la Argentina.

5. Uds. _____ (hablar) con el cura después de la ceremonia, ¿verdad?

6. Y tú, ¿qué _____ (hacer)?

III. LAS PALABRAS INTERROGATIVAS

A. Las palabras interrogativas más comunes

Interrogative words are often placed at the beginning of a sentence and are used to pose a question. The following are some of the interrogative words most commonly used in Spanish.

Las palabras interrogativas más comunes	
¿Adónde?	Where (to)?
¿A qué hora?	At what time?
¿Cómo?	How? What?
¿Cuál(es)?	What? Which one(s)?
¿Cuándo?	When?
¿Cuánto/a?	How much?
¿Cuántos/as?	How many?
¿De dónde?	From where?
¿De quién(es)?	Whose?
¿Dónde?	Where?
¿Por qué?	Why?
¿Qué?	What? Which?
¿Quién(es)?	Who?

B. La formación de preguntas

- Interrogative words always have a written accent mark on the stressed vowel.
- All questions in Spanish have two question marks, an inverted one before where the question begins and one at the end: ¿ ?
- The voice falls at the end of questions that begin with interrogative words. This is the opposite of what happens in English, in which the voice usually rises at the end of such questions.

¿Por qué no se casan? (voice falls)	*Why aren't they getting married?* (voice rises)
¿Cuándo es la boda? (voice falls)	*When is the wedding?* (voice rises)

- The interrogative word *what* is expressed by **¿qué?** or **¿cuál?**. While **¿cómo?** is most commonly used to express *how*, it may also be used as a one-word interrogative phrase to ask for clarification.

¿Qué es esto?	*What is this?*
¿Cuál es la cosa más importante?	*What is the most important thing?*
¿Cómo? No entiendo lo que Uds. dicen.	*What? I don't understand what you are saying.*

C. Los usos de ¿qué? y ¿cuál?

The uses of ¿qué?

1. **¿Qué + *ser*...?** Use **¿Qué + *ser*...?** to ask for a definition.

¿Qué es esto?	*What is this?*
¿Qué son votos matrimoniales?	*What are wedding vows?*

2. **¿Qué + *verb*...?** Use **¿Qué + *verb*...?** with any verb other than **ser** to ask for an identification or an elaboration.

¿Qué quieres hacer después de la boda?	*What do you want to do after the wedding?*
¿Qué piensas del traje de novia?	*What do you think of the wedding dress?*

3. **¿Qué + *noun*...?** The interrogative **¿qué?** can be directly followed by a noun. The question asks the listener to identify or specify information.

¿Qué traje de novia prefieres?	*What (Which) wedding dress do you prefer?*
¿Qué canción van a usar para la ceremonia?	*What (Which) song are they going to use for the ceremony?*

The uses of ¿cuál?

1. **¿Cuál(es) + *ser*...?** Use **¿Cuál(es) + *ser*...?** to express *what* as in *which one* or *which ones;* that is, when a choice is to be made.

¿Cuál es el tipo de unión más frecuente entre tus amigos?	*What is the most frequent type of union among your friends?*
¿Cuáles son las características que buscas en una pareja?	*What are the characteristics you look for in a partner?*

2. **¿Cuál(es) + *ser*...?** Use **¿Cuál(es) + *ser*...?** to ask for common personal information, such as addresses and phone numbers.

¿Cuál es tu dirección?	*What is your address?*
¿Cuál es tu (número de) teléfono?	*What is your phone number?*

3. **¿Cuál(es) + *verb*...?** Use **¿Cuál(es) + *verb*...?** when a clear choice is indicated.

¿Cuál prefieres? ¿El traje blanco o el azul?	*Which do you prefer? The white suit or the blue?*
¿Cuáles quieres? ¿Las rosas o las gardenias?	*Which ones do you want? The roses or the gardenias?*

   ¡OJO! Use **¿qué?**, not **¿cuál?**, before a noun.

¿Qué flores quieres?	*What flowers do you want?*

4. Sometimes a phrase such as **de los dos/tres** + *noun* makes the idea of choice more obvious.

¿Cuál de los dos chicos es el novio?	*Which of the two guys is the groom?*

Actividades prácticas

A. Gracias por invitarme

Graciela is planning a special celebration to commemorate her parents' twentieth anniversary and has invited her friend, Raúl, to go with her. Complete Raúl's questions with the appropriate interrogative word from the list. Use each interrogative word only once.

a qué hora	cuándo	dónde	qué
cómo	cuánto	por qué	

RAÚL: Hola, Graciela. Gracias por invitarme a la fiesta. ¿_____[1] es?

GRACIELA: Es el 8 de octubre.

RAÚL: Y ¿_____[2] empieza? Vuelvo de Madrid ese día y no quiero llegar tarde.

GRACIELA: No te preocupes. Empieza tarde, a las siete. Creo que vas a llegar a tiempo.

RAÚL: Pero, ¿_____[3] es la fiesta?

GRACIELA: Es en el restaurante La Fogata. A mis padres les encanta la carne a la parrilla que preparan allí.

RAÚL: ¡A mí también! Pero mira, no tengo coche y está muy lejos de casa. ¿_____[4] llego hasta allí?

GRACIELA: Pues, hombre, yo sí tengo coche. ¿_____[5] no paso por tu casa a las seis y vamos juntos?

RAÚL: Bueno, sé que vas a estar muy ocupada pero si no te importa... Así no tengo que tomar el bus. Por cierto, tengo que comprarle un regalo a tus padres. ¿_____[6] les compro?

GRACIELA: Realmente no necesitan nada, pero ¿_____[7] dinero quieres gastar?

RAÚL: Bueno, no tengo mucho, pero como son tus padres...

B. ¿Qué, cuál o cuáles?

Marta has just moved in with her friend, Roberto, and is trying to better organize her life. Complete the questions she asks of Roberto with either **qué**, **cuál**, or **cuáles**.

1. ¿_____ muebles tenemos que comprar para la casa?

2. Tengo que pensar en mi presupuesto (budget). ¿_____ son los gastos mensuales que tenemos?

3. ¿_____ es esto que tienes en el suelo?

4. ¿_____ de las dos habitaciones es tuya?

5. ¿_____ vamos a hacer este fin de semana? Me gustaría organizar la casa un poquito.

6. ¿_____ es tu horario de trabajo? Si te levantas temprano, puedes ducharte primero.

A. La estructura del presente progresivo

The present progressive consists of two essential parts: 1) a conjugated form of the verb **estar** plus 2) the present participle (**el gerundio**). The verb **estar** always comes before the present participle.

estoy	
estás	
está	
estamos	+ present participle
estáis	
están	

Estoy hablando con mi novia.	*I am speaking with my girlfriend.*
Estamos discutiendo los requisitos para un matrimonio civil.	*We are discussing the requirements for a civil marriage.*

- In English, the present participle ends in -*ing* (*singing, writing*) and is invariable (does not change based on the verb subject). While the Spanish present participle also does not change based on the subject, there are two different participle endings.

  -ando for **-ar** verbs

  -iendo for **-er** and **-ir** verbs

José está **gritando.**	*José is **yelling.***
Araceli está **gritando.**	*Araceli is **yelling.***
Yo estoy **escribiendo.**	*I am **writing.***
Julia y Sofía están **escribiendo.**	*Julia and Sofía are **writing.***

- If the stem of an **-er** or **-ir** verb ends in a vowel, the **i** of the participle ending changes to **y.**

caer	ca**y**endo	leer	le**y**endo
constru**y**endo	constru**y**endo	o**í**r	o**y**endo

  The present participle of the verb **ir** is **yendo.**

- Stem-changing verbs ending in **-ir** also have a change in the present participle (**e → i, o → u).** (Remember that stem-changing -ir verbs also show this same change in the preterite, for third-person conjugations.)

Los verbos *-ir* con cambio de raíz		
Infinitivo	Pretérito (3ra persona)	Participio Presente
con**ve**rtir	con**vi**rtió, con**vi**rtieron	con**vi**rtiendo
d**e**cir	d**i**jo, d**i**jeron	d**i**ciendo
d**o**rmir	d**u**rmió, d**u**rmieron	d**u**rmiendo
m**o**rir	m**u**rió, m**u**rieron	m**u**riendo
p**e**dir	p**i**dió, p**i**dieron	p**i**diendo

B. Los usos del presente progresivo

You may know that English uses the present progressive to express several ideas:

1. what is happening *right now*

2. what is happening *over a period of time*

3. what is going to happen *in the future*

However, in Spanish, the present progressive is primarily used to express an action that is happening *right now* (1).

Ramón **está proponiéndole** matrimonio a Silvia ahora mismo.	*Ramón is proposing to Silvia right now.*

To express actions that are happening over a period of time, Spanish generally uses the simple present tense (2).

Adelaida **apoya** el noviazgo de su hermano.	*Adelaida is supporting (supports, does support) her brother's engagement.*

To express actions that are going to happen, Spanish uses the simple present tense or **ir** + **a** + *infinitive* (3), but never the present progressive.

Carolina **rechaza (va a rechazar)** la propuesta de matrimonio esta noche.	*Carolina is rejecting (is going to) the marriage proposal tonight.*

C. La posición de los pronombres con el presente progresivo

Object pronouns may precede the conjugated form of **estar,** or follow and be attached to the participle.

Se está casando en la iglesia.	*He is getting married in the church.*
Está casándo**se** en la iglesia.	

- Note the use of a written accent mark when the pronoun is attached to the participle. Since the addition of the pronoun should not alter the pronunciation of the participle, the accent is always placed on the originally stressed syllable.

  cas**a**ndo   cas**á**ndose

Actividades prácticas

A. En el banquete de boda

Select the appropriate form of the present progressive to indicate what the following people are doing during Miguel's wedding celebration.

1. Miguel y su esposa _____ (está bailando / están bailando).

2. Los niños _____ (están comiendo / estás comiendo) la tarta nupcial.

3. Yo _____ (estoy tomando / está tomando) un vino.

4. Mis cuñados y yo _____ (están escuchando / estamos escuchando) música.

5. La gente _____ (se está divirtiendo / se están divirtiendo).

6. Los invitados _____ (está brindando / están brindando) por los novios.

B. Una nueva vida

Your best friend is moving into a new apartment with his partner. You and your friends have volunteered to help him get the house ready. Complete the following statements with the present progressive of the verb in parentheses to indicate what you are all doing.

1. Roberto _____ (limpiar) el cuarto de baño.

2. Jon y yo _____ (dormir) en el salón.

3. Luis _____ (preparar) la comida para todos.

4. Tú y María _____ (arreglar) los muebles de la cocina.

5. Tú _____ (leer) las instrucciones para usar la cafetera.

6. Yo _____ (ponerse) triste porque voy a extrañar a mi mejor amigo.

CAPÍTULO 3: Repaso gramatical

I. LOS VERBOS DEL TIPO **GUSTAR**

A. El verbo **gustar**

- You will recall that the verb **gustar** is commonly used in Spanish to express likes and dislikes. Although **gustar** literally means *to be pleasing*, in English it sounds awkward to say *Soccer is pleasing to me*. A more common interpretation of **Me gusta el fútbol** is *I like soccer*. In contrast to English, the subject in Spanish almost always comes after the verb **gustar.**

Me **gusta** el fútbol.	*I like soccer. (Soccer is pleasing to me.)*
A Elena no le **gustan** los deportes de aventura.	*Elena does not like adventure sports. (Adventure sports are not pleasing to Elena.)*
Nos **gusta** jugar al tenis.	*We like to play tennis. (Playing tennis is pleasing to us.)*

- The verb **gustar** always agrees with the thing that "is pleasing." You will typically use the third person singular (**gusta**) to express that something is pleasing, and the plural (**gustan**) to express that more than one thing is pleasing.

Me **gusta** el básquetbol.	*I like basketball.*
No me **gustan** los Juegos Olímpicos.	*I don't like the Olympics.*

- When a noun is the subject of **gustar,** the definite article is often used even though you may not be referring to any specific item. You may use other words in place of the definite article, such as a demonstrative adjective (**este, esa, esos,** and so on).

Me gustan **los** deportes.	*I like sports.*
No nos gustan **estas** raquetas.	*We don't like these rackets.*

- When an action, or more than one action, is the subject of the sentence, you will always use the singular form of **gustar** followed by one or more infinitives.

Me **gusta ir** al gimnasio.	*I like to go to the gym.*
Te **gusta correr** y **nadar**.	*You like to run and swim.*

- **Gustar** is always used with an indirect object pronoun (**me, te, le, nos, os, les**). Something is pleasing "to someone." In addition to the required indirect object pronoun, a phrase with **a** + *noun/name/pronoun* is often used for clarification or emphasis. This phrase usually appears before the indirect object pronoun.

A Pedro le gusta el béisbol y **a mí me** gusta el hockey.	*Pedro likes baseball and I like hockey.*

B. Otros verbos del tipo **gustar**

- A number of Spanish verbs follow the same pattern as **gustar.** Some of the ones you will hear and use most frequently are **caer bien/mal, disgustar, importar, interesar,** and **preocupar.**

No me caen bien los aficionados de Boca Juniors.	*I don't like the Boca Juniors fans. / Boca Juniors fans don't sit well with me.*
Me interesa ir al torneo.	*I'm interested in going to the tournament. / Going to the tournament is interesting to me.*
No **nos preocupan** los resultados del torneo.	*We're not worried about the results of the tournament. / The results of the tournament don't concern us.*

- There are many verbs that follow the same structural pattern as **gustar**. Note that the English expressions given here are not always literal translations.

aburrir	*to bore*
apetecer	*to feel like; to want*
bastar	*to be sufficient*
caer bien/mal	*to like / not like someone else; to "sit well" / not "sit well" with someone*
disgustar	*to displease, to dislike*
doler	*to cause pain, to hurt (ache)*
encantar	*to be delightful; to love*
entretener	*to entertain; to distract*
faltar	*to lack; to be missing*
fascinar	*to fascinate; to love*
importar	*to matter; to care about*
interesar	*to interest*
molestar	*to bother; to annoy*
parecer	*to seem*
preocupar	*to worry; to concern*
quedar	*to be remaining; to have left over*
sorprender	*to surprise*

A mi madre **le aburre** el fútbol americano.	*My mother is bored by American football. / American football bores my mother.*
Fui al gimnasio ayer y ahora **me duelen** los brazos.	*I went to the gym yesterday and now my arms hurt (ache).*

- The verb **parecer** requires the use of an adjective to describe how something *seems* to you or to someone else. The adjective must always agree with the noun that it modifies (the subject of the verb).

Nos parecen aburridas las partidas de póquer.	*Poker games seem boring to us.*

Actividades prácticas

A. ¿Qué hacemos?

Esteban and his roommate, Jorge, are looking for some friends who want to do something fun this weekend. Select the appropriate form of the verb and indirect object pronoun to complete Esteban's statements about his friends' interests.

1. Todos nuestros amigos _____ (me caen / les caes) bien, pero son un poco aburridos en mi opinión.

2. A Pablo solo _____ (les interesan / le interesa) ver los partidos de fútbol en la tele.

3. A María y a Teresa _____ (les gustan / les gusta) los deportes de aventura pero no tienen dinero.

4. A mí _____ (me preocupan / me preocupa) el dinero, pero más que nada (*more than anything*) _____ (les gustan / me gusta) pasarlo bien.

5. A Marina _____ (nos encantan / le encanta) el circo, pero no quedan entradas para esta semana.

6. A Lilia y a mí _____ (nos fascina / me fascinan) la magia, pero _____ (les molesta / nos molestan) los payasos.

B. Un espectáculo de danza

Complete the following conversation between Ana and Pablo with the appropriate indirect object pronoun followed by the correct form of the verb in parentheses.

ANA: Hola, Pablo. ¿Tienes planes para el fin de semana? ¿A ti _____[1] (interesar) ir a un espectáculo de danza el sábado?

PABLO: Ya sabes que a mí _____[2] (encantar) los espectáculos de danza, pero es el cumpleaños de mi hermano y _____[3] (apetecer) pasar el día con él.

ANA: Bueno, ¿por qué no lo invitas y vamos los tres?

PABLO: A mi hermano _____[4] (fascinar) la danza contemporánea. De hecho, estudió en la Escuela de Danza Moderna y ¡es semiprofesional!

ANA: ¡Vaya! ¡No lo sabía! Pues, vamos a ver la nueva obra de la Compañía Nacional de Danza Contemporánea.

PABLO: ¡Perfecto! A mi hermano y a mí siempre _____[5] (parecer) excelentes todas sus obras. Si a ti _____[6] (apetecer) tomar algo después, podemos ir a Café Moderno que está al lado.

ANA: ¡Genial! Nos vemos el sábado.

II. LOS ADVERBIOS

Adverbs are words or phrases that modify verbs, adjectives, or other adverbs. They give information about the way in which something is done, or are used to express location, time, frequency, degree, or intensity.

A. Los adverbios más comunes

- Some commonly used adverbs include

a menudo	*often*
a veces	*sometimes*
al revés	*backwards*
bastante	*quite*
bien	*well*
de día/noche	*during the day/night*
de memoria	*by heart, by memory*
de prisa	*in a hurry*
de repente	*suddenly*
demasiado	*too much*
en todas partes	*everywhere*
mal	*badly*
mucho	*a lot*
muy	*very*
nunca	*never*
poco	*a little*
siempre	*always*

- The adjectives **bueno**, **malo**, **mucho**, and **poco** may often be confused with their adverbial forms because of the way they are used (and sometimes misused) in English. One way to distinguish them is to remember that adjectives are most often used to modify nouns. Remember that adjectives also agree in number and gender with the noun that they modify.

Es una **buena** futbolista.	*She is a good soccer player.*
Él no juega **muy bien**.	*He does not play very well.*
El equipo tiene **muchos** aficionados	*The team has many fans.*
Los aficionados gritan **mucho**.	*The fans shout a lot.*

B. Los adverbios que terminan en **-mente**

- Adverbs that end in *-ly* in English usually end in **-mente** in Spanish. In order to form the adverb in Spanish, the suffix **-mente** is added to the feminine singular form of adjectives that end in **-o.** For adjectives that have only one form just add **-mente** to the end to form the adverb. Note that if the adjective form has an accent mark, the adverb form will retain the accent mark as well.

Adjetivo	Adverbio
claro	claramente
constante	constantemente
fácil	fácilmente
final	finalmente
histórico	históricamente
obvio	obviamente
perfecto	perfectamente
rápido	rápidamente
sumo	sumamente

- When a series of adverbs is given, only the final adverb adds the suffix **-mente** to its stem. All other adverbs use the feminine singular form of the adjective.

Los aficionados siempre entran al estadio **rápida y animadamente.**	*The fans always enter the stadium quickly and cheerfully.*

Actividades prácticas

A. ¿Cómo juegan?

Lucía and her friends love to play soccer. Read the following statements about how they play and select the option that logically completes each sentence.

1. Mi amiga Sofía es una excelente futbolista. Practica _____ (de día y de noche / de memoria) con sus amigos.

2. _____ (De repente / Nunca) juego al fútbol con mis compañeras de cuarto. Están todas muy ocupadas con sus estudios.

3. Andrés y Silvia corrieron _____ (poco / mucho) durante el campeonato y por eso ganaron.

4. Jorge practica en el mismo lugar todos los días. Conoce la cancha _____ (de memoria / en todas partes).

5. Me encanta jugar con mis amigos porque son _____ (muy / poco) competitivos. A nosotros no nos gusta perder.

6. Durante los partidos, mis amigos gritan _____ (a veces / siempre), pero solo cuando se frustran con los árbitros.

B. En el circo

Rodrigo is trying to convince his friend to go to the circus with him. Complete his description with the adverbial form of the adjective in parentheses.

Jorge, tenemos que ir al circo. Va a haber payasos que hacen malabarismo (*juggle*) que son _____[1] (verdadero) divertidos. La gente que hace acrobacias es _____[2] (increíble) atrevida y a veces hacen trucos _____[3] (sumo) peligrosos en la cuerda floja (*high wire*). Más que nada, me encanta ver los animales que son _____[4] (perfecto) entrenados. ¡No sé cómo aprenden a hacer las cosas que hacen! Habrá coches que corren _____[5] (rápido) y gente que _____[6] (asombroso) come el fuego.

III. EL PRESENTE PERFECTO DE INDICATIVO

Both Spanish and English have simple and compound verb forms. A simple form, for example, **juego** (*I play*), has only one verb with its appropriate ending. A compound form, such as **he jugado** (*I have played*), has two parts: 1) an auxiliary verb plus 2) a participle of the main verb.

Hemos llegado al estadio.	*We have arrived at the stadium.*
El partido no **ha empezado.**	*The game has not begun.*

A. La estructura del presente perfecto de indicativo

1. The auxiliary verb **haber**

   - The auxiliary verb used with perfect forms in Spanish is **haber**. Similarly, in English, the auxiliary verb used with perfect forms is *to have*.
   - **Haber** is conjugated to show person/number, tense, and mood. The auxiliary verb **haber** is always placed immediately before the past participle in Spanish.

El presente perfecto		
yo	**he**	
tú	**has**	
Ud., él/ella	**ha**	corrido
nosotros/nosotras	**hemos**	
vosotros/vosotras	**habéis**	
Uds., ellos/ellas	**han**	

2. The past participle
   - The past participle of most English verbs ends in -ed (to walk → walked). In Spanish, the past participle (**el participio pasado**) is formed by adding **-ado** to the stem of most **-ar** verbs, and **-ido** to the stem of most **-er** and **-ir** verbs. When used as part of the verb in forming the present perfect tense, the past participle is invariable; its ending does not change for gender or number agreement.

-ar → -ado	-er → -ido	-ir → -ido
jugar → jug**ado**	perder → perd**ido**	salir → sal**ido**

   - An accent mark is used on the past participle of **-er** and **-ir** verbs with stems ending in **-a, -e,** or **-o**.

caer → caído	leer → leído	reír → reído
creer → creído	oír → oído	traer → traído

   - Some Spanish verbs have irregular past participles. The following are some of the most common.

Los participios pasados irregulares	
Infinitivo	**Participio pasado**
abrir	abierto
cubrir	cubierto
decir	dicho
descubrir	descubierto
escribir	escrito
hacer	hecho
morir	muerto
poner	puesto
resolver	resuelto
romper	roto
ver	visto
volver	vuelto

Uds. **han visto** tres partidos de baloncesto hoy.	*You have seen three basketball games today.*
No **hemos hecho** ejercicio esta semana.	*We have not done any exercise this week.*

   - There are several expressions that you may commonly see and use with the present perfect, including **alguna vez** (*once, ever*), **ya** (*already*), **nunca** (*never*), and **todavía no** (*not yet*).

¿**Alguna vez** has visto un partido del Real Madrid?	*Have you ever seen a Real Madrid game?*
¿**Ya** ha terminado el entrenamiento?	*Has the training already ended?*
Todavía no hemos empezado.	*We have not begun yet.*

- In Spanish, no words may ever come between the conjugated verb **haber** and the past participle, and no pronoun may be attached to the end of the past participle. Any object pronouns, reflexive pronouns, or negations must come before the conjugated form of the verb **haber**.

Me he preparado para el partido.	*I have gotten myself ready for the game.*
¿**Ya** has visto al entrenador?	*Have you already seen the coach?*
No, todavía no lo he visto.	*No, I haven't seen him yet.*

B. Los usos del presente perfecto

The present perfect expresses an action completed in the past; however the time frame of the present perfect is open-ended and usually not defined by any implied or specified time limit in the past. In contrast, the time frame of the preterite is always closed and defined by an implied or specified time limit. Thus, the scope of the present perfect can start at an unspecified time in the past and span up to—and even include—the present. Compare the following sentences.

¿Alguna vez **has visto** un partido profesional?	*Have you ever seen a professional game?*	open, unspecified time frame in the past, up to and including the present
¿**Viste** el partido ayer?	*Did you see the game yesterday?*	closed, defined time frame in the past; no reference to the present

Actividades prácticas

A. ¿Qué has hecho?

A group of children meet up after summer vacation to discuss what they have done on their break. Complete the following statements with the present perfect of the verb in parentheses to identify what they have done.

1. Yo _____ (tener) un amigo imaginario.

2. Sofía y yo _____ (jugar) a la rayuela.

3. Todos nosotros _____ (reírse) de nuestros amigos.

4. ¿Tú _____ (ver) muchos juguetes en mi habitación?

5. Mis hermanos _____ (esconderse) de mis padres.

6. Elena _____ (decir) muchas mentiras.

B. Campeones

Juan is speaking with his friend José about his soccer team. Complete their conversation with the present perfect of the appropriate verbs from the list.

decir   divertirse   entrar   ir   ver

JUAN: José, ¿alguna vez _____[1] un partido de fútbol profesional?

JOSÉ: Claro que sí. Mis colegas y yo _____[2] a Madrid dos veces para ver un partido del Real Madrid y _____[3] muchísimo.

JUAN: ¡Qué suerte tienes, hombre! Yo ni _____[4] a un estadio profesional como el Bernabéu. ¡Tiene que ser impresionante!

JOSÉ: Sí, es enorme, pero mis amigos de Barcelona me _____[5] que el Camp Nou es aún más grande.

CAPÍTULO 4: Repaso gramatical

I. LA **A** PERSONAL

- It is important to distinguish between the subject of an action and the object that receives the action. In English, word order makes those roles clear because the subject comes before the object. In Spanish, however, the subject may come after the verb or may not be explicitly mentioned at all.

Se fue mi novia sin decir ni una palabra.	*My girlfriend left without saying a word.*
Ya no quería hacer las tareas domésticas.	*She no longer wanted to do the housework.*

- Since the position of the noun may vary in Spanish, it is potentially unclear whether a person is the subject or the object of a given sentence. Therefore, when the direct object is a specific person (or more than one person) the preposition **a** is used before the noun to indicate that the person is not the subject, but rather the direct object. There is no English equivalent word for the personal **a.**

A causa de sus dificultades matrimoniales, Gina criticó **a** Rafael.	*Because of their marital difficulties, Gina criticized Rafael*
A pesar de sus críticas, Rafael todavía quería **a** Gina.	*Despite her criticisms, Rafael still loved Gina.*

- When the direct object is a non-specific, or indefinite person, the personal **a** is typically omitted.

Ana buscaba una pareja compasiva y sincera.	*Ana was looking for a compassionate and sincere partner.*

- Remember that when the preposition **a** is immediately followed by the definite article **el**, they contract to form **al**.

Tenemos que ver **al** psicólogo esta tarde para hablar de nuestros problemas matrimoniales.	*We have to see the psychologist this afternoon to talk about our marital problems.*

- Pets that are considered to be part of the family may also take a personal **a.**

  Traje **a** mi perrito Cipión al mercado.　　*I brought my dog Cipión to the market.*

- The personal **a** is generally not used immediately after **tener, ser,** or **haber** (**hay, había,** and so on).

  Tengo una amiga que habla quechua.　　*I have a friend who speaks Quechua.*

  Había muchos turistas en la plaza.　　*There were many tourists in the plaza.*

Actividades prácticas

A. En el mercado

Choose the option that correctly completes each statement.

____ 1. Sus precios son muy altos. Por eso, nunca tienen _____.

    a. clientes　　　　　　　　　　b. a clientes

____ 2. Necesito comprar _____ para mi madre.

    a. un regalo　　　　　　　　　b. a un regalo

____ 3. ¿Conoces _____, el vendedor? Siempre tiene los mejores precios.

    a. Marcelo　　　　　　　　　　b. a Marcelo

____ 4. Creo que he visto _____ en este mercado.

    a. tu hermana　　　　　　　　b. a tu hermana

____ 5. Siempre hay _____ en este lugar.

    a. mucha gente　　　　　　　b. a mucha gente

____ 6. ¿Ves _____ que está allí? Vende los mejores melones de esta región.

    a. ese hombre　　　　　　　b. a ese hombre

B. Las relaciones profesionales

Complete the following conversation between Lourdes and Silvia about the people they know at work. Write the personal **a** where it is needed. If it is not needed, write an **X**.

LOURDES: Silvia, ¿conoces ____[1] mucha gente en el trabajo?

SILVIA: No, realmente no conozco ____[2] muchas de las personas que veo todos los días.

LOURDES: Pero, ¿____[3] esta gente trabaja para tu compañía?

SILVIA: Bueno, mi compañía no es muy grande. En realidad ahora somos ____[4] cinco personas ya que despidieron ____[5] mi amigo José. Para ahorrar dinero trabajamos en una oficina compartida con otros que necesitan un espacio para trabajar.

LOURDES: Ya entiendo. Entonces seguro que ves ____[6] mucha gente nueva cada día.

II. POR/PARA

The prepositions **por** and **para** may both sometimes be translated as *for* in English, although they have other English meanings as well. They have many uses in Spanish.

1. Meanings of **por**: The preposition **por** has a number of English equivalents that do not mean *for* in English.
   - by / by means of

El acuerdo fue firmado **por** las dos tribus.	*The agreement was signed by both tribes.*
Los dos grupos hablaron **por** teléfono.	*The two groups spoke by means of (on) the phone.*

   - through/along

Pasaron **por** el centro de la ciudad antes de llegar al palacio presidencial.	*They went through downtown before arriving at the presidential palace.*

   - per (rate)

Todos iban muy despacio, a diez kilómetros **por** hora.	*They all went very slowly, at ten kilometers per hour.*

   - during / in (time of day)

Quedaron en discutir los detalles **por** la mañana.	*They agreed to discuss the details in the morning.*

   - because of (reason) / due to

Todos estaban nerviosos **por** las presiones políticas.	*Everyone was nervous because of / due to the political pressure.*

2. **Por** = for: When it expresses *for*, **por** looks back at the reason or cause for something. To remember this, think of the interrogative **¿por qué?** (*why?*) and the expressions **por eso** (*that's why*) and **gracias por** (*thank you for*).
   - for = in exchange for

Los indígenas de esta región solo aceptan pesos **por** sus servicios.	*The indigenous peoples of this region only accept pesos for their services.*
Gracias **por** el buen consejo.	*Thank you for the good advice.*

   - for = for the sake of, on behalf of

Lo hicieron por sus hijos.	*They did it for (the benefit of) their children.*

   - for = period of time (often omitted)

Han vivido aquí en estas tierras (**por**) más de 600 años.	*They have lived on this land for more than 600 years.*

3. Fixed Expressions with **por**: **Por** is used in the following expressions, some of which (such as **por eso** and **por si acaso**) also express the reason or cause of something.

por aquí	*around here*
por Dios	*for heaven's sake*
por ejemplo	*for example*
por eso	*that's why*
por favor	*please*
por fin	*finally / at last*
por lo general	*generally / in general*
por lo menos	*at least*
por primera / última vez	*for the first / last time*
por si acaso	*just in case*
por supuesto	*of course*
por todas partes	*everywhere*

B. **Para**

1. Meaning of **para** + *infinitive* = in order to (do something): The preposition **para** has one English equivalent that is not expressed with *for* in English. To say *in order to (do something)* in Spanish, use **para** + *infinitive*. In the English expression, the words *in order* are often omitted; in the Spanish equivalent, you cannot omit **para** before the infinitive.

   - in order to + *infinitive*

En muchos lugares, se usa la palabra ***mestizo* para** hablar de gente de ascendencia mixta.	*In many places, the word **mestizo** is used (in order) to talk about people of mixed ancestry.*

2. **Para** = for: When it expresses *for*, **para** looks ahead, toward the goal, purpose, or destination of something. To remember this, think of the interrogative **¿para qué?** (*for what purpose?*).

   - for = destined for / to be given to

El oro de las Américas era **para** la Corona española.	*The gold from the Americas was (destined) for the Spanish Crown.*
Las cartas eran **para** los reyes.	*The letters were for the monarchs.*

   - for = by (deadline, specified future time)

Tienen que firmar la carta de protesta **para** las cinco de la tarde.	*They must sign the letter of protest for (by) five o'clock this afternoon.*

   - for = toward / in the direction of

Los manifestantes van **para** la plaza.	*The protestors are heading for (going toward) the plaza.*

   - for = to be used for, purpose

Estas pancartas son **para** la manifestación.	*These placards are for the protest.*

- for = to express a point of view / in comparison with others

Para los indígenas de las Américas, la llegada de los europeos fue una catástrofe.	*For the indigenous peoples of the Americas, the arrival of the Spaniards was a catastrophe.*
Para un grupo minoritario, ha conseguido transformar el panorama político del país.	*For a minority group, they have managed to transform the political landscape of the country.*

- for = in the employ of, in preparation for

Los miembros del Comité Interinstitucional de Asuntos Indígenas trabajan **para** el gobierno del estado.	*The members of the Committee on Inter-institutional Indigenous Affairs work for the state government.*
Uno de los miembros estudia **para** (la carrera de) abogado.	*One of the members is studying to be (in preparation for / in order to be) a lawyer.*

Actividades prácticas

A. Un nuevo negocio

Raúl and his partner have just started a small business but need lots of help. Complete their statements and questions with either **por** or **para**.

RAÚL: ¿Este contrato es _____[1] el nuevo cliente?

DAVID: Sí, ya ha sido firmado _____[2] el banco, pero tenemos que mandárselo al cliente.

RAÚL: ¿_____[3] cuándo tenemos que firmar los documentos?

DAVID: Mañana a las cinco. Raúl, tu tío trabaja _____[4] un abogado, ¿verdad?

RAÚL: Sí, es asistente jurídico.

DAVID: ¿Tenemos que trabajar el sábado _____[5] la mañana?

RAÚL: Sí, vamos a empezar a las ocho.

DAVID: Si vas al centro esta tarde, ¿puedes pasar _____[6] la oficina de correos?

RAÚL: ¡Claro que sí!

B. En este barrio

Ricardo is showing Marina part of his neighborhood. Complete their dialogue with **por** or **para**.

RICARDO: _____[1] aquí siempre hay muchos vendedores callejeros que intentan venderte de todo.

MARINA: Y ¿sabes _____[2] qué vienen a esta calle en particular?

RICARDO: Bueno, hay mucha gente que sale del metro y pasa _____[3] esta calle cuando va _____[4] el centro.

MARINA: Parece que _____[5] lo general no molestan a nadie. Solo quieren vender sus productos _____[6] mantener a sus familias.

III. OTRAS PREPOSICIONES

Prepositions establish relationships between the object of the preposition (noun, pronoun, or verb) that follows them and other elements in the sentence.

Observe the relationship between the underlined words and the preposition in bold in each of the following examples.

The book is **on** the table.

This is **for** you.

Although most prepositions have a specific meaning, their use is not always consistent with that meaning. While many Spanish prepositions have a number of English equivalents, others do not, so learning their meanings and uses will be helpful to your understanding and usage of Spanish.

A. Algunas preposiciones comunes y sus usos

Prepositions may either be simple (one word) or compound (more than one word). The following are the most common simple prepositions that you will encounter in Spanish. You will learn more about prepositional phrases in **Capítulo 5: Repaso gramatical**.

Las preposiciones	
a	to, at (*a time*)
ante	before
bajo	below
con	with
contra	against
de	of; from
en	in, on, at (*a place*)
entre	between
hacia	toward
hasta	until
para	for, in order to
por	for, through, by
sin	without
según	according to
sobre	about, above, over
tras	behind

Hay mucha gente que lucha **contra** los estereotipos de los pueblos indígenas.

There are many people that fight against the stereotypes of the indigenous communities.

Ningún candidato presidencial puede ganar las elecciones **sin** el voto indígena.

No presidential candidate can win the elections without the indigenous vote.

As in English, some Spanish prepositions may also have more than one use. The following lists give some of the more common uses for several of these prepositions.

A

- motion (to)

Vamos **a** Chichicastenango.

We are going to Chichicastenango.

- how something is done (by)

Las artesanías están hechas **a** mano.	*The crafts are made by hand.*

- time (at)

El mercado abre **a** las diez.	*The market opens at ten.*

Con
- with someone

Voy a hablar **con** el vendedor.	*I am going to speak with the salesman.*

- with something

Lo hacen **con** barrio.	*They make it with mud.*

De
- possession

La cesta es **de** Raúl.	*The basket is Raúl's.*

- origin

Soy **de** Chiapas.	*I'm from Chiapas.*

- to describe something with another noun

Una botella **de** agua.	*A bottle of water.*

En
- location (in, on, at)

Trabajo **en** el mercado.	*I work at the market.*
La cesta está **en** la mesa.	*The basket is on the table.*
La fruta está **en** la cesta.	*The fruit is in the basket.*

- means of transportation

Vamos **en** coche.	*We're going by car.*

Sin
- without

Vamos al mercado **sin** mi madre.	*We're going to the market without my mother.*

- that does not have

No vamos a encontrar a nadie aquí en este callejón **sin** salida.	*We're not going to find anyone here in this dead-end street.*

Sobre
- over, above

Los aviones vuelan **sobre** este barrio constantemente.	*Airplanes constantly fly over this neighborhood.*

- on, on top of

La camiseta que buscas está **sobre** el mostrador.	*The shirt you're looking for is on (top of) the counter.*

- about

No me han dicho nada **sobre** el incidente que ocurrió ayer.	*They have not told me anything about yesterday's incident.*

B. Los pronombres preposicionales

With the exception of the first- and second-person singular forms (**mí, ti**), the prepositional pronouns are the same as the subject pronouns. They are used when preceded by most prepositions.

Los pronombres preposicionales
mí
ti
Ud., él/ella
nosotros/nosotras
vosotros/vosotras
Uds., ellos/ellas

No vamos a ganar dinero **sin ella**.	*We are not going to earn money without her.*
Toma, el dinero es **para ti**.	*Take it, the money is for you.*

- When **mí** or **ti** occurs with **con**, the special forms **conmigo** and **contigo** are used.

No puedo ir de compras **contigo**.	*I can't go shopping with you.*
El vendedor compartió un trozo de jamón **conmigo**.	*The salesclerk shared a piece of ham with me.*

- The prepositions **entre, excepto,** and **según** are always used with the subject pronouns **yo** and **tú**, not the prepositional pronouns.

Según tú, la ley no beneficia a los indígenas, ¿verdad?	*According to you, the law does not benefit the indigenous peoples, right?*
Entre tú y **yo**, la ley de la protección de las tierras indígenas no es muy justa.	*Between you and me, the law on the protection of indigenous lands is not very fair.*

Actividades prácticas

A. La vida de los indígenas

Choose the appropriate preposition to complete the following statements.

_____ 1. Hay mucha gente que habla quechua _____ esta ciudad.

    a. a   b. en   c. con

_____ 2. En el periódico nunca escriben _____ todos los aportes (*contributions*) de la comunidad indígena.

    a. en   b. según   c. sobre

_____ 3. _____ tú y yo, la ciudad debe contratar a más gente indígena. Trabajan muy duro.

    a. Por   b. Entre   c. Sin

_____ 4. Muchos de los indígenas de esta región son _____ ascendencia maya.

    a. de   b. para   c. con

___ 5. El centro cultural abre _____ las nueve de la mañana.

    a. a   b. según   c. sin

___ 6. _____ la guía turística, podemos ver muchas obras de arte indígena en el Museo de Antropología.

    a. Para   b. Entre   c. Según

B. Rigoberta Menchú Tum

Complete the following information about this famous activist with the appropriate prepositions. You will use each of the following prepositions only once.

con   contra   de   desde   en   para   por   según   sin

_____[1] Guatemala hay una organización que se destaca _____[2] ser defensora de los derechos _____[3] los grupos indígenas. Esta organización _____[4] fines de lucro (*non-profit*), conocida como la Fundación Rigoberta Menchú Tum, promueve los valores de la paz, la justicia y la democracia especialmente _____[5] los pueblos indígenas. _____[6] muchas personas, Rigoberta Menchú Tum ha dedicado su vida a la defensa de los pueblos indígenas. _____[7] muy joven, Rigoberta ha luchado _____[8] los gobiernos corruptos de las Américas y en 1992 fue reconocida _____[9] el Premio Nóbel de la Paz.

CAPÍTULO 5: Repaso gramatical

I. LAS FRASES PREPOSICIONALES

Prepositional phrases are groups of two or more words that are equivalent to a simple preposition. The following is a selection of commonly used prepositional phrases in Spanish:

a favor de	*in favor of*	**detrás de**	*behind*
a fin de	*in order to*	**en cuanto a**	*regarding*
acerca de	*about*	**en vez de**	*instead of*
antes de	*before*	**encima de**	*on top of*
cerca de	*close to*	**enfrente de**	*in front of (across from)*
debajo de	*under*	**gracias a**	*thanks to*
delante de	*in front of*	**junto a**	*next to*
dentro de	*inside*	**por medio de**	*by means of*
después de	*after*		

Los obreros están **a favor del** aumento de sueldo.	*The workers are in favor of the salary increase.*
Mucha gente viene a protestar **enfrente de** la fábrica.	*A lot of people are coming to protest in front of the factory.*

- While English often uses the gerund (*eating, speaking*) after a preposition, in Spanish when a verb follows a preposition, it is always in the infinitive form.

Antes de salir, las niñas se pusieron el traje quechua tradicional.	*Before leaving, the girls put on traditional Quechua outfits.*
Debemos aprender más sobre otras culturas **en vez de crear** más estereotipos.	*We should learn more about other cultures instead of creating more stereotypes.*

- Some words can be both prepositions and adverbs. A preposition will always have an object, either a noun, a pronoun, or a verb, that comes after it. In Spanish, a preposition can never be the last word of a sentence.

La frontera está **cerca**.	*The border is nearby (adverb).*
La frontera está **cerca de** mi casa.	*The border is near (preposition) my house.*

- Since a preposition cannot come at the end of a Spanish sentence, as it may in informal English, you must move the preposition to another position within the sentence. To help you with the correct word order, rephrase English sentences so that the preposition is not at the end.

Los derechos de los obreros migrantes es un tema **en** que Felipe se interesa.	*The rights of migrant workers is a topic that Felipe is interested in.*
	The rights of migrant workers is a topic in which Felipe is interested. (preferred)
También es un problema **de** que varios gobiernos se preocupan.	*It is also a problem that several governments are concerned about.*
	It is also a problem about which several governments are concerned. (preferred)

- With questions in Spanish, the preposition is placed before interrogative words. By practicing some of the common interrogative phrases with prepositions, you will become more proficient at the placement of the prepositions.

¿En qué están pensando?	*What are they thinking about?*
¿Para cuándo necesitas el pasaporte?	*When do you need your passport by?*

Actividades prácticas

A. Un pueblo fronterizo

Select the appropriate prepositional phrase to complete the following statements about living in a border town.

1. Mis padres viven en un pueblo que está _____ (junto a / debajo de) la frontera.

2. _____ (A fin de / En vez de) prevenir que la gente cruce la frontera de manera ilegal, la Guardia Nacional tiene una presencia constante en su pueblo.

3. _____ (Antes de / Acerca de) la construcción del muro fronterizo, había mejores relaciones entre los dos países.

4. Ahora hay mucha gente que no quiere vivir en un pueblo _____ (por medio de / cerca de) la frontera.

5. _____ (Detrás de / Gracias a) los esfuerzos del gobierno local, mis padres se sienten protegidos, pero están conscientes de los problemas que puede tener un pueblo fronterizo.

6. Creo que _____ (en vez de / junto a) construir muros que nos separan, debemos buscar una manera de coexistir.

B. Los derechos de los obreros

Complete the following information about Silvia's work to defend the rights of migrant workers with the most appropriate prepositional phrase from the list. Use each phrase only once.

a favor de	antes de	después de	gracias a
acerca de	dentro de	enfrente de	

Aquí en California, hay mucha gente que está _____[1] la protección de los derechos de los obreros migratorios. _____[2] vivir aquí, yo no sabía mucho _____[3] la explotación de los obreros en esta parte del país, pero _____[4] mi amigo José ahora estoy más involucrada en el movimiento pro-obrero.

Hoy, por ejemplo, he organizado una manifestación _____[5] las oficinas del Departamento de Trabajo. Con más de mil voces en la calle, estoy segura de que los de la administración nos escucharán aunque se queden _____[6] sus oficinas. Si siguen sin reconocer los derechos de los obreros, _____[7] esta manifestación, va a haber otra aún más grande. ¡No nos vamos a callar!

II. LAS FRASES VERBALES

A. Las frases verbales comunes

Verb phrases are grammatical constructions with two or more verbs that together create meaning. These constructions express, among other things, the intention, the beginning, the duration, the course, or the end of an action.

Verb phrases in Spanish are formed with a first verb that is conjugated in a personal form (**yo, tú**, and so on) and a second verb in the infinitive, such as expressions with **querer** + *infinitive*.

querer + *infinitive*	Los obreros **quieren recibir** un sueldo más alto.	*The workers want to receive a higher salary.*

- Several other verbs follow the same pattern as **querer** + *infinitive*, including **deber, necesitar, pensar, poder,** and **soler**.

Debes buscar trabajo esta semana.	*You should look for work this week.*
Pueden trabajar en la finca de mi tío.	*They can work on my uncle's farm.*

Suele contratar a trabajadores de Sudamérica.		*He tends to hire workers from South America.*

- The verb phrases **tener que** + *infinitive* and **hay que** + *infinitive* are commonly used to express obligations. While both are similar in meaning, **tener que** is a personal expression, and **tener** must be conjugated according to the subject. **Hay que** is an impersonal expression that is invariable (the verb form always remains constant).

Tienes que conseguir trabajo o volvemos a nuestro país.	*You have to (must) find work or we will go back to our country.*
Hay que trabajar para vivir.	*One (we/people/everyone) must work in order to live.*

B. Los verbos y las frases verbales con preposiciones

There are several considerations to keep in mind as you study the use of verbs that take prepositions.

- As you saw in the review of **por** and **para,** there are some Spanish verbs whose English meaning includes a preposition; no additional Spanish word is used to express this preposition.

agradecer: *to thank; to be thankful for*	**mirar:** *to watch; to look at*	**salir:** *to leave; to go out*
buscar: *to look for*	**pagar:** *to pay for*	**temer:** *to fear; to be afraid of*
entregar: *to turn in; to hand over*	**pedir:** *to request; to ask for*	**volver:** *to return; to go back*
esperar: *to wait for; to hope*	**regresar:** *to return; to go back*	

Buscaba el sitio de construcción y tuvo que **pedir** ayuda.	*He was **looking for** the construction site and had to **ask for** help.*
Esperaban su turno para **entregar** sus tarjetaspara fichar.	*They were **waiting for** their turn to **turn in** their time cards.*

- There are many common verb phrases that require the use of a preposition after the first verb, such as **ir** + **a** + *infinitive* (*going to do something*).

Voy a trabajar en los Estados Unidos.	*I am going to work in the United States.*
¿**Vas a mandarle** más dinero a tu familia?	*Are you going to send your family more money?*

- Verbs in Spanish may be followed by **a, con, de, en, para, por**, or no preposition at all. Some verbs that take prepositions may be followed by a noun, pronoun, or another verb.

Los niños **empezaron a** jugar juntos.	*The children began to play together.*
El hombre **amenazó a** los obreros migratorios.	*The man threatened the migrant workers.*
¿**Amenazó con** llamar a la policía?	*Did he threaten to call the police?*

- Sometimes a verb in Spanish is followed by a different preposition from the one that follows its English equivalent.

Los obreros de la construcción **se hartaron del** tratamiento del supervisor.	*The construction workers **got fed up with** the treatment of the supervisor.*
Los obreros **soñaban con** tener mejores condiciones de trabajo.	*The workers **dreamed about** having better working conditions.*

- Some common verbs in Spanish that take the preposition **a**, usually before another infinitive, are:

acercarse a: *to approach*	**empezar a:** *to begin to*
acostumbrarse a: *to get used to*	**enseñar a:** *to teach to; to show how to*
alcanzar a: *to manage to*	**invitar a:** *to invite to*
animar a: *to encourage to*	**ir a:** *to be going to*
aprender a: *to learn to*	**llegar a:** *to manage to*
ayudar a: *to help to*	**negarse a:** *to refuse to*
comenzar a: *to begin to*	**parecerse a:** *to resemble*
conducir a: *to lead to*	**referirse a:** *to refer to*
dedicarse a: *to dedicate oneself to*	**resignarse a:** *to resign oneself to*
dirigirse a: *to set off/out toward*	**volver a**: *to do again*
disponerse a: *to get ready to*	

- Some common verbs in Spanish that take the preposition **con** are:

acabar con: *to finish off; to put an end to*	**comenzar con:** *to begin with*
amenazar con + *infinitive*: *to threaten (to do something)*	**contar con:** *to count / rely on*
	preocuparse con: *to worry about*
casarse con: *to get married to (somebody)*	**soñar con:** *to dream of/about*
	tener que ver con: *to have to do with*

- Some common verbs in Spanish that take the preposition **de** are:

abusar de: *to abuse*	**enamorarse de:** *to fall in love with*
acabar de + *infinitive*: *to have just (done something)*	**encargarse de:** *to take charge of*
acordarse de: *to remember to*	**enterarse de:** *to find out about*
acusar de: *to accuse of*	**hartarse de:** *to be fed up with*
alegrarse de: *to be happy to*	**olvidarse de:** *to forget (to do something); to forget about (someone/something)*
alejarse de: *to move away from*	
aprovecharse *de*: *to take advantage of*	**pensar de:** *to think of, as in to have an opinion of/about*
arrepentirse *de*: *to regret*	**preocuparse de:** *to be concerned/ worried about*
cansarse de: *to tire of*	
dejar de + *infinitive*: *to stop doing (something)*	**quejarse de:** *to complain about*
	tratar de: *to try to; to deal with*
depender de: *to depend on*	**tratarse de:** *to be a question of*

- Some common verbs in Spanish that take the preposition **en** are:

confiar en: *to trust in + object, to trust to + verb* **consistir en:** *to consist of* **dudar en:** *to hesitate to* **enfrentarse con:** *to face* **entrar en:** *to enter (into)* **hacer bien/mal en:** *to be right/wrong to* **influir en:** *to influence*	**insistir en:** *to insist on* **interesarse en:** *to be interested in* **pensar en:** *to think about* **quedar en:** *to agree to* **tardar en:** *to take a long time to, to delay in*

- Some common verbs in Spanish that take the preposition **por** are:

abogar por: *to stand up for, advocate for* **comenzar por:** *to begin with* **disculparse por:** *to apologize for* **esforzarse por:** *to struggle to* **estar por:** *to be in favor of, to yet be done*	**luchar por:** *to struggle for* **pasar por:** *to go by, along* **preguntar por:** *to ask about (someone)* **preocuparse por:** *to be concerned/worried about*

Actividades prácticas

A. Un futuro mejor

Complete the following statements with the appropriate preposition from the list. If no preposition is needed, write an **X**.

  a   en   con   de   por

1. Dicen que más de dos millones de inmigrantes van _____ cruzar la frontera este año. La gran mayoría de ellos busca _____ mejores oportunidades de trabajo.

2. Pero no es nada fácil cruzar la frontera. La gente que intenta hacerlo se enfrenta _____ muchas dificultades.

3. Estos inmigrantes, que en primer lugar se alejan _____ sus familias, tienen que confiar _____ la gente que no conocen para ayudarlos _____ llegar a su destino.

4. Una vez que entran _____ el país, frecuentemente consiguen trabajo que les permite mandarles un dinero extra a los miembros de su familia que se han quedado atrás.

5. Sus familiares siempre se preocupan _____ ellos, pero todos sueñan _____ un futuro mejor.

B. Mi trabajo

Write the appropriate preposition to complete Silvia's statements about her life working with the local immigrant community.

1. Mi trabajo consiste _____ ayudar a los inmigrantes recién llegados a nuestra comunidad.

2. Por supuesto, no lo puedo hacer sin la colaboración de muchos individuos y otras organizaciones no gubernamentales. Dependo _____ ellos para poder llevar a cabo los muchos proyectos que tenemos.

3. Gracias a esta colaboración, conocí a mi novio en el trabajo. No me enamoré _____ él la primera vez que nos conocimos, pero poco a poco hemos creado lo que es para mí la relación perfecta.

4. Todavía no he decidido si me voy a casar _____ él, pero ya me lo ha pedido varias veces.

5. Un día sueño _____ tener mi propia empresa donde puedo tener un impacto más significativo en nuestra comunidad.

6. Hay muchos inmigrantes que quieren trabajar y participar de manera activa en la comunidad, pero se hartan _____ los trámites burocráticos y se van. A mí me gustaría poder ayudarlos.

CAPÍTULO 6: Repaso gramatical

I. EL TIEMPO FUTURO

A. El futuro de los verbos regulares e irregulares

So far, you have been expressing future actions in Spanish mostly with the present tense or with **ir** + **a** + *infinitive*. But Spanish also has a simple future tense, that is, a single conjugated verb that expresses intentions and dreams.

1. El futuro de los verbos regulares
Regular forms of the simple future tense use the entire infinitive as the stem plus the future endings. Note that the same endings are used for **-ar**, **-er**, and **-ir** verbs. All forms of the future have a written accent except **nosotros/nosotras**.

	-ar	**-er**	**-ir**
	hablar	**comer**	**vivir**
yo	hablar**é**	comer**é**	vivir**é**
tú	hablar**ás**	comer**ás**	vivir**ás**
Ud., él/ella	hablar**á**	comer**á**	vivir**á**
nosotros/nosotras	hablar**emos**	comer**emos**	vivir**emos**
vosotros/vosotras	hablar**éis**	comer**éis**	vivir**éis**
Uds., ellos/ellas	hablar**án**	comer**án**	vivir**án**

Jaime y yo **participaremos** en la manifestación.

Jaime and I will participate in the protest.

Lucía no **irá** con nosotros.

Lucía will not go with us.

2. El futuro de los verbos irregulares
The following is a list of the most common verbs that use irregular stems to form the future tense. Although these verbs have an irregular stem that replaces the infinitive, they use the same future tense endings as the regular verbs.

caber	→	cabr-	**saber**	→	sabr-
decir	→	dir-	**salir**	→	saldr-
hacer	→	har-	**tener**	→	tendr-
poder	→	podr-	**valer**	→	valdr-
poner	→	pondr-	**venir**	→	vendr-
querer	→	querr-			

Yo **haré** todo lo posible para ayudarte. *I will do everything possible to help you.*

¿**Saldrás** para el frente esta noche? *Will you leave for the front lines tonight?*

- The verb **haber** (when used to express the existence of something) has only one form in the future tense: **habrá** (*there will be*). As is the case with the present tense (**hay**), the future tense form of this verb is invariable, used with singular and plural nouns. (When it functions as an auxiliary verb in the future perfect tense, the verb **haber** is conjugated. See section III of this chapter's grammar review.)

Habrá una protesta mañana. *There will be a protest tomorrow.*

Habrá dos mil personas en la plaza. *There will be two thousand people in the plaza.*

- As with all Spanish verb tenses, remember that verbs derived from the list of irregular infinitives by means of a prefix will follow the same pattern of future tense stem irregularity as the root infinitive.

| **hacer** | → | har- | **deshacer** | → | deshar- |
| **poner** | → | pondr- | **componer** | → | compondr- |

B. Los usos del futuro

The future describes an action that will take place sometime after a present reference point. The use of the future tense, however, is less frequent in Spanish than in English. There are three common alternatives to the future tense.

1. The simple present tense
   - For actions that occur in the immediate future, the simple present tense is often used.

   La charla **empieza** en media hora. *The talk will begin in half an hour.*

2. The **ir** + **a** + *infinitive* construction
   - To express what is going to happen in the future, the present tense of **ir** + **a** + *infinitive* is often used.

   Vamos a hablar con el presidente mañana. *We are going to talk with the president tomorrow.*

   - The simple future often implies a stronger commitment or sense of purpose on the part of the speaker than the **ir** + **a** + *infinitive* construction. Compare these examples.

   ¡**Lucharemos** contra la injusticia! *We will fight against injustice!*

   Vamos a luchar contra la injusticia. *We are going to fight against injustice.*

3. The present subjunctive
   - When the future is expressed in a dependent clause that requires the use of the subjunctive, the present subjunctive is used instead of the future tense.

   No creo que Ángel **vaya** a la manifestación mañana. *I don't think that Ángel will go to the protest tomorrow.*

> **PARA TU INFORMACIÓN:** EL FUTURO PARA EXPRESAR LA PROBABILIDAD EN EL PRESENTE
>
> The future tense may also be used express uncertainty, probability, or conjecture about something that is happening in the present.
>
> —¿**Será** el presidente del grupo?   *Could he be the president of the group?*
> —No, **será** el portavoz.   *No, he's probably the spokesperson.*

Actividades prácticas

A. Contra la guerra

Choose the appropriate future tense form of the verb to correctly complete Manuela's statements about her stance against the war.

Yo no _____[1] (participarás / participaré) en esta guerra. De hecho, mis amigos y yo pronto _____[2] (organizaremos / organizarán) una manifestación en la capital para protestar lo que está ocurriendo.

Los miembros del Congreso _____[3] (tendrá / tendrán) que escucharnos. Yo no _____[4] (saldrá / saldré) de la capital si no prometen retirar las tropas del conflicto.

_____[5] (Habrá / Habrán) muchos miembros del Congreso y estoy seguro de que nosotros _____[6] (podremos / podrán) llegar a un acuerdo.

B. Un día importante

Complete the following conversation between Lola and Samuel with the future tense of the verb in parentheses.

LOLA: Samuel, mañana _____[1] (ser) un día muy importante para nuestra organización. Nosotros _____[2] (tener) la oportunidad de convencerle al presidente de que ponga fin a este conflicto innecesario.

SAMUEL: Tengo muchísimas ganas de sentarme en su oficina y decirle lo que no quiere escuchar. Mañana todo va a cambiar. El presidente ya no _____[3] (poder) inventar más excusas, las tropas _____[4] (volver) a casa y esta guerra _____[5] (acabarse).

LOLA: ¡Ojalá! Con suerte, tú _____[6] (salir) de su oficina mañana con muy buenas noticias para todas las víctimas de esta guerra infame.

II. EL MODO CONDICIONAL

A. El modo condicional de los verbos regulares e irregulares

The formation of the conditional in Spanish is very similar to the formation of the simple future tense. It is a simple form (with only one conjugated verb) that is used to express what someone *would do*.

1. El condicional de los verbos regulares

   As with future tense, regular forms of the conditional use the entire infinitive as the stem. Note that the same endings are used for **-ar**, **-er**, and **-ir** verbs. All forms of the conditional have a written accent on the first letter (**í**) of the ending.

	-ar	-er	-ir
	hablar	**comer**	**vivir**
yo	hablar**ía**	comer**ía**	vivir**ía**
tú	hablar**ías**	comer**ías**	vivir**ías**
Ud., él/ella	hablar**ía**	comer**ía**	vivir**ía**
nosotros/nosotras	hablar**íamos**	comer**íamos**	vivir**íamos**
vosotros/vosotras	hablar**íais**	comer**íais**	vivir**íais**
Uds., ellos/ellas	hablar**ían**	comer**ían**	vivir**ían**

Elena **iría** a la manifestación pero tiene clase.	*Elena would go to the protest but she has class.*
Yo que tú, **hablaría** con los que planearon el evento.	*If I were you, I would speak with the people who planned the event.*

2. El condicional de los verbos irregulares

   The following is a list of the most common verbs that use irregular stems to form the conditional. You will note that these are the same verbs with the same stem irregularities given with future tense. And as with the future, the irregular verbs in the conditional use the same endings as the regular verbs.

caber	→	cabr-	**saber**	→	sabr-
decir	→	dir-	**salir**	→	saldr-
hacer	→	har-	**tener**	→	tendr-
poder	→	podr-	**valer**	→	valdr-
poner	→	pondr-	**venir**	→	vendr-
querer	→	querr-			

¿Qué **harías** para promocionar el Movimiento Ciudadano?	*What would you do to promote the Citizen's Movement?*
Yo **podría** ayudarte a organizar el evento.	*I would be able to help you organize the event.*

   - The verb **haber** (when used to express the existence of something) has only one form in the conditional: **habría** (*there would be*). Just like in the present (**hay**), the conditional form of the verb is invariable, used with singular and plural nouns. (When it functions as an auxiliary verb in the conditional perfect, the verb **haber** is conjugated. See section III of this chapter's grammar review.)

Los políticos sabían que **habría** mucho descontento por parte de los ciudadanos.	*The politicians knew that there would be a lot of dissatisfaction among the citizens.*
Qué pena que llueva. Si no, **habría** más personas en la calle hoy.	*What a shame that it's raining. If not, there would be more people in the street today.*

- As noted in future tense discussion, remember that verbs derived from the list of irregular infinitives by means of a prefix will follow the same pattern of conditional stem irregularity as the root infinitive.

tener	➔	tendr-	**detener**	➔	detendr-
venir	➔	vendr-	**prevenir**	➔	prevendr-

B. Los usos del modo condicional

Most uses of the Spanish conditional are the same as those of the conditional in English.

1. To make courteous requests and to express what you would do in a particular situation or given a particular set of circumstances

¿**Firmarías** esta carta para protestar contra nuestra participación en la guerra?	*Would you sign this letter to protest against our participation in the war?*
Me **gustaría** leerla antes de firmar.	*I would like to read it before signing.*

2. To report what someone said that he or she was going to do, that is, to express the future from the point of view of the past

Pablo me dijo que **tendría** que leer la carta antes de firmarla.	*Pablo told me that he would have to read the letter before signing it.*

¡OJO!

Remember that to express the past tense of a habitual action (*would = used to*), use the imperfect tense in Spanish.

De joven, participaba en muchas manifestaciones contra la guerra.	*When I was younger, I would (used to) participate in many anti-war protests.*

PARA TU INFORMACIÓN: EL MODO CONDICIONAL PARA EXPRESAR LA PROBABILIDAD EN EL PASADO

The conditional may also be used to express uncertainty, probability, or conjecture about the past, often with a translation in English of *could have*, *might have*, or *wonder*.

¿Dónde **pondrían** las armas los militares?	*Where could the soldiers have put the weapons?*
¿Por qué lucharían?	*I wonder why they fought.*

Actividades prácticas

A. No a la guerra civil

Mariluz is against the start of a new civil war in her country. Choose the most logical conditional form of the verb from the list to complete her thoughts.

____ 1. ¿Crees que una guerra civil _____ todos los problemas que tenemos en este país?

____ 2. Lo único que nosotros _____ es la muerte de miles de ciudadanos inocentes y la pérdida de cien años de progreso hacia una sociedad moderna.

____ 3. ¿Tú _____ volver a los días de conflicto que teníamos antes de establecer el último acuerdo de paz?

____ 4. Seguro que algunos políticos _____ muy contentos ya que una guerra les puede dar la oportunidad de avanzar su ideología.

____ 5. Pero con una nueva guerra civil, el ciudadano típico solo _____ años de sufrimiento y dolor.

____ 6. Yo _____ contra la guerra. Creo que tenemos que evitar los conflictos bélicos y resolver nuestros problemas de manera diplomática.

a. querrías

b. conseguiríamos

c. protestaría

d. estarían

e. resolvería

f. tendría

B. En el campo

Complete the following statements about rural life with the conditional of the verb in parentheses.

1. A ti ¿te _____ (gustar) vivir en el campo?

2. Creo que una vida rural _____ (ser) mucho más difícil que una vida urbana.

3. Nosotros _____ (tener) que adaptarnos, aunque seguramente es algo que yo _____ (poder) hacer.

4. Tú _____ (dedicarse) al trabajo en los campos, mientras yo _____ (hacer) todas las tareas domésticas.

III. EL FUTURO PERFECTO Y EL CONDICIONAL PERFECTO

A. Los tiempos perfectos

The future perfect and the conditional perfect are similar to the present perfect in that each form is a compound tense consisting of two parts: a conjugated form of **haber** plus the past participle of the main verb. The conjugation of **haber** shows person/number, tense, and mood. The past participle, when used with the perfect tenses, does not change. See **Capítulo 3: Repaso gramatical** for a review of the formation of the past participle.

	Futuro perfecto	Condicional perfecto
yo	habré luchado	habría visto
tú	habrás luchado	habrías visto

(Continued)

	Futuro perfecto	Condicional perfecto
Ud., él/ella	habrá luchado	habría visto
nosotros/nosotras	habremos luchado	habríamos visto
vosotros/vosotras	habréis luchado	habríais visto
Uds., ellos/ellas	habrán luchado	habrían visto

Para el año 2025, la guerra ya **habrá terminado**.	*By 2025, the war will have already ended.*
La policía **habría detenido** a los manifestantes, pero se dispersaron pacíficamente.	*The police would have detained the protesters, but they dispersed peacefully.*

- With the perfect tenses, no word may come between the conjugated form of **haber** and the past participle. As such, pronouns come before the conjugation of **haber**.

Podría mandarte la carta de protesta, pero ya **la habrás firmado**, ¿no?	*I could send you the protest letter, but you have probably already signed it, right?*
Nosotros nunca **habríamos organizado** este evento sin avisar a la policía.	*We would have never organized this event without notifying the police.*

B. Los usos del futuro perfecto y del condicional perfecto

1. El futuro perfecto
   The future perfect is used to express what *will have happened* by a specific time in the future, or before another event occurs.

Antes de ir a la primera reunión, ya **habrás recibido** la lista con todos los nombres de los miembros del grupo.	*Before you go to the first meeting, you will have already received the list with all of the names of the members of the group.*
Para el viernes **habré terminado** con la publicidad para la marcha.	*By Friday I will have finished with the publicity for the march.*

2. El condicional perfecto
   The conditional perfect is used to express what *would have happened* in the past, but did not due to some other event.

Te **habría llamado** antes de la reunión pero no tenía tu número de teléfono.	*I would have called you before the meeting, but I didn't have your phone number.*
La marcha **habría pasado** por enfrente de la Casa Blanca, pero la policía cambió la ruta.	*The march would have passed in front of the White House, but the police changed the route.*

Actividades prácticas

A. Planes para una manifestación

Roberto is organizing a meeting to coordinate the volunteers who are helping to plan the next anti-war protest. Complete his statements with the future perfect of the verb in parentheses.

Para la reunión el viernes...

1. Yo _____ (terminar) con los planes para la manifestación.

2. Miguel _____ (discutir) los detalles con la policía para coordinar los planes de seguridad.

3. Mario, tú _____ (ver) las pancartas que se van a usar.

4. Sr. López, Ud. _____ (reunirse) con los que van a hablar en la plaza.

5. María y Lucía le _____ (notificar) a toda nuestra comunidad de voluntarios.

6. Todos nosotros les _____ (escribir) a nuestros contactos para pedirles que participen en la marcha.

B. Todo salió mal.

During the latest protest march on the capital, there were some conflicts between the protesters and the police. Milagros is now talking with her volunteers who participated in the event to find out what they would have done differently to result in a better outcome for the event. Complete her statements with the conditional perfect of the verb in parentheses.

1. Yo _____ (negociar) con el jefe de Policía.

2. ¿Uds. _____ (huir) de la policía?

3. Leticia _____ (hacer) algo para evitar la participación de los grupos más radicales.

4. Marta y Luis _____ (poner) más barreras entre los manifestantes y la policía.

5. José y yo _____ (sentarse) en medio de la calle.

6. Tomás, ¿tú _____ (ayudar) a la policía?

Índice

Note: There are two parts to this index. The Grammar Topics include a vocabulary list. The Cultural Topics index includes references to Spanish speaking nations as well as cultural features.

Cultural Topics

NICARAGUA

COSTA
RICA
PANAMÁ

MAR CARIBE

Barranquilla
Maracaibo
Caracas

Río Orinoco

VENEZUELA

Medellín

Bogotá

Cali

COLOMBIA

GUYANA

Georgetown
Paramaribo
Cayenne

GUAYANA FRANCESA

SURINAM

OCÉANO
ATLÁNTICO

Quito

ECUADOR

Guayaquil

Ecuador

Manaus

Río Amazonas

Belém

OCÉANO
PACÍFICO

PERÚ

Lima

Machu Picchu
Cuzco

Arequipa

BOLIVIA

La Paz

Sucre

BRASIL

Recife

Brasília

Lago Titicaca

CORDILLERA DE LOS ANDES

OCÉANO PACÍFICO

Isla Pinta

Isla Marchena

Isla San Salvador

Isla Santa Cruz

Isla
Isabela

Isla San
Cristóbal

Puerto
Baquerizo
Moreno

ISLAS
GALÁPAGOS
(ECUADOR)

0   100 MILLAS
0   100 KILÓMETROS

Antofagasta

CHILE

PARAGUAY

Asunción

Puerto Iguazú

São Paulo

Rio de Janeiro

Trópico de
Capricornio

Río Paraná

0   8 MILLAS
0   8 KILÓMETROS

Cabo
Cummings

Hanga Roa

Mataveri

Cabo Sur

OCÉANO
PACÍFICO

ISLA DE PASCUA
(CHILE)

Valparaíso

Santiago

Córdoba

Rosario

ARGENTINA

Buenos
Aires

URUGUAY

Montevideo

Río de la Plata

OCÉANO
ATLÁNTICO

Concepción

San Carlos de
Bariloche

Bahía Blanca

OCÉANO
PACÍFICO

Punta Arenas

Estrecho de
Magallanes

Tierra del Fuego

Islas
Malvinas

Cabo de Hornos

AMÉRICA DEL SUR

0   250   500   750 MILLAS
0   250   500   750 KILÓMETROS

ELEVACIÓN

METROS	PIES
3050	10000
1525	5000
610	2000
305	1000
152.5	500
0	0